한 종교학자의 문답과 길

나의 얼, 정신의 빛

안병로 박사

독일(요한 볼프강 폰 괴테) 프랑크푸르트대학교 개신교신학대학 학사, 교회사, 종교학석사, 가톨릭조직신학과 윤리학 석사, 문화 인류학과 역사 인류학 석사, 같은 대학원 종교(철)학 박사. 전(前) 동 대학교 대학원 이레닉 학술연구소(Institut für Wissenschaftliche Irenik) 연구위원, 선문대학교 부교수, 중원대학교 교수.
저서:『종교문화의 융합』,『재독 한국인의 종교와 종교(심)성』,『그리스도교의 검과 평화』,『역사에서 배우는 종교문화경영학』, 역서:『종교학이란 무엇인가?』, 그 외 다수의 종교사회문화 · 종교(철)학적인 논문 등이 있다.

한 종교학자의 문답과 길
나의 얼, 정신의 빛

초판 인쇄 / 2023년 10월 27일
초판 발행 / 2023년 11월 3일

지은이 / 안병로
펴낸곳 / 도서출판 말벗
펴낸이 / 박관홍
신고일 / 2007년 11월 2일

주소 / 서울 노원구 덕릉로 127길 25 상가동 2층 204-384호
전화 / 02)774-5600
팩스 / 02)720-7500
메일 / malbut1@naver.com
ISBN 979-11-88286-40-9 03100

www.malbut.co.kr

한 종교학자의 문답과 길

나의 얼, 정신의 빛

안병로

말벗

머리말

　한 종교학자가 유럽문화를 학습하고 그의 특징(特徵), 특색(特色), 삶의 현실을 경험하며 문답의 길을 찾아가다 보니 많은 사람을 만났고 궁금증을 가지고 있다. 일기(日記), 수필(essay) 형식으로 쓴 내용 중에 세계적·국가적·사회적 가치(환원), 문제의식, 상황 파악, 대안 등을 분석하기 위해 인용된 원고는 각주를 달아 정리하였다. 부족한 부분에 대해서는 독자 분의 넓으신 혜량(惠諒)을 구한다.

　필자는 독일대학에서 그리스도교(가톨릭, 개신교) 신학, 종교학, 역사 인류학 학사, 석사과정을 졸업했으나 의구심은 증폭(增幅)되었다. 서구 그리스도교의 역사가 교회사이며 교회사 또한 전쟁사로 얼룩졌다는 것과 인류 문화사 시원(始原)의 불확실성, 세계 종교학의 길에 대한 모호성 등을 발견했기 때문이다.
　박사과정 때 정신문화와 세계를 알고 싶어 봉우 권태훈(鳳宇 權泰勳: 1900~94) 선생을 찾아뵈었다. 그분을 통해 민족 고유의 정신 수련법이 있고, 우리 민족의 얼과 근본은 백두산족(白頭山族)의 역사에서부터 비롯되었다는 것을 알게 되었다.
　민족의 성산(聖山) 백두산, 국조단군(國祖檀君) 대황조(大黃祖: 한배검), 백두산족 문화, 백신운화(白山運化), 유심(唯心)과 유물(唯物)을 하나로 보는 '이원합치론(二元合致論)'[1], 현재와 미래 등은 봉우 선생의 가르침과 책들을 인용하지 않을 수 없을 정도로 황무지와 같은 분야였다.

그러한 개념들의 이해와 폭넓은 연구를 위해 그분의 책들은 후세인(後世人), 후학(後學)들에게 조식(調息) 수련법과 새롭게 개척해야 할 분야들을 널리 알려주었고 용기와 희망, 민족의 자존심과 자긍심을 선사(膳賜)했다.

『신단실기(神檀實記)』에 의하면, 국조단군은 '이신화인(以神化人)'하여 개천(開天)하고 개국(開國) 이념을 홍익인간(弘益人間)으로 공표(公表)하였다. 그는 세상(世)에 있으면서[在] 백두산 지역에서 오색인종(五色人種)에게 인간이 인간답게 살 수 있도록 가르쳤고[教化], 세상을 이치로 알게 하여(理化) 깨우치도록 다스렸다[治化].

대한민국 교육기본법 제2조에 홍익인간 이념의 목적은 '인류공영(人類共榮)의 이상을 실현하는 데 있다'라고 명기(明記)되었다. 이러한 세계 유일의 홍익·홍제(弘濟) 이념과 실천 사상을 분석하기 위해서 필자의 학술지 논문 「단군 사상과 나철의 수행관에서 본 대종교의 5대 종지」가 이 책에 첨부(添附)되었다. 그 외 백두산족 연구와 연계된 삼일신고(三一神誥) 등은 제7장에서 설명하고자 한다.

독일 철학자 니체(F. W. Nietzsche)가 '신은 죽었다'라고 하며 그리스도 신학, 그리스도인에게 '노예 정신'에서 벗어나라고 했던 질타(叱咤)가 무엇인가를 곱씹어 보면서 신앙인의 의식구조를 관찰(觀察)하였다. 그에 대한 요약은 한국(그리스도)인, 한국(그리스도) 교회의 단락

---

1   봉우 권태훈, 『봉우일기 1』, 정신세계사, 서울 1998, 92쪽

에서 제시하고자 한다.

서구, 유럽의 신학과 신앙은 과학 정신에 걸맞은 혁신적인 차원에서 접근·반영되어 발전되었다. 인간에 의해 만들어진, 조작된, 숨겨진 신앙단체의 음지(陰地)의 얼굴은 21세기 최첨단 자연과학 시대를 맞이하여 본래의 진면모를 드러낼 수밖에 없다.

밝음을 지향하는 세계화 시대가 시대정신을 주도하면서 성인의 가르침은 재조명되어 더욱 빛날 것이며, 종교의 과학, 과학적인 종교, 정신과학이 되었다는 점도 살펴보고자 한다.

유럽 특히 독일 신학, 종교(철)학에서 종교(宗敎), religion, 신학(神學)과 신앙(信仰), 믿음, 예배, 신(神), God, 유일(한)신, 종교단체, 신앙단체 등의 개념은 정확히 분류(分類)·구분된다. 적재적소에 올바른 개념을 사용하는 것은 정명(正名) 사상과 부합(符合)하여 다루고자 한다.

예컨대 종교는 성인의 가르침이며 신앙의 상위개념이다. 1941년 루스벨트 미국 대통령이 발표한 네 가지의 자유 중의 하나가 '예배의 자유(Freedom of worship)'이다. 그는 '종교의 자유'(Freedom of religion)에 대해 언급한 적이 없다. 즉 '예배와 믿음(faith)의 자유'는 '신앙의 자유'이지만 종교의 자유로 오역(誤譯)되었다.

종교가 신앙으로, 종교단체가 신앙단체로 변질(變質)되면서 종교의 본질이 신앙의 본질과 같은 의미로 잘못 이해되어 본래의 뜻과 다르게 혼란스럽게 사용되고 있다. 결국 본말(本末)이 전도(顚倒)되고 종교적 진실이 신앙의 이름으로 왜곡(歪曲)되었다는 것이 중핵(中核)이다.

그러한 혼돈(混沌)에 벗어나는 길은 올바른 개념을 함께 사용하고 공유하는 것이다. 그렇게 해야 한국사회의 언어정화 운동과 변화의 바람은 시작된다. "옛것을 익히어 새것을 알려고(온고이지신, 溫故而知

新)"[2] 하는 지혜로운 자세가 필요하다.

종교와 신앙에 대한 궁금증 해소에 도움을 주고자 제시된 글이 '종교와 religion', '종교와 신앙', '종교단체와 신앙단체', '영혼의 그물망 안에서 통곡하지 말고', '영혼의 자유를 찾아서' 등이다. 단편적인 신앙의 길에서 벗어나 더 높은 정신세계에서 '정신의 밝은 빛을 찾아갈 수 있는 길'이 무엇인가에 대한 관심은 자연과학 정신과 다름이 없다.

동양철학에서 변(變)하거나 변하지 않는 진리는 자연의 이치와 섭리이기에 자연법, 자연의 법도(法道), 음양의 도(道)라고 한다. 변하는 것, 변하지 않는 것은 변함이 없어서 또한 진리이기에 영원한 진리를 추구하는 것이 생명의 본질이자 불꽃이며 희망이다.

영원한 진리는 물질세계에서 찾을 수 없어 정신세계에서 구하는 것이 정신 수련이자 정신 공부로서 인간의 본래 밝은 성품을 다시 밝혀주고 있다.[3] 그와 같은 수련법이 선가(仙家), 유가(儒家), 불가(佛家), 도가(道家), 그리고 서교(西教. 그리스도교)는 어떻게 표현되었는지 분석될 것이다.

성인의 말씀과 가르침은 대우주에서도 변함이 없는 불변의 진리이기에 모든 인류에게 공감을 주고 보편적 삶의 길, 사람이 사람답게 살아갈 수 있는 올바른 길(正道)을 제시해주고 있다. 그의 말씀과 가르침은 다시 경전(經典)으로 부활하여 종교(宗教)의 길, 인류의 공동선(共同善)과 평화의 길을 밝힌다. 이와 같은 주제와 논지에 대한 설명은 필요하다.

밝음의 길을 추구하고 구가(謳歌)하는 것은 인간에게 내재(內在)된

---

2 『논어(論語)』「위정편(爲政篇)」
3 본래 밝은 성품(性稟)을 다시 밝힌다는 재명명(在明明)은 선가(仙家)의 수행 방향과 목적이다. 이에 대한 자세한 설명은 필자의 『역사에서 배우는 종교문화경영학』, 53~57쪽 참조

종교적 성향이자 종교(심)성이며 종교성 중에 최상의 길, 사람다운 사람의 길, 종교의 길이다. 그러한 공부의 과정에서 끊임없는 정신 수련의 길을 찾아가는 모든 학인(學人), 후학(後學)은 인류 문명사(史)의 밑거름이 되어 정신문명을 밝게 비춰줄 것이라는 희망도 담아보았다.

한 종교학자가 종교의 길을 묻고, 경청하고 공부하며 답을 구한다. 장시간의 세월 동안 찾아다녔던 그 길에서 안착하면서 학습하고 경험한 분야는 인생의 길을 돌아보는 계기가 되었다. 어느덧 노년기를 맞이하여 '무엇을 찾고자 여기까지 왔는가!' 하고 회고(回顧)해 보았다.

물질적 정신적으로 국가와 사회에 범죄(犯罪)하지 않고 사람다운 사람으로 살아가기는 길이 쉽지 않으나 정신계의 풍요로운 길은 항시 열려 있다.

나의 얼, 정신(情神)의 빛을 밝히기 위해 찾아가는 길, 올바른 길은 우리 곁에 있다. 그러한 길을 가르쳐 주신 분들께 필자는 삼가 감사함의 심정(心情)을 올리며 항상 정성을 다하는 아내에게 고마운 마음을 전하고 싶다.

2023년 10월 구정산(九政山) 자락에서 학담(鶴潭) 안 병 로

제1장 마음의 여로(旅路) 17

제1장 마음의 여로(旅路)

1. 나, 너, 그 누구, 우리는 누구인가?

나와 너는 누구이며 누가 나이고 너인가?

그 누구는 또한 누구이며 우리가 될 수 있나?

너, 나, 그 누구라는 의미가 하나의 조화로운 울타리가 되었고 묘용(妙用)의 가치로 등장한 용어가 우리라는 개념이 되었구나!

그 누구는 너도 아니고 나도 아니면 도대체 누구이기에 너와 나의 길에 있는가?

이 세상에 너와 나의 길 외에 그 누구의 길이라고 하는가?

나와 너, 그의 길 그리고 우리의 길이 과연 있는지?

있다면 어떠한 길이며 우리 모두 함께 갈 수 있는 길인지 궁금하다.

내가 가는 길이라고 하는데, 그 길이 과연 나 홀로 처음 가는 내 길이며 내가 옳게 가는 길인지?

내가 가고 너도 가고 그 누구도 가는 그 길이지만 나 홀로 가는 길이며, 있다면 참으로 외롭고 험난한 길이며, 유일한 개척의 길이 되겠다.

하지만 그 길 또한 유일하시만은 않은 길이라 하늘 아래 펼쳐진 정신(세계)의 길이며, 순환되는 무명의 길이기에 역설적으로 길 없는 길, 그 누구의 길만은 아닐 것이다.

아니면 생의 울타리를 벗어나지 않은 우리 안에 있는 길, 우리의 길일인지도 모르는 길인가?

그러한 길을 누가 막아서고 누가 나를 흔드는 일이 생길까?

우리 주변의 모든 사람이 내가 가는 길이 있어서 가고 있다면 흔들고 막을 사람 없고 그 모든 사람이 가는 길 또한 너, 나 그리고 그 누구와 우리가 그 길을 막지는 않는다.

가는 길에 흔들고 막는 자는 내 마음이며, 내 마음의 길에 풍상우로(風霜雨露)가 있어 태산준령 같은 곡예를 펼치고 있으나 하늘 아래 사상적 마천루이며, 태산 밑에 한 단원의 무대에 놓인 각본의 길이 아니었던가?

무명(無明)의 길이 여러 현상 속에 다양하고 묘용(妙用)의 길 그리고 조화와 하나의 길로 이끄는 정신의 길, 인생 순례자와 같은 길은 지금도 유명(有明)의 길에서 무명의 길로 이어지고 있어 그 길은 그저 대자연 속의 길, 정도(正道)라야 할 것이다.

아름다운 마음 순수한 마음은 마음속의 거울이며, 정신의 빛이며, 영혼의 밝음이기에 그 심경(心鏡)은 순진무구한 자연의 빛과 같다.

그 빛은 무지개 색깔을 하나로 모아놓은 색 아닌 색으로 표시된 햇빛, 광명의 빛, 생명의 빛으로 찬사 되어도 그저 무명의 빛이자 색이기에 흰색이라고 하나 흰색은 색이 아니라고 말하지 않는가?

아름다운 마음은 햇빛과 같아 그저 순수하기에 순수한 마음이다.

그러나 그 마음에는 모든 것이 하나의 비물질적인 에센스(essence) 처럼 농축되어 있어 조화와 융화의 길이 무한(無限)하기에 말로 다 표현할 수 없을 정도로 무구(無句)하다.

순진무구(純眞無句)한 마음이 햇빛 같은 자연스러운 마음이기에 천하를 밝히고 천하를 감동하게 한다.

그와 같은 마음을 가진 사람이 사람다운 사람이 아닐까 한다.

작은 일에도 감사하며 감동할 줄 알고, 소소한 대상(對象)과 대물(對物)에서도 자신을 돌아보고, 오늘도 생명의 빛과 환희(歡喜)에 감사하는 순수한 마음은 밝은 빛을 발하기 때문에 모든 것을 살리는 생명수가 되어 또한 맑은 마음을 가진 사람이 된다.

그러한 마음을 가지고 누구나 단 하루라도 간직하고 살 수 있다면 사람다운 사람이 될 수 있으며, 잠시라도 느꼈다면 순수한 마음을 소유하신 분이라고 생각합니다.

마음자리에 머물러 있으면 마음으로나마 조용히 음미하고 미소 지을 수 있어 순수한 미소는 지을 수 없는 영혼의 창이자 빛입니다.

아름다운 미소는 마음의 밝은 샘에서 흘러나오는 옥수(玉水)와 같아 아름다운 마음을 형성시켜 아름다운 사람이 되어갑니다.

2017년 10월 3일

2. 본래의 밝음으로

저 멀리 아득하게 보이는 파란 바다의 모습처럼
맑은 하늘의 햇빛이 만사만물(萬事萬物)을 비춘다.
무성한 나뭇잎마다 정겹고 눈부시다.
녹음방초(綠陰芳草)의 계절을 보내고
어느덧 곱게 물든 단풍이 나를 맞이한다.

멈출 수 없는 자연의 계절이기에
창문 넘어 밝고 온화한 따사한 햇빛이여,
빛나는 별빛들도 나의 마음 나의 가슴 속까지
환히 비추어 본래의 밝음이 다시 찬연하게 빛나게 하소서

2017년 10월 19일

3. 북(北)동(東)남(南)서(西)를 바라보며

북(北)
쪽 하늘의
칠성(七星)이
천명(天命)의 뜻을
밝히고 북극(北極) 중천(中天)
자미궁(紫微宮)의 뜻이 온 천하에 드러나니
대광명처(大光明處)의 기운이 새벽을 깨우고 있네.

동(東)
천(天)에 일출(日出)하니
대지(大地)가 환영하듯
만물이 꿈틀거리며 고개를 들고
광명의 기운을 흡기(吸氣)하고 있네.
천하 생명의 조화 기운이 쉼 없이 밤낮 또한 없구나.

남(南)
녘 하늘에
밝고 청명한 기운이
생(生)생하기를 거듭하고
충기(冲氣)가 팽창하니
음양오행(陰陽五行)의 기운으로
변화를 거듭하고 성장하면서 새롭고 새로워지네.
그렇게 새로워진 사방의 기운이 조밀 조밀하게 가운데에 모이고 모여
중앙오토(五土)의 가운데 자리로 욱여들어 가면서 하나의 점을 이

루네.

그 기운으로 뭉치진 점에서 또다시 융합(融合)을 이루다가 어느새
분산되는 기운이 서서히 육합(六合)의 방향, 사방팔방으로 퍼져 나
아가네.

그렇게 모였다가 흩어지면서 생(生)하고 생(生)하기를 끊임이 없으니
형성된 변화의 열기가 탱천(撑天)해지다가 자못 충천(衝天)하는구나.

이러한 천지(天地)의 기운이 묘용(妙用)을 이루어 가면서 기묘(奇
妙)한 생명의 찬가가 천지에 가득하네.

서(西)

천(天)에

일몰(日沒)하니

땅거미가 욱여들어 오고 있어

발길이 빨라지다 보니 주변이 분주(奔走)하다. …

어느덧 머리를 들어보니 초롱초롱한 하늘의 별들이

나를 보고 있고 해맑은 미소가 살포시 심신을 적셔주네!

눈뜨고

눈 감으니 일월(日月)이 바뀌고

한 마음 삼켰다가 토해내려고 하니

귓가에 들리는 소리, 아서라.

길 없는 길가에 북서풍이 불기 시작하면서

어느새 년 말이 가까워지고 있습니다.

조(朝)

여(如)

청(靑) 사(絲)

모(暮) 성(成) 설(雪)이라고 하였나요?

거울
속에 나는
어느 사이에 늙어 있고
마음속의 나는 예전과 같은데
무정한 세월은 유수(流水)처럼 흘러갑니다.

일(日)
모(暮)
도(途) 원(遠)이라 하였듯이
해놓은 건 없고 나이는 어느새 중년을 넘어
노년기의 문턱에 걸쳐 있네요.

낙(落)
조(照)
라는 말과 같이
짧은 세월에
주마간산(走馬看山)처럼
흘러간 인생의 길이 아니길 바랐지만
무정한 그 세월이 말없이 달래주듯이
어느 날 만들어 낸 저녁노을에 비친 만물상은
아름다우나 만감이 교차하네요.
그래도 하루하루 무엇인가 최선을 다해 살아야겠지요.

늘
말 없는

자연 속에
사계절이 찾아오고
어디선가 불어오는 바람처럼,
흘러가는 물처럼,
밀려오는 파도처럼,
하얀 물거품을 토해내며
산산이 부서지고 있는 격랑(激浪)의 파도처럼
삶이 우리를 스쳐 지나가고 다시 온다고 해도,
… … …
사는 그날까지는
초심을 잃지 않고 보람차게 살아야겠지요.

사는 동안 묵좌식상(黙坐息想)으로 이어지면
한 하늘 아래 한 지역에 있듯이 한마음을 이루고 있어
정일집중(精一執中)의 자세로 평온한 마음이면 좋겠습니다.

항상 새로워지며 발전되어 가는 일이 생동하여 사람과 함께하는
희망으로 남겨지는 나날이 되기를 바랍니다.

건강과 즐거운 일이 늘 함께하여 행복하소서.

2017년 12월 8일

4. 울부짖음이 아닌 생명찬가(生命讚歌)의 시대로

인생의 시작은 왜 울음소리부터일까!

자궁(子宮) 속에 순수한 자아(自我)가 안전하게 착상되니 생명의 율려(律呂)가 충천(衝天)한다.

모태(母胎)의 보호막인 양수(羊水) 안에서 한 호흡 곱게 일구어내어 다시 토해내는 생명의 기운이 고고한 여명의 율동(律動)이 되었다.

생명의 호흡이 활발하니 성장의 변화를 거듭하며 살포시 위치가 조정되니 때와 시기가 주어지네.

만삭의 때가 이르러 생명의 에너지가 용트림한다.

활기찬 그 기운이 천지에 고(告)하려고 하늘의 문을 두드리자 출생의 신고식이 눈앞에 다가온다.

그는 주어진 소명과 감당해야 하는 일이 있기에 더 넓고 밝은 생명의 네트워크 세계를 향하여 출생의 그 시간을 기다리고 있구나.

하지만 하늘은 얼마나 많은 생의 난관이 기다리고 있는가를 미리 알고 계셨기에 그에게 태어날 때 울기부터 준비시켰을까!

보람 있게 살려고 열심히 노력하며 땀 흘려 힘껏 벌어도 하루 세끼면 만족할 수 있고, 기껏 살아도 봐도 꿈같은 백년(百年)은 우주의 찰나(刹那)가 되겠지.

가족과 함께 추위를 피할 수 있고 만찬도 할 수 있으면 그곳은 행복의 보금자리이겠지.

다만 유혹에 물든 세상의 자리에 연연하지 말고 비록 부족한 삶에 슬퍼하지 말고 불편한 생활이 뒤따른다고 할지라도 탓하거나 비관하지 말자.

어차피 내 그릇에 담긴 물이 아니겠는가?

늘어난 재물은 근심을 불러오고, 높아지고 높아질수록 외로움을 곱하는 지위는 누군가 말하는 행복한 삶과 반비례하고 있으니, 평상심을 찾아 비운 마음일수록 부유한 천명(天命)이 아니겠는가!

천명(天命)의 자세를 지킬 수 있고, 그 자리 또한 가장 건강하고 안전한 중심 자리이기에 천심(天心)으로 심축(心軸)이 되는구나.

아무리 비우고 비운다 한들, 다 비울 수 없는 것이 사람의 마음이지만 어느 날 찾아오는 탐욕이 분수를 넘어 출렁이거든.

모태에서 생명의 양수로 보호된 천운(天運)의 흐름대로 낮고 낮은 곳으로 흐르는 물처럼, 자연의 섭리에 귀 기울이고 고고한 천심의 울림을 외면하지 말아야 한다.

어느 순간 찾아온 오욕(五慾)과 칠정(七情)은 사라질 유무형의 존재지만 물의 기화(氣化)처럼 따뜻한 마음으로 승화시키면 저렇게 푸르고 푸른 하늘로 돌아갈 것이네.

모태의 양수(羊水)가 새 생명을 품어 고이 감싸 안고 그를 탓하지 않듯이 자연의 물도 여타의 그릇을 탓하지 않는다.

탓하는 것은 자타(自他)의 마음이고 속성이나 그것이 자연스러운 물의 모습처럼 본래의 형상을 찾아 이루면 물은 그릇을 탓하지 않고 세상을 탓하지 않는다.

자연의 세계가 각박한 세상을 만든 것이 아니고 분수에 넘치는 인간의 마음이 각박한 세상을 만들어 놓았구나.

태어날 때 생명의 찬가가 야성(野性)의 울부짖음이 되지 않기 위해…

그러한 세상에서 벗어나 금선탈각(金蟬脫殼)의 정신과 형상으로서,

모태에서 다시 태어날 수 있을까?

천명의 뜻을 받들고 본래의 밝은 성품(性稟)을 다시 밝히시는 성인(聖人)은 오시고, 다시 본연의 자리로 돌아가셨을지라도 아! 어찌 만삭의 이 시대 이 시기에 우리 민족을 외면하지 마시고, 울부짖음의 생명을 생명의 찬가로 승화시켜 살아갈 수 있도록 굽어 살펴 주시길 바랍니다.

하늘의 섭리에 따르는 간방(艮方)의 기운이 어느덧 밝고 청아(淸雅)해지면서 고고한 외침으로 다시 울려 퍼져 지금의 이 땅에 이루어지기를 삼가 심원(心願)하며 북극 중천(北極中天) 자미궁(紫微宮)에 고(告)합니다.

2017년 12월 16일

5. 만공(萬空)의 빛처럼

절차탁마(切磋琢磨)를 벗 삼아
태산준령(泰山峻嶺)을 오르고 또 오르고
다시 넘고 넘어가면서 쉼 없이 살아왔고,
완성을 지향하고자 심신(心身)의 단련도 병진(竝進)해 보았다.
그것이 나름의 역량을 조금이라도 함양시켰다면
세월은 삶의 감로수(甘露水)가 되었겠지!

다시 찾아온 봄기운은 완연해졌고
저마다 인향만리(人香萬里)의 뜻이
널리 이루어지기를 기원해 본다.

오늘도 다듬어가며 되돌아보고,
가꾸어서 헤아리는 인생의 문은
삶의 여정과 동행하듯 열려 있고
어느덧 나 홀로 가야 할 길은
머나먼 길이며 한이 없듯 적막하기만 하다.

연못에 비치는 고요한 달빛이
가슴 속에 살포시 들어오니
대자연의 기운이 만공(滿空)의 빛처럼
변화의 이법(理法)으로 펼쳐지고
생명의 율려(律呂) 또한 쉼이 없듯이
하늘의 성운(星雲)같이
그렇게 그대는 본래의 귀의처로
다시 돌아가길 원할 것이다.

2018년 3월 27일

6. 혜명(慧明)의 자양분을 공급해야

우리 몸속의 세포 하나하나가
생명의 꽃을 피워내는 에너지와 같다.
식물의 씨앗이 땅속에 묻혀 있을 때
본능적으로 생명을 발아시키기 위해
필요한 것은 적정량의 수분과 에너지다.

주어진 임무를 완수하기 위해 혹독한 날씨를 견뎌내고
해충과 독을 이겨내어야만 생명의 빛은 자연 위에 드러난다.
생명의 빛을 쏘아 올리기 위해서 때로는
자신의 일부를 포기해야 할 경우도 발생한다.
진정한 가치와 자태를 드러내기 위해 선택의 여지가 없었다.
그러나 서로가 얼마나 자랐는지 겨루거나 평가하지 않는 것은
자연스러운 생명의 조화로움에 있다.
인간도 식물의 씨앗처럼 많은 난관을 헤쳐 나아가야
희망의 빛을 바라볼 수 있다.
내면의 지혜에 더 많은 관심과 노력이 요청되기 때문이다.
지혜로운 모습은 꽃의 향기로움과 같아 자연스럽게
거듭나도록 혜명의 자양분이 잘 공급되어야 한다.
힘이 달리면 스스로가 기운을 추스르고 내일을 향한
자신의 성장에 기뻐할 뿐이다.

2018년 3월

7. 시간과 공간 속에서

대자연의 무한한 공간(空間)에
언젠가 시간(時間)이 생겼습니다.
수 억겁(億劫) 속에
인생은 찰나(剎那)의 존재라고 합니다.

찰나가 모여 한순간(瞬間)이 되고
한순간의 일이 쌓이면 시간(時間)을 형성하면서
어느덧 '인생의 굴대'가 시작됩니다.

적막강산(寂寞江山)에 지나가는 바람처럼
흐르는 물과 같이 시간이 지나가니
동천(東天)에 태양이 솟구쳐서
이른 아침을 알리고 오전(午前)이 되어
잠시 중천(中天)에 머물다가 어느새
서천(西天)으로 기우니
오후(午後) 시간으로 넘어갔습니다.

밤을 이루고 빛나는 별들은 천상(天上)의 야경(夜景)을
아름답게 단장했습니다.
그렇게 순간순간의 시간이 하루를 보내고
엊그제 같은 나의 하루가 어느덧 오늘의 삶에 이르러
인생의 궤적(軌跡)을 이루었습니다.

오늘의 하루가 마지막 삶의 순간처럼 여기고

한 마음 모아 정성을 다하다 보면
자신을 되돌아볼 기회가 마련되고
마음의 여유도 생겨서 시·공간의 세계에서
더 넓고 멀리 볼 수 있는 인생의 안목(眼目)이 열립니다.

누구나
한평생(平生)의 노정기(路程記)를
되돌아볼 수는 있겠으나
그렇게 인생은 되돌아갈 길이 없습니다.

오직 인간만이
지나간 세월을 아쉬워하며
돌이킬 수 없는 시간을 후회합니다.

기다림이 없는 것이 말 없는 세월이지만
사람은 말할 수 있는 세월을 기다립니다.

2018년 4월 22일

8. 누군가를 기다렸다면

누군가를 기다렸다면
설렘의 꽃이 되었을 것입니다.

산에서는 산꽃이,
들에서는 들꽃이
누군가를 맞이하였다면
반가움을 드러내는 웃음꽃이 되었을 것입니다.

산 위에서 누군가를 기다렸다면
우리는 그와 함께 내려올 수 있을 것이고
강가에서 누군가를 기다렸다면
우리는 그와 같이 강을 건널 수 있습니다.
들녘에서 기다렸다면 그와 식사를 함께 했을 것이며
배가 고파도 식탁에서 가족을 기다리면
우리는 가족과 같이 만찬을 할 수 있고
행복한 노래도 다 함께 부를 수 있습니다.

우리가 다 같이 할 수 있는 것은
상대를 기다려 주는 마음입니다.
기다려 주지 않는 것이 시간이라고 하지만
기다릴 수 없는 것은 우리의 바쁜 마음뿐입니다.

말없이 기다려 주는 사람은 언제나 아름답습니다.
어떤 기다림이든 기다림은 설렘입니다.

설렘은 희망이고 행복입니다.
희망이 담긴 설렘도 달마다 담겼을 것입니다.

벌써 10월의 끝자락에 도달했습니다.
10월에 누군가를 기다렸다면,
한해의 끝자락도 함께 맞이하겠으나
걱정도 어쩌면 두 배였을 것입니다.
설렘과 감동의 울림이 퍼졌기 때문이겠지요.

2018년 10월

9. 일곱 번의 삶의 변화와 길에서

인연(因緣) 따라 귀하고 귀한 한 씨알(●)이 모태에서 포태(胞胎)·양생(養生)되어 육합(六合)의 중앙에 영아(嬰兒)로 태어났다.

하지만 그는 왜 그렇게 울면서 천상천하에 출생신고를 하는가?

조물주께서 본래 삶의 길이란 그리 순탄치만 한 것이 아니라는 것을 주지(周知)시켜 주기 위해 우는 연습부터 시켰을까?

여러 생명 중에 스스로 움직이지 못하는 외형적으로 나약한 그의 모습이다.

그는 색다른 새로운 생활환경에서 영·유아기를 거쳐야 하는 두 번째 삶의 여정이 시작된다. 조건 없는 사랑과 보호관찰에서 벗어나 점차 배움의 시기가 도래했다.

학(學)과 습(習) 그리고 학습(學習) 시간이 반복적으로 진행될 때 비로소 여러 생각과 의문이 일어나고 의지(意志)와 입지(立志)가 형성되며 행동으로 드러나게 된다.

하지만 바르지 못한 생각과 언행이 쌓여 습관화되면 성격 형성에도 나쁜 영양을 주기도 한다.

그렇다고 습관이 그의 성격이자 운명이라고 단언할 수 없다.

다가오는 세 번째 삶, 청소년기를 맞이하기 위해 준비과정이 필요하다.

삶의 방향과 목표를 정하기 위해 다양한 학습과 경험 축적이 뒤따라야 하므로 공부할 것이 많다.

인간이 호모 에티쿠스(homo ethicus, 윤리, 도덕적 인간)이나 또한 호모 아카데미쿠스(homo academicus, 교육적 인간)이다.

따라서 후천(後天)의 올바른 교육은 인성(人性) 함양, 영적 성장과 선천의 밝은 빛을 다시 밝히도록 하는 것이다.

그것은 만물의 영장(靈長)인 사람다운 사람으로 거듭나는 데 필요한 절차탁마(切磋琢磨)의 과정을 포함하고 있다.

즉 수기안인(修己安人)의 길이 인도(人道)의 길 중에 하나다.

자연의 법도에 따라 천명(天命), 천운(天運) 등도 있겠지.

하지만 후천적 생활환경과 교육 및 부단한 노력에 따라 각자의 성격과 운명이 바뀔 수 있고 나름의 삶이 결정될 경우도 있을 것이다.

광명의 행성(行星), 지구에서 가장 많은 포태양생(胞胎養生) 과정과 변화가 발생하듯이 그와 같이 학습과 성장 발전을 위한 빛나는 청춘이 청년의 길이다. 그 길 역시 성숙함에 필요한 변화의 길이며 중년을 맞이하기 위해 경험과 실제의 작업을 일구어내는 기간이다.

어느덧 스스로 책임을 져야 하는 생각과 말과 행동이 자기 삶을 이끌어 가면서 새로운 삶의 기회가 네 번째로 다가온다.

결혼(結婚)이다.

그렇게 독립된 한 가족의 삶이 내외적인 공동체 의식에서 이루어지면서 성숙의 과정이 이어지고 있다.

오욕칠정(五慾七情)을 거듭 잘 관리하고 있을지라도 그 가운데 여러 가지 슬픔이 닥쳐오면 누구나 남모르게 한없이 울었던 때도 있었겠지.

어느 날 세대교체가 이루어지면서 다섯 번째의 시기를 맞이했으나 모르고 지나가는 행운의 길도 있을 것이다.

내일을 위한 변화의 섭리는 변화의 소리 없이 진행되고 있다.

불현듯 아름다운 저녁노을에 떠오르며 스쳐 가는 영상이 비치면서 자연스럽게 회광반소(回光返照)의 길이 비미하지만 열리기 시작한다.

이것이 여섯 번째의 삶의 길이다.

오직 자기 스스로가 성찰하며 판단하고 결정할 수 있는 길이기에 많은 사람이 그러하다고 쉽게 공감하거나 수긍하지 않는다.

어떤 사람은 그 길에 자신의 풍요로운 마음, 정신의 밝은 빛 그리고 혜안이 가득하기를 기대하면서 공부한다.

비가시적인 새 생명의 잉태를 축복하며 오늘의 청정한 기운에 또한 감사하는 것이 일곱 번째의 삶을 정리하는 것이 아닐까 한다.

바르게 살고자 몸부림치는 것이 하늘에 대한 호소가 아니라 불투명한 삶을 스스로 헤쳐 나아가며 극복하는 순박한 모습이 '성속일여'의 섭리에 따르는 지혜로운 길, 순례의 길, 영혼의 빛을 밝히는 길이다.

인생이 고해(苦海)이며 무상하며 허무하다고 생각하고 말하는 범주에서 벗어나기 위해 하늘은 우주에서 빛나는 별들을 만들었다.

그 별 중의 하나가 지구이며 지구라는 인생의 학교에서 나름대로 학습한 것과 행실(行實) 그리고 작(作)에 대한 열매가 맺어지기를 기원한다.

그러한 것들을 남기는 것은 삶의 행적이자 학인(學人)의 길이며, 또한 변함없는 인류문화이기에 발전된 인류(人類) 문명사(文明史)로 이어진다.

2018년 10월 27일

10. 사람다운 사람이여!

사람다운 사람을 만나게 하는 시간은 사람이 되기 위해서 내면의 옷깃을 여미게 합니다. 그 시간은 오늘도 찾아왔습니다.

세상에서 가장 따뜻한 옷은 사람다운 사람의 마음, 수기이안인(修己以安人)의 마음이며, 사람다운 사람의 마음에서 나옵니다.

그 마음의 온도가 도덕의 가치와 정신을 새롭게 하고 저마다의 몸과 마음을 따뜻하게 하여 잔잔한 울림까지 주면서 새롭게 용기와 희망을 북돋아 줍니다.

사람다운 사람을 만나는 것은 또 다른 인생의 기회이자 전환점이 됩니다.

그가 누군가의 마음과 영혼을 감싸 안으면 포근하고 따사한 생명의 안식처가 되어 잔잔한 수면(水面) 위, 아래까지 볼 수 있게 이끌고 그의 정신세계에 의해 삶의 길까지 동반됩니다.

사람다운 사람을 존경하고 그와 같은 사람이 되기 위해 스스로 노력하며 나 자신의 옷깃을 여미게 하는 오늘의 시간은 항상 새롭습니다.

우리 모두에게 생명의 빛과 희망의 불꽃은 사람다운 사람의 마음으로 존재합니다.

언제나 사람의 몸과 마음을 따뜻하게 해줄 수 있는 사람다운 사람의 마음이 온정의 힘이 되고, 사람의 힘과 용기가 되어주고 있어 이 세상에 따뜻한 사람 마음의 옷으로 남을 것입니다.

남겨진 12월은 또한 사계절의 시작이고 새로운 삶의 준비기간입니다.

다시 찾아오는 춘풍(春風)의 기운이 생명의 변화와 조화를 움트게 하듯이 따뜻한 온정의 기운이 누군가에게는 그의 육신과 정신의 그릇에 가득 넘쳐서 새 생명의 찬가가 울려 퍼지기를 기대합니다.

그러한 설렘의 시간이 오기를 희망하는 것은 사람다운 사람의 모습입니다.

못 다한 한해의 일과 남겨진 과제를 힘써 이루기 위해 동천(東天)의 서광(曙光)은 다시 신년을 밝혀줄 것입니다.

이처럼 변함없는 사계절의 변화처럼 인생도 성숙과 완성을 위해 더 나은, … 그리고 신년을 기다리는 사람다운 사람이 온 사회에 충만하길 기원합니다.

2018년 12월 1일

11. 내일이 있기에

내일이 있기에 희망을 품었고, 희망이 있어 오늘이 나를 일으켜 세웁니다.

오늘의 하루가 헛되지 않도록 노력합니다.
비록 우주 시간과 비교할 수 없지만 헛된 시간이 되지 않도록 하는 것, 그 무엇이 나를 새롭게 하고자 합니다.

내일이 있기에 오늘이 보람차고 할 수 있는 일에 긍지를 가집니다.
삶의 가치가 포함되어 있어 용기를 내어 다시 한 걸음 더 정진하고자 합니다.

내일을 위한 오늘의 성찰은 부족함을 발견하고 느긋한 마음으로 되돌아가고자 합니다.
하지만 실수와 오류 등을 수정하고 발전적으로 보완할 기회를 놓쳐 때로는 당혹스럽고 안타깝기도 합니다.

내일이 있어 오늘의 시간은 고귀합니다.
알찬 시간이 되도록 미루지 말아야 보람찬 오늘이 있습니다.
마무리를 위해 최선의 노력을 다하는 지금의 시간은 내일이 있기에 희망이고 신년의 희망은 나의 존재와 자존감을 지켜주고 있습니다.

내일이 있어 오늘의 삶은 정신적 여유를 좀 더 풍요롭게 하였고, 조급함을 멀리하기 위한 인생의 여정은 내일이 있어 영원한 정신세계의 길이 되었습니다.

2019년 10월 7일

12. 자연의 향기처럼

들녘에 들꽃들이 군락(群落)을 이루고 있으나
산에는 산꽃이 예전처럼 보기 힘든 세상이다.
그 꽃들의 자태와 향기가 없지는 않으나
천태만상으로 취산(聚散)의 인과(因果)가
바람에 불려 날려가는 그 무엇과 같다.

봄의 향연(饗宴)은 생명의 약동(躍動)처럼
상생의 조화를 이루듯이 그럴듯한 각종 행위와 여세는
생존의 도구로 포장되었구나.
그러한 형상들을 보고 나의 여정(旅程)을 돌아보니
무정한 세월에 묻혀 있으나 없어지지는 않은 것은 있다.
가깝고도 먼 거리에서 시간의 흐름에 따라 들려오는 그 소리,
소쩍새와 두견새의 소리가 청둥오리와는 무엇이 다른 것인가!

어느덧 곱게 핀 할미꽃과 들국화의 자태가
자연의 향기를 음미(吟味)하고
구가(謳歌)하는 것처럼 고요하기만 하다.

2021년 4월 12일

13. 무색(無色), 무취(無臭), 무명(無名), 무상(無相)한 마음의 길, 천하를 감동하게 한다

마음은 무상(無相)이나 우리는 어떠한 모습일까?

나는 누구이며 너는 누구이고 누가 나인가?

너와 나 그리고 우리는 누구인가? 그 누구는 또한 우리 일부인가?

그 누구는 너도 아니고 나도 아니면 도대체 누구이기에 너와 나의 사이에, 어떠한 마음을 가지고 우리 일부로 때로는 전부로 살아가고 있는가?

어쩌면 너, 나 그리고 그 누구라는 의미는 드러난 유상(有相)이지만 우리, 우리 사회라고 한다.

우리라는 범주가 무상(無相)의 정신적 요소로 존재하고 있어 사회적 구성 요인의 핵심체가 된다.

우리의 마음에는 동질성을 표현하는 언어와 문화사상 등이 포함되어 있다.

마음은 내면세계의 오욕칠정(五慾七情)과 직결되어 있어 각양각색(各樣各色)이지만 보여줄 수 없는 비물질이기에 없다고 하지 않는다.

유가(儒家)에서 본래 마음은 천심(天心), 불가(佛家)에서 불심(佛心)이라고 한다.

그 모두 다 사람의 마음으로 무색, 무취, 무상하지만 내 존재가 없으면 마음도 없다.

하지만 어찌 무아(無我)를 생각하고 무아를 논하고 기대하며 무아라고 말할 수 있겠는가! 무아의 길이 아니라 무명(無名)의 길, 육신의 눈으로 보이지 않는 그 길이나 정신적 유명(有名)의 길이다.

작지만 큰 질문, 마음에도 길이 있는가?

왜 너와 나의 길 외에 그의 길, 그 누구의 길, 우리의 길이라고 말하는가?

나와 너 그리고 그의 길이 과연 있다면 그 길을 가고 있는 사람의 마음은 무엇인가?

왜 그러한 길을 가고 있나? 우리 공통의 길은 있는지!

마음의 길이 실생활의 전부는 아니겠으나 정신적 지주가 되어 삶의 중추적 역할을 하고 있다.

내가 가는 길, 과연 나 홀로 처음 가는 길이며 바르게 가고 있는 길인지?

내가 가면, 너도 가고 그 누구도 함께 가는 그 길도 있겠으나 어쩌다 그렇게 가는 길, 초행(初行) 길이었다면 그 길은 참으로 외롭고 험난(險難)하여 고난이 반겨주겠으나 여여(如如)해지면 그 또한 성숙의 길이 될 것이다.

하지만 이 세상에 유일한 길은 없기에 그저 하늘 아래 펼쳐진 다양한 순례의 길이며 눈으로 볼 수 없으나 순환되는 무명(無名)의 길, 정신세계의 길이기에 일반적인 눈으로는 길 없는 길로 보여 무색(無色)의 길이 되겠지!

그 누구의 길도 아닌 우주 생명의 울타리에서 벗어나지 않은 길, 우리 안에 있는 길인지도 알지 못하고 가는 길도 물론 있을 것이다.

더욱이 유명(有名)에서 무명으로 (걸어) 나아가는 길이 너, 나 그리고 우리를 혼란스럽게 하거나 방황할 수 있는 길이 되지 않을까 하는 불안을 증폭시킬 수도 있다.

모든 사람이 함께 가는 길, 나, 너, 그 누구 그리고 우리의 길은 천명(天命)의 길이기에 막을 수는 없다.

대자연에 율려(律呂)가 있어 음양(陰陽)의 동정(動靜)이 발생하고 그의 섭리와 이치가 생생(生生)과 변화(變化)의 법도를 일구어 우주의 하늘은 생명체의 대덕(大德)이 되어 이 땅에 대혜(大惠)를 베풀고 있다.

무명한 하늘의 길은 천도(天道)가 되어 대자연과 함께 운행하듯이 하늘과 땅의 형상을 본받은 사람은(천도지후 '天道地厚'[1]) 인륜의 길, 인도(人道)의 길을 걸어간다.

그 길을 가고 있는 사람의 마음도 그러한 자연의 일정 부분을 가지고 있어 보편적 도덕(道德)적 가치와 실천을 외면하지 않는다.

소우주인 사람의 마음이 걸어가고자 하는 길, 그의 진솔한 사회적 가치 환원의 의미와 존재는 비록 아직 드러나지는 않은 상태에 있으나 자연의 섭리처럼 항상 공존하고 있어 오늘도 펼쳐지고 있을 것이다.

내 마음의 길에는 이십사절기(二十四節氣)에 따라 풍상우로(風霜雨露)가 뒤따라온다.

천상(天象)에서 펼쳐지는 조화와 저 산마루 위에서부터 산 계곡 아래로까지 내려 퍼지는 바람과 같은 곡예가 변화무쌍하게 펼쳐지고 있다.

인생은 하늘 아래 사상적 마천루(摩天樓)이며 인생 무대 위에 놓인 무지개와 같은 각본의 길이 아닐 수 없다.

그러나 그 길에는 누구에게나 정신적 성숙과 발전이 뒷받침되었기에 삶의 전부가 고해(苦海)이거나 구름 같은, 부평초와 같은 것은 아

---

1   봉우 권태훈, 『백두산족에게 告함』, 정신세계사, 서울, 1989, 100쪽
"머리가 하늘이 되고, 배가 땅이 되고, 얼굴의 이목구비발(耳目口鼻髮)로 하늘의 오행(五行)을 본받고, 또 얼굴 위의 일곱 구멍으로 북두칠성을 대응하고, 아래 부분의 두 구멍으로 남극의 2성(二星)을 대응하고, 뱃속의 오장육부로 땅의 오행을 본받았다. 이것을 사람이 천도(天道)나 지도(地道)에 응해서 생겼으며 그리하여 사람의 몸 또한 작은 천지(소천지)라는 것이다."

닐 것이다.

그와 마찬가지로 무명(無名)의 길이 될 수 있겠으나 유명(有名)의 길도 함께 있다.

여러 현상 속에 다양하고 조화로운 길, 공동선(共同善)의 길, 하나의 길로 이끄는 영원한 정신세계의 길은 순례자(巡禮者)의 길이 되듯이 지금도 유명의 길에서 무명의 길로 말없이 속절없이 이어지고 있어 그 길은 그저 대자연 속에 길, 깨우침에 이르게 하는 정도(正道)이다.

본래의 순수한 마음은 단아(端雅)하고 청순(淸純)하여 마음속의 거울이며 순진무구한 자연의 빛과 같다.

이처럼 심경(心鏡)은 무지개의 색깔이 아니라 색상이 없는 빛, 밝은 빛이나 무색이기에 현상과 조화는 다양하다.

그저 무명의 빛이자 색이기에 흰색이라고 하지만 흰색은 색이 아니라고 말하지 않는가?

오직 생각하고 느끼며 감지할 수 있다고만 말하는 곱고 아름다운 마음은 빛과 같아 그저 우리 본연의 마음이다.

그 마음의 길은 무색(無色), 무취(無臭), 무명(無名), 무상(無相)의 빛이기에 또한 빛을 앙명(昻明) 하는 마음이 되었고, 사회적 가치로 다시 환원되어 천하를 감동하게 한다.

2019년 10월 20일

14. 님의 소식을 접하고 나서

누가 불가(佛家)의 법륜(法輪)을 굴리나!
누가 진법(眞法), 상법(像法), 말법(末法)의 시대가 있다고 말했는
가?
삼천 년 불법(佛法) 시대의 법륜 속에
좌불(坐佛), 입불(立佛)의 시대를 거쳐
행불(行佛)의 시대를 맞이하여
민중의 상처와 눈물 닦아주신다는
아미타불은 오셨는지? 찾으셨는지요?
어디에 계시는지! 뵐 수는 있는지, 너무나 궁금하기만 합니다.

진아(眞我)를 발견하고자 스스로 입산(入山)하여 변화를 거듭하니
인산(人山)이 맞이합니다.
임이 하산(下山)하여 중생구제를 위해 준비하신 인산(仁山)의 길,
한 걸음 더 재촉하신 아미타불의 길, 아무도 모르게 쉼 없이 가는
길,
그 구도(求道)의 길이 도(道)와 덕(德)의 길,
도덕(道德) 구현의 길, 극락(極樂), 정토(淨土) 세계의 길,
대승(大乘)의 길이라고 알고 있어 든든한 버팀목이 되었습니다.

유럽에 가서 서천(西天) 하늘의 기운(氣運)을 온몸에 느끼고
주야로 학문의 궁구(窮究)를 거듭거듭 해보았습니다.
그리고 만법귀일(萬法歸一)로 이어지는
동천(東天)의 밝은 서광(曙光)을 찾고자
나는 본연의 의식을 가다듬고 다시 발걸음 옮기니

태산준령(泰山峻嶺)이 맞이해 주었습니다.
되돌아갈 수 없는 아주 멀고도 먼 길이 기다리고 있었으나
그 길을 가지 않을 수 없었고 중도에 포기할 수 없는 길이었습니다.

오늘도 내 모습을 돌아보며 그래도 그러한 산들이 있었기에
내 안에 나를 찾아가는 데 도움이 되었고
용기와 인내, 절제할 수 있고,
무엇을 할 수 있어도 하지 않고 극복하는 것
그리고 분수 등을 배울 수 있어
가끔 미소 지으며 고요히 숨을 쉬어보곤 합니다.

산(山)이 있어 기쁘고 반가운 소식이 되었고
행복했고 때로는 의지처가 되었습니다.
오늘도 초심을 잃지 않은 길, 정신적 지주 태산과 같은 길,
먼저 걸어가 보신 그 길이 인산(仁山)의 표상이 있어
대중 속의 인산은 그렇게 초연하기만 합니다.

남녘으로 뻗쳐 가던 붉은 기운이
어느덧 서천(西天) 끝자락에 머물면서
노을을 곱게 물들게 합니다.

2018년 1월 16일

15. 완성을 향한 삶의 길은 있는가?

노년이 되면 삶이 완성되는 것은 아니다.

타인의 말을 경청하는 것은 완성을 향한 삶의 한 부분이자 살아가는 길 중에 하나다.

올바른 깨달음의 길은 가르침을 구하지 않으면 찾기가 어렵고 사람다운 사람들과의 대화는 가는 길에 보탬이 될 수 있다.

자기 생각, 학습, 경험만이 옳다고 주장하지는 않고 서로간의 다름이 존재한다는 것을 인지(認知)하고 수용하기 때문이다.

더욱 자중자애(自重自愛)할 수 있는 것이야말로 삶의 현상세계를 감싸 안을 수 있는 내면의 완성을 향해 가는 지혜로운 모습이다.

예나 지금이나 회광반조(廻光返照)의 길은 열려 있다.

스스로가 완성을 지향하는 변화의 길은 오늘도 나를 부르고 있다.

2018년 3월 27일

16. 빛나는 사람이 있는가?

나, 너, 그리고 우리의 별은 어디에 있기에 어느 별에서 왔기에 라고 생각도 해보고 찾아보고자 하면서 언젠가는 돌아가려고 하겠지!

맑은 밤하늘의 별들이 청아(淸雅)하게 찬란하듯이 인간(人間)의 삶과 정신의 빛도 그렇게 빛나고 있는지!
모두는 아닐 것이나 빛나는 길이 있다.
우주의 별들은 그냥 별이지 인간처럼 못되게 별난 짓은 하지 않겠으나 그들도 고향이 있다면 그곳은 신적 영역일 것이다.

인간사(人間事)에 빛나는 사람, 사람다운 사람, 그 사람의 모습이 모두에게 감동을 주면 그 사람은 우리 곁에서 빛나는 사람일 것이다.

인간(人間)과 사람(四覽), 도대체 무엇이 다른가?
별같이 빛나는 사람, 사방(四方)에 빛나는 사람다운 사람, 사람의 마음에, 사람 사는 곳에 역사(歷史)의 사람(史覽)으로 남아서 별같이 빛난다.
빛나는 사람은 성현이시여, 역사의 굴레에서 다시 찬연(燦然)하게 밝혀져서 우리 곁에 생명의 호흡처럼 존재하고 생명의 광장에서 활기차다.

2018년 4월

17. 과거의 나를 넘어서야!

 나보다 중요한 사람이 많다고 생각했으나 언제부터인가 나를 하나씩 알게 되면서 나를 찾아가는 길을 보았다.

 익숙해진 길과 길들어진 내 마음에 변화를 발견하면서 꽃바람, 칼바람, 된서리 같은 것들이 여러 잔상에서 하나의 통로로 들어오고 나간다.

 사실과 다름이 있음과 없음이 그 무엇이겠는가!

 과거의 나를 넘어서야 이곳, 저곳을 떠날 수 있고, 내 안에 나를 깨우쳐 다름의 관계를 이겨내야 그곳에 이르게 된다.

 그것은 불가(佛家)의 대승(大乘)사상인 반야바라밀다심경의 핵심이자 공관(空觀) 사상을 초월하는 자연 철학적인 안목이자 자연과학의 기초다.

 갈 만큼 갔다고 생각하는 곳은 자신의 한계이자 경계이지만 아무에게나 보여줄 수도 또한 알릴 수 없는 정신세계다.

 공부하는 사람의 길이 한없고 끝이 보이지 않는다고 하지만 각자의 노력과 능력 그리고 한계는 있으나 닫힌 것은 아니다.

 그것이 계획에 따라 멈춰진 상황이자 새롭게 가야 할 길이라면 절대로 후회하지는 말아야 한다.

 내 마음의 천국과 지옥을 자연의 이치(理致)와 섭리로 생각하고 볼 수 있다면 걸어간 그 길에서 나는 무엇을 관조할 수 있을까?

 결국 모든 것이 나로부터 시작이고 나에게 구하고 가야 하는 길이 보인다면 종국(終局)에는 삶의 입지와 책무가 동시에 세워진다.

그러므로 세상과 삶은 결코 모두 색(色)이거나 공(空) 하지도 허무(虛無)하지도 않다.

　고해(苦海) 속에 창공(蒼空)의 뜬구름도 아니고 부평초(浮萍草) 같은 인생으로 남지는 않을 것이다.

　순조로운 심호흡의 시작은 내 생각과 정신세계를 더욱 중요시하고 잠시 멈추어 되돌아보면 오고 가는 길이 보인다.

　오늘도 어제처럼.

2020년 7월 28일

18. 낙정하석(落井下石)
−우물에 빠진 사람에게 돌을 던진다−

우물에 빠졌다는 말은
함정에 빠졌다는 것과 다름이 없다.
함정에 떨어지면 손을 뻗어 구해주기는커녕
구덩이 속에 더 밀어 넣고 돌까지 던지는 사람이
이 세상에는 널려 있다는 고사(故事)이다.
어려운 처지에 놓인 사람에게 온정의 손길을 내밀지 않고
도리어 괴롭힌다는 말과 같다.
이기주의가 만연한 사회에서 자주 발생하는 참담한 현실이기도 하다.

사람은 어려운 일에 처했을 때 비로소 그의 속마음과 지조(志操)를
알 수 있다.
일부는 평시에 함께 술과 음식을 나누고 지내면서
자기 심장을 꺼내어 줄 것처럼 말한다.
하지만 만약 머리털만큼의 이해관계만 얽혀도 서로 모르는 채
반목(反目)하면서 등을 돌리기도 한다.
하지만 절친함과 의리를 강조하는 친구나 지인들이 서로 틀어져
거들떠보거나 위해를 가하지 않아야 고유의 이름값을 한다.

시대가 변해도 사리(事理)에 올바르게 임하는 인간은
사람다운 사람이며 현대판 군자일 것이다.

2021년 1월 14일

19. 불치하문(不恥下問)
–아래 사람에게 물어도 부끄럽지 않다–

모르는 것이 있으면, 귀천을 불문하고 할 수만 있다면
그 누구에게나 기꺼이 물어 볼 수 있어야 한다.
인생은 학습하며 이웃과 더불어 살아가야 하기 때문이다.
그래서 인생이 이러하다고 말한다.
자기와의 다툼이며, 싸워 이겨야 할 대상은
타인이나 세상이 아니라 바로 '나 자신'이라고.
내가 나를 극복할 수 있다면 험한 세상도 이길 수 있다.
나 스스로와의 투쟁에서 지면 세상과의 싸움도 승리할 수 없다.
그러한 싸움과 승리는 경험 속에 발견한다.

자기 자신을 스스로 어쩌지 못해 평생 괴로워하고
자신의 무게를 감당하지 못해 좌절하기도 한다.
나를 괴롭히는 것은 다름 아닌 내 자신이자 마음이며
내가 괴롭고 힘든 것, 불안하고 화나고 슬픈 것도
깨달음이 부족한 '나' 때문에,
세상과의 시비와 다툼도 '나' 때문에 일어나는 현상일 것이다.
이렇게 '나'라고 하는 껍데기의 존재에 걸려서 넘어진다.
모든 것이 내 곁을 떠나도 끝에 가서 남는 것은 '나'다.
항상 '나'로부터 시작해서 '나'로 귀착된다.

자기 자신이 최고의 정신적 자산임을 이해할 때
모든 문제의 원인도 '나'요, 해결책도 내 안에 있다는 것도 알 수 있다.

결국 내 안에서 나를 찾아야 하는 길이 있다.
그 길을 가신 성인들께서 인류의 정신세계를 밝게 비춰주고 있다.

2021년 5월

20. 나의 시간과 길은 있는가?

나의 시간과 길이 없다고 하는 것은 자기만의 시간과 길, 영적 평화와 자유의 길, 정신세계의 길을 찾아보지 않았기 때문이다.

누구에게나 자신과의 대화와 시간 그리고 길이 있다.

그러한 길을 발견하고 가기 위해서 몇 가지의 경험은 축적되어야 한다.

길이 안 보이면, 보일 때까지 노력하며 기다려야 한다.

그 길은 잡념을 없애고 절대고독의 순간을 극복하고 잔상을 타파하면 어느덧 묵좌식상(默坐息想)의 길로 이어지기 때문에 기다림은 고요한 마음을 가지고 심파(心波)를 가라앉히는 것이다.

그 길이 늘 안전하고 꽃길은 아니지만 내가 선택한 길이기에 부닥치는 장애물도 많으니 운명처럼 받아들여야 마음의 동요와 변화가 없다.

비록 어제와 같이 평탄하고, 안전하며 행복한 길은 없으나 나의 시간과 길이 순간순간 포착되어 한 걸음 더 발전되면 나 홀로의 공부에 재미가 있어 나름대로 체득(體得)한다.

누구에게나 다 열려있는 길, 정신적 발전과 연계된 길, 매일매일 걸어가야 하는 길, 포기할 수 없는 길, 만물의 주체(主體)이자 영체(靈體)인 나를 직시하는 길, 내 안에서 나를 구하며 찾는 길이지만 모두 다 가는 길은 아닐 것이다.

2021년 6월

21. 내 안에 나를 찾아가는 길목에서

나는 내가 누구인지 알지도 못하고 알려고 하지 않는 경우가 있다.

앞만 보고 열심히 살아가는 것인 인생인가!

평범한 삶의 일상이지만 무엇을 목적으로 어느 방향으로, 어떻게 사는 것이 열심히 살고 잘사는 것인지는 개개인의 삶이지만 다 같은 삶은 아니다.

인생만사(人生萬事)가 새옹지마(塞翁之馬)라고 하면서 별다른 생각 없이 구름에 달 가듯이 바람 따라 세월 따라 살라고 한다.

인생이 바람 따라 움직이는 한 조각의 구름처럼, 비(非) 발광체(發光體)인 달처럼 비유되었다.

부평초(浮萍草)와 같고 초로(草露) 같은 인생의 길에 무엇을 찾으려고 따지며 사느냐고 하는 소리로 들린다.

하지만 인간은 오고 가는 길, 잠시 머무는 길, 정착하는 길, 더 나은 길, 다시 돌아가는 길, 다시 돌아갈 수 없는 등의 길이 있기에 부단히 노력하면 정신세계도 알 수 있어 만물의 영장(靈長)이라고 했다.

그 가운데 내가 누구인가를 내 안에서 찾아가는 길이 있어 자문(自問)도 해본다.

나는 언제, 어디서, 어떠한 동기와 환경에서 왜, 무엇을 하고자 하는 나름의 입지(立志)를 가지고 출발했고 지금은 무엇을 향해 어떻게 어떠한 모습 등으로 살아가고 있으며 어디까지 왔는가 생각해본다.

본래의 나를 찾아가는 길은 인생의 길에서, 어느 정도 반영되어 나와 동반(同伴)하고 있을까? 살아가면서 본래의 내가 자연스럽게 조명될 수 있으면 좋을까? 나쁠까? 그저 그러하다는 반응으로서 보통이라고 할까?

아니면 아예 철모르고 사는 것이 더 좋을까? 나쁠까? 보통일까? 생각해보지 않을 수도 있을 것이다.

'모르는 것이 약'이라는 말이 있듯이 내가 진정 누구인가를 모르고 사는 것이 더 좋은 약이 되어 잘사는 모양새가 될까?

아니면 더 나쁜 약이 되어 스스로 자신을 괴롭히는 꼴이 되는가?

나는 누구인가? 이 질문은 동서고금을 통해 수많은 사람에게 화두(話頭)가 되었다. 어제오늘의 문답이 아니고 내일도 동일(同一)한 공부 과제로 남겨질 것이다.

자아성찰(自我省察)의 과정이자 일정 부분, 깨우침을 지향하는 정신세계 공부의 시작이기 때문이다. 그렇게 시작된 공부는 내 안에서 나를 찾아가는 길목에서 하나하나씩 알아가는 무(無)에서 유(有)로, '밝음의 길'로 연결된다.

그 길은 이미 선현들께서 걸어가 보신 우주 공통의 길이며 누구에게나 열려있어 찾고자 하는 사람은 끊임없이 이어진다. 후학(後學)은 그 길이 있음을 배우고, 믿고 정성을 다하여 그 길을 걸어가고자 노력하다 보면, 공부한 나름의 재미와 진척이 있어 진심으로 공경하는 마음도 가지게 된다.

내가 누구인가를 자문(自問)해 보고 때로는 회광반조(回光返照)하며 자신을 되돌아보는 순간(瞬間)은 누구나 한 번 정도는 있었을 것이다.

인간으로 출생함은 천명(天命)의 뜻이라고 하지만 생각조차 할 수 없고 전혀 알 수 없는 것들이 많다. 그 가운데 모태(母胎)에서의 나, 출생(出生)할 때의 나와 만 한 살이 되었을 때의 내 모습은 더더욱 알 수 없다.

나 혼자서 그러한 그 당시의 나를 무엇으로 증명할 수 있겠는가? 하물며 전생의 내가 누구이며 어디서 왔는가를 알 수 없어 보다 차원 높은 형이상학(＝정신과학)의 영역이 되었다.

출생 후 다른 사람과 구별하기 위해 성(性)과 이름(名) 등이 기록되었다. 그 기록물이 나를 대신하는 증표가 되었고 천륜(天倫)으로 가족 관계를 성립(成立)시켰다.

어느덧 성장한 청·장년의 모습은 변화되어 과거와 현재 나의 외형과 다르고 어릴 적, 학창(學窓) 시절의 내 모습도 물론 아니다.

인간의 법도(法道)에서 본래 성(性)은 바뀌지 않는다. 개명(改名)하지 않는 한 이름(名)도 그대로 변함이 없다. 그러면 변하지 않는 외면의 성명(姓名)이 나의 전부일까? 아니면 내 안에 변하지 않는 또 다른 내가 있는 것일까?

나에게 변하지 않는 것은 무엇일까? 어떠한 형태, 형상일까?

변하지 않는 유형, 무형도 함께 있을까?

있다면 어디서나 직·간접적으로나마 보고, 느끼며, 호흡하며 생명의 실상과 유관한 연장선에서 미루어 생각해 볼 수 있을 것이다.

호랑이는 죽어 가죽을 남기고(虎死留皮), 사람은 죽어 이름을 남긴다(人死留名)고 한다. 우리의 삶 속에 호랑이 가죽과 사자(死者)의 이름이 왜 등장했을까? 만물의 법칙에서 변하는 것과 변하지 않는 것이 진리라는 의미에서 사용된 고사성어(故事成語)다.

호랑이 가죽도 오래되면 변하고 사람의 이름도 세월이 흐르면 잊히게 되지만 역사에 기록된 많은 아무개의 성명은 국가적 차원에서 기리고 있다. 그의 성명은 국민교육 차원에서 학습되어야 알 수 있고 학습 과정을 통해 성명의 주인을 되찾아가는 길의 표상이다. 이러한 과정 역시 성명의 외면과 족적(足跡) 등이 대부분이지만 그의 내면은 온전히 알 수 없어 바로 아는 것은 한계가 있다.

외면보다 내면을 중시하는 우리말에 '소가지'가 없다고 하는 것은 무엇을 뜻하는가? 사람의 도리로서 갖추어져 있어야 할 보편적 심성(心性)이 없거나 부족하다, 소통과 공감 능력에 문제가 있다는 뜻이다.

그러한 뜻이 다른 측면에서는 속에 든 것이 없는 사람, 실속 없는 사람이 제대로 알지도 못하면서 앞에 나서서 아는 척, 잘난 체 더 떠들어댄다는 것으로 비유되었다. 빈 깡통이 요란하다는 속담과 같고 철부지라는 소리와 유관하다고 본다.

누가 실속이 없어 소가지가 없다고 하는 평가에서 벗어날 수 있을까? 또 다른 측면에서 살펴보면, 자연의 섭리와 이치 등을 제대로 인지하지 못해 계절의 변화도 제대로 모른다는 의미에서 철부지라는 설명으로 들린다. 철부지에서부터 어디까지 나를 찾아보았고 나의 진면모를 발견했는지 되물어 보지 않을 수 없다.

내가 나를 올바르게 안다는 것은 말대로 결코 쉬운 일이 아니다. 그러하기에 현철, 성인, 진인들께서 인간의 삶이 무엇이며 어떠한 삶의 길이 나를 알게 하는지 등에 대해 설파하셨다.

그분들의 언행을 후학(後學)들이 기록하여 남긴 것이 '책(冊) 중의 책', '경전(經典)'이다. 경전을 가까이하는 사람은 마음으로 그분들을 만나볼 수 있고 대화하고 그분들의 향기를 맡을 수 있으며, 자신의 마음을 반추(反芻)해 보면서 스스로 내면을 들여다보고 자신의 언행 등을 돌아보는 계기를 순간순간 포착할 수 있다.

나를 찾아가는 절차적 단계와 체험과정의 길이 쉽지는 않다. 아직도 갈 길이 멀고 먼 길이나 스스로 한 걸음씩 걸어가면서 찾아가야 하는 길이다. 가는 길 도중에 들어가는 바른 대문이 있으면 문을 두드려야 문이 열리고 문 안으로 들어가면 비로소 '하느님의 나라에 이르는 길'로 접어든다. 이처럼 중요한 길에서 벗어나지 않도록 기도하는 마음으로 그 길을 걸어가야 한다.

예수님은 하느님의 나라에 이르는 길을 바르게 알려주기 위해 제자들에게 기도하는 법과 마음의 자세를 다음과 같이 가르쳐 주었다.

기도하는 법, … "하늘에서 이루어진 것같이 땅에서도 이루어지이다."

(마6: 9~13)

마음의 자세, … " 심령이 가난한 자는 복이 있나니 천국이 저희 것임이요. 마음이 청결한 자는 복이 있나니 저희가 하나님을 볼 것임이요. 의를 위하여 핍박받은 자는 천국이 저희 것임이라."

(마5:3~10)

'기도하는 법(=기도문)'과 '마음의 자세〔= 산상수훈(山上垂訓) 팔(八)복음〕'는 예수의 대표적인 지상천국(地上天國) 사상을 설명한 것이다.

기도하는 법과 마음의 자세는 심법(心法)을 뜻한다. 구전심수(口傳心授)의 길과 법이 전수되었다.

기도하는 법에서는 만사의 순서가 있음이 제시되었다. 천상(天上)의 프로그램이 '먼저 하늘에서 이루어지고 그다음 땅에서도 이루어진다는 섭리'를 가르쳤다.

뒤집어 보면, 예컨대 지상에 각국의 다양한 학교와 도서관이 있듯이 천상(天上)에는 어떠한 형태의 학교와 도서관이 있을까 궁금해진다.

열심히 공부하고 노력하는 사람이 천상의 학교와 도서관을 방문하고자 하면 어떻게 해야 하나? 천상 학교의 입학 조건, 학생 신분증, 천상도서관의 출입증이 있어야 하지 않을까? 역시 보고 싶어 궁금하기만 하다.

천상의 도서관을 출입할 수 있을 정도라면 공부의 진척이 있고 정신세계의 경험과 깨달음의 빛은 있을 것이다.

참된 용기와 희망을 주신 성현(聖賢)의 말씀은 내면의 보석을 빛내게 하는 길, 깨달음에 이르게 하는 길에 초점을 두었다. 그러한 길을 다음과 같이 요약해 보고자 하는 마음은 부족한 자신을 발견하여서 한 걸음 더 나아가고자 하는 데 있다.

어느 날 내가 누군가를 은연중에 알고 싶어 하는 시기가 있다. 그 시기가 마음의 산책로를 생기게 하고 스스로 발견하게 하면서 산책로의 문은 조금씩 열리기 시작하기도 하고 때로는 문이 닫히기도 한다.

마음의 산책이 순조롭게 이루어지면서 마음의 산책로가 좀 넓어지고 깊어지면서 평상시와 다른 생각의 길로 연결된다. 내가 나를 알기 위해 자연스러운 길, 숙고의 길이 조금씩 열린 것이다.

어쩌다 좋은 인연으로 선생님을 만나 뵈었고, 도반(道伴)과 함께 때로는 홀로 나를 찾아가는 길을 배우며 갈고 닦는 과정, 찾아가는 길을 인식한 마음의 길, 체험하고자 하는 공부의 길, 그러한 연정(研精)의 길을 찾아서 하나하나씩 알아가는 길, 그 길을 바르게 알고 난 뒤 나를 바로 보는 길, 내 안의 나를 찾기 위해 정진(精進)하고 밝음을 찾아가는 길, 밝음 속에 자신을 볼 수 있는 길 등은 아득하지만 천상의 행성(行星)들의 길처럼 무한하여 영원한 정신세계의 길이 되었다.

누구에게나 깨달음의 문은 열려 있고 노력해서 그 문을 두드리고 열면 길이 있어 갈 수 있는 길이다.

2023년 1월 30일

제2장 어떠한 삶이었는가?

삶 가운데 어떠한 삶이었느냐는 질문은 삶의 유형을 여러모로 바르게 직시해 보았느냐고 반문하는 것과 같다. 따라서 삶이 무엇인가부터 접근해야 이해하는 데 도움이 될 것으로 생각한다.

1. 삶이란 무엇인가?

삶은 도대체 무엇이며 어떤 삶을 이러저러하다고 하는가? 개개인의 일상이 때로는 그 시대의 사회적 삶이자 생명의 실상이며 보편적 삶의 길에는 어떠한 의의가 담겨 있는지 궁금하여 살펴보고자 한다.

1) 삶의 의의

육안(肉眼)으로 보이는 삶은 죽기 전까지 사는 동안을 의미하기에 죽음의 개념과 반대어다. 사후의 세계를 말하지 않기 때문에 육신의 삶은 살아생전의 모든 과정을 포함하고 있다.

그래서 그러한 삶은 살아 있다는 것이 전제이며, 삶의 존재, 특성 등을 설명한다. 나와 내 가족(家族) 그 외의 모든 사람은 공동체 사회의 일원으로 살아가기에 생철학(生哲學)적 존재와 가치성, 사회적 가치 환원의 역량 등을 가지고 있다.

생철학(Lebensphilosophie)은 19세기 이후의 유럽에서 형성되었다. 그 의미는 인생에 대한 철학(Philosophy of Life)이다.

생철학의 대표적인 인물은 독일의 니체(Friedrich Nietzsche), 딜타이(Wilhelm Dilthey), 지멜(Georg Simmel) 그리고 프랑스의 앙리 베르그송(Henri Bergson)이다.

생철학의 특징은 직접적인 삶의 체험을 통해 생명의 개념, 이해, 생존의 의미를 파악하는 데 있다. 이에 대한 결론적인 핵심은 인간의 욕구와 희망에는 비합리적인 생(生)과 연관되어 있다. 그러므로 생철학적 입장은 실증주의나 합리주의를 반대한다.

삶은 논리적으로 실증할 수 없는 것, 비합리적인 요소들이 복합적으로 융화되어 있어 삶의 본질과 원형에는 여러 현상, 과정, 행실 등을 포함한다. 그러므로 삶이 무엇인가에 대한 보편적 의미는 생존의 타당성에 대한 설명이 먼저 필요하다. 생철학적 사유의 세계와 연계되어 있어 현실적이며, 삶의 본질에 대한 물음이기 때문이다.

생존의 본질과 원형은 살고자 노력하는 목적의식과도 무관하지 않아 종종 쟁투(爭鬪) 또는 투쟁(鬪爭)의 관점에서 들여다보는 경우가 많다.

삶의 특성은 존재하기 위해, 살아남기 위한 아주 기본적인 노력이다. 하지만 지나친 경쟁의식은 삶의 투쟁으로 확대되어 공존, 공생, 공영, 공유, 공동체 의식 함양보다는 자존(自存)의식에만 집중된다. 그로 인해 삶은 투쟁이며 지속적인 투쟁의 시간이 생존의 역사이자 공동체의 역사이기에 세계사 또한 투쟁의 역사라고 보기도 한다.

투쟁과 경쟁의식은 다소 차이가 있으나 결과적으로 둘 다 싸움과 분란의 소지를 유발한다. 선의의 경쟁의식은 공생과 공영을 위한 상생적인 공존의식으로 조화를 이룰 수 있으나 인간의 지나친 욕심은 투쟁으로 변질하기 십상이다. 과욕을 멀리하는 것이 우리의 삶을 풍요롭게 한다.

하지만 평범한 삶이라고 할지라도 시시각각 자신을 지키고자 하는 생존 의식에만 치우쳐 있으면 마음의 평화, 정신적 여유, 영혼의 자유를 찾지 못해 어느덧 삶의 투쟁에 집중하게 된다. 그것이 삶의 본질이자 특성이라고 보면 공동체 사회의 도덕적 책임 의식이 낮아지게 되고 인간이 인간다운 모습을 잃게 되기도 한다.

인간의 사유 의식과 행위 그리고 희망 사항 등이 상호관계를 이루고 또한 중첩적으로 연계되어 있다. 가시적, 비가시적, 비물질적, 비논리적인 현상들은 철학의 인식론 분야에서 다루었다. 인식론에 대한 과학적 실험과 분석, 사실관계의 직, 간접적인 경험을 통해 새롭게 논리화된 분야가 심리학(心理學)이다.

정신문화의 영역에서 철학이나 심리학은 과학적으로 정연(精研)하게 세분되어 있어 왜 살아야 하는 생존에 대한 물음에 답할 수 있다. 따라서 그들의 양면적 기능과 역할은 항상 탐구적이고 열려 있다.

2) 삶의 당위성을 찾아서

'삶이 무엇인가'라는 질문은 철학적 과제이자 경험에서 나온 것이다. 이에 널리 알려진 사단칠정론(四端七情論)은 생철학적 사유의 대상이자 삶의 원형이 되었다.

사단(四端)은 사람의 본래 마음은 어질다(仁)는 차원에서 네 가지의 마음(심정, 心情)을 뜻하며 자유지정(自有之情)이라고 해석한다.

도덕적 의식, 통찰 의식을 함양하기 위한 네 가지의 마음은 국어사전에 의하면, 마음에서 우러나오는 측은지심(惻隱之心), 의(義)에서 우러나오는 수오지심(羞惡之心), 예(禮)에서 우러나오는 사양지심(辭讓之心), 지(智)에서 우러나오는 시비지심(是非之心)이다.

이와 같은 지심(之心)들은 모두 비가시적인 요소들이지만 인간의 심정을 발현(發現)시킨다.

칠정(七情)은 사람의 일곱 가지 감정〔= 기쁨(喜)·노여움(怒)·슬픔(哀)·즐거움(樂)·사랑(愛)·미움(惡)·욕심(欲)〕이다. 이 외에 감정의 유형으로 근심(憂)·생각(思)·슬픔(悲)·놀람(驚)·두려움(恐) 등이 있다.

인간의 도덕적 의식 함양과 통찰적인 의식이 높아지면서 삶의 고유 가치성과 공존성 등을 발견하였다. 그것은 또한 아름답고 선한 사람다운 사람의 특성이자 장점이다. 사람다운 삶의 모습을 추구하는 혜안은 사람다운 사람의 길을 제시한다. 그 길을 따라 걸어가는 각자의 삶과 행실(行實)은 선덕(善德)이 되어 사회와 정신문화의 영역을 쌓는 것이다.

삶은 각자의 생존본능이 포함된 자아의식의 표출이다. 삶의 방법과 방향 그리고 목적을 가지고 행(行)하는 생존의 길이다. 하지만 삶이 진정 무엇을 의미하는가에 대한 문답은 개개인의 성향에 따라 각양각색이지만 올바른 인성교육은 필요하다.

자신의 성품과 영혼의 세계를 돌아보는 인성교육이 제대로 진행될 수 있도록 국가 차원의 조치가 마련되어야 한다.

신앙단체의 범주에서 벗어난 삶의 보편적 의식, 도덕성을 함양시키는 21세기 교육프로그램의 개발은 세계시민 의식으로 아무리 강조해도 부족함이 없다.

세계인이 공감하고 함께 공존할 수 있는 번영된 삶의 길은 극단적 집단의식, 신앙 의식, 집단무의식에서 벗어날 수 있는 실마리를 제공한다.

성현의 말씀, 가르침은 진리(眞理)이기에 인간의 영혼을 자유롭게 한다. 과학적이고 보편적이며 객관적이며 합리적인 세계적인 삶의 의식을 가르쳤기 때문이다.

'진리가 너희를 자유롭게 한다'(요한복음 8장 32절)고 하였듯이, 세계적인 진리는 영혼의 구속에서 해방될 수 있어 노력하면 영혼의 자유로움을 (되)찾을 수 있다. 그러한 삶을 구가(謳歌)할 수 있는 삶이 무엇이며 무엇을 말하는가를 새롭게 설명할 수 있는 현대인이 많이 배출되어야 한다.

왜 살아야 하는가에 대한 당위성이 어떻게 살아야 잘 사는가라는 상생의 섭리에서 답을 찾아야 생명의 찬가는 지속된다.

오늘날 널리 퍼진 '확증 편향(confirmation bias)'적인 의식과 논리, 행위 등에서도 벗어나야 생(명)의 조화로운 공존, 공영, 공익사상이 평화롭게 펼쳐진다.

일상적인 삶과 구도의 길은 하나이며 성(聖)과 속(俗)이 구별되지 않은 성속일여(聖俗一如)이다. 그 길은 우주의 질서가 제시하는 자연스러운 우주 공통의 길이다. 그 길을 가고 가지 않는 것은 본인의 선택이지만 만사에는 자연스러움에서 벗어나지 않도록 하는 법도가 있다.

예컨대 인간은 땅을 따라야 하고[人法地], 땅은 하늘을 따라야 하며[地法天], 하늘은 도를 따라야 하고[天法道], 도는 자연을 따라야 한다[道法自然, 도덕경 25장]고 하였다.

인법지(人法地), 지법천(地法天), 천법도(天法道)는 모두 자연법에 따르는 길이므로 우리의 삶은 영원한 순례의 길이다. 그 길은 우리의 현실적 삶 속에 이어지고 있어 구하는 자에게는 발현되고 있다.

왜 살아야 하는가에 대한 분석과 어떻게 살아야 좋은 삶인가 하는 질문은 제정신 차리고자 오늘과 내일의 영성의 밝음을 지향하는 것과 다름이 없다.

2022년 6월 5일

2. 정신문화에서 삶의 원형

대자연에는 다양한 존재들이 여러 형태의 삶을 영위(營爲)하며 그 삶의 흔적을 남긴다. 하늘에는 수많은 우주의 원소들, 별들의 삶이 있고 지구에는 인간, 금수(禽獸), 초목 등의 삶의 자취가 남겨져 있다.

만사 만물의 생명체들이 다양한 삶을 살아가고 있듯이 그들의 흔적도 각양각색(各樣各色)일 것이다. 그 가운데 인간의 삶과 동물의 삶은 어떤 차이가 있고 무엇이 다른 것인지, 무엇이 정신문화의 관점에서 삶의 원형이며 그러한 삶의 굴레에서 생존의 대의(大義), 삶의 궁극적인 목표는 무엇인지, 왜, 어떻게 인간은 정신문화와 자연과학의 존재가 되었는지 생각해보지 않을 수 없다.

"사람이나 초목금수(草木禽獸)나 생로병사(生老病死)는 다 같고 생양수장(生養收藏)도 같으며, 식물은 식물대로 번식욕이 있고 동물도 약육강식하고 인간에게도 약육강식의 원리가 횡행한다. … 인간이 초목금수와 다름을 가르치고 옛사람이 걷던 길이 황폐해지면 고치며 또한 좋은 길 터가 있으면 천도나 지도를 본받아서 다시 개척하는 것이 인간의 의무요, 책임이다."[1]

인간은 만물의 영장으로 인류 문명사에 정신과 자연과학 문화의 기능과 역할 그리고 시대적 책임이 있다는 점이 강조되었다.

인간의 삶과 동물의 삶은 어떤 구석에서 보면 별 차이가 없는 듯하다. 그러나 인간은 동물과 다른 도덕적 교육을 받은 존재이자 발전적인 문화를 남긴다. 인간은 '초목금수와 다르게 성인의 가르침'을 받

---

1   봉우 권태훈, 『백두산족에게 고(告)함』, 정신세계사, 서울, 1989, 100쪽

앗으며, 언어와 문자, 도구 등을 발견하고 이용하면서 인류문화를 계승·발전시키고 많은 문화유산을 남긴다.

이처럼 동물의 세계에서는 찾아볼 수 없는 미래지향적인 의의가 포함되어 있어 인류 정신문화와 과학문화의 발전은 지속되고 있다. 초목금수와 다른 삶의 원형에 대한 답이 아닐 수 없다.

따라서 비록 '옛사람이 걷던 길'이라고 할지라도 과학 문명의 발전과 시대적 조류에 맞지 않으면 자연스럽게 황폐화 지게 되면 고쳐서 시대에 맞는 새로운 길을 개척하는 것은 '천도나 지도를 본받은 인간'의 의무이자 책무이다. 그가 '좋은 길 터'를 발견할 수 있고 그 길을 개척할 수 있는 역할과 능력이 있다는 설명이다.

좋은 길 터라는 의미는 비유와 상징성이 내포되어 있으나 문자적인 관점에서 보면 좋은 길과 터, 양질의 토양으로 보아야 하지만 문화적인 차원에서 보아야 한다. 전자는 정신 연구로서 유신(唯神)이며 후자는 유물(唯物)이자 자연과학이다.

유심과 유물을 하나로 보고 가는 길은 하늘이 인간에게 부여한 시대적 의무이자 책임이라는 뜻을 우회적으로 설명했다. 따라서 좋은 길 터를 발견하여 개척할 수 있는 존재는 정신과학과 자연과학을 함께 연구하는 인간이다.

과거의 삶의 방식이 오늘에 이르러 새롭게 변하듯이 21세기 교육, 정치, 외교, 경제, 사회, 문화, 국방정책 등의 국가경영은 양질의 토양에 안착하여 더욱 첨단화시켜 국가경쟁력을 향상해야 한다.

선사시대(先史時代)의 구전심수된 문화, 고대사에서부터 현대사에 이르기까지의 문화와 글로 작성된 문건들, 다양하고 수많은 유물, 문화재 등은 과거 인류의 삶을 돌아볼 수 있는 농축된 증거자료다. 그런 자료를 토대로 혁신적이고 창의적인 신기술과 공법, 천문학(天文學) 연구 등은 인류사의 과거 흔적을 추적, 유추할 수 있고 미래지향적인 방향도 가늠할 수 있다.

인간중심의 자연철학 사상과 사유 체제는 인간은 소우주로서 천지와 하나 될 수 있다고 보고 천지인 합일 사상이라는 정신문화를 발전시켰다.

"천지가 사람이요, 사람이 곧 천지라고 본다. 땅도 하늘을 본받고, 사람도 하늘을 본받았으니, 천지인(天地人)은 상호불가분의 원리를 가지고 있다. 인체(人體)는 곧 천체(天體)이며 지체(地體)다."[2]

천도지후(天道地厚)를 본받은 인체는 천체이자 지체라는 의미가 있다는 설명이다. 그와 같은 인간은 천명(天命)으로 천성(天性)을 가지고 태어났다. 하지만 올바른 사람의 길, 변하지 않는 사람의 길(인도, 人道)과 방향은 쉽게 찾을 수 없어 유가(儒家)에서 천성을 밝히는 솔성(率性)의 길[道]이 제시되었다(솔성지위도 率性之謂道).

그 길의 핵심은 교육으로 귀결(歸結) 되었다(수도지위교, 修道之謂敎). 후천적인 교육 중에 정신문화와 연계된 삶의 원형은 무엇보다 수신제가(修身齊家)였다. 그와 같은 교육이 백년지대계(百年之大計)라고 보았기 때문이다.

인간이 오랫동안 관조한 삶, 삶의 의의는 수많은 현인·철인·성인·진인들께서 가르침을 주신 것처럼 후천적 교육에 중점을 두었다. 사람다운 사람으로 거듭나는 것이 교육의 목적임을 천명(闡明)했다. 여기서 삶이 무엇인가, 왜 살아야 하며 어떻게, 왜 잘 살아야 하는가에 등에 대한 궁극적인 문답은 성숙한 미래지향적인 목표를 설계할 수 있다.

---

2 봉우 권태훈, 위의 같은 책, 131쪽

민족의 경선 『천부경(天符經)』에 의하면, 인간의 본래 마음은 '태양 앙명(太陽昻明)'의 존재다. 인간의 마음과 몸(心身)은 생명의 빛과 공존한다.

심신(心身)의 빛을 다시 밝히고자 노력하는 것은 나와 사회를 밝게 하는 것이며 형이상학의 길, 정신 수련의 길이다. 그러나 그 길은 일반인과 수행자가 따로따로 가는 길이 아니라 함께 가는 길이기 때문에 성(聖)과 속(俗)의 구분이 없는 대자연의 길과 같다.

현실적, 보편적, 합리적이고 도덕 철학적 삶의 의미는 정치와 사회 문화의 시금석이 되었고 공동체 사회는 정신 세계사의 문화를 창출하고 꽃 피운다. 모두 다 체감할 수 있는 오늘날 인도주의(人道主義) 사상과 실천이 세계 각국이 공동선에 참여하게 되어 평화 사상의 기반을 구축한 것이다.

정신문화에서 삶의 방향과 세계화 시대의 길은 후천적 교육을 통해 꾸준히 학·습(學·習)해야 세상의 물결을 헤쳐 나가는 데 수월하다. 자신의 역량을 시험해 보면서 능력에 따라 적합한 입지(立志)를 세워 나아갈 수 있어야 나의 길이 열린다. 그래야 현실과 부합된 삶의 원형이 되고 미래지향적인 삶의 방향이 될 수 있다.

인사(人事)가 만사(萬事)라는 뜻은 사람다운 사람을 양성하여 적재적소(適材適所)에 인재를 등용하는 것이다. 삶의 원형은 정신문화와의 연관성을 가진 자연스러운 삶의 길, 사람다운 사람의 길로 갈 수 있게 만든다.

2022년 6월 4일

3. 왜 살아야 하는가에 대한 문답의 특징들

왜 살아야 하는가 하는 의문과 질문은 긍정적인 측면이 많다. 살아야 하는 이유가 무엇인가에 대한 생존자의 목소리가 들어 있어 중요하다고 판단되기 때문이다. 그러한 문제의식은 생존 의식을 더 넓게 펼치는 하나의 계기가 되고, 삶의 깨달음을 추구하는 새로운 인생의 길로 연결된다.

인생의 길에는 물질세계를 탐구하는 자연과학과 정신세계를 탐구하는 정신과학이 있다. 전자(前者)를 형이하학, 후자(後者)를 형이상학이라고 한다. 이 두 개의 영역이 본래 하나의 현상세계였으나 이해를 돕기 위해 분류(分類)되었다.

다음의 질문은 정신과학(=형이상학)적인 관점에서 살펴보고자 한다.

1) 살아 있기에 의문이 생기고 왜 살아야 하는가 하는 질문이 있다

위의 의문과 질문은 긍정적인 의미가 포함되어 있다. 어떻게 살아야 조금 더 나은, 최소한 후회 없는 삶을 살 수 있는가에 대한 동기부여이자 자성적인 단계이기도 하다. 의(질)문 속에 왜 살아야 하는 당위성을 찾아 나아가는 문답과 의의가 한층 더 깊게 내재 되어 있다. 새로운 의식을 가지고 각성시키는 좋은 매개체가 되어 성숙한 생각과 의문이 자기 자신을 되돌아보게 하는 계기가 된다.

먼저 왜 살아야 하는가 하는 의문과 질문에는 '살아야만 하는' 이유가 더 많이 드러나 있다. 삶의 의미와 어떻게 살아야 좋은가, 잘 사는 것인가에 대한 기대, 계획, 희망 등이 함축적으로 반사된 내적, 외적

질문이다. 가능하다면 보다 더 나은 방법을 찾아가고자 하는 심상(心想)이 그려져 있다. 긍정적이고 적극적인 삶의 차원에서 온고이지신(溫故而知新)의 자세가 시작된 것이다.

그러므로 살아야 하는 이유를 바르게 알아서 그렇게 행하고자 하는 것은 더 나은 삶, 삶의 지혜와 깨달음을 추구하는 길이다. 그 길에는 끊임없는 여러 형태의 학습, 반복적인 학습, 노력, 경험, 극기(克己), 극복(克復) 등을 통해 체득(體得)의 공력(功力)이 점차 쌓이게 되어 성숙함과 아름다운 결실을 이룬다.

삶은 단면의 세계로 이루어진 것이 아니라 양면의 세계가 중첩(重疊)된 현상적 과정이라는 것을 아는 것부터 시작된다. 이때 생존의 의미, 가치, 삶의 영역, 살아야 하는 이유 등이 더욱 가까이 눈에, 마음에 들어온다.

심신(心身)이 한 몸 안에 공존하듯이 정신세계와 육신의 세계가 모두 하나의 몸 안에 존재한다. 그러므로 왜 살아야 하는 것은 육체적 생존의 문제를 넘어 정신적인 차원에서의 갈구(渴求) 의식이 내재(內在)되어 있어 어느 정도 설명이 필요하다.

하지만 자문자답(自問自答)은 삶의 요소 중에 하나로서 중요하나 때로는 한계가 있어 정신과학의 관점에서 성현의 말씀과 가르침, 가르침 중에 으뜸이 되는 변하지 않는 가르침(종교: 宗敎)이 필요하다. 그것은 삶의 정신적 축이 된다. 예컨대 국조 단군 사상, 선(仙)·유(儒)·불가(佛家) 그리고 그리스도교(전에는 서교, 西敎), 야소교(耶蘇敎, 예수교) 등 몇 가지의 사례가 있어 다음과 같이 설명된다.

2) 삶의 방법과 방향에서의 종교적, 신앙적인 성향의 길

어떻게, 어떠한 방법으로 조금 더 가치 있게 잘 살아가야 하는 방향과 선택의 길은 각자의 생각과 성향, 의지, 논리 및 스스로 자신을 탐구하고 개척하고자 하는 내면세계의 길이다.

고대 국조(國祖) 단군(檀君) 시대부터 조식(調息) 수련으로 이어져 내려온 정신세계의 선가(仙家) 즉 선도(仙道)는 1980년대부터 널리 알려지기 시작했다. 선도(仙道)는 선인(仙人)의 모습을 담고 있다. 수련의 궁극적인 목적은 개국이념이자 실천 이념인 홍익인간(弘益人間)·제세이화(濟世理化) 사상을 실천하는 데 있다. 세계에서 유일한 홍익(弘益)·홍제(弘濟) 사상이 우리 고대 역사 문화에서부터 유구히 전해져 내려오고 있다.

선가가 주장하는 핵심 수행 사상은 재명명(在明明) 즉 중명(重明)이며 수련(修練) 방법은 호(呼)와 흡(吸)을 고르게 하는 조식법(調息法)이다. 그 법을 통해 타고난 밝은 성품을 정신의 빛으로 다시 밝히는 것에 중점을 두고 있다.

조식 수련의 목적은 실사구시(實事求是)의 관점에서 생존의 의미와 삶의 가치를 주어진 사회에 환원하는 데 있다. 수련의 덕목은 살아 생존의 의미와 가치를 높이는 데 있다. 시대의 흐름에 따라 그 시대에 맞게 실천할 수 있는 선덕(善德)과 덕행(德行)은 정신적 밝음에 도움을 주고 사회적 소통과 참여에 호응하는 것이다.

유가(儒家)의 핵심 수행 사상은 솔성지위도(率性之謂道; 하늘이 내려준 본성(本性)을 따르는 길)이다. 정신사상에서 심리학적으로 논하는 본성(本性)은 인(仁) 사상이 중심축을 이루고 있어 적극적인 현실 참여를 독려(督勵)하고 있다. 어진 마음을 가지고 공동체 사회에서 선덕을 쌓는 것이다. 유가의 윤리 도덕적인 실천은 한국 사회에서 중추적 역할을 한다.

불가(佛家)의 핵심 사상이자 수행(修行)의 목적은 내재적 불성(佛

性)을 찾아 밝히는 것 즉 견성(見性)이며, 더욱 정진(精進)하여 성불(成佛)하고 해탈(解脫)에 이르는 것이다. 수행 방법은 좌선(坐禪)이지만 선(禪)을 닦는 과정에서 화두(話頭)가 우선으로 사용된다. 그러한 간화선(看話禪)이 석가모니의 본래 수행법이라고 보기는 어렵다.

달마대사의 출생과 사망 연도는 미상(未詳)이나 고향은 남인도 칸치푸람(Kanchipuram)으로 알려졌다. 그는 석가가 출생한 지 약 2000년이 지난 후에 서기 520년 인도에서 바닷길로 광동성 광주(廣州)에 도착했다고 전해진다. 화두참선법(話頭參禪法)은 인도(印度) 사람 달마(達磨)대사에 의해 비롯되었다.

불가(佛家)의 적극적인 실천 사상과 이념은 삶의 현실에서, 대중 속에 자비(慈悲)와 보살(菩薩) 행위를 펼치는 것이다. 상구보리 하화중생〔上求菩提 下化衆生; 위로는 보리(지혜, 깨달음)를 추구하고 아래로 중생을 교화한다〕은 널리 알려진 대승불교의 이상적 수행 사상이자 사회적 실천 덕목이다.

유가에서 사회적 질서와 조화를 논하는 충(忠)과 서(恕)가 핵심이듯이 그리스도교(=서교, 西敎)는 '용서'와 '이웃사랑'이 강조되었다. 예수가 전한 물과 성령으로 거듭나는 것(요한복음 3장 5절)은 그리스도교의 수행 사상이다. 거듭나는 것은 중생(重生)이다. 중생의 개념은 선가의 재명명(在明明) 즉 중명(重明)과 같은 맥락이다.

예수 사상 중에 사회적 실천 덕목의 중핵은 이웃사랑〔= 박애(博愛) 정신〕과 용서(容恕)다. 그 가운데 '빛과 소금'이 되라고 비유한 것은 그리스도인의 생명의 길, 역할을 강조한 것이다. 소금 고유의 특성이 부패를 방지하듯이 자기 자신을 돌아보고 회개하며 반성하는 성찰적 자세가 또한 사회적 자정(自淨) 요소가 된다는 것을 일깨워 준 것이다. 그와 같은 역할과 길이 '십자가의 도(고전 1:18)'이다. 예수는 십자가의 길에서 "다 이루었다."(요 19:30)라고 하였듯이 그 도는 완성의 길로 이어진다.

성인의 사상은 인류를 사랑하고 위하는 가르침이며 지역적 특색과 문화에 따라 언어사용과 표현에 차이가 있으나 사람다운 사람으로 살아가도록 가르침은 같다.

2022년 6월 10일

3) 자연철학, 자연과학에서 발견한 삶으로 - 색즉시공(色卽是空) 공즉시색(空卽是色)

인생이 부평초(浮萍草)나 구름과 바람 같아 고해(苦海)라고 한다. 인생이 풀잎에 이슬처럼, 담배 연기처럼 사라지는 것처럼 여겨 인생무상(人生無常)이니 허무(虛無)하다고 한다. 이것은 생로병사(生老病死)의 과정에서만 바라본 현상학적 사유 세계이지 전체는 아니다.

인간의 몸과 마음은 보이는 것이 전부가 아니다. 영혼, 비가시적인 정신(精神)세계도 있다. 그 세계는 허무하지도 않고 전무(全無)하지도 않고 공허(空虛)하지도 않다. 그러한 양면의 세계에서의 삶이 실제의 삶이기에 무(無)의 세계에 속하지도 않고 오직 유(有)의 세계라고 단정할 수 없어 중첩된 세계를 아우르고 있다.

무(無)는 유(有)의 반대개념이자 특수한 개념으로 강조하다 보니 생긴 용어이지 무가 전체를 대변하는 것이 아니다.

무(無)를 지나치게 강조하는 것은 어폐(語弊)가 있고 비록 교리(敎理)라 할지라도 자연의 섭리, 자연 철학적인 관점에서도 만물의 이치와 부합되지 않는다. 공간(空間)의 세계가 무(無)는 아니기 때문에 보이지 않는 공간이 무라고 보아서는 안 된다. 지나친 교리적 편견이 본래의 순수한 원형을 해친다.

현대과학이 공간의 세계에서 수많은 요소를 발견하고 있듯이 색즉시공(色卽是空) 공즉시색(空卽是色)이라는 용어는 그 당시의 최고의 용어 선택이자 사용이며 만유 형상과 본질의 양면성을 강조했다. 그러한 것은 혜안이 담긴 과학적 관찰이자 수행을 통해 과학적 혜안이 담긴 통찰이며 체득하고 깨달아 얻은 자연 철학적 삶의 발견이기에 인류 정신문화의 금자탑이 되어 삶과 지혜의 공명(共鳴)으로 남는다.

그러므로 인류문화와 문명사는 인류가 쌓아 올린 '정신세계의 탑', '생명의 탑', '영혼의 탑'이라고 할 수 있다. 그 안에 살아 숨 쉬는 문화와 문명의 업적에서 흘러나오는 영감(靈感)의 울림은 인류문화의 광장에서 공감하고 옛 향취를 느끼며 더듬어 볼 수 있다. 생존하는 사람에게 부여된 생명의 축복 소리는 오늘도 그렇게 메아리친다.

인생은 결코 고해가 아니고 무상(無相)하지도 않으며 허무(虛無)한 삶의 공간(空間)이 아니라 생명의 소리로 가득 차 있어 공명의 울림은 색즉시공(色卽是空) 공즉시색(空卽是色)이라는 대자연의 영역에서 지속된다.

2022년 6월 17일

4) 생존은 생명의 축복이기에 단 하나의 행복이라도 찾아 만들어야 한다

생존은 생명의 축복(祝福)이라는 대전제 속에 단 하나의 행복(幸福)이라도 찾아 만들어야 한다. 그것은 생명의 가치를 부단한 노력을 통해 진주처럼 빛내어야 한다는 뜻이다. 살아 있어야 심신의 발전과 영혼의 진화를 일구어낼 수 있기 때문이다.

생의 결실이 없으면 반쪽의 삶이기에 일부라도 이루지 못한 상황이다. 그러므로 살아야 하는 이유는 살아 있으므로 생의 의미가 있고, 생의 결과가 누구에게나 주어졌기 때문에 살아있는 것도 어떠한 행복 중의 하나가 아닐까 한다.

다행(多幸) 중에 하나의 행복(幸福)이 있다면 그 또한 여러 행복 가운데 하나의 행복이 생존이며 생명의 축복이 아닐 수 없다.

생존의 의미가 무엇인가에 대해 우리가 말하고 있는 행복의 차원에서 살펴보자.

행복(幸福)의 개념은 글자 그대로 다행 행(幸)자와 복(福) 자로 구성되었다. 다행(多幸)은 여러 가지의 행(幸)이 있다는 뜻이다. 다행히, 바라고 희망하는 것이 운 좋게 하나라도 나에게 오거나, 이루어지는 것이 행(幸)이고 그것을 수용하면 또한 삶의 복(福)이 되어 행복이다. 그러한 행복은 모두에게 존재할 수 있으나 어떻게 마음먹고 어떠한 형태로 받아들이고 생활하는지 등에 따라 다양한 모습으로 드러난다.

온갖 행복은 형형색색으로 존재하고 시시각각으로 변할 수 있다. 그러므로 다행 중에 하나의 행이라도 잡고 누리고 있으면 행복이 아니겠는가? 건강하게 살아 있음은 다행 중에서 다행에 속하지 않겠는가 하고 반문해 본다.

성년이 되면 자립하기 위해 자기 적성과 취향 그리고 시대적 상황에 따라 선택한 영역에서 그리고 세분된 분야에서 학습하고 살아가고자 최선을 다한다.

사회적 직업의 영역에도 다양한 분야와 종류가 있듯이 대자연에는 생명의 종·유(種·類)와 분야가 있다. 생명의 종(種)에는 크게 동물과 식물이 있다. 생명의 종자(種子)가 있다는 것이다. 생명의 종에 따라 다양한 유형(類型)으로 분리된다.

형이상학(形而上學)의 관점에서 대자연의 보이지 않는 기운(=운동에너지)은 만물을 생성하고 새로운 생성을 위해 퇴화시키되 중단하는 법이 없어 반복적인 변화의 과정 가운데 생생지도(生生之道)의 변화를 일으킨다.

그 가운데 지구는 태양의 빛을 받아 '포태양생(胞胎養生: 배 속에서 세포가 잉태하고 키우면서 태어나게 함)'을 주도하고 있어 변화 속의 또 다른 새로운 변화, 성장하고 발전시키는 변화의 길(生生之道)을 거듭하고 있다.

다르게 표현하면 자연은 쉬지 않고 자연의 법도에 따라, 율려(律呂)운동(=음양의 조화로 발생하는 자연에너지)을 통해 변화 속에 새로운 변화를 거듭하면서 생명 운동을 지속하고 있다.

삼일신고(三一神誥)의 신훈(神訓) 편에 한얼은 대덕(大德), 대혜(大慧), 대력(大力)하다고 하였다. 하늘이 내려주는 대덕(大德), 대혜(大惠)를 지구와 지구의 생명체는 온전히 받들어 생명의 변화와 발전을 일구어내고 있다. 자연의 섭리가 조화의 이치, 존재의 필요성과 당위적 의식 등을 알려주고 있어 자연철학, 자연과학의 통찰력이 제시되었다.

사람도 하늘의 형상과 땅의 기운을 본받아(天道地厚) 하나의 생명으로 탄생했으니 어찌 귀한 존재가 아닐까 한다. 살아야 하는 본질적인 근거와 생존의 행실이 함께 하는 존재가치를 동시에 조명한다.

식물도 세월의 흐름에 따라 씨앗을 남긴다. 호랑이는 죽어서 가죽을 남기고 사람은 죽어서 이름을 남긴다고 했다. 인간이 동물이나 식물과 같은 존재도 아니고 동물과 같은 유형도 아닐 것이다.

만물의 영장이라고 일컬음 받는 인간은 동물이나 식물보다 더 상위의 존재이기에 만물을 탐구하고 자연의 이치와 생명의 원리 등을 궁리하는 존재다. 그러한 존재가 한계상황에 도래하거나 더 많은 생철학적 의구심을 품으면 그와 비례하는 생각의 나래가 수없이 펼쳐진다.

참으로 여러 측면에서 살아가는 모습을 설명하고 그려낸다. 살아있어 산다. 죽지 못해 산다, 살아간다는 주제는 별도의 단락에서 논하기로 한다.

살기 위해 산다. 먹어야 산다. 살기 위해 먹는다. 먹고 살기 위해 일하고 살아간다고 한다. 한편 일하지 않는 사람은 먹을 수 없는 것인지 궁금하다.

노인이 되면 일자리도 점차 구하기 어렵게 되어 공정한 생명 존중과 배려의 차원에서 자국의 사회적 국가적 책임이 증가(增加)되고 있다.

먹고 살기 위해 일하고 노력한다는 이야기는 우리 삶의 주변에서 참으로 많이 한다. 삶은 생명의 법칙에 따라 존중되어야 한다. 생존은 생명의 빛으로 보아야 그나마 불행하다는 요소들을 감소시키거나 소멸시킬 수 있다. 대의적인 관점에서 살아있음이 불행이 아니라 여러 가지의 행복 중에 하나의 행복이라고 생각하고 돌이켜보면 보면 희망과 용기가 생긴다.

부정적인 삶의 의식은 더욱 피곤하게 만들고 나, 너, 우리에게 도움이 안 된다. 조금만 더 긍정적인 관점에서 생존 의식을 들여다보는 것이 더 밝은 사회를 위해 좋다.

육체적인 굴레와 무명(無名)의 경계선에서 벗어나 비가시적인 영혼의 세계, 영성의 빛을 바라보게 되면 의식의 세계가 넓어지고 새로운 정신세계에 눈을 뜰 수 있다. 그리하면 삶의 의식을 밝게 하는 통찰(洞察)적이고 통섭(統攝)적인 사상과 세계가 존재한다는 것을 인지할 수 있다.

그래서 왜 살아야 하는가에 대한 당위성이 삶의 축복으로 발견되어 보다 현실적으로 직시할 수 있게 삶의 동기, 생존의 의의 등을 부여한다.

2022년 6월 18일

5) 교육적 인간에서 영혼(靈魂)의 밝은 존재로 승화

왜 살아야 하는 이유는 무엇보다 자신의 상황을 파악하고 미래지향적인 목표를 세워 생존의 가치를 재발견하여 심신을 밝히는 데 있다. 그러한 재발견은 삶의 학습 과정, 경험 축적, 주어진 책임완수 의지, 희망, 심신의 행복 충전 등을 통해 이루어진다.

인간은 교육적 인간(Homo academicus)이기 때문에 가정과 학교 그리고 공동체 사회는 학습과 경험의 광장이 된다. 이렇듯 아름답게 빛나는 지구는 모든 인류에게 체험학습장이 되었다.

모든 인류는 이 땅에서 학습하고 경험할 기회를 부여받았다. 가정과 학교 그리고 공동체 사회는 인간다운 인간을 육성하는 기능과 역할을 담당하고 있다. '지구학교'에서 제일 먼저 배우는 첫 단계가 부모님을 인지하는 것이다. 인간의 원초적 본능에서 비롯된 자연스러움의 미학(美學)이다.

생물학적 차원에서 보아도 부모님 없이 내가 있을 수 없다. 부모님의 정(精)과 혈(血)을 이어받아 출생했기에 오늘의 내가 존재한다. 나의 생체학적 근원(根源)은 부모님으로부터 시작되었음을 알려주고 있다. 생(生)의 근본적(根本的) 가치가 생명의 잉태로부터 존재하고 있어 생명의 본원과 삶의 존재 의식이 시작된다.

출생 후 성장 과정은 새로움을 지향하는 변화의 길이고 변화 속의 성숙을 위해 나아가는 생의 자연스러움이다. 말도 못 하고 글자도 모르는 상태에서부터 시작하여 조금씩 다양한 부분에서 학습 절차와 시대적 신기술의 체득을 거쳐 어느덧 성장한 모습이 되었다.

유아기에서부터 현재 나의 모습은 분명 성장하고 변했듯이 내 영혼도 밝음의 세계로 들어와 있는지 궁금하다.

삶은 생명의 빛을 발현시키고 영혼은 정신의 빛이 되어 '밝음'으로 비추어지기를 기대한다. 그러한 변화와 발전 속에 삶의 목적은 성숙의 깊이를 더해 간다. 나름의 입지와 내면의 세계를 공고하게 다지기 위해 미래지향적인 노력은 계속되어야 할 것이다.

그럼에도 불구하고 인생은 지속적인 학습과 반복적인 학습과 훈련 과정, 그리고 그러한 변화와 발전 속에 성숙의 깊이를 더해 가면서 문득 왜 살아야 하는가 하는 의문이 종종 든다. 하지만 그것은 내면의 세계와 나름의 입지를 공고하게 다지며 미래지향적인 자세를 바로 세우고자 하는 단계적이고 성숙 과정 중의 하나가 된다.

인간(人間)이 부모님의 몸을 빌려서 출생한 곳은 지구(地球)이며 지구에서 수많은 것을 학습하고 노력한다. 출생지는 지역에 따라 세부적으로 기록된다.

한없이 넓고 공활(空豁)하고 광활(廣闊)한 하늘(天)은 대자연의 모든 존재와 생명체를 아울러 감싸고 있어 포용하지 않은 것이 없다. 천지인(天地人)의 조화(調和)는 대자연의 아름다움을 펼쳐주고 있다.

동물과 식물도 계절 따라 변화하고 또 변하는 삶의 과정을 반복적으로 맞이하듯이 인간 또한 그러한 자연의 이치와 섭리에서 벗어날 수 없다.

인간은 문화와 문명사를 주도적으로 이끌어가는 존재이다. 그와 함께 삶의 결실은 다양한 분야에서 각자 나름의 작품을 남긴다.

동서의 많은 사람이 인간의 삶을 다양하게 분석하였다. 인간의 보편적 삶과 생의 터전, 생존 의식, 공동체 사회구성원 등은 지구를 벗어나지 못한다. 지상에서 삶의 여정은 지속된다. 그러므로 지구는 인간을 성숙시키기 위한 훈련도장(訓鍊道場)이자 심신(心身)을 단련시키는, 연금술과 같은 상징성이 담긴 영원한 인류의 학교이다.

이러하듯 지구학교에서 인간은 한 단계 더 성숙하고 발전할 수 있도록 노력하는 것이 삶의 목적이며 각자에게 주어진 책무일 것이다.

윤회가 있다면 다음 세상에 더 나은 사람으로 출생하여 보디사트바(bodhi-sattva: 깨달은 중생)와 같은 존재가 될 수 있을 것이다. 군자의 도리와 덕행, 보편적 삶 속의 공동선, 이웃(사람) 사랑이 그와 무엇이 다르겠는가?

인간이 사람다운 사람으로 거듭나고자 학습하고 수신(修身)을 게을리하지 않아야 한다. 선덕(善德)을 행할 수 있고 밝은 영혼의 세계를 지향하는 것은 왜 살아야 하는 의문에 답할 수 있는 길을 가는 것이다. 밝은 영적 존재가 되고, 영혼(靈魂)의 빛이 되어 영성(靈性)의 밝음에 이르는 것이 어찌 보면 왜 살아야 하는가에 대한 정신과학(＝형이상학)의 답 중의 하나가 될 수 있다.

2022년 6월 19일

4. 삶의 길을 탐구하는 과정에서 삶이란?

삶의 길을 탐구하는 과정에서 삶이 무엇인가 자문자답하거나 공개적인 질문을 한다는 것은 그만큼 생각과 마음도 성장했다는 증거다. 궁금증을 해소하게 하는 속 시원한 답은 그 누구에게도 구하기 어려울 것이다. 다만 자연을 가까이하고 자연의 향기와 소리를 듣게 되면서 어머니와 같은 포근함을 느끼는 것은 모두의 공감대를 형성할 수 있다.

대자연 속에 삶은 꽃들의 향연처럼 아름답고 아침이슬에 빛나는 영롱한 보석과 같다. 그러한 삶이 계절의 변화 속에 꽃들의 씨앗처럼 다음의 생명을 남기고 동면(冬眠)의 밤에 들어간다.

삶의 신비는 출생 전부터 시작된다. 잉태의 요람에서 출산의 신비는 아이의 첫울음부터 시작된다. 생명의 태어남은 생명의 신비가 드러난 것이며, 밝은 세상을 맞이하여 생명의 축복을 구가할 때 대자연은 생명을 보듬고 빛나는 빛처럼 희망을 선사한다.

성장하면서 배우고 익히며 경험하고 난관도 극복할 수 있는 인내와 극기도 학습하는 과정이 뒤따른다. 살다 보면 인고(忍苦)의 열매뿐만 아니라 선덕(善德)의 향기도 사회 속에 스며든다. 하지만 향기 없는 꽃도 꽃인 줄 알아야 꽃을 제대로 볼 수 있다.

일반적으로 경험할 수 있는 것과 경험하기 힘든 것, 신비스러운 것, 신비체험, 정신세계에 대한 호기심이 발생하는 것은 당연한 일이다. 삶과 죽음에 대한 의문은 동전의 양면처럼 인간의 내면에 잠재된 의식이기 때문이다.

특히 삶과 죽음의 공간에서 신은 무엇이며 어떠한 세계에서 어떻게 존재하는지 궁금하여 연구해볼 만하다. 그러한 궁금증 해소에 관한 사례가 유가의 경전에서 찾을 수 있다. 널리 알려진 논어(論語) 선진편(先秦篇) 11장에 나오는 공자(孔子)와 계로(季路)의 대화를 살펴보자.

어느 날 제자 계로가 귀신을 섬기는 것을 묻는다.
– 계로문사귀신(季路問事鬼神) –

공자가 말했다. "사람도 능히 섬기지 못하면서 어찌 귀신을 섬길 수 있겠는가?"
– 자왈 미능사인 언능사귀(子曰 未能事人 焉能事鬼) –

계로가 또다시 묻기를(계로 왈 季路曰), "도대체 죽음이란 무엇입니까?"
– 감문사(敢問死) –

공자는 말했다. "사는 것(삶)도 아직 모르는데 어찌 죽음을 알리요?"
– 자왈 미지생 언지사 (子曰 未知生 焉知死) –

깨달음을 통해 설파(說破)된 참으로 명언이다. 사람으로 태어나서 삶이 무엇인지도 잘 모르고 인간에 대해 잘 알지도 못하면서 어찌 죽음을 말하고 신과 죽음의 세계를 알려고 하느냐고 공자는 되묻는다.
그는 죽음과 죽음의 문제, 사후세계 등은 부인하지 않았지만, 철저히 삶의 세계를 직시하며 귀신보다 인간을 섬기는 것을 더욱 중시했다. 공자의 지상천국 사상이 널리 공표된 것이다.
어진 마음으로 사람을 사랑하고 사람을 섬기는 공자의 인(仁)사상은 만고불변의 진리이다. 살아 있을 때 삶을 논하고 삶의 가치를 이 사회에 환원하는 것이 공자가 바라본 생명 사상, 인본주의(人本主義)

사상, 지상 평화 사상이다. 그는 사람이 사람답게 살아가는 올바른 길 즉 인도(人道)를 다음과 같이 제시한다.

자왈(子曰) 학이시습지, 불역열호(學而時習之, 不亦說乎)
유붕자원방래, 불역락호(有朋自遠方來, 不亦樂乎)
인부지이불온, 불역군자호(人不知而不慍, 不亦君子乎)
-논어(論語) 학이편(學而篇)-

인도(人道)에서 빠짐없이 강조된 것이 배우고 익히는 학습(學習), 친구 사귐(=붕우유신 朋友有信), 군자와 같은 마음 다스림이다. 여기서 군자는 수신·제가(修身·齊家)를 마친 사람다운 사람을 뜻한다.

사람다운 사람이 되기도 쉬운 일이 아니다. 사람됨의 길은 배우고 익히며 경험하며 바르게 갈고닦지 않으면 제대로 갈 수 없다. 그러므로 사람의 길을 논하기 전에 먼저 사람이 산다는 것, 생존의 의미가 무엇이며 어떠한 삶이 보편적 삶의 의의인가부터 알아야 한다.

삶을 논하고 삶의 가치와 희망을 말하는 것이 그 무엇보다 인간이 사는 이 세상에 더욱 보람된 일이다. 어떠한 마음으로, 어떻게 살아야 하고 어떻게 살아가면서 무엇을 행해야 하는 가는 삶의 인식이자 입지를 세우고 그에 대한 가치를 형성하는 것이다.

2022년 6월 16일

1) 삶의 길을 탐구하는 과정에서

삶은 도대체 무엇이며 어떤 것을 이러저러하다고 하며 개인뿐만 아니라 사회적 생명의 실상이자 길이라고 하는가?

삶의 기본적인 개념은 태어나서 죽기 전까지 사는 동안을 의미한다. 일반적으로 말하는 삶은 사후의 세계를 말하지 않기 때문에 살아 생전의 모든 과정을 포함하고 있다.

그래서 우리가 말하는 삶은 보편적으로 살아 있다는 것이며, 삶의 존재, 과정에서 남겨진 객관성과 특성 등을 포함하고 있다. 삶은 이미 공동체 사회의 일원이 되어 철학적 존재성을 부여하고 있어 생철학이라는 용어로 사용되고 있다.

위에서 설명했듯이 생철학은 19세기 이후의 유럽에서 형성되었다. 그의 특징은 직접적인 삶의 체험을 통해 생명의 개념, 생존의 의미와 이해를 파악하려고 하는 데 주안점을 두었다. 인간의 욕구와 희망 나아가 행복함에는 과학적이고 실증적인 것은 물론 비가시적인 생체적 요인과 연관되어 있다고 보았기 때문이다.

생철학적 입장은 실증주의나 합리주의를 일정 부분 수용하지 않는다. 비가시적인 생의 요소들은 비물질적인 것과 긴밀히 연계되어 있어 합리적인 차원에서 증명하기 어렵다. 최첨단 과학기술이 아픈 마음을 사진으로 찍어 이러하다고 증거로 보여줄 수는 없는 것과 같다. 그러므로 삶의 길을 탐구하는 과정에서 가시적인 면이 전체는 아니다.

2) 삶은 인간의 길 중에 최선의 길로

인간의 도덕적 의식 함양이 꾸준히 발전되고 통찰적인 의식이 높아지면서 삶에 대한 고유성을 발견하였다. 그것은 또한 아름답고 선한 사람다운 사람의 특성이자 지속적인 장점을 아우르게 한다.

사람다운 삶의 모습을 추구하는 혜안은 사람다운 사람의 길을 제시한다. 그 길을 걸어가는 생존자의 과정과 행실(行實)의 모습은 정신문화의 정수인 정신과학적인 설명이다.

삶은 각자의 생존본능이 포함된 자아의식과 함께 존재하며 방법과 방향 그리고 목적을 가지고 행(行)하는 생존의 길이다. 하지만 삶이 무엇을 말하는가에 대한 문답은 개개인의 성향에 따라 각양각색일 것이다.

가능하다면, 가능하게 진행될 수 있도록 국가 차원에서의 삶의 보편적 의식, 세계 시민의식, 도덕성을 함양시키는 21세기 교육프로그램의 개발은 아무리 강조해도 부족함이 없다.

세계인이 공감하고 함께 공존할 수 있는 번영된 삶의 길은 집단의식, 신앙 의식, 집단무의식에서 벗어날 수 있는 실마리를 제공한다. 성현들의 말씀, 가르침은 변하지 않는 진리이기에 인간의 영혼을 자유롭게 한다.

진리는 과학적이고 보편적이며 객관적이며 합리적이지만 특수한 조직의 범주에 속하지 않는 세계적인 성인의 가르침이다. 세계적인 가르침과 삶의 의식은 영혼의 구속에서 해방될 수 있어 노력하면 영혼의 자유로움을 (되)찾을 수 있다. 그러한 삶을 구가(謳歌)할 수 있는 삶이 무엇이며, 무엇을 말하는가를 새롭게 설명할 수 있는 현대인이 그리 많은 것 같지는 않다.

왜 살아야 하는가에 대한 당위성은 어디서 찾아야 하나? 상생을 추구하는 변화의 길에서 답을 찾아야 한다. 삶과 구도(求道)의 길은 하나이며 성(聖)과 속(俗)이 구별되지 않은 성속일여(聖俗一如)이기 때문이다.

그 길은 자연이 제시하는 자연스러운 길, 성인이 제시한 인류 공통의 길로서 바른길(正道)이다. 오늘날 널리 퍼진 확증 편향 의식과 논리, 행위 등에서 벗어나는 길이 자연스러운 길이며 삶의 길이다. 삶의 조화로운 공존 사상을 학습하고 함께 일구어 나아가야 삶의 가치와 당위성을 제고(提高)한다. 그러한 자연의 길이 다음과 같이 제시되었다.

"인간은 땅을 따라야 하고〔人法地〕 땅은 하늘을 따라야 하며〔地法天〕 하늘은 도를 따라야 하고〔天法道〕 도는 자연을 따라야 한다."(道法自然 도덕경 25장)

천(○) 지(□) 인(△)의 삼재(三才)의 법이 인간에게 있다. 천도지후(天道地厚)의 형상을 본받은 인간은 소우주이기에 자연의 길, 특히 인도의 길에서 벗어나지 않아야 한다.

그러한 우주적인 큰 틀에서 인간은 자연스러운 길, 영혼의 밝은 길은 오늘의 삶 속에 이어지고 있다. 왜 살아야 하는가에 대한 분석과 삶의 여정을 돌이켜보고 미래 지향성을 추구하기 위한 설명이 좀 길었다.

2022년 6월 18일

6. 자연철학에서 삶의 길을 살펴본다

자연과 인간의 세계를 탐구하는 최초의 과학자가 자연 철학자였다. 동서 고대철학자들은 실제로 자연 과학자였고 그들의 업적은 지대하여 오늘날 회자(膾炙)되고 있다. 예컨대 고대 그리스 철학자이자 수학자인 탈레스(Thales)는 만물의 근원을 물, 헤라클레이토스(Heraclitos)는 불(火)이며 만물은 유전한다고 하였다.

피타고라스(Pythagoras)는 만물이 수(數)와 연관되어 있다고 보았고 그가 남긴 '피타고라스(Pythagoras)의 정리'는 지금도 활용되고 있다.

데모크리토스(Demokritos)는 만물의 근원이 우주의 원자(atomon; '나눌 수 없는')라고 했다. 그가 주장한 원자(原子)는 우주의 입자론(粒子論)이며 오늘날 우주물리학 발전에 큰 공헌을 하였다.

엠페도클레스(Empedocles)는 만물의 구성요소가 네 가지인 지수화풍(地水火風)이라고 하였고 인간의 영혼은 윤회한다고 믿었다. 네 가지 요소가 상호작용 속에 결합·분열한다는 것은 불교학에서 논하는 지수화풍과 다름이 없다.

위에서 설명된 인물들은 고대 자연 철학자이자 형이상학을 논하는 정신 과학자였다. 동서(東西)의 고대철학자는 삶의 원형을 자연의 섭리에서 발견하고자 했다. 자연의 구성요소가 인간의 생존 구성요소에도 포함되어 있어 그의 연관성을 주목한 것이다.

성현(聖賢)은 삶의 원형을 통찰하면서 무시해서 안 되는 요소들이 원초적 본능이며 생존 의식이 삶의 길과 직결되었다고 보았다. 그러한 요소들이 인간의 과욕에 의해 지나치게 넘치면 짐승과 같다고 보고 그는 스스로 절제할 수 있는 마음 자세와 행동, 삶의 법도와 예절을 가르쳤다. 그들은 오늘날 자연 과학자이자 정신 과학자로서 삶의 진리를 가르쳤고 우주의 공통로인 천지인의 길을 걸어가 보신 분들이다.

사람의 삶에 대한 현실적이고 보편적이고 합리적인 자연사상에서 도덕(道德) 철학의 의미는 정치와 사회문화의 시금석이 되었다. 공동체 사회는 물론 정신세계의 문화를 창출하고 꽃피우게 했다. 그 가운데 하나가 모두 다 체감할 수 있는 오늘날 인도주의 사상과 실천이다. 이러한 세계적인 패러다임은 세계 각국의 품격 있는 정치사회문화의 방향이자 인류애를 발휘하는 공동선(共同善)을 실현할 수 있는 이념이자 목적으로 자리 잡았다.

하지만 일반적 삶의 현실을 직시하면, 삶은 살아남기 위한 생존의 도구, 어떤 부분에서는 도전과 반응 가운데 지속적인 투쟁과 근접해 있어 때로는 한계상황을 느낀다. 살아있다는 존재가 삶이라고 할 수 있으나 죽어서도 영원히 살 수 있다는 것은 또 무엇을 의미하는 것인지 생각하지 않을 수 없다.

유한한 삶을 영위하는 인간이 무엇이 삶이라고 단언하거나 그러하다고 정의(定義)하는 것은 한계가 있어 삶의 전체를 설명하기는 더더욱 어렵다. 그만큼 삶의 다양한 방향과 길이 있고, 각자 나름의 삶의 길을 걸어가고 있다. 그 길은 스스로 선택해서 가는 길이지만 어찌 보면 살다 보니 자신도 모르게 살아가는 길도 있을 것이다.

자연철학에서 삶의 길은 생철학적 삶의 방향과 유관하여 세계화 시대의 길을 찾아야 한다. 일찍이 도덕 철학과 자연철학을 꾸준히 학·습(學·習)해야 삶의 길은 여여(如如)하고 명료해지고 수월하다.

자신의 역량을 여러 번 시험해 보면서 주어진 능력에 따라 적합한 입지(立志)를 세워 나아갈 수 있어야 자신의 길이 열린다. 그래야 현실과 부합(符合)되고 심신(心身)이 합치(合致)될 수 있어 미래지향적인 삶의 방향이 설정된다. 보편적 삶의 시금석이 재발견 되었다.

2022년 6월 18일

7. 어떠한 삶의 길을 선택했을지라도

삶의 길은 인류의 인구수만큼 다양할 수 있어 선택의 길도 각양각색일 것이다. 어떠한 길이 정답인지는 말할 수 없으나 보편적인 삶의 길을 요약해 보면 윤곽을 알 수 있다. 필자가 삶의 길에 대해 많은 사람과 대화하고 그들의 삶을 보고 나름의 경험을 토대로 다음과 같이 분석해 보았다.

삶은 생명의 존엄성으로 승화시켜 생명의 부활로 가는 길을 선택한 사람

아래의 글은 인생의 동반자들이 가는 보편적인 길 중에 특히 수행적 삶을 선택한 어느 여인의 인생을 축약한 것이다. 그 여인의 인생을 통해 죽고자 하나 죽지 못해 살아야 하는 인생의 길에서 삶의 가치를 승화시켜 생존의 의의를 극대화한 삶의 길이 어떠했는지를 살펴보고자 한다.

외동딸로 태어난 꿈 많은 소녀가 중매(仲媒)로 결혼했다. 20세에 시집와서 시댁(媤宅)을 살펴보니 남편의 남동생들과 여동생 한 명이 있었다. 가정형편이 넉넉지 않은 시집 생활이지만 여인은 희망을 품고 열심히 살았다.

시아버지는 며느리를 이웃 사람들에게 집안의 복덩이라고 자랑했고 다독거리며 며느리에게 힘을 낼 수 있도록 용기를 북돋아 주었다. 하지만 결혼 1년 후에 시아버지가 홀연히 세상을 떠났다. 병원에서 치료받기 어려운 그 당시의 환경이 안타까움만 더할 뿐이다.

시아버지가 돌아가신 다음에 시어머니의 시집살이는 심해졌다. 고된 일은 그런대로 참아 낼 수 있었으나 이러저러한 핍박과 모함 등은

견디기 어려웠다.

어느 날 여인은 살고 싶은 마음이 없다는 생각이 드니 사는 것이 참으로 힘들어졌다. 생존의 무게가 양쪽 어깨부터 발끝까지 짓누르는 느낌이 점차 심해지면서 삶의 의욕이 점점 상실되었다. 만사를 잊어버리고 삶의 고통 속에서 해방되고 싶은 마음이 간절했다. 그는 죽지 못해 사는 인생의 굴레에서 벗어나고 싶어 작심하고 강가로 갔다. 강물에 비추어진 자신의 초라한 모습을 눈여겨보았다. 그 곱던 예전의 모습이 살아지고 슬픈 얼굴만 보여 서글픈 마음이 더욱 복받쳐 올라왔다.

지난 세월이 한없이 원망스럽기도 하고 일찍 돌아가신 여인의 어머니 그리고 생존하시는 아버지를 생각하니 참았던 눈물이 한꺼번에 쏟아졌다. 집에 두고 온 자신의 어린 자식이 생각났고 인생의 굴곡이 주마등처럼 스쳐 갔다.

강물의 물결이 넘실거리며 금방이라도 자기 자신을 삼켜버릴 것 같은 기세였다. 저 강물 속에 빠지면 어떤 고통이 있을까 하고 생각하니 무서운 마음이 들었다.

내가 살아야 그 어린 내 자식도 살 수 있고 모두를 살릴 수 있다고 생각하니 가족 모두가 불쌍해 보였다. 생존의 의미가 생기면서 마음으로 다짐한다. 마지막 삶의 길까지 죽지 못해 사는 인생이라 할지라도 자신의 존엄과 생명의 가치를 온 힘을 다해 지키겠다고.

하지만 먼저 떠난 자기 자식들의 죽음을 가슴에 묻고 살아가면서 한 맺힌 인생의 역경(逆境)은 더욱 힘들게 되었다. 가슴의 통증은 심해져 화병(火病)을 달고 살았다. 의지할 곳은 교회밖에 없었다.

처녀 때부터 교회를 알게 되어 한글을 깨쳤고 결혼 후에도 남편이 말려도 교회를 다녔다. 그 여인이 믿고 의지하는 신, 하나님께 모든 것을 맡기고 살아가면서 지혜와 힘을 보탰다. 어느덧 집안이 보다 윤택해졌다.

새벽 4시, 그 여인은 교회에 가서 소리 없이 눈물을 흘리며 40여 년 동안 기도했다. 새벽기도를 마치고 귀가한 어느 날이었다. 그는 바이블을 읽다가 다음과 같은 말씀을 발견했다.

"선한 일을 행한 자는 생명의 부활로, 악한 일을 행한 자는 심판의 부활로 나오리라."(요한복음 5장 29절)

위의 말씀은 선행의 덕목이 왜 중요한지를 설명한 내용이다. 그 말씀은 여인의 가슴속 깊이 다가와 인생의 마지막 길까지 삶의 등대로 삼았고 삶의 목표로 정했다. 여인은 원망하지 않는 삶, 타인에게 불편함을 주지 않는 일, 남들이 알아주지 않은 행위라 할지라도 자신의 마음에 좋은 일, 선(善)이라고 생각한 것은 묵묵히 실천하면서 범사에 감사한 마음으로 살고자 노력했다.

여인은 병든 시어머니를 오랫동안 보살폈고 그의 임종이 가까워지자 가족들이 모였다. 시어머니는 여인의 손을 잡고 조용히 눈을 감았다.

요즈음 여인의 건강이 부쩍 안 좋아져서 교회로 걸어가는 길이 전보다 10배, 100배나 먼 길처럼 느껴졌다. 그는 기도하며 세 가지의 소원을 빌었다. 그 가운데 특별하다고 생각되는 것이 그 여인의 마지막 운명에 대한 기도였다.

'하늘이 날 오라고 부르실 때, 하나님은 아무도 내 손수건 하나라도 빨지 못하게 어느 날 순식간에 나를 데려가 달라'고 수십 년간 새벽 제단에서 그리고 집에서 늘 기도했다.
실제로 그 여인은 사망하기 몇 주 전에 사랑하는 자식들과 손자들을 만나보았고, 어느 날 병원에 입원 후 사흘 만에 홀연히 이 세상을 떠났다.

그 여인은 살아 있으니 살아야 하나 보다 하는 단순한 차원에서 벗어나 더 나은 보다 미래지향적인 삶의 가치를 이루고자 평상시 하나님께 감사하는 마음으로 살았다. 그는 죽고자 하나 죽지 못해 살아야 하는 인생에서 삶의 가치와 존엄성을 재발견하고 승화의 단계로 발전시켰다.

여인의 승화된 삶은 빛났고 그의 신념(信念)과 의지는 영혼의 불꽃을 점화시켜 생명의 부활이 이루어져서 밝은 정신세계로 되돌아갔을 것으로 생각한다. 생명의 부활로 가는 영성의 길은 쉽지 않으나 능히 어둠을 이겨낼 수 있다.

2022년 5월

8. 죽지 못해 산다

죽지 못해 산다고 자문자답하거나 공개적으로 말하는 사람들이 있다. 죽지 못한다는 말이 산다는 것보다 앞서 있다. 왜 죽지 못해 산다고 하였을까? 어찌 죽지 못해 살아가는 인생이 되었을까 궁금하다.

'죽지 못해 산다'라는 말은 그냥 쉽게 하는 말하는 경우가 대부분일 것이다. 그러나 많은 생각 끝에 실제로 죽음의 길을 선택하고 시도해 보았으나 그리되지 않아 산다고 하는 면에 중점을 두고 삶을 이어간다는 뜻이 되기도 한다. 먼저 죽음의 길에서 다시 살아난 것부터 살펴보고자 한다.

얼마나 인생의 길이 험하고 힘들었으면 죽음을 선택하고자 했을까? 그 가운데 죽고자 자신의 몸을 던졌는데도 불구하고 이러저러한 도움으로 생명의 빛을 다시 찾은 사연들이 있다. 어떤 재해나 재난 속에 구조된 사람들도 있다.

그들은 그 어떠한 장소를 불문하고 참으로 귀한 생명을 잃지 않았기에 생명의 빛을 다시 찾았다는 사실은 또한 생명의 찬가라고 아니할 수 없다. 그들 가운데 많은 사람이 죽음의 길에서 생명의 길을 찾았다고 하면서 자신의 인생을 열심히 살아가고 있다. 그들은 죽지 못해 산다는 말보다 남은 삶이 있어 죽지 못한다고 한다. 생의 찬가를 외치는 분들이 아닐 수 없다.

이 세상에는 천명(天命)이 있어 참으로 신기한 일들이 많다. 아직도 삶의 길이 남아있고 더 나은 삶의 길을 헤쳐 나아가기 위해 하늘이 돌봐주신다는 것일까?

아무도 모르는 신비한 일이 우리의 삶 속에 존재한다는 것은 그만큼 생존의 대의가 모든 사람에게 부여되었다는 뜻이 아닐까 한다.

예컨대 죽음의 문턱에서 삶의 길을 선택한 것은 삶의 가치에 생명의 빛에 중점을 두었다.

죽고 싶은 마음이 들었고 죽고자 하는 선택의 길에서 수많은 사연이 머릿속에 주마등(走馬燈)처럼 스쳐 간다. 종종 죽음에 대한 단상들이었다고 한다. 아무개가 죽음을 선택한 장소에서 죽고자 했지만 떠오르는 많은 생각과 느낌이 자기 자신을 사로잡고 있다.

그가 막상 죽고자 하는 위치와 환경 그리고 죽음의 순간과 모습 등을 미루어 생각해보고 있을 때 다른 한쪽에서는 죽음에 대한 두려움, 공포감 등이 몰려왔다. 그로 인해 짓눌리는 마음의 중압감을 느끼면서 잠깐 또 다른 생각이 머릿속에 스쳐 간다. 아직 젊고 할 일이 있고, 이루고 싶은 일이 있다고.

그는 자신의 부정적인 생각과 마음을 멈추자 조그마한 삶의 빛을 떠올린다. 그 빛이 마음을 바꾸었고 어둠에 싸여 있던 삶을 비춰주기 시작했다. 그는 생존의 의의와 가치 및 나름의 각오와 목표를 이루기 위해, 오늘과 미래의 희망을 기대하기도 하지만 그저 죽지 못해 삶을 이어간다는 뜻으로 해석되지 않기를 바란다.

그는 생각했고 자신에 대해 평가도 했다. 죽는 것도 독한 각오와 용기가 있어야 하고 모든 미련이 없어야 죽을 수 있다며, 어쩌면 죽을 각오와 용기도 없었다, 그저 죽고자 하는 마음과 생각에 머물러 있었다고 한다.

그러할지라도 그러한 각오와 용기로 살아가면 최소한 자신의 생명을 지키며 하늘에게 맡기는 것이다. 죽지 못한 인생이기에 한편으로는 비겁한 마음이 들었다고 생각하지 말고 살아 있어 할 수 있는 일을 찾는 것은 나름의 생의 빛을 밝히는 아름다운 길이다.

죽고자 하나 죽지 못해 살아야 하는 인생의 유형은 다양하여 세밀하게 분석하고 나열하기는 어렵다. 이 분야의 전문가가 있겠지만 죽음의 길을 차단하고 살아가야 하는 생존의 모습과 목적의식이 천태만상일지라도 지구상의 생명의 빛은 고귀하기만 하다.

2022년 6월 5일

9. 살아 있으니 산다

살아 있으니 산다고 하는 말은 삶에 중점을 두고 있다고 생각되나 크게 세 가지의 모습이 있다.

첫 번째는 삶의 가치와 의의 또는 생사의 문제 등을 그리 깊이 생각하지 않고 단순한 생각 속에 나오는 말이기도 하다. 어린아이에게 왜 사느냐고 물으면 뭐라고 답할까? 그런 질문은 해서는 안 될 큰 실례이자 언급조차 말아야 한다.

두 번째는 죽고 싶은 마음이 있으나 죽지 못해 살고 있으니 살아야 한다는 뜻이다. 어찌 보면 죽지 못해 산다는 말과 그 의미가 유사한 점이 포함되어 있다.

세 번째는 누가 어떤 말을 하느냐에 따라 생각과 의미가 다르다. 말은 나름의 무게와 깊이가 있어서 어떻게 말하느냐에 따라 큰 차이가 난다.

살아 있어 산다는 뜻은 삶의 달관을 의미하기도 한다. 삶의 길을 알았다는 것으로 풀이된다. 다른 한편으로 보면 생존의 의미를 존중하고 생각하고 사는 데까지 살고자 한다는 것은 사회에 해악을 끼치지 않고 살겠다는 뜻이 담겨 있다.

살아야 한다는 의식을 보다 긍정적인 관점에서 살펴보는 것은 공동체 사회의 공존의식과 공동선에 참여할 수 있는 역량을 재고(再考)할 수 있다. 그 길과 역량은 국가, 사회가 재난, 재해 등으로 인해 어려움을 당하고 있을 때 발휘된다. 그 지역의 피해를 최소화하고 사람들을 돌보기 위해 여러 구호단체의 반응은 뜨겁다.

생명을 보호할 수 있는 일에 참여할 수 있는 사람은 살아 있어 살아가는 우리 삶의 진솔한 모습이다. 살아 있으니 생명을 살릴 수 있고 함께 살아갈 수 있는 것은 소박한 사람의 생활이자 삶이다.

2022년 6월 5일

10. 인간은 어떠한 존재일까?

인간은 무엇이며, 어떠한 존재인가?

이러한 의문과 질문은 인간에 대한 의식을 높이고 삶의 의식과 공동체 사회문화 등을 궁리하는 차원에서 나왔다. 인간은 정신과 육체가 하나 되어 조화롭게 형성된 존재이기에 의문과 질문이 종종 형이상학의 세계를 탐구하게 하며 정신적 갈등을 해소하고자 하는 철학적 존재임을 반영하는 것이다.

많은 사람이 철학(哲學)이라고 하면 뭐 현실과 동떨어진 학문이자 이해하기가 어려운 분야라고 생각한다. 철학이라는 개념을 서구철학의 개념에서 보는 시야가 일반적이지만 한 단계 더 들어가 보면 상호 간의 개념 차이는 있다. 동양과 서양에서는 철학의 개념과 의의 등을 어떻게 보았는지 먼저 살펴보고 인식과 경험 그리고 실생활에서의 활용범위 등을 들여다보고자 한다.

1) 서양에서 설명된 철학의 의의

고대 서양의 자연 철학자들은 오늘날의 자연 과학자였다. 그들은 자연의 구성요소와 인간의 본질에 관해 설명했고 그들 나름의 학파가 형성되었다.

고대 그리스 시대부터 철학(philosophy)이라는 용어가 사용되었다. 'philosophy'는 'Philo'(~을 사랑하는)와 'Sophia'(지혜)가 합쳐진 것이다. 'philosophy'는 '지혜를 사랑', '지혜 사랑', 애지(愛智)로 번역되나 일반적으로 철학이라고 한다.

무엇이 지혜이며 사랑인가? 어떻게 지혜를 얻을 수 있고 사랑할 수 있을까?

고대로부터 지금에 이르기까지 인간은 자연을 탐구하고, 어떻게 자연과 함께 공존할 수 있는가를 궁리했다. 자연의 섭리, 이치, 법도, 생존의 의미, 인간과 인간과의 관계, 국가공동체 사회와 연관성 등은 질문과 깨우침의 대상이 되었고, 그러한 깨우침은 지혜로 이르는 길이라고 생각했다. 자연과 인간을 사랑한다는 보편적 의미로 사용되면서 탐구 대상의 폭과 깊이는 철학의 길이 되었다.

불교철학에서 인간의 지혜는 자연과 인생의 진리를 탐구하고 그 이치에 따르는 것이다. 그러한 지혜가 어디까지인지는 불확실하지만, 불가(佛家)에서는 수행을 통해 자연의 제법(諸法)을 깨우친 정신적 경계 즉 팔성도(八聖道)에 이르는 것을 의미한다.

팔성도는 불교 수행의 여덟 가지 실천 덕목으로 정견(正見)·정어(正語)·정업(正業)·정명(正命)·정념(正念)·정정(正定)·정사유(正思惟)·정정진(正精進)이며, 열반(涅槃)에 들어가는 깨우침의 길이다. 팔성도를 팔정도(八正道)라고 하는 것은 올바른 깨달음(正覺)을 위한 길(道)이라는 뜻이다.

널리 알려진 반야바라밀다심경(般若波羅蜜多心經)은 주문이 아니라 수행법이며 '지혜의 완성'에 이르는 심법(心法)의 길을 제시했다. 이에 대한 필자의 의견은 다음 단락에서 설명하고자 한다.

지상에서 지혜를 구하고 사랑하는 것은 결국 인간의 삶을 긍정적인 관점에서 살펴보고 인간을 사랑하는 것이다.

인간의 존재 의미와 방식 등은 인간의 보편적인 삶과 그에 대한 이해를 근본적으로 추구하며 삶의 진리를 분간하고 분석한다. 그와 같은 삶의 진리를 궁구하는 과정에서 살펴보면 큰 틀에서 다섯 가지 철학적 학문 분야가 형성되었다.

첫째 형이상학이다. 대자연의 실재와 본성을 연구하는 학문이다. 우리에게 형이상학의 분야는 일반적으로 정신세계인 정신과학을 뜻한다.

둘째는 논리학이다. 어떤 대상과 실재에 대한 추론은 규칙을 세워 탐구하는 영역이다.

셋째 인식론이다. 그것은 공동체 사회에 도덕적 가치 및 규범을 제시한다. 어떤 대상에 대해 알고 싶어 하고 학습과 경험을 통해 어떻게 지식을 하나하나씩 얻는 과정을 분석하고 지식의 본성을 탐구한다.

넷째 윤리학이다. 초목금수(草木禽獸)와 다른 인간의 행위가 공동체 사회에 어떻게 영향을 주는가를 연구하는 학문이다.

다섯째 미학이다. 자연스러운 다양한 생명의 실상, 그에 대한 아름다움의 본질, 문화적 예술의 기준 등을 논한다.

이와 같은 다섯 가지 철학적 학문 분야는 그 시대에 주어진 사회적 시스템을 통해 성장과 발전, 변화와 혁신이 이루어졌으나 시대적 조류나 과학적 탐구의식과 이해에 적합하지 않은 논리는 쇠퇴했다.

BC 380년경 고대 그리스 사회의 수준 높은 교육은 '소피스트(Sophist)'를 통해 이루어졌다. Sophist의 어원은 그리스어 sophistes에서 유래했다. 그 의미는 '영리하고 (언변에) 능숙한 사람'이며 차후 '현인(賢人)'이라는 뜻으로 사용되었다. 로마 시대의 소피스트는 일반적으로 수사학자(修辭學者)·산문(散文)작가를 뜻했다.

소피스트 대부분은 아테네 시민이 아니었으나 아테네를 중심으로 활동했다. 아테네 민주주의는 누구나 정치적으로 성공할 기회가 주어졌다. 그들은 그러한 특징을 활용하고자 했으며 이성적인 논증과 능숙한 언변을 사용하면서 고전적인 사고방식을 비판했지만, 특히 청년들에게 매력적이었다.

소피스트들은 부와 명예 등 세속적인 가치를 추구했다. 그들은 수업료를 받고 다양한 주제에 대해 가르쳤다. 그들에게 교육받은 사람은 전통적 가문의 배경이 없어도 정계에 진출하면서 각계각층 출신의 시민들이 등용됐다. 그들의 지혜와 행복은 정치적 출세가 우선순위에 들었다.

소피스트의 지혜가 정치적 출세의 도구로 사용되면서 철학적 논쟁은 가열(加熱)되었다. 이때 등장한 인물이 소크라테스였다. 그는 보편적 진리, 절대미(絶對美), 절대선(絶對善)에 이르기 위한 방법론(분석, 비교, 변증, 종합 등)을 제시했다. 그는 고대 그리스 델포이의 아폴론 신전 기둥에 새겨져 있는 '너 자신을 알라'라는 말을 즐겨 사용했다.

너 자신을 알라는 뜻은 내가 (본래) 누구이며, 나는 어디서 왔고, 지금 무엇을 위해, 뭐를 하고 있으며, 어떻게 살고 있는지 등에 대한 자성적인 질문이자 인간 본성에 대한 탐구다. 그의 제자 플라톤이 이데아(Idea: 관념, 이념, 영원의 본질, 순수이성 등) 세계 즉 이상주의를 주장했다.

플라톤의 제자 아리스토텔레스는 이데아 개념과 유사한 '형상(eidos)'이 현실 세계에서 볼 수 있는 '형태'로 분석하고 실험, 관찰, 경험을 중시하였다. 아리스토텔레스는 철학뿐만 아니라 정치, 물리, 천문, 기상, 박물, 생물, 심리, 윤리학 등에서도 큰 업적을 남겼다. 그는 처음으로 서양 윤리학의 기초(基礎)를 세웠다.

소크라테스, 플라톤은 하늘의 세계를 중점적으로 가르쳤고 아리스토텔레스는 땅의 세계 즉 현실 세계를 더 중시했다. 이를 통해 서양철학의 양대 산맥이 형성되었다.

2) 한자문화권 지역에서의 철학(哲學)

한문으로 표현된 철학(哲學)의 개념은 무엇이며 어떠한 의의가 들어 있는지 분석해 보자. 철학의 개념은 밝을 철(哲)자와 배울 학(學)자가 합쳐졌다.

철(哲)자는 도리(道理)나 사리(事理)에 밝아 바르게 분별하여 총명하고 분명하다는 뜻이다. 그러하기 위해서 정신세계 즉 형이상학을 학·습(學·習)하는 학문이 철학이다. 만사 만물의 도리(道理)나 사리(事理)는 자연스러움에 있어 막힘이 없고 조화를 이룬다. 이를 깨우치는 사람이 정신적으로 밝은 사람 즉 철인(哲人)이며 철학함의 본질이다.

인간은 삶 중에 만사 만물의 이치를 세밀하게 궁리하여 터득한 원리를 생활문화에 접목해 운용(運用)하고 새로운 기술을 이용하고 발전시켜 문명의 이기(利器)로 활용(活用)한다. 그러므로 그는 인류문화와 문명사를 계승·발전시키는 존재가 되었다.

정신문화는 형이상학(形而上學)을, 자연과학은 형이하학(形而下學)을 다루고 있다. 전자는 유심(唯心)이자 정신과학이며, 후자는 유물(唯物)이자 자연과학이다. 철학적(哲學的) 존재는 유심과 유물의 세계가 본래 하나의 세계로 보고 인류 문명사를 발전시킨다.

동양철학의 핵심은 자연과 인간의 조화로움을 이루는 것이다. 자연요소가 인체 구성의 물질이고 무한한 자연 속에 유한한 인간의 삶과 동행한다. 자연은 자연답고 인간은 인간다움에 상호 간의 존재는 조화로움의 이치에서 벗어날 수 없다.

자연의 법칙과 이치는 자연스러움에 있다. 하늘의 자연스러움은 하늘답고 땅의 자연스러움은 땅다움에 있다. 천지의 자연스러움은 음양의 법도이며 영원한 진리의 표상이기에 변하거나 변하지 않는 자연의 모습은 천지답고 미학의 조화와 극치를 이룬다.

인간도 인간다워야 한다. 인간이 인간답지 못하면 인간의 품위가 상실되어 행하고 먹는 것조차 인간답지 못하다. 널리 알려진 논어(論語) 안연(顏淵)편에 다음과 같은 문답은 국가, 정치, 사회, 가정경영 등에 세세토록 귀감(龜鑑)이 될 것이다.

  공자가 제(濟)나라에 머물고 있을 때 제(濟)의 경공(景公)이 공자에게 정치에 대해 질문했다(問政於孔子).
  공자는 대답하기를(公子對曰 君君臣臣父父子子)) "임금이 임금다워야 하고(君君), 신하가 신하다워야 하며(臣臣), 아비는 아비다워야 하며(父父), 자식은 자식다워야 한다(子子)."고 말했다.

  경공은 "공자의 말씀이 훌륭하다(公曰 善哉)고 했고, 임금이 임금답지 못하고 (信如君不君 신여군불군), 신하가 신하답지 못하고(臣不臣 신불신), 아버지가 아버지답지 못하고(父不父 부불부), 자식이 자식답지 못하다면(子不子 자불자), 비록 곡식이 있은들(雖有粟 수유속) 제가 그것을 얻어먹을 수 있겠습니까(吾得而食諸 오득이식저)"라고 말했다.

  사람은 사람다워야 한다. 그러하지 못하다면 먹는 것까지도 자격이 있는지, 자기 자신에 대한 엄격한 잣대가 왜 중요한지를 설명하고 있다.
  나는 어떠한 잣대로 나를 다스리고 있는지 옷깃을 여미며 돌아보게 한다.

2022년 6월 17일

3) 생존 의식과 철학적 존재감

  자연이 자연답게 자연스러움이 있어야 하듯이 인간의 삶도 자연스러움에 배치되지 않아야 천하의 도리(道理)이자 자연스러운 사리(事理)에 따르는 것이다. 그러므로 천지자연의 도리가 있고 인간의 도리가 있다. 그러한 도리와 사리를 분명하게 분별하고 밝히는 공부가 형이상학이다.

형이상학은 비물질적인 마음, 정신세계를 연구하며 밝힌다.

인류에게 보편적이고 합리적인 성인의 가르침은 변하지 않는 천지인(天地人)의 도리(道理)를 밝혀주는 진리이기에 종교(宗敎)라고 한자어로 표현되었다. 그 개념은 1883년 그 당시의 조선에서 처음으로 야소교(耶蘇敎, 예수교)를 소개할 때 사용되었다. 종교적 진리가 도리와 사리(事理)를 밝혀주기에 그를 학습한 사람은 총명해져 정신적 지주를 이룬다.

대다수 사람이 형이상학의 섭리와 이치 등을 깨닫고 체험하여 도리와 사리에 달관(達觀)하신 분들을 현철(賢哲), 성현(聖賢), 성인(聖人)이라고 부른다. 이러한 분들은 우리와 같은 보편적 삶 속에 존재하였기에 성(聖) 속(俗)의 구분이 없었으나 성속(聖俗)을 초월하셨다. 따라서 그분들의 삶 속에는 철학적 존재감, 성속일여의 생애가 담겨있고 우리에게 보감(寶鑑)이 되어 생존의 의미는 고귀하다.

삶은 인간의 생존(生存)을 말한다. 살아 있기에 존재하고 살아 존재(存在)하니까 생존이라고 한다. 대자연에서 생존의 의미와 유형은 다양하다.
존재와 생존은 의미에 차이가 있으나 존재한다는 공통점은 부인할 수 없어 존재 의식이 성장했고, 존재에 대한 인식이 더욱 발전했다. 그러한 인식은 사고(思考)능력을 통해 인식론(認識論)이라는 학문의 세계가 형성되었다.

현대 자연과학이 발달하면서 비가시적인 미생물이 존재하고 생존하기에 무생물(無生物)이라고만 보지 않고 그 또한 생명력을 가지고 생존한다고 말한다.
미생물(微生物)과 유생물(有生物)이 있으나 무생물(無生物)도 있다.

생물은 스스로 외부로부터 필요한 물질을 받아들여 생활에너지로 사용하면서 불필요한 것은 배출할 수 있는 기능이 있고 자기복제도 하고 변화, 변신, 갱신할 수 있는 능력이 있다.

생물과 무생물의 차이는 있으나 그에 대한 존재론과 인식론의 대상에서는 큰 부담 없이 그러한 개념이 적절히 사용된다.

생존의 세계에서 별들의 세계는 경이롭기만 하다. 하늘의 별들은 군락(群落)을 이루어 은하수(銀河水)처럼 보인다. 그들은 자연의 도리에 따라, 천체의 궤도에 따라 운행하고 있다. 인간의 탐구 정신은 별의 형상, 발광(체), 별자리 등을 포함하고 있다. 그 별들은 인간에게 어떠한 영향을 주는가를 궁리하고 분석한 것이 우리 민족이 고대로부터 연구한 성경(星經)이고 천문(天文)이다.

동서남북 사방에 펼쳐져 있는 수많은 별자리와 별들의 운행 등에 대한 이해와 인식은 점차 천문학의 발전으로 이어졌다. 그에 대한 대표적인 증거자료는 고려 말에 작성된 '천상열차분야지도(天象列次分野之圖)'이다. 그 지도는 현대 과학적 분석에서도 별 차이가 없을 정도로 방위, 위치, 그 외의 배열 등이 정교하게 그려졌다고 평가된다.

저 밤하늘의 별들 가운데 나의 별이 있다면, 나는 출생하기 전에 어느 별에서 이 지구로 왔을까 궁금할 것이다. 인류의 숫자보다 많은 별은 인간의 삶과 어떠한 관계를 유지하고 있을까 궁금하여 의문을 가져본다.

인간의 존재는 보이는 육신만 존재의 전부가 아니다. 보이지 않는 내면의 마음, 마음의 세계, 정신세계, 영혼의 세계도 있다. 인간의 삶은 물질적인 측면에서의 양식(糧食)과 정신적 측면에서의 양식 즉 도덕적(道德的) 행위, 밝은 마음과 영혼의 세계가 동반되어야 양질의 삶을 영위할 수 있다.

도덕적 행위는 포괄적인 관점에서 윤리(倫理)라고 한다. 윤리는 인간이 공동체 사회 질서를 유지할 수 있는 최소한의 양심적 행위이자 도덕적 틀 즉 윤리 규범으로 분석되어 동서고금을 통해 윤리학이 발달했다.

인간은 교육적 인간이기에 후천적으로 학습해야 하는 윤리, 도덕적인 정신은 심신을 건강하게 지켜주는 척도가 되어 도덕적 삶의 바탕을 이룬다. 도덕은 인간이 인간답게 생활하며 지켜야 할 시금석이자 삶의 바른길, 영원한 인도(人道)의 길로 표현되었다.

인도의 길은 인간의 아름다운 삶의 길이자 생명의 길이기 때문에 생활문화 속에 예술을 창조하는 기준이자 미학(美學)으로 정립되었다. 미학은 유심(唯心)과 유물(唯物)이 조화롭게 합쳐진 하나의 세계로 보는 관점은 이 세상을 더 밝게 한다.

심신(心身)이 하나로 합쳐 이루어진 것이 인간이기 때문에 양면의 세계를 아울러 보아야 나의 존재, 삶의 존재, 의미, 가치 등을 제대로 볼 수 있다. 보이는 것만 존재의 형상이나 실체가 아니기 때문에 정신세계를 탐구하는 그것이 형이상학(形而上學)이다.

그 반면에 자연의 이치와 섭리를 궁구해서 물질적 생활에 도움을 주고 과학적 진리를 통해 문명의 이기(利器) 등을 창출하는 것은 자연과학이자 형이하학(形而下學)이다. 이 두 개의 분야는 본래 하나의 세계였으나 논리의 세분화, 구체화 등을 위해 인식의 세계에서 분리(分離)되었다. 하지만 인간의 삶의 영역에서는 하나의 세계이기에 두 개의 분야를 하나로 볼 수 있는 통합적 의식이 필요하다.

인간의 존재는 대자연의 이치와 섭리에 어떠한 영향을 받아 관계를 유지하고 있는가를 개인은 물론 국가적 차원에서도 궁리 되었다. 예컨대 북두칠성은 그의 역할과 기능이 민간 사상과 문화에서 전래 되고 있듯이 인간의 수명(壽命)과 복록(福祿)을 주관하고 영향을 준다고 보았다.

치성(致誠)을 올리는 사람은 가화만사성(家和萬事成)을 위해 자시 (子時)에 청수(淸水)를 모시고 북두칠성(北斗七星)에게 기원했다. 청수(淸水)는 자정수(子正水)라고도 한다. 청수(淸水) 그릇은 둥글다. 둥근 그릇에 청수를 담아 올리는 것은 모나지 않은 마음으로 가지고 원만하게 이루어지기를 바라는 상징성이 담겨 있다.

청수는 빈부(貧富)를 떠나 누구나 마음만 먹으면 천상으로 올릴 수있는 최상의 제수(祭需)로 여겨졌다. 청수(淸水) 문화(文化)는 우리 민족의 아주 오래된 치성 문화이자 염원(念願)이 담긴 마음을 북두칠성에 고(告)하고 신의 감응(感應)과 응감(應感)이 이루어지기를 바란다. 그러한 치성(기도) 문화는 불교(佛敎)의 법당에서 볼 수 있고 청수를 모시는 신앙단체들도 있다. 청수를 다른 단체에서는 성수(聖水)라고 한다.

서로마 가톨릭, 동방정교회, 이슬람교, 힌두교 등의 단체에서 의례로 사용되는 물이 성수(聖水)다. 그 물이 죄를 씻어주는 정화의 매개체로 사용된다. 한국 개신교회는 청수를 모시지는 않으나 신앙인이 교회에서 정성을 다하는 기도의 방향과 목적은 예로부터 전해져 내려오고 있는 '청수 기도문화'와 별 차이가 없다. 어찌 보면 치성을 올리는 기도장소가 바뀐 것일 뿐 옛날부터 내려오는 기도(청수) 문화의 본질과 속성은 변하지 않고 지속되고 있다.

한국인의 청수 문화는 필자가 학회지에 논문으로 발표하여 여기서는 더 이상 논하지 않는다.

2022년 6월 19일

4) 일음일양지위도(一陰一陽之謂道)와 오행에 대한 단상

대자연의 에너지는 고저장단(高低長短)의 운동을 끊임없이 발생시
키기 때문에 우주 만물의 지속적인 변화와 생성 등을 주도함으로써
성주괴공(成住壞空)의 원형이자 본질이 된다.

하늘의 도(道)를 천도(天道)라고 하며, 땅의 도를 지도(地道) 그리고
사람의 도를 인도(人道)라고 한다. 만물에는 도가 존재한다는 설명이
다. 도는 길이다. 그러한 도는 자연의 법칙이기에 불변(不變)의 도라
고 한다.

이 가운데 천도(天道)에는 하늘의 에너지 법칙에 따라 수많은 행성
(行星)이 각자의 궤도에서 운행한다. 하늘에는 바람(風)이 다니는 길
이 있고, 천둥 번개를 일으키며 비를 내리게 하는 에너지가 있다. 자
연에너지가 기상변화를 일으킨다. 그러한 자연에너지가 변화하는 법
칙을 공자는 주역의 계사전(繫辭傳) 상편 5장에 일음일양지위도〔一陰
一陽之謂道; 한번은 음(陰), 한번은 양(陽)이 되는 것이 도(道)〕라고
하였다.

음양의 생성과 변화는 달(月)과 태양(日)의 관계로 보았다. 일월(日
月)의 변화 기운이 상호 간에 서로 바뀌는 것을 문자로 표시한 것이
역(易)이다. 역은 일(日)과 월(月) 자(字)가 합쳐져 구성된 개념이다.

역(易)은 우주 만물의 생성과 변화를 일으키는 요소를 설명한 것이
며 생(生)·성(成)·변(變)·화(化) 중에서도 생리(生理)를 중요하게
다룬다. '죽음', '죽임'보다는 삶, 살림'이 강조되었다. 따라서 일음일
양지위도(一陰一陽之謂道)는 생생지위역(生生之謂易)으로 귀결(歸結)
된다. 생(生)을 두 번이나 겹쳐 생생(生生)이라고 강조한 점은 역(易)
의 원형과 본질을 표현한 것이다.

결과적으로 변하고 또 변하여 이루어지는 대자연의 원리는 생생(生
生)이며, 그러한 상생(相生)은 만물의 덕(德), 대덕(大德)으로 항구적

임을 설명한다. 그러므로 음양의 기운은 생생지위역(生生之謂易)의 도(道)로 펼쳐진다.

"천도(天道)는 밝음(明)으로 음양(陰陽)을 나누고, 춘하추동으로 사시(四時)를 정하고 남극과 북극으로 천축(天軸)을 정했다. 지도(地道)는 밤과 낮으로 음양(陰陽)을 나누고 수화목금토(水火木金土)로 오행(五行)을 정하고 남극과 북극으로 지축(地軸)을 정했다. 인도(人道)는 남(男)과 여(女)로 음양을, 효제충신(孝弟忠信)으로 오륜(五倫)을 정하고 생사(生死)로 인축(人軸)을 정했다."[3]

음양의 기운은 보이지 않으나 하늘에서 쉽게 찾아볼 수 있는 존재들 가운데 일(日)과 월(月)은 볼 수 있다. 태양(日)은 양(陽)으로, 달(月)은 음(陰)으로 보았다. 땅에서 발견되는 다섯 가지 핵심 물질은 수(水)·화(火)·목(木)·금(金)·토(土)이다. 이러한 다섯 가지의 요소는 일과 월의 에너지와 상호작용한다는 사상은 누천년 동안 전해지고 있는 동양의 음양오행(陰陽五行)이자 동양철학의 바탕을 이루고 있어 음양오행 사상이 되었다.

수·화·목·토·금이 천연자재(資材)로 보면 오재(五材)이며 색으로 구별한다면 오방색(五方色)이다. 수(水)는 검정(黑), 화(火)는 빨강(赤), 목(木)은 파랑(靑), 토(土)는 노랑(黃), 금(金)은 하양(白)이다. 북(北)·동(東)·남(南)·서(西) 방위(方位)의 중앙은 오방(五方)이다.

생명의 길에는 오화(五化)가 있다. 출생(出生), 성장(成長), 교화(教化), 거둠(收), 감춤(藏)이 있다.

다섯 가지 기본적 덕목 즉 오상(五常)은 인(仁)·의(義)·예(禮)·지(智)·신(信)이다. 일반적으로 오경(五經)은 시(詩)·서(書)·역경(易經)

---

3   봉우 권태훈, 『백두산족에게 告함』, 정신세계사, 서울, 1989, 98쪽

과 예기(禮記)·춘추(春秋)를 말한다.

그 외에 오행(五行)과 연관된 생활문화를 알고 싶어서 인터넷 사전으로 검색해 보니 오정(五政), 오악/오기(五惡/五氣), 오시(五時), 오절(五節), 오성(五星), 오성(五聲), 오음(五音)), 오장(五臟), 오부(五腑), 오체(五體), 오지(五志), 오지(五指), 오관(五官, 오각(五覺), 오액(五液, 오미(五味), 오취(五臭), 오기(五氣), 오영/오화(五榮/五華), 오수(五獸), 오축(五畜), 오충(五蟲), 오곡(五穀), 오과(五果), 오채(五菜) 등이 있다.

오행을 방위로 표시할 때는 북방은 수(水)이다. 노자의 도덕경(道德經)을 보면, 태초의 북방에서 첫 번째 물이 형성되었다고 '태일생수(太一生水)'라고 한다.

태일은 음과 양의 움직임과 고요히 머묾(陰陽 動靜)으로 인해 생성된다. 태일(太一)에서 생성(生成)된 물질이 물이다. 물은 생명을 살리는 특유의 덕성(德性)이 있다고 보고 이 세상에서 가장 중요한 물질로여겨 '상선약수(上善若水)'라고 한다.

태일생수가 흐르고 흘러가면서 만방의 물길을 만들었으나 그 물은 북극성(北極星)을 중심으로 다시 북방(北方)으로 합수(合水)된다. 생수(生數) 일(一)이 오(五)를 거쳐 다시 하나로 합쳐져 성수(成數) 육(六)이 되는 원리를 참조하여 북방 1·6수(水)라고 한다.

태일이 생성된 방위는 일반적으로 인간의 수명(壽命)과 복록(福祿)을 주관한다는 북쪽의 북두칠성으로 보았고 그 가운데 북극성은 태일생수와 연관되었다고 전해진다.

북방은 수(水), 동방은 목(木), 남방은 화(火), 서방은 금(金)이다. 북→동→남→서의 중앙의 방위는 토(土)로 정했다. 사계절로 보면, 북방은 겨울, 동방은 봄, 남방은 여름, 서방은 가을이다.

"사계절 역시 동→춘→하→추, 오행의 순서는 수→목→화→토→금, 계절 순환의 이치는 겨울→봄→여름→가을, 방위도 북→동→남→서가 옳다."[4]

따라서 서방(西方)의 가을 기운은 추수기를 재촉하며 식물의 씨앗이나 곡물의 알곡 등을 만든다. 그러므로 씨앗이나 곡물의 알곡은 사계절에 의해 완성된 것으로 북→동→남→서방의 자연에너지(=기운)를 받아 기운이 뭉친 곳이 중앙의 토(土)다. 겨울은 봄을 기다리는 잠복기이다. 그러므로 새로운 생명의 시작과 변화는 겨울철이 된다.

우리가 사용하는 이십사 계절은 태양력을 중심으로 만들어졌다. 잘 알려진 세시기(歲時記) 풍속(風俗), 농가월령가(農家月令歌)도 그러하다. 일 년 중 낮이 가장 짧고 밤이 가장 길다는 날이 동지(冬至) 즉 양력 12월 21일 또는 22일이다.

동지 이후의 날은 그리스도교에서 빛이 어둠의 세계를 밝혔다, 악의 세력을 이겼다는 뜻으로 보았다. 불확실한 예수의 탄생일을 12월 25일로 정하면서 탄생축하일(誕生祝賀日)을 기념하는 차원에서 크리스마스트리가 12월 25일 전 1주일, 그 후 1주일 동안 밤의 시간을 밝힌다.

세시풍속(歲時風俗)에 의하면 조선시대에 동지(冬至)로부터 세 번째 미일(未日)을 납일(臘日)이라고 하였다. 납일에 종묘(宗廟)와 사직(社稷)에 제사를 올렸다. 그날은 또한 백성이 여러 신에게 제사를 지

---

4   봉우 권태훈, 『백두산족에게 告함』, 정신세계사, 서울, 1989, 98쪽

냈다고 하여 '납향(臘享)'이라고도 한다.

음양의 상호작용에는 상생(相生)과 상극(相剋)의 섭리와 이치가 포함되어 있어 상호 간의 조화로움을 추구하는 사상이 동양철학의 핵심이다. 상생과 상극의 조화롭고 자연스러운 문화는 공동체 사회에서 다루는 형이상학이며, 윤리, 도덕, 예술문화 등에서 논리학, 인식론, 미학의 극치로 보았다.

우리가 해마다 새롭게 사용하는 달력은 본래 달의 변화 주기에 맞게 구성되었기에 월력(月曆)이지 태양력(太陽曆)이 아니다. 그런데도 달력이라고 말하는 것은 그만큼 오래된 음양오행 사상이 지금도 달력과 함께 존재한다는 사실이다.

한 주가 보통 일·월·화·수·목·금·토요일(土曜日)이라고 한다. 그러한 뜻을 직역하면 태양의 날, 달의 날, 불의 날, 물의 날, 나무의 날, 금속 광물의 날, 흙의 날이다.

일·월(日·月)은 하늘에, 오행은 땅에 자연생명의 핵심 요소로 존재한다. 일월과 오행의 기운(＝에너지)은 생로병사(生老病死)와 연결되어 있다는 사주(四柱) 명리학(命理學)은 우리의 삶 속에 존재한다.

자연의 이치이자 섭리인 일음일양지위도(一陰一陽之謂道)와 오행의 원리가 과학적인 차원에서 새롭게 조명되기를 희망한다.

2022년 6월 20일

5) 한국인의 철학적 존재감과 대한민국

예로부터 백두산족(白頭山族)은 천손(天孫)으로 하늘께 천제(天祭)를 올렸다. 하늘의 족속(族屬)으로서의 천제는 하늘 숭배 사상이기도 하지만 종교적 요소였고 종교 행위다.

천제가 중요시된 이유는 우주의 별들과 대자연의 오묘한 기운이 세상만사의 흐름에 영향을 주고 있어 자연의 섭리와 이치를 종교적 요소로 보았기 때문이다. 그러한 기운은 "혼원일기(混元一氣: 무엇이라고 형용할 수 없는 태초의 한 기운)로서 일기화삼청(一氣化三靑) 삼청화일기(三靑化一氣)"[5]라고 요약되었다.

천손의 민족은 어느 특수 신앙단체의 창교주(創敎主)에 의지하여 생사화복을 기원하지 않았다. 각자의 선악(善惡) 행위에 따라 길흉이 좌우된다고 보고 하늘의 섭리에 맡겼다. 그 민족은 의타적(依他的)이지 않고 자력적(自力的)인 문화 의식 속에 가족의 근본을 직시하고 정체성과 공동체 사회의 공익과 공존을 중요시하며 공동선(共同善)을 추구한 오천 년 이상의 역사를 이어온 백두산족이다.

한국의 근대화시기에 서양 문화가 들어오면서 정치적, 사상적으로 혼란한 상황을 겪으면서 전통문화와 서양 문화의 문화충돌은 불가피했다. 그러한 누란(累卵)의 위기에 동학(東學)이 서학(西學)과 버금간다는 의식에서 발생한 것이 최재우 선생의 동학사상이다.

그의 사상적 이념은 동도서기론(東道西器論)이다. 즉 서양 문명의 이기(利器)를 받아들이고 정신적으로는 동양의 도(道)를 바르게 세워 국가와 사상적 질서를 확립하고자 했다. 그의 사상은 차후 동학에서 천도교(天道敎)로 발전되었다.

천도교의 핵심 사상은 인내천(人乃天)이다. 사람이 하늘이라는 뜻이다.

제국(帝國)의 백성이라는 틀에서 벗어나 백성이 하늘과 같고 하나님의 성품을 가진 백성이 바로 하느님이라고 본 것이다. 천손 사상이

---

5   봉우 권태훈, 『백두산족에게 告함』, 정신세계사, 서울, 1989, 92쪽

세계사에 인내천사상으로 표현되었다.

서양의 다양한 문화가 한국에 전파되고 정치적 사회적 영향을 주면서 유교 사상은 구심점을 잃어가면서 조선의 선비정신도 퇴색하기 시작했다.

조선(朝鮮)의 황제 고종은 유교의 나라, 조선의 국명을 대한제국(大韓帝國)으로 바꾸었다. 1897년 그는 천손의 민족으로 고대 조선의 선영들의 얼을 이어간다는 차원에서 천제를 올리는 원구단(圜丘壇)을 설치했고 혁신적인 국가경영을 위해 온갖 노력을 다하였다.

하지만 힘없는 대한제국은 일제가 무력을 통해 강압적으로 체결한 을사늑약(乙巳勒約)에 의해 멸망의 길에 접어들었다. 외교권이 박탈당한 고종황제는 힘이 없었고 어느 날 뭐인가를 잘못 드시고 세상을 떠났다는 괴소문(怪所聞)이 있었다.

대한제국(大韓帝國)은 무너졌으나 상해임시정부에서 국민이 나라의 주인이라는 큰 틀에서 국명을 대한민국(大韓民國)으로 확정했다. 오늘의 대한민국은 상해 임시정부의 법통(法統)을 이어받았고 국조 단군의 홍익인간(弘益人間) 이념(理念)을 받들어 건국되었다고 헌법에, 교육법에 기록되어 있다. 한국 국민이 오늘의 대한민국을 만들었고 세계시민과 어깨를 나란히 하며 역사의 무대 위에 등장했다.

조선시대의 선비정신은 그나마 500여 년 동안 정치철학이자 공동체 사회의 정신적 지주가 되었으나 지금의 대한민국의 국가경영철학은 무엇일까?

역사 속에 민족의 얼과 올바른 역사 문화를 밝히고 국민 의식을 고취해서 선진국 의식이 널리 함양되어야 한다. 특히 국조단군의 개국 이념(홍익인간)과 통치 사상(제세이화)은 세계사에 없는 오직 대한민국에만 있는 유일한 사상이자 실천 이념이다.

단군의 가르침을 받은 한민족, 백두산족은 역사의 무대에서 당당하게 풀어 나아가야 할 과제가 많다. 과제 풀이를 하고자 노력하면 지성(至誠)이면 감천(感天)이라고 했듯이 하늘도 굽어 살펴 도와주실 것이다.

우리 민족의 국민 통합정신의 발견은 유구한 역사에서 찾아 발견할 수 있는 종교문화경영에서 찾을 수 있다. 종교문화경영은 국가경영철학의 핵심이며 정신적 지주를 바로 세우는 것이다. 그래야 하늘도 감응하여 국운이 융성해진다.

종교문화경영은 역사에서 배울 수 있고 역사에서 배우는 종교문화경영은 국민 의식과 국가경영철학의 동력에 추동력을 일으키고 민족의 얼을 고취(鼓吹)시킨다.

하느님을 모시고 숭상하는 정신적 지주로서의 철학사상은 대한민국의 애국가에 포함되어 있다. 애국가는 한국인의 정신과학과 정신문화를 일정 부분 제시하고 있다. 국조 단군의 가르침은 세계적인 교육문화, 교육철학으로 거듭 성장·발전할 수 있는 정신문화가 되고, 홍익(弘益)·홍제(弘濟) 사상의 밑거름이 되어 인류 문명사에 일조한다.

전남 고흥에 한국 나로 우주센터가 있다. 그곳에서 오후 4시 대한민국의 독자 기술로 개발한 '한국형 3단 우주발사체 누리호'가 2차 발사에 성공하여 우주 궤도에 안착했다는 과학기술정보통신부 장관의 공식적인 발표가 있었다. 한국은 세계에서 일곱 번째 자력 위성 발사국이 되었고 우주 강국의 기반을 마련했다.

1993년 6월 과학 관측 로켓이 처음 발사되었고 그 후 30년이 지난 오늘 한국형 누리호가 세계의 이목을 집중시켰다. 한국항공우주연구원(항우연)의 노력이 하늘을 감동하게 해 날씨도 좋았고 많은 국민의 관심과 성원 속에 일구어낸 업석이다. 한국의 우주 수송 능력이 확보(確保)되었다. 세계의 외신들도 앞다투어가며 누리호의 완전한 발사 성공을 보도했다.

한국의 항공우주 문화경영은 획기적인 발전과 더불어 인류 문명사에 일정 부분 도움을 줄 것으로 기대된다.

2022년 6월 21일

11. 약속(約束)

옛날에는 어떻게 시간(時間) 약속을 정했을까?

동천(東天)에 뜨는 해의 모습과 서천(西天)에 지는 해의 움직임을 보고 낮이라고 했다. 서천에 지고 있는 햇빛은 붉은 노을을 이루어 아름다운 풍광을 이루고 있으나 어느덧 땅거미가 지고 밤이 찾아온다. 밤하늘의 수많은 별은 생존하기 위해 그들 나름의 우주 궤도에서 돌고 있다. 그들의 운행 길은 자연스러운 길이며 존재의 의미와 질서를 더해준다.

밤에는 북쪽의 빛나는 북극성을 보고 방위를 알아냈고 달의 움직임을 보고 밤의 시간을 유추(類推)했기에 정확한 시간을 구분하기는 어려웠을 것이다. 예컨대 오밤중임을 알리는 자시(子時)는 지금의 밤 11시(30분)~새벽 1시(30분) 사이다. 밤의 시간대를 알리는 북소리나 종소리는 은은하게 들려서(나름의 생각하기에 여러 마음이 들겠으나) 때로는 정겨웠을 것이다.

사시(巳時) 경에 만나자고 약속했다면 그 시간대는 오전 9~11시다. 최대 두 시간 정도 여유가 있다고 할 수 있으나 그만큼 시간의 틈새가 발생한다. 정오(正午) 시간은 해가 중천에 떠 있을 때를 말하기 때문에 그나마 시간을 유추하는 데 도움이 된다.

옛날에도 약속은 여러 분야에서 있었고 약속 시간은 여러 방면에서 중요하게 다루어졌다. 약속 시간을 염두에 두고 있기에 만나는 시간은 사사건건마다 감정이 달랐을 것이다.

언제부터 어떻게 시간(時間)이 우주공간(空簡)에 형성되었나?

우주의 시공(時空)에 찰나(刹那)는 극히 짧은 순간(瞬間)을 표현하는데 빛이 지나가는 속도처럼 순간의 시간일까? 현대과학에서 시공의 세계를 연구하고 정확한 시간을 알리고자 하는 노력은 진행되고 있다.

　지금은 시간이 돈처럼 귀하게 여기며 하루의 시간을 쪼개어 나름의 생활을 한다. 하루하루의 시간은 옛날이나 태초의 시간이나 같은 시간이다. 인간이 시공을 나누고 시간의 개념을 탄생시켰으나 소리 없이 흐르는 시간이 시시때때로 인간의 삶을 엄습(掩襲)한다.

　일월(日月)의 동정(動靜)과 그로 인해 발생(發生)되고 있는 일월의 기운(氣運)이 만사 만물을 변하게 하고 끊임없이 변하게 하되 그 또한 살리고 살리는 대덕(大德)의 기운을 발휘한다. 그 기운은 역(易)의 에너지이며 지구의 생명체에게 큰 영향을 준다. 그러므로 시간의 개념은 인간의 생로병사(生老病死)를 읽어주는 또 다른 모습이지만 실제로 변함없는 항구적인 시공의 용어가 되었다.

　인간사에 생존의 의미와 시간의 흐름은 상호 깊은 연관성이 있다. 그의 흐름은 언제나 손꼽히는 생명의 물처럼 흘러가고 있다. 그 물줄기가 마르기 전에 생명의 찬가를 구가하고 싶은 것이 인간이며 인간의 시간이 되었다.

　그러므로 인간은 주어진 시간을 잘 활용하기 위해 시간의 개념과 의미를 중시했고 인간관계에서도 시간 약속은 황금과 같은 약속 시간으로 보고 신중하게 그리고 신의(信義)를 지키는 상징성의 대표개념이 되었다.

　약속(約束)은 무엇인가? 약속의 개념은 맺을 약(約)과 묶을 속(束)이 합쳐져 구성되었다. 어떠한 일을 맺고자 누구 또는 무엇과 단단히 묶어져 맺어진 것인가?

　국어사전에 의하면, 약속은 장래의 일을 상대방과 미리 정하여 어기지 않고 함께 하기로 다짐하는 것이다.

　약속의 기능은 나 외에 상대방과 맺어진 다짐이기에 신뢰와 신의를 구축하고 함께 무엇을 하고자 하는 계획이 포함되어 있어 인생의 한 물줄기와 같은 역할을 할 수 있다.

약속이 구체화되면 상대방과 만날 일정(日程)과 시간대가 정해진다. 약속은 여러 분야에서 사용되고 있다. 지켜야 할 약속, 못 지킬 약속이 있다. 구두 약속은 문서로 된 자료가 없어서 때로는 증빙하기가 어려워 황당한 일을 당하거나 당혹스러운 일이 발생할 수도 있다. 그 반면에 지켜야 할 약속 중에 문서 약속은 상호책임감을 무겁게 한다.

자신과의 약속은 마음으로 정하는 것, 마음으로 정한 것을 지인들에게 알리는 것과 스스로 문서로 작성하여 보관하는 등이 있다. 모두가 목적의식을 가지고 실행하고자 최선을 다하겠지만 자신과의 약속은 수신(修身)하는 자세로 임해야 하므로 가장 어려운 일 가운데 하나가 된다. 둘 이상의 모임과 단체, 국민과 국가 간의 약속은 더더욱 신중한 일 처리가 되어야 한다.
그러므로 최소한도 망신살이 뻗치지 않도록 최선을 다해 노력해야 다음의 대화와 협의, 협력 사항들이 이루어져 소통의 길은 형성되고 공생은 물론 공존과 공영의 길이 된다.

중도(中途)에 실행하지 않아도, 포기해도 남에게 어떠한 소리도 듣지 않아 괜찮은 것 같으나 스스로 자신을 돌아보는 생각과 마음의 소리는 있게 마련이다. 때로는 자책하는 마음도 들게 되면 오히려 자존감이 상실되어 자기 자신을 과소평가(過小評價)하는 경우가 발생한다.
양심의 소리를 잘 듣는 사람과 들어도 무시하는 인간, 아예 들으려고 하지 않는 인간, 듣지 못하는 인간도 없지는 않을 것이다.

학습(學習)과 습관(習慣)은 약속이행에 큰 영향을 주고 언행이 뒤따르며 결과물로 행실(行實)이 남는다. 약속을 잘 지키는 사람은 작은 일이나 큰일에도 매사에 신중하게 실행하므로 사람다운 사람이다. 그 사람에 대한 신뢰가 높아져 이러저러한 부분에서도 높은 평가가 주어진다. '경제적 신뢰'라기 보다는 '인격적 신뢰'가 앞서기 때문이다.

인격적 신뢰는 평생을 좌우하는 시금석이 된다. 올바른 신뢰를 형성하기 위해 교육적 차원에서 학습 및 경험하고 다방면에 나름의 심신 수련의 방법이 제시되었다.

마음과 행실을 바르게 밝히고자 갈고 닦는 수신(修身)은 품성, 도덕성, 지식 등을 함양시키는 수양(修養) 또는 수련(修練)으로 연결된다. 그러므로 수신(修身)하는 것은 수양이며 수련(修練)과 같은 의미이지만 어디에 어떻게 사용함에 따라 조금씩 다른 어감과 질적인 세밀함을 높여준다.

유가(儒家)의 수신(修身)은 수양(修養)을 위한 방법으로 하늘이 내려준 착한 성품을 따른다는 천성(天性)의 길, 즉 솔성(率性)의 길(솔성지위도; 率性之謂道)이다. 이와 같은 수신의 길이 자기 자신과의 약속이자 공동체 사회와의 약속으로 이어져 군자(君子)의 길이 되고 사람다운 사람으로 거듭나는 길이다.

불가(佛家)의 소승(小乘)·대승(大乘)단체에서 동일(同一)하게 강조하는 수행(修行)은 제일 먼저 깨달음에 이르기 위한 자기 자신과의 약속이다. 초발심(初發心)을 지키기 위한 끊임없는 노력은 자기 자신과의 약속을 지키기 위해 정진하는 길이기에 구도자(求道者)의 길이며 내 마음의 길을 찾아가는 또 하나의 순례자(巡禮者)의 길이 되었다.

약속을 잘 지키지 못하는 사람은 개적인 사정도 있겠지만 불이행(不履行)이 반복적이면 심신의 자세와 평소 습관까지 살펴볼 필요가 있다.

지키지 못할 약속은 사람으로서 하지 말아야 하는 행위 중에 하나다. 약속보류도 다반사로 하는 것은 문제 중에 하나다. 처음부터 지키지 못할 약속을 계획했다면 속이는 결과를 초래하기 때문에 자신은 물론 공동체 사회에도 신뢰가 상실되어 이래저래 혼란이 가중된다.

　일반적으로 처음부터 지키지 못할 약속을 하는 사람은 없을 것이다. 부득이한 경우가 발생하면, 사전에 예정된 약속 일정을 지키지 못해 양해를 구하며 변경하거나 미루는 것은 상호 간의 신뢰와 존경 그리고 배려 등을 고려함에 나오는 의사소통이다. 그러므로 부득이한 경우에 발생한 약속 변경은 약속을 지키기 위한 노력이기 때문에 적극적인 신뢰의 차원에서 보아야 한다.

　기분에 따라 하는 실없는 소리가 개개인뿐만 아니라 다양한 분야와 단체에도 있다. 자신의 이미지를 높이기 위해, 순간적으로 성급하게, 자신의 역량(力量)과 능력(能力) 등을 간과하고 쉽게 내뱉은 약속은 대부분 지키지 못할 약속에 속한다. 상식적으로 생각해봐도 지키지 못할 약속이 분명하지만 그래도 그러한 약속을 기대하는 것은 문제의 소지도 있으나 어떠한 연유에서 발생하였나 하고 궁금하게 여겨져 이리저리 생각하며 돌이켜 보아야 할 문제의식이다.

2022년 6월 23일

12. 약속 시간보다 늦게 오는 것

한국인의 의식구조에서 '코리아 타임'이라는 용어가 전에는 유행했다. 약속 시간을 제대로 지키지 않고 항상 늦게 온다는 의미가 그것이다. 참으로 나쁜 의식구조이며 국민의 위상을 깎아내리는 못된 의식이기에 의식개혁의 대상이자 퇴출의 대상이었다.

그만큼 상대방과의 약속 시간을 대수롭지 않게 보듯이 상대방에 대한 예의와 배려가 없는 태도이기에 만인에게 지탄(指彈)의 대상이 된다. 그런데도 21세기에 약속 시간을 지키지 않는 사람은 어떠한 생각을 하고 행동할까? 궁금하지 않을 수 없어 몇 개의 부류를 적어 본다.

약속을 잘 지키는 사람이 있다. 약속 시간보다 몇 분, 혹은 십여 분전(前)에 미리 약속 장소에 도착하여 기다리는 사람이 있다.

약속 시간보다 좀 늦겠다 싶으면 약속 장소로 가는 도중에 어느 정도 늦게 도착한다고 미안한 마음을 약속한 사람에게 전화 또는 문자 메시지로 전하는 사람도 있다. 간혹 어떤 사람은 약속 시간을 지키기 위해 택시를 타고 가고 있으니 좀 기다려달라는 사람도 있다. 그는 약속 시간보다 약 10분 늦게 도착했으나 그의 약속 시간 준수 정신은 참으로 빼어나다.

그 반면에 어떤 사람은 약속 시간보다 십여 분은 물론 근 30~40여분, 때로는 1시간 이상 늦게 오는 자도 있다. 한두 번도 아니고 여러번 지각한다. 늦어서 미안하다는 말도 없다. 미안하다는 표정도 없고 기다리고 있는 것이 당연하다고 생각하는 자도 있다. 다소 뻔뻔하다는 느낌이 들 정도다.

첫 번째 약속 시간은 십여 분 전에 와서 기다렸던 사람이 변하기 시작하면서 보통 20~40여 분 지각도 하고 나중에는 1시간 이상 약속 장소에 나타나지 않고 있다. 먼저 도착한 사람이 기다리다 못해 약속한 자에게 전화하면 그는 곧 도착한다고 하면서 서로 시간을 절약하기 위해 그가 도착하기 쉬운 곳으로 장소를 이동하여 만나자고 한다.

철저히 자기중심적인 사고방식에 따라 약속 장소를 변경한 곳으로 이동해 달라는 요청도 되고 다른 측면에서 보면 지시사항과 같은 메시지나 다름없다. 인격적 모독일 수도 있다. 서로 간의 인격 상실을 부추기는 고의적인 의도인지, 자신도 모르는 습관인지 아니면 상대방의 인격을 무시하는 차원에서 쉽게 말하는 것인지 여러모로 궁금하다. 왜 이러한 문제들이 발생하는지 분석해 보지 않을 수 없어 찹찹한 기분이 든다.

지인들, 그들과의 약속도 사회적, 경제적 위상이나 등급이 있는지는 직접 확인하지 않아서 알 수가 없다. 자신보다 등급이 낮은 사람과의 만남은 피하거나 약속 시간을 잡아도 차별적으로 정하고 지각하는 버릇이 있는지, 의아스러운 마음이 드는 것은 피할 수 없는 당사자만의 묘한 기분일 것이다.

약속은 공동체 사회에서의 활동과 연계되어 있어 이러저러한 분야와 부분에서 하루 일정을 분류하고 쪼개서 잡아 실천하고자 하는 중요한 시간이다.

필자가 알고 있는 독일인의 약속 정신과 시간은 철저하다 못해 지나칠 정도로 세밀하다. 약속 시간은 자신은 물론 타인하고도 황금률 (黃金律)과 같은 원리 원칙에서 이루어진다. 황금률의 원칙에서 벗어나면 개인적 신뢰도가 상실되어 평가가 나빠진다. 그 평가서가 구직 활동에 따라다녀 공동체 사회에서도 부정적인 영향을 준다. 강력한 윤리 도덕적 그리고 실무적인 책임 의식과 실천이 공공사회에 반영되도록 법적인 조치(措置)도 뒤따른다.

약속 이행에 따라 신뢰받는 사람, 신뢰를 구축한 지도자, 신뢰받는 국가가 된다는 것은 인류 문명사의 법칙이자 올바른 길이다.

13. 약속 시간에 모르는 사람이 합석(合席)한다

누가 나와의 약속, 나와 누군가와의 약속은 일생에 몇 번이나 이루어질까?

삶과 약속은 생존에서만 이루어질 수 있는 시공간의 무대 위에 함께 출현하는 것이다. 그 무대 위에 출현하는 인물은 주연(主演)과 조연(助演)의 역할이 있을 수 있겠으나 모두가 주연이 될 수도 있다.

약속은 사전에 맺어진 일정이기에 약속 당일(當日)과 그 시간의 주인공은 일반적으로 초청받은 사람이며 초청한 사람은 초청받은 사람을 위해 최선을 다한다. 이것은 초청 약속의 법칙이 되어 도덕적 행위에 불편한 기색을 보이지 않도록 초청된 손님에게 최선을 다하는 것이 초청자의 품격(品格)이자 공동체 사회의 격식(格式)이 되었다.

타국에서도 초청한 사람과 초청받은 사람은 그날의 조연과 주연이 되어 인생의 무대 위에 좋은 의미와 추억을 남긴다.

21세기 국제적 약속과 외교 관례가 널리 조명되고 있다. 초청국과 초청받은 나라의 대표자는 일정을 알차게 소화하기 위해 품격과 위격(位格)을 가지고 상호 간의 세심한 배려와 노력은 중시되고 있다. 사적인 측면의 약속이행도 나름의 품격과 위격이 있다.

어느 날 지인에게 전화가 왔다. 오랜만에 만나게 되니 식사나 하자고 하는 제안이었다. 지인은 초대자(A)가 되었다. 초대받은 사람(B)은 약속 시간보다 좀 일찍이 지인 A가 근무하는 곳에 도착했다. 지인과 B는 대화도 하고자 함께 음식점에 갔다. 몇 분 지나니 A와 B가 앉은 좌석에 생소한 사람 C가 합석(合席)했다.

A는 사전에 B에게 C에 대해 일언반구(一言半句)도 없었다. C는 전부터 A와는 잘 아는 사이였고 서로 간의 대화 내용을 들어보니 무언가 함께 일한다는 것을 알 수 있었다.

B는 A와 제대로 대화도 나누지 못했나. A는 식사를 마치고 바쁘다고 하면서 자신의 사무실로 먼저 갔다. B의 불쾌한 심정은 말로 표현할 수가 없었다. 먼 곳에서 온 B는 A를 만나서 공짜 식사만 하려고 온 것은 아니기 때문에 기분이 몹시 상했다.

왜 이러한 불쾌한 일이 사전 약속이라는 시간대에 벌어졌는지? 무엇이 문제였을까 하고 의문을 가진다. 상식 밖의 일이 현실에서 드러났기 때문에 돌이켜 보고 생각해보지 않을 수 없다.

약속 시간이라는 인생의 무대 위에 주연(主演)과 조연(助演)이 있을 수도 있고 없을 수도 있고 다 같이 주연, 조연이 될 수도 있을 것이다. 다만 누가 엑스트라(extra, 단역 端役)인지 구분이 안 될 때는 관람객은 혼란스럽다.

이러한 연극과 무대를 준비한 A는 무덤덤한 표정으로 사라져 버렸다. 참으로 황당한 시간이 되었다. 남은 인생의 무대에 서로 간의 약속은 진행될지 의아스럽다.

약속은 상호 간의 신의와 최소한의 도리를 검증하는 것이다. 약속의 도리는 인격과 품격을 여과 없이 보여주는 삶의 길에 하나다.

2022년 6월 24일

14. 인생은 바람과 구름 같은가?

인간은 자연현상을 관찰하면서 삶의 의미를 생각하였고 하늘에 떠 있는 구름처럼 뭉쳤다가 바람이 불면 흩어지는 '이합취산(离合聚散)'의 존재로 보았다. 생로병사의 현상이 구름과 바람으로 비유되었다.

하지만 바람과 구름은 어떻게 형성되는지를 모르고 인생이 그러하다고 하지는 않았을 것이다. 흘러가는 세월을 잡을 수 없고, 마음먹은 대로 되지 않는 인간사가 때로는 부질없는 세월처럼 뜬구름 잡는 모습처럼 보였을 것이다. 그러한 안목에서 바람과 구름 같은 인생이 공(空)하고 허(虛)하며 무(無)의미하다고 생각할 수는 있겠으나 단편적이라고 본다.

삶의 문화에서 인간의 본성(本性)도 깨우치면 공하고 공하다고 보고 그것이 실성(實性)이라고 한다. 불가(佛家)에서 본래 그대로의 모습이 진여(眞如)라고 하지만 인간의 본성이 진여라고 단정하기는 어렵다.

천명(天命)으로 태어난 인간의 성품 즉 본성이 실성이라고 볼 수 있으나 그 성품이 후천적 여러 요인으로 인해 다양한 영향을 받아 변할 수 있다. 따라서 실성이 우주 만물의 절대 진리로 여기는 진여와 다름이 없다고 하는 것도 분명 한계가 있다. '깨우침'으로 드러난 본성이 실성이라고 하는 것도 같은 맥락에서 한계가 있다.

본래 자아의 본성을 깨우치고 진여의 상태에 이르게 되면 본성 또한 공성(空性)이라고 하는 것은 수행과 깨달음의 경계를 뜻한다. 그러나 참으로 이해하기 쉽지 않은 본성과 공성에 대한 설명이다.

깨달음의 본성이 공성(空性)이라고 보고 공(空)이 유물(唯物)과 유심(唯心)의 핵심이자 본질로 보는 것은 문제가 있어 유심과 유물을 논할 때 한계에 봉착하게 된다. 인간의 삶과 생활문화가 유심과 유물이 하나의 세계에서 공존하듯이 육체(肉體)에 마음(心)이 있고 유심(有心)이 유신(唯神)처럼 육체의 행위를 조절, 소성 때로는 제압하기도 한다.

　생명체가 사는 곳에는 공기(空氣)가 있듯이 공(空)안에는 보이지 않는 대자연의 기운(氣運)이 가득 차 있다. 공(空)과 무(無)가 같지도 않듯이 하늘도 허공(虛空)이라고 하여 공각(空殼)이라고 표현했지만, 하늘은 만사 만물을 감싸지 않은 것이 없다.

　따라서 공은 무(無)도 아니고 허(虛), 허무(虛無)가 아니며 그냥 비어 있어 공허(空虛)한 상태지만 그 안에 우주의 기운인 음양이 생성되고 변화되어 만물을 양육하는 큰 힘을 가지고 있다. 그 가운데 물은 생명의 원천이기에 생명수(生命水)라고 한다. 생명을 살리는 물은 '최상의 선'과 같다는 의미에서 노자의 도덕경에 "상선약수(上善若水)"로 표현되었다.

　물의 본질은 액체(液體)지만 기후변화에 따라 기체(氣體), 고체(固體)로 변하는 특성이 있다. 기화(氣化)되어 뭉쳐진 하늘의 구름만이 물의 특성이 아니듯이 세파(世波)에 흔들리는 삶의 모습이 구름과 바람처럼 사라지는 것만은 아니다.

　보이지 않는 기체가 눈으로 볼 수 없다고 없는 것이 아니라고 말하는 것은 지극히 평범한 진리이지만 무(無)라고 주장하는 것은 자연현상과 과학 정신에 어긋나는 주장이다.

　'있음'의 반대어가 '없음'이지만 없음이 무(無)라고 보는 것은 이원론적 의식, 흑백논리에서 태동한 사고(思考)의 결실이다.

　무엇이 있다(有)가 없음(無)은 자리 비움이거나 잠시 보이지 않음과 같아 보이지 않음이 꼭 없음(無)이라고 단정할 수 없다. 유, 무, 보이지 않음, '드러나지 않음' 등은 각기 다르다는 것을 말하고 싶다.

2022년 6월

제3장 종교 생활과 신앙생활

    종교(宗敎)의 개념은 성인의 가르침이자 인류의 보편적 가르침이기에 변하지 않아 그 의의는 인류가 실천할 수 있는 정신세계의 밝은 길, 걸어갈 수 있는 우주 공통의 길을 제시한다.

    필자가 종교와 신앙을 구별하고 올바르게 바른 개념을 사용해야 한다고 주장하는 것은 종교와 신앙이 우리의 삶, 세계인의 삶과 아주 밀접한 관계를 상호간에 형성하고 유지하고 있기 때문이다. 올바른 길 즉 정도(正道)는 우주 공통의 길, 성인들께서 걸어가신 길이며 그의 가르침은 불변하고 유구하여 종교로 표현되었고 경전으로 편찬되어 인류의 정신적 지주가 되었다. 그 반대의 길이 바르지 못한 길 즉 사도(邪道)다.

    성인의 가르침은 정신의 밝은 빛이 되어, 어진 마음, 자비와 보살 행위, 용서, 사람 사랑하는 마음 등을 인류에게 전하고 있어 정신세계의 빛이 되었다. 그의 가르침은 종교로 표현되었고 세계인이 공감하고 실천할 수 있는 인류의 보편성을 지향하고 있어 정신적 지주 또는 정신적 축이 된다.

    그러므로 종교는 성인의 정신세계와 사상을 담고 있어 그의 가르침은 종교의 길이 되었다. 성인의 가르침과 길, 세계종교의 근본은 같아 어떤 한 신앙단체, 신앙인 개인에 국한된 개념이 아니고 개개인의 신앙 개념이 단연코 아니다.

그 반면에 신앙의 개념과 의식 그리고 행위는(필자가 수없이 글로 작성하여 제시했고 나아가 단행본으로 출판하고 설명했듯이) 종교의 개념, 의식, 행위 등과 차이가 있고 다른 부분이 있다.

종교는 신앙의 개념보다 상위개념이자 더 큰 인류 보편적 개념이기에 신앙고백을 통해 형성된 개개인의 신앙 의식과는 큰 차이가 있다. 특히 한국 사회에서 종교와 신앙의 개념을 명명백백하게 구분해서 제대로 가려서 사용해야 민족의 얼을 밝게 하고 한국 사회의 종교 발전에 도움을 준다.

어떤 신앙의 대상을 중심으로 형성된 규범적인 단체가 신앙단체이지 그 단체가 모든 인류에게 보감(寶鑑)이 되는 종교단체가 아니다. 사회의 수많은 신앙인의 복합적인 단체, 기복(祈福) 신앙(信仰)이 있는 단체를 신앙단체라고 표현하는 것은 정명 사상과 일치한다. 이에 많은 사람의 관심과 호응 그리고 참여가 일방적인 신앙 고백적인 의식, 혼탁한 신앙단체를 직시하고 사회적 경종을 울려줄 수 있다.

예컨대 왜 살아야 하는 가의 의문과 질문을 신앙 의식 안에서 찾고자 하면 결국 신앙의 범주 안에 답을 구하게 된다. 하지만 세계적인 종교의 의의에서 그러한 답을 구하면 세계인이 공감하고 소통하며 공생, 공유, 공영, 공존, 공익 등의 길이 발견된다. 그러한 길에는 삶의 의미와 생존의 대의, 나아가 희망이 담긴 삶의 기회가 열려있다.

이처럼 모든 종교의 핵심은 세계적인 가르침이기에 천지 법도에 어긋나지 않는다. 종교는 인간이 바르게 살아가는 보편적이고 합리적인 길, 정신세계의 길, 영혼의 밝은 길과 빛을 제시한다. 그러한 종교의 길은 성인이 걸어가 보신 길이기에 정도(正道)이며 인류 공통의 길이 되어 정신적 지주가 된다.

　정신세계의 차원이나 보편적 삶의 현장에서 비추어보아도 왜 살아야 하는가에 대한 성인의 말씀은 생명과 생존의 대의를 알려주고 차원 높은 인도주의적 가르침이자 평화를 사랑하는 인류에게 희망을 선사한 메시지다. 새로운 인식의 틀, 의식체계, 사상의 축, 정신세계가 삶의 현실과 동떨어진 영역이 아니라 상호 밀접한 관계를 유지하고 있다는 것을 전하고 있다.

　생명을 존중하고 살리는 적극적인 행위는 사회적 참여와 공감으로 이어진다. 생명의 찬가와 배려 그리고 존중 등은 동서양의 구분이 없이 소통할 수 있고 삶의 현실이 각자의 길에 무엇 하나라도 이루어질 수 있는 영역, 인도(人道)의 길이 존재한다는 것을 알려주고 있다.

　현상학적 삶의 질서, 기능, 역할 등을 완전히 부정하고 퇴화시키는, 각자의 편협(偏狹)된 (신앙적인) 생각과 문답 그리고 행위는 공동체 사회의 한 일부 또는 평생의 업적이 될 수 없고 오히려 자신은 물론 사회적 과오(過誤)와 손실 그리고 문제를 발생시킨다.

　인생이 참으로 황망(慌忙)하고 황당(荒唐)하다고 여기는 마음 어쩔 수 없고 때로는 부질없는 세월 속에 허망(虛妄)할 뿐이라고 생각한다. 하지만 종교적 의의에서 보면, 생존의 의미는 그보다 더 큰 가치를 찾을 수 있어 깨어 있는 지식인과 공공사회의 협조 또한 아무리 강조해도 부족하지 않다.

2022년 6월 5일

1. 종교와 신앙의 차이

종교와 신앙, 종교인과 신앙인! 종교 생활과 신앙생활 무엇이, 왜, 어떻게, 차이가 있고 또 다른가에 대해 조금 더 부연(敷衍)해 보고자 한다.

종교는 성인(聖人)의 가르침이다. 그 가르침은 인류 보편사적 메시지이자 진리이기 때문에 변하지 않아 영속성이 있어 동서(東西)의 구분이 없이 만인에게 공감과 깨우침을 주고 일상생활에 스스로 사람답게 살 수 있게 한다. 그의 가르침은 사람이 사람답게 살아가는 우주 공통의 길, 종교의 길을 제시한다.

1) 종교와 종교의 길

종교와 종교의 길은 인간이 인간답게, 인간의 성품을 밝게 하여 사람이 사람답게 살게 하고, 사람을 사랑하게 하며 이웃과 함께 도덕적 정신을 함양시키며 영혼의 빛을 밝히도록 이끄는 길, 진리(眞理)의 길이다.

예컨대 바이블에 "진리가 너희를 자유롭게 한다(veritas vos liberabit)"라고 한 말씀(요한복음 8장 32절)은 명언이다. 그 말씀은 필자의 모교인 독일 프랑크푸르트 대학교의 좌우명(Motto)과 같다(Die Wahrheit wird euch frei machen). 그 모토는 대학교 본관 입구 벽 위에 새겨져 있다.

어떠한 진리가 내 심신을 자유롭게 하는지 궁금하여 바이블 신약에서 예수의 가르침을 찾아보았다. 그 가르침의 핵심은 하나님의 나라로 들어갈 수 있는 길로서 "물과 성령으로 거듭나라(요 3: 3~7)"라는 말씀이다. 새롭게 밝은 영으로 거듭나라고 한 것은 중생(重生: regeneration)을 촉구하신 설명이다. 따라서 그리스도교의 중생은 수행법을 설명한 것이며 중생의 길은 어떠한가를 바이블에서 찾아보았다.

예수는 중생의 방법을 제자들에게 여러모로 설명했다. 씨 뿌리는 자의 비유(마13:3~8), 일흔 번씩 일곱 번이라도 용서하라(마 18:21-35), 이웃을 사랑하라(마 22:39), 원수를 사랑하라(마 5:44), 검(劍)을 사용하는 검으로 망한다(마 26:52), 기도하는 법(＝주기도문), '산상수훈 팔(八) 복음'[1]을 가르쳤고 사회에 '빛과 소금'(마 5:13, 16)이 되라고 하였다.

"하늘에서 이루어진 것 같이 땅에서도 이루어진다."라고 기도하는 것은 지상천국을 이루고자 하는 염원과 실천 사상의 중핵이다. 하늘의 뜻이 이 땅에 이루어지게 하는 실천의 주인공은 바로 사람이다.

예수는 십자가의 길(라틴어: Via Crucis, 독일어: Kreuzweg)을 마다하지 않았다. 이와 같은 중생의 법은 예수의 수행법이며 지상 평화를 위한 만인의 지침서이기도 하다. 예수는 무엇보다 진리를 추구하는 공동체 사회에서의 실천 의식과 덕목을 가르쳤다.

그의 가르침은 인간이 인간답게 살아가야 할 으뜸이 되는 가르침, 종교(宗敎)이며 영원한 종교의 길을 제시했다. 예수는 공동체 사회문화의 보편적 공익성을 중시하는 가치체계를 강조하였지만, 신(神)중심주의, 신앙 의식체계, 신앙집단 문화의 가치체계, 신앙 중심적 생활 등은 언급하지 않았다.

예수 이후 교부철학(敎父哲學)자들에 의해 작성된 다양한 신앙단체의 논리와 사상은 시대변천에 따라 시대정신에 맞게 수정, 보완되고 있어 영구성이 없으며, 가히 예수 사상이자 예수의 본질적인 가르침이라고 볼 수 없다.

우리가 사는 이곳에는 두 가지의 길, 종교의 길과 신앙의 길이 있

---

1   안병로, 『그리스도교의 검과 평화』, 지성인, 서울 2016, 37~44쪽

다. 종교의 길에는 성인들의 가르침과 그분들과의 만남이 있고 신앙의 길에도 성인을 만나는 길이 있으나 분명한 차이가 있다. 그 차이는 한 신앙에 사로잡혀있으면 한 분의 성인만을 만날 수 있겠으나 만들어진 신앙론의 관점에서 영혼의 자유로움을 찾기 어렵고 오히려 영혼의 구속이 신앙의 길이다.

평생 자신이 믿고 의지하는 신에게 종속된 자신의 영혼, 정신세계를 발견해도 그 모습이 당연한 것처럼 생각하기 때문에 영혼의 자유로움을 위해 스스로 노력하지 않는 것이 신앙이자 신앙인의 길, 신앙인의 특성이다. 종교와 신앙, 종교인과 신앙인, 종교의 길과 신앙의 길을 구분하고 분명하게 밝히기 위해 그에 대한 개념부터 먼저 살펴보아야 한다.

2022년 2월

2) 종교(宗敎)와 신앙(信仰), 종교인(宗敎人)과 신앙인(信仰人)

종교(宗敎)와 신앙(信仰), 종교인과 신앙인은 무엇이, 어떻게, 왜 다른가? 종교와 religion의 개념은 같은 의미인가? 아니면 어떻게 서로 다른 의미에서 무엇을 강조하기 위해 사용되었는가? 이와 같은 문제제기는 필자의 저서 『역사에서 배우는 종교문화 경영학』에서 상세히 밝혔다. 따라서 종교개념의 학문적 출처와 사용에 대한 분석과 설명은 생략하지만 불가피한 경우에는 일정 부분 재론될 수 있고 다소 미진한 부분은 이 글을 통해 보완될 수 있다.

① religion
'religion'의 어원은 라틴어 'religio'에서 나왔다. religio의 개념은 '다시 살펴본다'라는 뜻이다. 그 개념은 신적 존재로 추앙받는 로마 황제의 신변 보호와 그의 체제에 반항하는 무리가 있는가를 확인하기 위해 무리의 주변을 '다시 살펴본다'는 의미에서 사용되었다. 하지만 그리스도교에서 논하는 religion의 개념은 예수 이후 약 300년 동안에는 사용된 적이 없다.

religion의 개념은 그리스도교 신앙단체의 유일신론(唯一神論)을 강조하기 위해 교부철학자(敎父哲學者)들에 의해 사용되었다. 그들은 그리스-로마문화의 요소들을 활용하여 그리스도교의 교리, 교의, 신조, 신앙 고백론 등을 만들었고 그리스도교가 모든 신앙(信仰) 단체 중에 유일한 우주적인 단체, 참된 religion임을 천하에 선포(宣布)했다.

그렇게 선포한 신앙단체가 오늘날 그리스도교의 가톨릭이다. 가톨릭은 오직 예수의 말씀만 가르치는 것은 아니다. 그 외에 신학적인 관점에서 학습할 것이 많다. 이와 무관하지 않은 것이 또한 그리스도교의 개신교다.

religion의 개념이 1869년 일본과 독일 북부동맹과 수호 통상조약을 체결할 때 일본에서 처음 '종교(宗敎)'로 번역되었다.

조선(朝鮮)에서 religion의 개념이 종교로 처음 사용된 시기는 1883년 11월 10일 한성순보(漢城旬報)의 구라파주(歐羅巴洲)) 난에 야소교(耶蘇敎)가 소개되었을 때였다.[2] 야소교는 예수의 가르침(=예수교)을 뜻한다.

종교와 신앙의 개념, 의미와 차이를 바르게 알고 올바른 용어를 사용하는 것은 시대정신이자 국가와 범사회적인 차원에서 종교문화경영의 기초가 된다.

종교와 신앙은 먼저 누구나 다 한눈에 파악하듯이 글자부터 다르

---

2 張錫萬, 『開港 期 韓國社會의 "宗敎" 槪念 形成에 관한 研究』, 서울대 박사학위논문, 1992, 39쪽.

다. 종교(宗敎)의 단어는 단순하게 보아도 마루 송(宗)자와 가르칠 교(敎)자의 합성어다. 마루 종(宗) 자는 '갓머리 부(宀)' 바로 아래의 가운데에 '보일 시 부(示)'를 써넣어 하나의 개념이 되었다.

한한대자전(漢韓大字典)에 의하면 보일 시 示는 '보게 함', '나타냄', '알림' 등을 의미한다. 마루 종(宗)자는 예컨대 산(山)의 제일 꼭대기(정상 頂上), 일의 근원, 근본이 되는 것, 가장 뛰어난 것, 우두머리와 같은 의미로 사용된다.

형이상학(形而上學)의 차원에서 주로 사용되고 있는 종교의 개념은 일의 근원, 근본이 되고 인간이 인간답게 살아갈 수 있게 가르친 성인의 말씀이다. 그의 가르침은 불변의 진리(眞理)다. 인종과 지역 등을 초월(超越)하여 사람다운 사람으로 거듭나게 하는 원동력이 되어 생명의 호흡처럼 인류문화의 공간과 광장에서 생동하고 있다.

성인의 가르침에는 사람을 사랑하며 생명을 존중하는 인류애가 담겨있다. 성인의 가르침이 글로 표현된 것이 경전(經典)이며 경전으로 부활했다. 경전은 '책(冊) 중에 책'이라는 뜻이다. 경전에서 성인의 사상과 정신적 향기를 체득할 수 있다.

인류에게 보감(寶鑑)이 되는 성인의 가르침(敎)은 인간의 근본과 공동체 사회에서 인간답게 살 수 있도록 인지(認知)하게 하고 실천하게 하는 동력이 된다. 그의 가르침은 예컨대 정신적으로 산의 정상(宗)에 도달함에 이르게 하고 일상생활 속에 경건함과 경외감을 가지게 하는 정신적 지주가 되어 종교(宗敎)라고 표현되었다.

종교의 핵심은 성인의 가르침과 사상을 학습하고 인류의 공동선(共同善)을 실천하고자 노력하는 것이다. 그러므로 종교는 인종과 신앙 등을 초월한 인류애, 인도주의(人道主義)를 실천하는 정신적 가통(家統)을 이룬다.

동양의 한자문화권에서 선가(仙家), 유가(儒家), 불가(佛家), 도가(道家)라고 지칭하는 것은 정신적, 사상적 맥(脈)을 이어간다는 뜻이다.

하지만 서구에서는 유일신의 관점에서 religion, worship(예배), 신앙(faith, 독일어 Glauben)의 개념이 구분되었다. 그러한 개념을 사용할 때 내용에 따라 구별하고 선별해서 신중하게 표현한다.

예컨대 불타(佛陀, 산스크리트어 Buddha), 붓다(깨달음)이지 'religion'이라고 말하지도, 기록하지 않는다. 불교(佛敎)는 신앙의 대상으로서 유일신이 없어 religion이 아니고 사상단체로 판단하고 '부디즘(Buddhism)'이라고 한다. 선교(仙敎), 유교(儒敎), 도교(道敎), 힌두교 등은 유일신의 신앙단체가 아니고 사상단체라고 보기 때문에 사상적으로 어떠하다(~ism)는 의미로 Taoism, Confucianism, Hinduism이라고 말하고 표기한다.

사상단체(~ism)에는 어떤 지역적 특수사항, 대상 등과 관련된 유일신 사상, 유일신이 존재하지 않는다는 것이 또한 특징이다.

동양의 한자문화권에서는 천(天)·지(地)·부(父)·모(母)의 연관성과 상생(相生) 관계를 설명한 것이 천지부모(天地父母)의 조화 사상이다. 그 사상은 동양 철학사상의 핵심 가운데 하나로서 천지의 밝음과 공동체 사회의 삶은 일월성신(日月星辰)과의 연계성을 가지고 있다. 천부경(天符經)에 밝음을 추구하는 것은 인간의 본래 마음(本心本)으로 설명되었다.

밝음을 추구하고 앙명(昻明) 하고자 하는 인간의 본래 마음(本心本)이 태양처럼 밝은 빛(本心本 太陽昻明, 본심본 태양앙명)이라는 사상은 정신세계의 빛을 추구한다.

2022. 02.

② 신앙(信仰 Faith)

동서양의 정신 문화사상의 기반은 자연현상의 관찰, 이치, 사리 등에 대한 궁구(窮究)와 판난을 중시했고 자연숭배사상도 빠지지 않았다. 태양의 빛은 밝음을 선사하고 그 에너지는 만물을 양육하는 생명의 기운이다. 대자연의 생명 문화는 정신세계에도 큰 영향을 주었고 다각도의 의미와 종교적 성향의 요소가 되었다.

인류의 원초적인 종교적 성향이 자연현상과 밀접한 관계를 유지하고 있다고 보는 관점은 범신론을 발전시켰다.

종교적 성향, 종교 심성, 종교성은 같은 의미이지만 어떻게 사용하느냐에 따라 어감(語感)과 이해하는 데 감도(感導)의 차이가 있다.

범신론적 신앙(信仰)은 자연의 성스러운 기운, 신적 존재 등을 생명뿐만 아니라 생존 의식과 연관성이 있다고 믿고 받드는 것을 의미한다. 이와 무관하지 않은 사상이 고대 그리스, 로마문화에서 발견된다. 그러한 문화가 본래 고대 그리스, 로마문화의 원형으로 보기는 어렵지만 나름 유럽문화를 형성하는데 원동력이 되었다.

예수 이후 초대 그리스도교 형성과 교세는 미미했으나 밀라노 칙령을 통해 크게 탄력을 받아 확장되었다.

인터넷 사전(구글, 다음, 네이버 등)을 통해 검색해 보고 필자의 저서도 살펴보았다. 동로마제국의 리키니우스황제(Gaius Valerius Licinianus Licinius, 263년~325년)와 서로마제국의 콘스탄티누스(Flavius Valerius Aurelius Constantinus, 272년~337년) 황제가 합의하여 서력기원 313년 공표한 문서가 바로 밀라노 칙령이다. 그 칙령은 그리스도교와 교인의 보호는 물론 그리스도교를 장려한다는 의미를 담고 있어 그리스도교 세력의 확장에 큰 역할을 했고 성장 발판이 되었다.[3]

그리스-로마(신화) 문화는 초대, 중세, 근대 그리스도교의 교리, 신조, 신앙고백, 체제 등에 지대한 영향을 주었다. 그러한 습합(褶合) 문

---

3   안병로, 『그리스도교의 검과 평화』, 지성인, 서울 2016, 143쪽

화를 이해하지 못하고는 그리스도교 사상의 근간(根幹)을 알 수 없을 정도다. 그리스도교 신앙의 개념에는 창교주(創敎主), 유일신, 신앙적 존재, 신앙단체, 교리, 신념, 신앙 고백론 등이 포함되어 있으나 유일한 그리스도론으로 화석화되었다.

그리스도교 외 다른 유일신 신앙단체는 절대적 믿음, 신조, 규율, 복종 등을 중요시한다. 하지만 보편적 세계종교사상에는 유일신이 존재하지 않고 인간의 자율적 도덕 행위에 따라 신의 가호가 주어진다.

신앙(信仰)은 성스러운 존재, 신적 존재로 상징성이 부여된 대상, 체제(體制) 등을 공경하고 앙모(仰慕)하는 믿음이다. 믿음에 대한 나름의 이해와 판타지 등이 합쳐져 생성된, 그렇게 반영된 나름의 믿음이 신앙단체의 교리, 교의론, 신조(信條), 신앙론, 신앙 고백론, 의례, 규율(規律) 등을 만들어 발전시켰다. 그러한 요소들은 신앙인 삶의 전체이자 신앙공동체 생활의 표상이 되었다.

지금 사용하고 있는 교의론, 신앙 고백론, 신조가 종교론, 종교 고백론, 종교 사상과 같은 의미로 혼용되고 있어 개념이해에 혼선과 혼란을 부추기고 있다. 따라서 그렇게 만들어진 신앙 고백적인 개념과 의의 등은 본래 종교의 개념과 본질에서 벗어난 변형된 교의(敎義)적 설명이다. 유일신 사상은 신앙 우선주의의 현상과 상황을 대변하는 교조주의적인 집단체제와 직접 연계되어 있다.

인간의 생사화복 및 사후세계도 창교주, 유일신에 달려있다고 믿고 의지하며 그를 앙모(仰慕)하고 추종하는 존재가 신앙인이며 신앙단체의 대표적인 표상이다. 신앙단체에서 유일신, 메시아, 구세주, 구원, 천당(天堂), 극락(極樂), 형제, 자매, 하나님의 자녀 등의 개념은 신앙인의 희망이자 위안과 행복감 등을 감지하게 하는 무지개 꿈이 담긴 심리적 매개체가 된다.

신앙인의 영혼은 신앙인의 신, 신적 존재에게 구속되어 있다는 것이 특징이다. 이처럼 신앙과 종교는 여러 차원에서 분식해 보아도 분명하게 차이가 난다. 그런데 그렇게 구분하지 않고 종교와 신앙이 같은 의미로 보고 혼용하여 사용하는 사회가 우리 사회의 진상(眞相)이어서 참으로 안타깝다.

한국 사회에서 무엇보다 신앙이 우선시되어 신앙 제일주의가 신앙단체를 조직화시켰다. 신앙인은 그 단체가 자신의 방패 역할을 한다고 믿는다. 하지만 피라미드식 신앙단체의 조직은 어느 날 '신앙의 카르텔(cartel)'이 되어 신앙인의 정신을 지배하고 다스리면서 구원의 이름으로 '영혼의 카르텔'을 넓고 높게 만들었다. '신앙 탑'은 쌓아갈수록 영혼의 카르텔에 묻혀가고 있어 공동체 사회에 미치는 직·간접적인 폐해가 발생하기도 한다.

종교와 신앙을 구분하는 것은 정명(正名) 사상을 이해하는 것이며 인식의 변화이자 크게는 사회적 혁신을 일으킨다. 그것은 작은 변화라고 볼 수 있겠으나 점차 민족의 얼을 밝혀주고 자긍심을 심어주어 여러 시스템을 변화시키는 동력이 되어 사회혁신, 사회개혁, 국가개혁의 시작이 된다. 한국의 다양한 사회현상과 상황을 살펴보면, 종교와 신앙을 구분하여 사용하려는 운동은 시대정신에 따르는 언어정화운동이자 정신운동이 된다.

2022년 2월

3) 진리를 추구하는 종교적 삶은 영혼의 주인이 되는 길이다

진리가 너희를 자유롭게 한다는 가르침은 종교의 대의를 설명한 것이다. 종교(宗敎, religion, Religion)는 성인의 가르침이기에 불변하는 진리다. 진리는 단면의 세계가 아니라 양면(＝심신)의 세계, 천지인의 세계를 아우르고 있다. 그러므로 성인의 가르침은 인간이 인간답게 바른 인간의 삶을 살아가는데 통찰력을 함양시켜 정신적 지주가 되고 삶의 좌표가 된다.

자연의 이치와 섭리는 만물을 변화시키고 있어 '춘생추살(春生秋殺)'[4]의 변화는 대자연의 진리이자 인간의 자연스러운 생로병사(生老病死)의 길과 다름이 없다. 그러한 길을 깨우쳐 대자연을 본받는 것이 인간의 길임을 가르쳤다. 그 가운데 "춘생(春生), 춘화(春化)의 길은 세계 영구평화를 목표"[5]로 한다는 가르침은 정신과학적인 측면에서 인류의 종교사상이자 종교적 삶의 길이 되었다. 종교적 삶은 자연의 법도에 따라 정신세계의 밝은 빛을 추구하고 구가(謳歌)할 수 있어 영혼의 주인이 되는 길이다. 모두가 영혼의 주인이 되는 길을 걸어갈 수 있다.

종교는 대자연의 법도를 본받는 성인의 가르침이기에 변하지 않는 으뜸이 되는 가르침이며 영원한 진리(眞理)로 남는다. 변하지 않는 가르침과 사상이 세계적인 가르침 즉, 종교다. 세계적인 종교는 인류의 정신적 지주 또는 정신적 축, '인축(人軸)'[6]이 되어 세계인이 마음을 열게 하고 공감할 수 있는 정신사상이다. 따라서 종교는 그 어떤 한 신앙(信仰: faith, Glauben) 단체에 국한된 개념이 단연코 아니기 때문에 신앙과 명백히 구분하여 사용해야 마땅하다.

신앙은 시대에 따라, 시대의 흐름과 사조(思潮)에 따라, 과학적 진리에 따라, 인식의 수준이 높아짐에 따라 변할 수 있고 신앙 의식과 신앙 논리, 교리 등은 일정 부분 변하고 있어 수정·보완되고 있다. 따

---

4   봉우 권태훈, 『봉우일기 1』, 정신세계사, 서울 1998, 384쪽
5   위의 같은 책, 385쪽
6   봉우 권태훈, 『백두산 족에게 告함』, 정신세계사, 서울 2000, 98쪽

라서 신앙은 세계적으로 보편적이고 객관적인 진리가 아니다. 그러므로 신앙인에 의해 만들어진 자신들만의 교조주의적이고 우월성은 변하기 마련이며 일정 부분은 첨단과학 시대, 세계화 시대를 맞이하여 황폐화(荒廢化)되어 폐기 처분되었다.

종교는 보편적인 생활 속에 삶의 정신적 지주이며, 사상적으로 영혼의 자유를 열어준다. 그 반면에 신앙은 창교주를 신, 유일신 또는 신적 존재로 믿고 의지하며 신, 신적 존재에게 귀의하도록 만드는 특유의 교리(도그마 dogma)와 신앙고백을 유도한다. 그것은 신경(信經: credo), 신조(信條) 즉 신앙 개조(信仰個條) 나아가 정신 개조를 중시한다. 창교주를 모시는 신앙단체가 신앙인에 의해 구성되어 있어 교조주의적인 입장은 지속되고 있다.

신앙인은 창교주(創敎主)에게 삶의 전체를 맡긴다. 그는 자기 몸과 마음 그리고 영혼까지 그에게 의지하고 위탁(委託) 및 의탁(依託)하기 때문에 독립적인 영혼의 자유로움이 없다. 신앙인 스스로가 자신은 신의 도구로 믿고 자신의 의지보다 신의 의지, 신의 뜻을 더 중요시하기 때문에 영혼의 구속이 신앙의 특징 중에서 특징이다.

특히 사회와 격리된 일부 신앙단체의 신앙인은 집단무의식 환경 속에 있어 사회적 문제점을 안고 살아간다. 그의 삶은 비(非)신앙인, 일반인들과 다른 특수한 삶의 환경에서 환상적인 믿음을 가지고 살고 있다. 왜 살아야 하는 이유도 믿고 있는 신, 신적 존재와 밀착되어 있어 신앙인의 문답은 일반인들과 다르다.

신앙(믿음)의 세계와 현실의 세계가 맞지 않거나 조화를 이루지 못할 때가 자주 발생하나 믿음의 차원에서 극복하고자 하는 삶의 의지는 강하다. 하지만 그렇게 강할수록 격리된 사회 속에 정신적 취약과 심신의 빈약 상태는 더욱 커질 수밖에 없다.

2차세계대전 이후 유럽에서는 오직 믿는 신을 위해 살지 말고 때로는 자신을 위해 살아야 한다는 메시지는 존재하나 신앙심이 공고한 단체에서는 공허한 메아리로 들릴 것이다.

신앙단체(信仰團體)에는 창교주(創敎主)가 있고 특유의 신앙고백과 교리, 상징적 형상물 등이 있으나 종교에는 그러한 존재, 유형과 형상물들이 없다. 있다면 그것은 인간이 만들어 낸 심리적 도구이자 형상일 뿐이다. 그 도구와 형상이 자신의 정신세계를 성장시키지는 못하지만, 심리적 안정과 위안은 될 수 있어 신앙의 형상물이 만들어진다.

종교는 성인의 가르침을 이어가는 순수한 사상단체이며 정신의 자유로움과 영혼의 자유를 추구한다. 따라서 세계적인 종교인, 여러 학자는 창교주를 신앙의 대상으로 여기지 않고 신앙단체를 구성하지도 않는다. 그것은 특이한 점이라고 할지라도 알고 보면 당연한 귀결이다.

종교와 신앙의 개념이 다르고 두 개념의 색다른 차이는 크고 특수(特殊)하여 필자가 글로 작성하여 여러 사람에게 제시했고, 나아가 2020년 단행본(『역사에서 배우는 종교문화 경영학』)으로 출판하였고 지인들에게도 설명했다.

종교는 신앙의 상위개념이다. 종교는 자의(自意)적인 의식을 가지고 자력(自力)적으로 깨달음을 지향한다. 신앙은 타의(他意)적인 의식을 가지고 신앙의 대상에게 의타적(依他的)이다. 종교는 신앙의 개념보다 더 큰 인류사적 정신적, 사상적 계통의 개념이기에 어느 특수한 신앙단체의 신앙고백을 통해 형성된 신앙 의식과는 전혀 다른 차원의 개념이다.

종교와 신앙의 개념을 명명백백하게 구분하고 제대로 가려서 선택해서 올바르게 사용해야 한국 사회의 종교 발전에 도움을 준다. 따라서 많은 사람의 공감 의식을 가지고 참여하는 것은 일방적인 신앙 고백적인 의식, 보편적이지 못한 신앙단체를 직시하고 사회적 경종을 울려줄 수 있어 중요하다.

21세기 인류는 보편적, 객관적 합리적, 과학적인 종교, 과학적으로 종교를 검증하고자 한다. 종교과학, 과학 종교는 진리를 추구하는 인류 모두에게 널리 필요하기 때문이다.

하지만 왜 살아야 하는 가의 질문이 신앙적 차원에서 해답을 찾으면 결국 신앙의 범주, 신앙단체 안에서 답을 구하게 된다. 반면에 세계적인 종교의 차원에서 답을 구하게 되면 세계인이 공감하고 소통하며 공통의 분모인 공생, 공유, 공영, 공존 등을 공익차원에서 발견한다. 그러한 삶의 의미와 생존의 대의, 나아가 희망이 담긴 삶의 길은 자기 자신을 새롭게 다잡아 정신세계에서 추구하는 정신의 빛, 영혼의 밝은 빛을 찾아 나아갈 수 있다.

이와 같은 모든 종교사상, 종교의 길은 세계적인 가르침이며 그의 핵심은 천지(天地) 법도에 어긋나지 않게 인간이 바르게 살아가는 보편적이고 합리적인 길, 세계사적인 길, 인도(人道)의 길을 제시한다. 평화를 사랑하고 생명을 존중하고 살리는 행위는 신앙과 국경을 초월하여 적극적인 참여로 이어진다.

정신세계의 차원이나 보편적 삶의 현장에서 비추어보아도 왜 살아야 하는가에 대한 성인의 말씀은 높은 인도주의적 가르침이자 평화를 사랑하는 인류에게 희망을 선사한 메시지다. 새로운 인식의 틀, 의식체계, 사상의 축, 정신세계가 삶의 현실과 동떨어진 영역이 아니라 상호 밀접한 관계를 유지하고 있다는 것을 전했다.

생명의 찬가와 배려 그리고 존중 등은 동서의 구분이 없이 소통할 수 있고 삶의 현실이 각자의 길에 무엇 하나라도 이루어질 수 있는 영역이 존재한다는 것을 알려주고 있다.

그 반면에 현상학적 삶의 질서, 기능, 역할 등을 완전히 부정하고 퇴화시키는, 자신의 편협(偏狹)된 생각과 문답 그리고 행위는 공동체 사회의 한 일부 또는 평생의 업적이 될 수 없고 오히려 사회적 과오

(過誤)와 손실 그리고 문제를 발생시킨다.

왜 살아야 하는가에 대한 과제 풀이가 제대로 해명되지 않은 상태에서 인간의 길, 공동체 사회의 금도(襟度)로 여겨진 경계선을 넘어가면 안 된다.

참으로 황망(慌忙)하여 황당(荒唐)한 마음 어쩔 수 없고 때로는 부질없는 세월 속에 허망(虛妄)하기만 하다고 생각할지라도 생존의 의미는 그보다 더 큰 가치를 찾을 수 있어 깨어 있는 공공사회의 협조 또한 아무리 강조해도 부족하지 않다.

2022년 2월

4) 그리스도교와 이슬람교 – 한 뿌리에서 세 개의 신앙단체

서기 570년 중동(中東)지역에서 마호메트가 출생했다. 그는 알라(Allāh)를 숭상하는 이슬람 단체를 조직했고 이슬람교를 창시(創始)한 창교주(創敎主)가 되었다. 알라는 '신 중의 신', '절대신', '유일한 신'이며 이슬람은 알라에게 '절대 복종한다'라는 뜻이다. 이슬람교의 신앙인, 이슬람교도를 '무슬림', '모슬렘'이라고 하며 그의 경전은 코란(Coran)이며 쿠란(Quran)이라고 말한다.

알라신(神)은 동양 한자문화권에서 상제(上帝)의 위격(位格)과 버금가는 개념이지만 상제가 유일신이라고 말하지 않는다. 동양 철학사상에서 상제의 이미지는 천상에서 가장 높은 자리에 있는 존재다. 천상에는 다양한 신들이 있어 그들 나름의 역할이 분담되어 있다고 전해지고 있다.

이슬람교의 신관(神觀)에는 그리스도교의 삼위일체론(三位一體論)에서 나오는 성부와 성자의 개념이 없다. 다만 이슬람교는 예수와 마호메트는 알라신이 보낸 선지자라고 본다.

바이블 구약(舊約)에 등장하는 아브라함의 아들 이스마엘(모친 하갈)이 오늘날 중동지역의 이슬람교 문화의 기초를 세웠고 그의 후손이 마호메트다.

아브라함의 아들 이삭(모친 사라)은 이스라엘문화의 모태(母胎)가 되었다. 그러므로 이스라엘문화의 한 뿌리에서 유대교, 그리스도교, 이슬람교가 나왔고 그 세 개의 신앙단체가 세계적으로 형성되었다.

2022년 2월

5) 종교 행위와 신앙 행위는 구별되어야 마땅하다

한국 현대사회의 여러 가지 문제점 중에 신앙인이 잘못하면 다수가 종교가 문제다. 신앙인의 이탈행위가 신앙인의 잘못이 아니라 종교가 잘못되었다. 종교의 속성(屬性)이 그러하다. 종교가 사회를 걱정해야 하는데 요즈음 사회가 종교를 걱정하는 시대가 되었다고 비아냥거린다.

하지만 종교 행위와 신앙 행위는 정확히 구별되어야 무엇이 잘못되었는가 하는 근원적 문제를 직시할 수 있고 그와 연관된 사회적 문제점이 어디에 있는가를 판단하여 바로잡을 수 있다.

인류 문화사, 정신세계에서 존경받고 있는 성인의 가르침이 종교인데 종교에 어떠한 문제가 있는가? 예컨대 공자, 석가, 소크라테스, 예수, 마호메트의 가르침이 어떻게 잘못되었다고 비평하는지 궁금하다. 명색이 나름 지식인이라고 하는 자, 이러저러한 분야에서 전문가라고 자부(自負)하는 자들도 종교가 공익사회의 얼굴을 부끄럽게 한다고 평한다. 과연 그러한지 하나하나씩 점검해 보아야 한다.

예수의 가르침, 예수의 종교, 석가의 가르침, 석가의 종교, 마호메트의 가르침, 마호메트의 종교 등이 어떻게, 무엇이, 왜 잘못되었다고 평가하는지? 아니면 그 어떤 종교를 신앙하는 신앙인 아무개의 이탈 행위를 질타하는 것인지 명명백백하게 구분되어야 진실을 규명하는 데 시금석이 된다.

종교적, 개인적, 사회적 잘못의 근거와 판단기준 등은 어디에 두고 있는가? 신앙인이 숭배(崇拜)하는 창교주, 아니면 그의 신앙인인가? 종교가 어떻게 잘못되었다고, 무엇을 잘못했다고 질타하는 것은 주객이 전도되어 오히려 문제가 더욱 심각하다.

만약 그러한 종교가 있다면 그 종교의 창시자는 성인이 아니고 종교의 가면을 쓴 채색된 신앙단체의 교주일 뿐이다. 인류의 정신적 스승으로 널리 알려진 위에서 설명된 성인이 무엇을 잘못했는지를 밝혀야 종교가 잘못되었다는 것을 입증하는 것이다. 입증할 수 없다면 그들의 가르침이 아니라 신앙인에게 책임이 있다.

종교 속의 신앙인이 무엇을 잘못했는가를 구분하여 문제점을 직시하는 것은 사안의 중대성을 밝히기 위해 중요하다. 예컨대 유교의 유생(儒生), 불교의 스님, 그리스도교의 신부와 목사, 이슬람교와 힌두교의 성직자, 여러 종교단체의 신앙인들이 왜, 무엇을, 어떻게 잘못했는가에 무게중심이 실려 있어야 한다. 잘못한 주체는 분명 개별적인 성직자나 신앙인인데 왜 그들의 종교가 악의적인 비평을 받아야 하나?

어떤 단체는 종교가 잘못되었기 때문에 자발적으로 어떠한 신앙, 신앙단체라고 한다고 주장한다. 참으로 주객이 전도된 언변이자 신앙사상이며 종교의 본질을 왜곡시키고 있다. 종교와 신앙을 구분하는 것은 정명 사상(正名思想)을 고취(鼓吹)시키고자 하는 데 있다.

신앙인의 선행과 악행에 관한 분석은 인류 보편적 가치의 기준을 가지고, 접근되어야 공평성이 확보된다. 같은 맥락에서 종교에 대한 자연과학적인 폭넓은 인식, 종교 과학적인 통찰 의식은 종교적 진리와 과학적 진리와의 상호관계와 연관성을 설명할 수 있어야 신앙 의식, 신앙의 한계에서 벗어날 수 있다.

종교의 원형은 성인의 가르침이기 때문에 종교의 일반 또는 특수적인 기능과 보편적 역할 등을 부정하는 것은 신앙인 스스로가 누어서 침 뱉는 형상과 같으며 자신이 숭상하고 받드는 분에게도 큰 결례이기도 하다.

신앙(심)의 원천은 종교에서 나오지만, 개적인 신앙은 단연코 종교가 아니다. 종교는 신앙의 상위개념이기 때문에 반드시 신앙과 구분되어야 한다. 올바르게 이해하고 그에 합당한 개념을 사용하는 것은 사회적 언어정화에 일조하여 정신적 혼란과 혼선을 자정시키는 작용을 한다.

만들어진 신앙과 교리, 신조, 의례 등을 통해 드러난 신앙 의식, 신앙 고백적인 행위 등은 '신앙 행위'이지 '종교 행위'가 아니다. 다만 선행을 실천하는 신앙인의 행위가 본래 종교의 순기능과 역할에 부합되면 '종교적 행위'가 되어 많은 사람에게, 인류에게 공감 의식, 공동선 의식을 불러일으킨다. 많은 비신앙인도 종교 행위를 실천하여 사회적 귀감(龜鑑)이 된다.

대표적 종교 행위는 세계적인 인도주의 관점에서 실천하는 것이다. 따라서 신앙 행위의 상위개념이 종교 행위이며 종교 행위의 원천은 성인의 말씀이자 가르침인 종교에서 나온다. 종교는 객관적이고 보편적이며 합리적 타당성과 당위성이 담긴 성인의 가르침이기에 세계인의 진리이자 정신적 지주가 된다.

필자는 종교와 신앙의 본질이 무엇이며, 근본적으로 무엇이 어떻게 다른가를 이미 분석하고 구분해서 위에서 언급한 대로 한 권의 책으로 출간했다. 종교인과 신앙인의 구별이 왜 필요한가에 대한 문제의식은 보편적 인식론의 차원에서 제기되어야 한다.

그러므로 잘못 만들어진 교리와 교리 의식, 교리 행위, 교리해석, 주장과 교리전파 등을 현대 과학적 안목에서 관찰하고 분석하여 순기능과 역기능을 제시하는 것은 사회정화 운동의 한 부분을 차지한다. 객관적이고 합리적인 과학적 인식과 보편성을 추구하는 종교연구는 시대정신에 부응하여 표류(漂流)하지 않는다.

편협(偏狹)된 신앙생활은 만들어진 제도적 시스템과 신앙 의식에 의해 습관화되었다. 만들어진 나름의 신앙 고백적인 의미 부여가 시대의 물결에 따라 또다시 채색되어 본래의 모습을 감추고자 한다. 잘못되었으면 바로 잡는 일은 보다 성숙한 우리 사회와 국가를 보위(保衛)하는 것과 다름이 없다.

무심코 잘못 사용된 용어가 잘못된 자리와 위치에서 잘못된 의식과 잘못된 의미 부여를 정당화, 신앙화해 가며 사회적 인식의 혼란을 부추기는 결과로 이어진다. 그와 같은 문제의 요인들이 수용된 교리 의식과 해석, 나아가 암묵적으로 강요된 집단 최면(催眠) 의식, 집단무의식이 종교와 신앙, 종교인과 신앙인의 본질을 왜곡시키고 한쪽으로 치우치게 만든다.

그로 인해 공동체 사회와의 소통이 원활하지 못하거나 단절되는 경우가 발생한다. 만인이 인정하고 원하는 신앙단체, 신앙인은 희소(稀少)하지만, 진솔한 종교인의 모습은 우리 곁에 있다.

종교와 신앙, 종교인과 신앙인은 무엇이 어떻게 다른지에 대해 알려고 한다면 종교에서 신앙 의식이 어떻게 채색되었고 신앙 의식에서 채색되어 나온 신앙문화가 어떻게 변질이 되었는지부터 직시해야 한다. 종교는 신앙의 상위개념이고 신앙의 범주를 초월하기 때문이다.

비록 이러저러한 신앙문화(信仰文化)가 시대 상황에 걸맞게 공동체 사회에서 조화로움을 이루기 위해 시대성을 고려하여 수정되고 호화롭게 채색(彩色)되었다 할지라도 세월 따라 변하기 때문에 사실과 다른 점은 구별되어야 한다.

이러저러한 신앙단체의 신앙인은 사회와 여러 면에서 격리된 상태에 있음에도 불구하고, 집단무의식적인 신앙공동체 생활에서 아름답게 포장된 신앙생활을 진리로 여긴다. 그렇게 채색된 진리는 신앙인 삶의 모든 것을 휘감고 있어 신앙의 절대성과 부여(附與)된 상징성은 신앙인의 정신세계를 고착(固着)시키는 데 조력한다.

매혹적이며 환상적인 신앙 이데올로기(Ideologie)가 여러 신앙단체에서 각양각색의 형태로 채색되고 포장되어 메시아, 구원, 중생 구제자, 신적 존재 등의 이름으로 상징화, 신격화된 것은 단지 과거의 현상뿐만 아니다.

그러한 과거의 현상에서부터 오늘의 현실을 관조해 보면 어떨까, 좀 달라진 면이 있나 등의 질문은 일반적이지만 신앙인은 생각조차 할 수 없는 해서는 안 되는 불경죄로 여길 것이다.

많은 신앙인이 그들만의 신앙단체가 어떠한 사실을 왜곡(歪曲)하거나 감추고 있는지를 제대로 알지 못한다. 그들은 무지개 꿈과 희망이 담긴 신앙공동체의 비전(祕傳)에 몰두하고 환상적인 미래에 집착하고 있다.

그들은 스스로 신앙공동체의 볼모로 잡혀 있는 상황을 인지하지 못하고 알고자 하는 의식도 부족하지만 차후 하나하나씩 알았다고 해도 그들의 범주에서 빠져나오지 못해 망설이고 있다. 나름의 결단과 용기가 필요하지만 새로운 환경에서 홀로 설 수 있는 대체 수단이나 사회적 돌봄 시스템이 없거나 턱없이 부족하다.

2022년 3월

6) 정신과학과 자연과학의 차원에서 종교와 신앙, 종교인과 신앙인

종교와 과학은 별개의 영역이 아니다. 대자연에서 종교는 정신과학이고 형이상학이다. 과학은 사물의 이치를 궁구하는 자연과학이기에 형이하학이다.

종교는 진리(眞理)이기에 과학적인 종교, 종교과학이 되어야 한다. 과학은 과학적인 종교, 과학 종교, 종교과학에 어떤 진리가 있는지 상호 교차적인 관점에서 분석할 수 있어야 한다. 이러한 종교와 과학의 기능과 역할이 인류에게 다양한 궁금증과 갈증을 해소(解消)시켜 주고 광명의 빛을 선사한다.

그러므로 21세기 유심(唯心)을 연구하는 종교와 유물(唯物)을 연구하는 과학은 종교과학, 과학 종교로서 상호 조화로움을 이루어서 합치되어야 더 밝은 미래를 지향할 수 있다. 과학적이지 못한 신앙단체는 시대적 과학 정신과 과학문화에 의해 도태될 수밖에 없어 상호 간의 배움과 궁구함은 항시적(恒時的)이다.

과학적인 종교는 차원 높은 정신세계, 정신의 빛을 밝히는 공부이자 연구이기 때문에 자연과학적인 의식과 삶을 추구한다. 자연과학적인 종교 생활은 종교과학이자 자연 철학적인 삶이다. 그의 길, 가치와 도덕성은 사람의 길(인도 人道)이라서 자연스러워 모두에게 이로움을 준다.

정신과학과 자연과학의 차원에서 종교와 신앙, 종교인과 신앙인에 관한 연구 결과물이 발전적으로 나오기를 기대한다. 대다수가 종교와 신앙, 종교인과 신앙인의 개념 등을 같은 의미로 보고 두루뭉술하게 사용하는 것은 정명 사상과 전면 배치된다. 올바른 개념 사용은 언어 정화 운동이자 조용한 사회개혁의 실마리가 된다.

오늘날 많은 사람이 지금 '종교가 문제'다, '종교가 잘못되었다'라고 하며 쓴 소리한다. 과거에는 종교가 사회와 국가를 걱정했다고 하는데, 지금은 그 반대가 되었다고 말한다. 종교에 대한 신뢰도가 갈수록 낮아지는 것은 무엇인지 공개적인 의문을 던진다.

과연 종교가 잘못되어 세상이 이렇게 혼탁하게 되었나? 어떻게 종교가 잘못되었냐고 다시 질문하면 이러저러한 신앙인들의 문제점들을 지적한다.

문제점들의 핵심은 문제를 일으킨 존재들, 그들이 일으킨 부적절한 행위와 부정적인 사회적 결과물이다. 그들의 행위가 종교 행위인가? 아니면 신앙 행위인가? 가면의 탈을 쓴 개인적 일탈 행위인가? 그들이 신앙하는 종교의 창교주는 누구인가?

종교단체의 창교주가 잘못되었나? 아니면 그를 신앙한다고 어느 신앙인의 행실이 잘못되어 사회적인 문제가 되었는가? 문제점을 분명하게 직시해보아야 해결의 실마리가 풀린다.

가면(假面)의 종교 간판은 퇴색되고 시대적 거친 바람에 간판이 떨어질 수 있으나 종교의 진실은 진리로서 변함이 없다. 하지만 왜곡된 신앙은 풀잎의 이슬처럼 어느 날 홀연히 사라진다. 올바른 신앙은 창교주의 가르침, 그의 본질에서 벗어나지 않아 자연과학의 정신과 함께 발전을 병행하며 성장함에 전력(全力)을 다할 것으로 생각한다.

2022년 3월

2. 왜 정명(正名) 사상이 필요한가?
– 종교와 신앙을 중심으로

종교와 신앙이 같다고 보거나 사회에서 문제를 일으키는 것이 종교이기에 종교가 잘못되었다고 하며 신앙(信仰)이라고 해야 한다고 주장하는 부류(部類)가 있다. 이러한 말과 주장은 사실 왜곡이다.

왜곡된 사실을 바로 잡는 방법은 먼저 올바른 개념 즉 정명(正名)을 사용하는 것이다. 정명 사용은 각국(各國)이 중시한다. 정명 사상은 인간의 유기적인 인식론의 바탕에 기반을 두고 있어 모두가 그러하다고 하는 객관성, 보편성, 합리성 등을 추구하는 올바른 명칭 사용을 뜻한다.

올바른 종교인, 올바른 신앙인은 종교의 개념과 대의에서 벗어나지 않아 삼가 신독(愼獨)의 자세를 유지하고자 노력한다. 내면의 도덕성 회복을 위해 필요한 중요 요소 가운데 하나가 종교와 신앙의 올바른 개념 사용이다.

그 반면에 이와 같은 질문을 던지는 나에게 다수의 존재는 왜 굳이 그렇게 구별하려고 하느냐고 반문(反問)한다. 종교가 신앙이고 신앙이 종교인데 본질적으로 다를 바가 없다고 하면서 구별하고자 하는 그 자체가 문제다. 무언가 복잡하게 만든다는 느낌이 들어 듣기가 거북하다. '시건방지다'라고 생각하는 분들도 적지는 않다.

어찌 보면 백해무익(百害無益)한 논리적 공상(空想)이자 사고(思考)의 열거일 뿐으로 보일 수도 있을 것이다. 그래서 우리 실생활과 무슨 관련이 있다고 기존의 생각과 의식에서 벗어나게 하려고 개념 사용의 다름과 새로움을 알리고자 하느냐? 종교와 신앙의 기능은 아주 오랫동안 생활문화에 영향을 주고 있어 그 역할 또한 같지 않으냐고 비평하며 핀잔을 준다.

종교와 신앙은 사회적 가치 환원의 큰 틀에서 보면, 공동체 사회문화와 연계성을 가지고 직, 간접적인 영향을 주고 있어 그 기능 또한 결과적으로 공동선을 추구한다는 동질성을 포함하고 있다. 따라서 그것이 무엇이며 어떻게 다른가의 질문은 어폐가 있다는 지적도 있는 것은 사실이다.

대략 이렇게 반문하는 분들은 그들 나름의 인식과 답을 가지고 있으나 그들의 의식과 질문에서 사실 정답을 지향하고자 하는 의도가 일정 부분 내면에 들어 있어 역(逆)으로 보면 참으로 다행이라고 생각한다. 그들도 그 정도의 분석은 할 수 있다고 필자는 미루어 짐작하기 때문이다.

이제는 종교와 신앙의 개념과 의의 등을 바르게 분석하는 것이 문제의 핵심을 풀어주는 것이다. 종교와 신앙의 개념이 같거나 유사하다고 의식하고 혼용해서 사용하지 않아야 한다. 이것은 다시 강조해도 부족함이 없고 우리 사회의 개념정화로 인해 밝은 얼굴을 가꾸는 일이다. 그래야 종교의 개념, 신앙의 개념이 본래의 자리로 복귀된다. 이러한 의식 전환과 다양한 분야에서의 공동작업은 개인 인식의 변화에서부터 시작되어 공적인 차원에서는 사회 인식의 혁신을 이루어 사회개혁의 계기(契機)가 된다.

특히 이와 연관된 초등학교의 교육과정부터 대학원 과정에 이르기까지 보편적 인식론과 합리적인 객관성이 담보되고 주도되어야 한다. 정명 사용은 모두에게 공감을 줄 수 있는 작업이자 범사회적 운동이다. 그 운동 중에 종교와 신앙이 포함되어야 한다.

1941년 프랭클린 D. 루스벨트 미국 대통령이 연두교서(年頭敎書)에서 발표한 네 가지의 자유(Four Freedoms)는 ① 언론과 의사 표현의 자유(Freedom of speech and expression), ② 예배의 자유(Freedom of worship), ③ 결핍으로부터의 자유(Freedom from want), ④ 공포로부터의 자유(Freedom from fear)이다.

대자연의 세계에 자유로운 존재가 있을까? 우주 세계의 유무형의 많은 존재가 홀로만의 단독적인 자유가 있을까? 대자연의 이치와 섭리도 우주에서 자유로운가?

우리가 사는 이 세상에 과연 자유가 존재할까? 어디까지 자유라고 말할 수 있을까? 자유는 인간세계에 어떻게 존재하는가? 주어진 삶 속에 진정한 자유는 무엇일까?

수많은 의문과 문답은 무엇을 추구하고 현재에 이르렀으며 진정한 자유는 무엇이며 어디서 어떻게 찾았는가?

아니면 진정한 자유를 추구하는 길을 찾았는지, 찾고자 하는지, 혹시 그러한 길이 무엇인지 모르고 시대적 조류에 휩쓸려 좌충우돌의 분망함을 만끽하고 있는 것인지? 각자가 생각하고 느끼며 살아가는 그 나름의 자유는 어디까지 찾았고 그의 존재함에 희열을 느꼈는지 이러저러한 삶의 길을 누가 뭐라고 하던가요?

누가 뭐라고 하는 것은 살아가는데, 공동체 사회생활에 그 어떠한 이유가 있으니 이제라도 좀 찬찬히 살펴볼 필요가 있다.

집단과 개인의 이해관계가 뒤엉킨 당파싸움은 과거의 부정적인 사례(事例)로 알려졌듯이 그와 유사한 증상이 오늘날 집단, 개인 모두 '확증 편향'적인 모습으로 드러나고 있다. 증상이 심각하다 못해 공동체 사회의 혼란을 증폭시켜 해악이 되고 있다.

객관적이고 보편적인 의미, 합리성, 시대성, 미래지향적인 사회적 가치성 등이 부족한 부분이 많음에도 불구하고 주관적인 의식과 판단을 설정해 놓은 상태에서 하고 싶은 이야기를 수많은 보도 매체를 통해 알리려고 애쓰는 부류도 있다. 그런 행위가 나름의 자유라고 생각한다.

돈이 된다면 자신의 존재와 이미지를 부각(浮刻)시키기 위해 더욱 극성(劇性)을 부린다. 본래 추구했던 선의의 자유가 악의적인 마몬(mammon) 신(?)과 결탁한 한순간의 행위였을 것으로 유추해보고자 한다.

그 많은 인간의 실상이 누구인가는 중요하다고 생각하지 않고 나(我)라고 하는 존재에 대한 외부적인 화려한 현상에 더 많은 관심을 가지는 것은 분명 우리의 현주소는 아닐 것이다. 우리는 그 많은 존재가 모두 무지개와 같은 아름다움의 상(像)이라고 여기지 않는다. 형형색색의 본질적 구성과 이해를 촉구하고 통찰(洞察)하는 일반인들도 많아서 희망적이다.

무엇이든지 간에 나름의 해석과 의미를 부여(附與)하고 어떠어떠한 행사로 발전되면 사실과 다른 색상이 나올지라도 진리의 색상, 진리의 상징이 될 수 없다. 만약 그러하다고 교육하고 합리화시키면 적지 않은 공동체 사회의 '문제의식'으로 드러난다. 신앙 인식의 틀에 자의식이 심장과 머릿속에 박히게 되어 화석화되면 신앙의 망상(妄想)에서 벗어나기 어려운 상황이 전개될 수 있다.

다수가 '예배와 믿음의 자유'를 구분, 구별하면서 '신앙의 자유'라고 본다. 하지만 신앙의 자유가 '종교의 자유'라고 이해하고 말하는 것은 별로 이상하게 생각하지 않는다. 루스벨트 미국 대통령은 예배의 자유(Freedom of worship)를 언급했으나 '종교의 자유'(Freedom of religion)에 대해 언급한 적이 없다. 즉 '예배와 믿음(faith)의 자유'는 '신앙의 자유'이지만 종교의 자유로 오역(誤譯)되었다. 그는 왜 '예배(믿음)의 자유'라고 했을까?

아메리카 합중국(United States of America, USA)에는 여러 인종과 다양한 신앙인이 존재하기 때문에 하나의 예배를 선택할 수도 있고 선택하지 않을 수 있는 자유 즉 권리가 있다는 것이다. 예배를 통해 믿음을 발전시키고 신앙을 공고히 하는 자유는 필요하다는 설명이다. 예배의 자유를 보편적으로 신앙(信仰)의 자유라고 하는 것은 믿음(信)이 바탕이 되고 믿음의 대상자를 우러러 받드는 것이다.

다만 '신앙의 자유'보다 더 높고 깊은 차원에서 논하고 실천하는 것이 '종교의 자유'다. 인류가 종교의 자유를 구가하는 것은 바로 영혼의 자유, 정신의 밝은 빛을 염원하고 실천하는 것이다. 그러므로 우리가 종교의 길을 가기 위해 반드시 바르게 직시하고 한 번 정도는 숙고해야 할 과제가 종교의 자유다.

종교와 신앙을 자세히 논하고자 초점을 맞추다 보니 2020년에 출간된 책 『역사에서 배우는 종교문화 경영학』이 다시 언급된다. 그 책에 종교와 신앙에 대한 기본적인 텍스트와 분석 등이 포함되어 있고 종교와 신앙의 개념이 왜 다른가에 대해 세분화시킨 내용이 들어 있어 여기서는 생략한다.

만들어진 신관(神觀), 채색된 교리(敎理)가 있는지 자연과학적 안목에서 조금이라도 분석하고 알 수 있어 다행이다. 변하지 않는 것이 만물의 이치와 섭리 등이며 자연스러운 성인의 말씀이기 때문이다.

종교와 신앙을 논하고자 하면 피할 수 없는 신관(神觀), 교리, 교의 등이 등장한다. 고대 인류의 신관은 유일신론이 아니고 다신론이었다. 예수 이후 그리스도교의 신관과 마호메트 이후 이슬람교의 신관이 유일신이다.

신의 개념과 같은 의미로 사용된 개념이 공자의 천(天)사상이다. 그 사상은 자연지천(自然之天) 사상을 거쳐 인격적, 도덕적인 뜻이 담긴 주재지천(主宰之天) 사상으로 발전되었다. 주재지천은 주재주(主宰主)

의 사상이며 주재주는 만유 생명의 주체이자 만물의 영장으로 일컬음을 받는 인간의 핵심, 본성, 씨알을 의미한다.

하늘의 주인(하느님)을 인격(人格) 천(天)으로 본 개념이 하늘의 상제(上帝)이며 더욱 명확하게 표현된 것이 옥황상제다.

공자는 하늘에 죄를 지으면(獲罪於天) 빌 곳이 없다(無所禱也)고 하였다〔논어(論語) 팔일(「八佾」 第13)〕.

보편성의 의미가 담긴 하늘이 만인을 감찰하고 실상을 알려주는 만인경(萬人鏡)이 된 연유이기도 하다. 여기서 우리가 사용하고 있는 하느님은 무엇을 의미하는가?

하느님의 어원은 하느(天)님이다. 하늘(天)에 대한 가르침은 민족의 경전 천훈(天訓)에게 간단명료하게 다음과 같이 제시되어 있다.

"제왈 원보팽우(帝曰 元輔彭虞), 창창비천 현현비천 천무형질 무단예 무상하사방 허허공공 무불재 무불용(蒼蒼非天 玄玄非天 天無形質 無端倪 無上下四方 虛虛空空 無不在無不容)"

"한배검께서 이르시길, 원보팽우여, 푸르고 푸른 것이 하늘이 아니며, 아득하고 아득한 것도 하늘이 아니니라. 하늘은 형태와 바탕이 됨이 없고, 끝도 없으며, 위와 아래, 동서남북 사방도 없으며, 텅 비어 있어서 어디에나 있지 않은 곳이 없고, 무엇이나 포용하지 않은 것이 없느니라."[7]

하늘을 존숭하는 마음으로 표현한 용어가 하늘님, 하느님이다. 따라서 그리스도교의 신관에서 말하는 오직 하나라는 의미로 사용된

7　봉우(鳳宇) 권태훈(權泰勳)옹 구술 및 감수, 안기석 연구/정재승 엮음,『天符經의 비밀과 백두산족 文化』, 정신세계사, 서울 1989, 185쪽

'하나님'과 전혀 다른 개념이다.

서구 가톨릭 예수회 단체에서 파송된 이탈리아 마테오 리치 신부가 중국에서 동양의 천(天)사상을 공부하고 그의 저서 '천주실의(天主實義)'에서 천주(天主)의 개념을 사용했다. 그가 주장한 천주의 개념에는 유일(한)신 사상과 신앙이 핵심이다.

서기 1800년 조선시대에 가톨릭이 전파(傳播)되면서 서양의 유일신 사상이 동양의 하늘님, 하느님 사상과 같다고 본 조선의 유생들은 조선의 가톨릭이 사용하는 천주(天主)의 개념을 사용하기 시작했다.

하지만 동양의 천사상에는 유일신 사상이 없고 하느님이 인류를 구원하는 메시아의 존재는 물론 의미도 아니다. 따라서 한국가톨릭에서 사용하는 천주님, 불교의 제석천(帝釋天), 개신교의 하나님, 유대교의 야훼, 야훼의 방언으로 사용된 예호바(Jehova), 여호와 등은 하느님과 전혀 무관한 용어이자 신앙 사상이다.

하늘 천(天)은 예로부터 인도 고대어이자 브라만교에서 사용된 범천(梵天)과도 구별된다. 제석천은 글자 그대로 임금 제(帝), 석(釋, 釋迦의 준말) 그리고 천(天)의 합성어이다. 용어사전을 살펴보니 제석(帝釋)은 산스크리트어로 샤크로데반드라(S'akrodevandra)이다. 한문으로 석가제바인다라(釋迦提婆因陀羅)로 번역되었다. 그가 머무르는 곳이 도리천(忉利天)이라고 했다. 석가 이후 생겨난 새로운 용어들이다.

하늘님, 인격신의 상징인 상제(上帝), 옥황상제(玉皇上帝)의 뜻이 불가(佛家) 사상에서 석가(釋迦)를 존칭하는 마음에서 제석, 제석천이 되었다고 필자는 1998년에 출간된 학위논문에서 밝혔다.

한국인의 애국가에 등장하는 '하느님'의 용어는 그 어떠한 타(他)신앙단체가 논하는 신, 유일신의 개념과 무관하다. 그러한 하느님은 종교인, 비종교인, 신앙인, 비신앙인, 인종을 구분하지 않는, "무엇이

나 포용하지 않은 것이 없는" 개념이다.

　겸손한 마음을 가지고 끊임없이 학습하고 경험해도 부족한 분야가 종교와 신앙의 영역이다. 특히 지식인은 보편적이고 객관적인 주장, 합리성이 포함된 주장을 펼치는 것이 바람직하다.

2023년 1월 25일

제4장 한국 그리스도교에 대한 한국인의 부정확한 인식

서구의 그리스도교는 세계사뿐만 아니라 한국사에도 공과(功過)를 남겼다는 것은 이미 알려진 사실이나 그를 구체적으로 학습하고 분석하는 것은 미온적이다. 이러한 부분에 대해 일정 부분만이라도 정리해 보는 것은 시대적 흐름이자 시대정신과 무관하지 않다.

다수의 한국인은 유럽의 서로마 가톨릭을 천주교(天主敎), 가톨릭에서 분파된 영국의 국교(Church of England)를 성공회(聖公會), 그들의 예배 장소를 성당(聖堂)이라고 한다. 그뿐만 아니라 한국의 개신교가 전에는 예수교(=야소교 耶蘇敎)로 표현되었으나 1960년대에 기독교(基督敎)라는 신조어를 탄생시켰다. 개신교(改新敎)가 기독교라고 하는데 그 개념과 의미는 상상외로 크다. 그리스도인뿐만 아니라 일반인도 그리스도교의 경전인 바이블을 별다른 생각 없이 성경(聖經)이라고 말한다.

성경을 바이블(bible)로, 그리스도교인의 예배 장소를 그리스도교회, 세부적으로 서로마 가톨릭교회, 러시아 동방정교회, 그리스 정교회, 개신교회라고 말하고 기록하고 영어로 번역하는 것이 국제 표준

어이며 또한 외국어로 그렇게 일반석으로 번역한다.

동로마 가톨릭에서 분파된 단체가 러시아 동방정교회, 그리스 정교회이다.

하지만 우리 사회는 왜 그와 같은 보편적인, 국제적인 언어를 사용하지 않을까? 지금이라도 무엇이 문제인지를 생각하고 되돌아보아야 국제적 감각과 인식의 스펙트럼이 넓혀진다. 올바른 개념 사용에 일조할 수 있는 우리 사회가 되기를 기대하며 필자가 배우고 이해하고 경험한 사실을 정리해 보고자 한다.

1. 보편적이고 세계적인 공용어 사용의 필요성

혹자(或者)가 개신교의 예배나 가톨릭의 미사(Missa)를 성례(聖禮)라고 한다. 라틴어 미사(missa)의 어원은 mittere에서 나왔다. 그 뜻은 '보낸다', '파견한다'이다.

가톨릭 신앙인은 그의 교회에서 살아있는 자기 몸을 하나님께 제사 지내고 나서 (집으로, 어디로) 보내진다, 또는 다른 곳으로 파견된다고 믿었다. 예수의 최후 만찬을 본받은 제의(祭儀)적 의식이 미사다.

가톨릭의 예배를 일반적으로 전례(典禮)라고 한다. 전례는 왕실(王室)의 격조(格調) 높은 의례와 버금간다는 차원에서 사용되고 있다. 그렇게 전례라고 호칭하는 것은 신앙단체 나름의 특별의식과 긍지를 강조하는 차원에서의 의미와 상징성은 있겠으나 비(非)신앙인까지 그러한 용어를 사용할 필요가 있을까 하는 의구심이 든다.

개신교 신앙단체의 집회 장소가 전에는 예배당(禮拜堂)이라고 했고 지금도 예배당 또는 교회(敎會)라고 하지만 후자의 개념이 일반적으로 주로 많이 사용된다. 예배, 예배당의 개념은 알고 보면 좋은 의미가 들어있어 신앙인이 그에 대해 생각해보는 것은 나쁘지는 않을 것이다.

영어로 바이블(bible)이라는 개념은 세계 공용어임에도 불구하고 한국에서 굳이 성경(聖經)이라고 하는 것은 어떠한 의미를 담고 있을까 생각해보지 않을 수 없다.

바이블(Bible)의 본래 의미는 '책들 중의 책(Das Buch der Bücher)[1]'이

---

1   안병로, 『그리스도교의 검과 평화』, 지성인, 서울 2006년, 84쪽

며 독일어로는 비벨(Bibel)이다. 바이블의 본래 의미는 동양 한자문화
권에서 사용하는 경전(經典)과 같다.

한 권의 바이블에는 신약(新約)과 구약(舊約)이 합쳐져 있어 총
66권으로 구성되었다. 서구인이 바이블을 성경 또는 성서(聖書, Die
Heilige Schrift)라고 하는 것은 오직 독실한 신앙적 차원에서 사용하기
에 예외적이다.

이슬람교의 경전을 국제적으로 '코란(Koran/qor'ān)'이라고 하듯이
'바이블'이라고 말해도 품격(品格) 있고 격조 높은 의사전달은 충분하
다. "바이블의 구성과 개념, 신·구약의 의미, 어원"[2] 등에 대해서는 필
자가 이미 출판한 책에 설명했기에 여기서 논하지 않겠다.

필자가 사용하고 있는 '그리스도인', '그리스도교'라는 개념은 세계
적으로 널리 알려진 바이블 신약에서 인용되었고 "그리스도교의 개
요"[3]는 분석되었다.

그리스도인의 개념은 개신교 바이블 사도행전 26장 28절, 고린도
후서 13장 5절 고린도후서 13장 7절, 골로새서 4장 17절에서, 그리스
도교라는 용어는 사도행전 9장 2절, 19장 9절, 19장 23절, 24장 14절,
24장 22절, 그리고 히브리서 6장 1절에서 발견된다.

그리스도교의 개념에는 가톨릭, 성공회(聖公會 Anglican Church), 개
신교 그리고 러시아, 그리스 동방정교가 모두 포함되어 있다.

가톨릭인, 가톨릭교회, 개신교인, 개신교회, 성공회인, 성공회교회,
동방정교인, 동방정교회라고 선명하게 호칭하는 것이 정명(正名)사상

---

2   안병로, 위의 같은 책 80~84쪽
3   안병로, 위의 같은 책, 77~80쪽

의 관점에서 바람직하다.

　동방정교회를 설명할 때 러시아 동방정교인, 러시아 동방정교회, 그리스 정교인, 그리스 동방정교회라고 세분화시키는 것이 정명(正名)이다. 용어 사용에 주의가 필요하다.

　그리스도교인의 예배 장소를 그리스도교회라고 하는 것이 세계적이고 보편타당하고 객관적이다. 서구 그리스도교에 대해 우리가 꼭 알아야 할 부분을 다음 단락에서 정리하고자 한다. 바이블을 인용할 때 사용된 신·구약의 약자와 그의 장과 절은 널리 알려진 바이블의 「책명 약자표」를 참조 바란다.

2019년 10월

2. 한국(그리스도)인, 한국(그리스도)교회

현대 한국인의 삶은 자연과학으로부터 양산된 문명의 이기를 상호 공유하고 있으며 공동체 사회와 분리되지 않은 영역에서 공존·소통하고 있음을 자연스럽게 발견할 수 있다.

하지만 한국(그리스도)인은 근대화시기에 서구에서 유입된 근본주의 신학과 연계된 그리스도교의 교리와 신조, 바이블의 해석학적 논리와 사상적, 신앙 고백적인 틀에서 벗어나지 못하고 있다. 한국(그리스도)인은 예컨대 바이블, 교리, 신조, 삼위일체설, 의식과 의례, 신앙 고백서, 신앙 행위, 종교적 행위 등에 대해 한 번 정도는 깊이 생각해 봐야 한다. 대부분의 한국 그리스도인과 교회는 과거 서구의 근본주의 신학 사상을 따르고 있다. 한국 (근본주의) 신학은 서구신학에 비해 참으로 많이 뒤처진 상태에 놓여 있다.

한국 (근본주의) 신학은 신앙과 신앙고백을 최우선으로 주장하고 있어 신앙 제일주의가 신앙단체를 조직화시켰다. 신앙인은 자신이 소속된 신앙단체에서 숭배되는 유일신 또는 창교주(創敎主)가 생사여탈권(生死與奪權)을 쥐고 있다고 믿고 의지하고 이것저것 기원(祈願)하면서 따른다.

많은 의문을 가지고 신앙인의 생활과 사상 등을 연구해 보았다. 그는 자신의 신앙단체에서 만들어진 교리, 교의, 신조, 규율, 신앙 고백론 등을 고수(固守)한다.

신앙단체가 신앙인을 보호하는 방패 역할을 한다며 그는 믿고 의지한다. 신앙단체는 보편적이고 세계적인 종교단체가 아니다. 하지만 그는 결국 신의 이름으로 자신의 심신이 신앙단체에 볼모로 잡혀 있는 형국(形局)이 되었고 자신의 영혼이 그렇게 구속되어 있음을 대부분 모르고 있고 설령(設令) 안다고 할지라도 체념하거나 무대응(無對

應) 상태에 있다.

(한국 그리스도교) 신앙인은 자기 자신을 신의 도구로, 신의 종, 주님의 종으로, 신, 주님의 뜻대로 사용해 달라고 기도한다. 성인(聖人)이 인간은 신의 종, 노예, 도구, 신의 뜻대로 사용되기 위해 존재한다고 과연 가르쳤는지, 그러한 삶의 길이 인생의 길, 신앙의 길, 종교의 길이라고 지도하고 그렇게 살라고 훈련했는지 질문하지 않을 수 없다. 물론 종교의 길은 아니고 신앙 의식과 신앙고백 등으로 길들어진 신앙의 길이 분명하다.

그리스도교 신앙인의 마음을 선동(煽動)하여 전쟁터에 동원된 역사적 사건이 예컨대 십자군원정 전쟁이다. 그뿐만 아니라 타 단체의 교리가 다르면 이단(異端)으로 판단하고 적(敵)으로 생각하며 일으킨 전쟁이 서구의 교회사, 역사에서 빠지지 않고 수없이 등장한다.

근 20년간 학습하면서 확인해 보고 싶은 이곳저곳의 유럽지역을 다녀보았다. 교회사가 전쟁사이고 전쟁사가 서구의 역사라고 할 정도로 전쟁은 여러 형태로 일어났다. 피를 먹고 성장한 그의 교회사가 역사이자 정략(政略)적 침략사, 세계 식민지의 길, 그리스도교화(Christianisierung)의 초석이 되었음을 알았다.

서구 그리스도교의 '죄악사'[4]는 인류 문화사에 남아있어 예수가 가르친 회개와 회개에 합당한 열매 맺는 시기는 언제 도래할지 궁금하다. 세계 역사의 거울은 많은 지성인을 통해 오늘도 조명되고 있으며 그 가운데 특히 그리스도교의 죄악사로 기록된 '문화이식'[5]은 인종을 차별하고 생명을 경시하는 패륜(悖倫)의 극치로 주목된다.

널리 알려진 대로 선교(宣敎)로 위장한 전쟁이 성전(聖戰)으로 미화되었고 교황권(敎皇權), 교권(敎權)을 지키기 위한 유럽 교회사는 자

---

4 조찬선, 『기독교 죄악사 상, 하』, 평단문화사, 서울 2000
5 안병로, 『역사에서 배우는 종교 · 문화 · 경영학』, 말벗, 서울 2020, 343~369쪽 참조 바람

타가 인정하는 중세 암흑시대를 탄생시켰다. 어느 날 성전의 내의명분이 사라지면서 불편한 역사적 진실은 그늘에 가려져 있지만 근대화 시기부터 새로운 양상(樣相)으로 고개를 들고 있다.

아직도 신앙적인 관점에서 비(非)신앙인 그리고 타(他) 신앙인과의 결혼은 거의 터부(taboo)시하고 있다. 이들이 설사 결혼을 원한다고 할지라도 그리스도교회 또는 교회 내부의 별도의 장소에서 결혼식은 할 수 없을 정도다. 무엇이 사랑의 장벽을 높게 쌓아 올렸는지 만들어진 교리 의식이 태산보다 높기만 하다.

서울의 가톨릭 '명동교회'에서 신부의 주례로 결혼식을 진행할 수 있는 것은 가톨릭 신앙인이기 때문에 가능하다. 신앙인은 사전에 나름의 신앙 의식과 최소한 절차 과정인 통과 의례(＝세례 성사) 중에 하나 정도는 이행해야 결혼기준에 무난하다. 적어도 세례(洗禮)받고 세례명은 있어야 한다는 뜻이다.

한국(그리스도)인은 예컨대 바이블, 교리, 신조, 삼위일체설, 의식과 의례, 신앙고백서, 신앙 행위, 종교적 행위 등에 대해 의문을 가지고 한 번 정도는 깊이 생각해봐야 한다. 새로운 도약을 다짐하는 한국 신학은 서구신학의 시대정신 등을 눈여겨볼 필요가 있다. 특히 정치신학은 다양한 관점에서 분석되었고 순기능보다 역기능이 많아 사라진지 오래되었다.

한국(그리스도)인은 건전하고, 격조(格調) 높고 절제된 신앙인, 때로는 한국인을 대표하는 인물이 되기 위해 서구의 역사와 교회사가 어떻게 형성되었는가를 바르게 직시하면서 반보(半步), 반에 반보라도 실천하면서 지속적인 혁신을 추구해야 한다. 우선 그리스도교의 '두 자루-검 이론'[6]이 예수의 평화 사상을 훼멸(毁滅)하고 있었다는 사실을 바르게 직시해야 21세기 예수의 영성적 부활은 이루어진다.

유럽의 교회사가 유일신을 앞세운 그리스도교 대제국의 통치(統治) 수단의 이념, 힘의 Religion으로 정치적 차원과 연계되었다. 통치체제 및 이념의 대표적인 증표가 '두 자루의 검' 이론이다. 그 이론은 교부 철학자들이 만들어낸, 그리스도교의 우월성을 강조한 것으로 교회사의 대표적인 간판이 되었다. 교회사는 전쟁사로 점철되었다. 교회사와 전쟁사는 하나가 되어 서구 그리스도교의 역사가 되었다. 따라서 '종교문화사(史)와 교회사(史)의 구분'[7]은 필요불가결(必要不可缺)의 원칙이다.

예수 사후 약 1000년 후에 "모든 것이 검(劍)의 선택에 따라, 두 자루의 검, 예수와 검"[8] 이론은 그리스도교 역사의 무대 위에 정면으로 등장했다. 그 이론은 그리스도교의 신성성, 권위, 교황의 정체성, 정당성, 평화 수호를 위한 방어권의 차원에서 교부 철학자(敎父哲學者)들에 의해 정리되었다. 수많은 전쟁이 발생했고 그리스도교의 통치이념이자 이교국(異敎國)에 대한 선교(宣敎) 정치문화가 되어 교황청을 중심으로 유럽의 그리스도교 대제국이 탄생했다.

서구 그리스도교의 역사는 교회사가 되었고 교회사는 전쟁사며 전쟁사가 또한 교회사와의 불가분의 관계로 점철되어 죄악사가 되었다. 그리스도교(의 전쟁론)[9]는 인류 역사에 가장 많은 전쟁을 일으켰고 '부

---

6   안병로, 『그리스도교의 검과 평화』, 지성인, 서울 2006, 31~36쪽.
7   안병로, 『역사에서 배우는 종교·문화 경영학』, 말벗, 서울 2020, 525~535쪽 참조 바람
8   안병로, 『그리스도교의 검과 평화』, 지성인, 서울 2006, 16~23쪽
9   안병로, 위의 같은 책, 145쪽, 교황청에서 "공인된 전쟁론"이 있다.

지기수의 인명을 살생하고 타국을 침략하여 식민지로 만들어 착취했고 힘없는 일반인을 노예로 만들어 온갖 만행'[10]을 일삼았다.

그 반면에 가톨릭과 개신교 단체에서의 평화주의자가 예수의 청빈한 삶과 평화 사상의 이념을 추구하고 있다.[11] '평화 사상가들'[12]이 남긴 메시지는 오늘날 많은 공감을 주고 있다. 참으로 이율배반적(二律背反的)인 극한 상황에서 공동선의 태동이 아닐 수 없다.

2차세계대전 이후 특히 유럽 신학은 참으로 많은 변화와 혁신 등을 통해 크게 발전했고 '평화 단체와 실천가(實踐家)'[13] 등이 많이 나왔다.

교회 내부도 정화의 대상이 되었다. 성직자(신부, 목사), 신학자 등이 우선적 대상이 되었다. 독일 그리스도교가 중심이 되어 대대적으로 '교회 정화'에 노력했고 습관적으로 잘못 사용하고 있는, 부정적인 여러 형태의 언어사용을 금지했다.

국가는 교회와 정치, 사회정화를 위해 무엇보다 '언어정화'가 시급하다고 판단했다. '잘못된 언어사용'이 갈등은 물론 '형제 살인'[14]까지, 불러일으킨다는 것을 파악했기 때문이다.

그리스도교의 신학(神學)과 신앙(信仰)이 구별되었다. 교회와 사회, 성직자와 신앙인과의 계급적인 문턱이 없어졌다. 상호 호혜적인 관계 속에 사회정화, 가치 환원 등의 기능을 교회와 학교가 담당했다.

선입견을 버리고 보편적이고 합리적인 이성과 창의력을 발휘하도록 하는 시스템은 이미 유치원에서부터 시작된다. 독일(그리스도교)인은 관용, 배려, 신뢰, 정의, 평화의 개념과 실천 등을 먼저 분석하고

---

10   안병로, 『역사에서 배우는 종교 문화 경영학』, 343~384쪽 참조 바람
11   안병로, 『그리스도교의 검과 평화』, 지성인, 서울 2006, 91~165쪽 참조 바람
12   안병로, 위의 같은 책, 222~238쪽 참조 바람
13   안병로, 『그리스도교의 검과 평화』, 지성인, 서울 2006, 91~142, 239~256쪽 참조 바람
14   안병로, 위의 같은 책, 59~67쪽 참조

그에 상응하는 실천을 중요하게 다루었다.

오늘날 한국의 진보적인 개신교 신학과 교단이 변화와 발전을 위해 노력하고 있으나 결과가 미흡하다.

서구에서 이미 부정적인 안목에서 정리된 근본주의 신학이 한국의 일부 교단에서 고개를 들고 있어 따가운 사회적 눈초리는 피할 수 없게 되었다. 근본주의 신학이 유럽의 교회사이자 정치사였고 나아가 전쟁사, 역사로 점철되었기 때문이다.

한국(그리스도)인은 서구의 교회사와 전쟁사의 연관성을 올바르게 이해하고 서구 근본주의 신학, 정치, 문화 및 사상의 틀에서 탈피해야 새로운 역사적 인식의 틀이 넓혀진다. 그래야 시대가 요청하는 신지식인 또는 참 신앙(信仰)인, 종교인이 된다. 그는 21세기 세계화 시대의 역사적 현장에서 '빛과 소금'의 역할을 할 수 있어 귀감(龜鑑)이 된다.

그뿐만 아니라 한 걸음 더 전진하여 교리와 신앙 의식에 사로잡힌 신앙인이 아니라 통찰적인 안목에서 인류의 보편적 사상과 평화를 추구하는 올바른 종교(宗敎)인으로 남아야 한다.

종교(宗敎)는 글자 그대로 인류 평화를 위한 으뜸이 되는 바로 성인의 가르침이기에 종교인은 성인의 가르침을 배우고 실천하는 것은 본연의 자세다.

한국인 중에 그 어떤 신앙단체에 속하지 않은, 비록 그리스도인이 아니지만, 신앙인 못지않게 바이블의 독해와 이해 그리고 예수의 사상을 잘 알고 있는 분들이 많다. 그들 가운데 신앙인보다 더 신앙인다운 자세로 사는 사람들도 주변에서 발견할 수 있다.

그들은 그 유명한 프란체스코 수도원의 평화의 '기도문'[15]과 '프란체스코 운동'[16]을 이미 숙지한 것처럼 종교(宗敎)의 힘을 가지고 예수의 박애, 청빈 및 지상 평화 사상 등을 추구하며 각자에게 주어진 소명의 역할을 다함으로써 사회적 가치 환원을 남모르게 실천한다.

예수의 가르침과 사상은 오직 교회만 소유할 수 있는 특정한 곳의 특징도 아니고 신앙인에게 주어진 특권(의식)도 아니다. 예수의 가르침에 의하면, 교회는 하느님이 거하시는 성소이자 만민이 기도하는 곳이지 성직자 개인의 사상적 전유물이 아니며 예수만 부르짖는 신앙인만의 특유의 장소도 또한 아니다.

예수 가르침의 핵심은 인류에게 전하는 공동체 사회의 박애 사상이다. 이웃을 사랑하라는 그의 사상은 모든 인류에게 전한 진리의 메시지로써 누구나 공감하며, 실천할 수 있다.

다만 어느 특정 신앙단체에서의 예수 신앙, 신앙 고백적인 논리가 예수 사상의 본질을 왜곡시키고 있어 문제가 된다. 따라서 예수의 가르침이 문제가 아니라 신앙인의 잘못된 신앙 행위가 문제의 핵심이다.

인간이 만들어 놓은 교리와 신조, 예배 의식과 신앙고백으로 본래의 예수와 그의 사상에 접근하면 교의적(敎義的)인 한계라는 깊은 수렁에 빠지게 되어 그의 대의를 폄하시키는 자가당착의 위험성에 매몰될 수 있다.

2천 년이 지난 오늘날 예수의 사상적 부활이 가로막혀 있지 않은지 돌이켜 보는 것은 특히 한국(그리스도교)인의 자세이자 그리스도교인이 풀어 나아가야 할 과제다. 위에서 설명했듯이 그리스도교의 관점

---

15 안병로, 위의 같은 책, 110~111쪽
16 같은 책, 112~114쪽

에서 올바른 예수 사상의 부활이 세상을 평화롭게 한다.

2019년 10월 31일

3. 한국(그리스도)인과 개신교회

서구의 성자로 널리 알려진 예수 그리스도, 그의 설교와 행위는 파천황적(破天荒的)이었고 국경과 종족 그리고 신앙을 초월하여 만민에게 감동(感動)을 주었다.

예수의 사상은 서구사회에 중추적 역할을 하고 있다. 그의 출생 연도를 기준으로 삼아 약정된 것이 서력기원(西曆紀元)이다. 독일 철학자이자 교육자인 카알 야스퍼스(Karl Jaspers)는 서력기원을 세계 정신사의 새로운 축으로 평가하면서 차축 시대(Achsenzeit, axial age)라고 표현했다.

대한민국은 해방 이후 공식적으로 단기(檀紀) 연도를 썼으나 1962년 1월 1일부터 단기(檀紀) 표기가 중단되고 국제 외교적인 차원에서 서력기원이 사용되었다. 같은 해에 한국 개신교(예수교, 야소교)의 명칭이 기독교(基督敎)로 전환되었다.

혹자(或者)는 그리스도교의 음역(音譯)이 기독교라고 하나 불분명(不分明)하다. 한국에서만 사용되고 있는 기독교라는 문자적 의미는 생각보다 상상을 초월하고 있어 유심히 들여다보아야 한다. 그와 다를 바 없는 것이 천주교(天主敎)라는 호칭이다.

서구 개신교의 한국전파는 1882년 조미수호통상조약(朝美修好通商條約)을 통해 시작되었다. 한국 근대화 시기의 기점이자 서구문화 유입이 공식적으로 체결되었다. 한국 고유문화와 서구문화와의 충돌은 통상조약(通商條約)을 통해 피할 수 없었고 그리스도교(가톨릭, 개신교)는 한국사에 공과(功過)를 남겼다.

한국에서 그리스도교의 발전은 1990년도까지 상승세를 이어갔으나

2000년도를 맞이하여 하향 상태에 접어들었다. 한국개신교의 단체는 최소한 130여 개의 교파로 나누어져 있고, 남한에만 1,000만 명 이상의 신도가 있다고 한다.

하지만 한국교회에 대한 많은 사람의 성찰적 비평과 개혁의 목소리가 높다. 비정상적인 그리스도교의 시스템과 운영 및 관리가 핵심이다. 그것은 "마르틴 루터(Martin Luther)"[17]의 교회개혁(1517년) 이후 오늘날 한국 개신교회가 맞이한 당면과제가 되었다.

한국교회의 개혁은 필요하다. 독일에서 루터의 개혁(Reformation)은 교회개혁(Reformation der Kirche)이지 종교개혁(Reformation der Religion)은 아니다. 그가 종교개혁을 한 흔적이 없다. 한국서 잘못 이해하고 종교개혁이라고 그렇게 말하고 쓰는 것은 바로잡아야 한다. 루터는 가톨릭교회 체제에 반기를 들고 교회개혁을 주장했다. 그러나 그의 교회개혁은 실패했다.

루터는 귀족과 토호(土豪) 세력의 비호 아래 농민들의 투쟁을 크게 비판하면서 진압하도록 요청했다.

영주(領主)들에게 수탈당한 농민들은 신학자 '토마스 뮌처(Thomas Münzer)'[18]를 중심으로 뭉쳤다. 그들은 독일 중부에 있는 튜링(Thüringe) 지역 프랑켈하우젠(Frankelhausen)에 집결하여 루터와 대항했으나 귀족과 영주 세력에서 훈련받은 정예군에게 패(敗)했다. 약 1년 동안의 독일농민전쟁(Deutscher Bauernkrieg)은 독일의 처참한 비극사로 기록되었다.

독일 농민전쟁 이후 구교(舊敎) 가톨릭과 신교(新敎) 프로테스탄티즘(Protestantism, 개신교)과의(독일을 중심으로 벌어진) 30년 전쟁(1618~1648)은 약 800만 명의 인명이 처참하게 도륙(屠戮)당했고, 유

17　안병로, 그리스도교의 검과 평화, 지성인, 서울 2016, 186~196쪽 참조 바람
18　안병로,『그리스도교의 검과 평화』, 지성인, 2006, 196~210쪽 참조 바람

럽지역을 크게 흔들어 뒤바꿔 놓은 교회사이자 전쟁사였고, 유럽 역사의 잔혹사가 되었다.

　개신교 단체에서 수많은 교파가 형성되었고 그리스도교의 교회개혁은 지금도 진행 중이다. 전쟁 속에 태어난 평화운동, 평화 사상가, 평화 단체는 자연스럽게 모습을 드러내고 '그리스도교회의 회개'를 외치며 예수 본연의 사상과 행위를 찾고자 노력한다.

　세례 요한이 "회개하라 천국이 가까이 왔느니라." "회개에 합당한 열매를 맺으라"(마 3:1-8)고 외쳤고, 세례요한에게 세례받은 예수도 "회개하라 천국이 가까이 왔느니라."(마 4:17)라고 하였다.

　예수 이후 2000년이 지난 지금도 교회는 회개를 외치고 있으나 교회는 스스로 회개하고 있는가? 무엇이 천국이고 회개인가? 누가 회개의 대상이며 누가 또 회개하라고 오늘도 외치고 있는가? 예수는 '인류 평화 공존과 번영의 길, '지상 평화 사상'[19]을 가르쳤다.

　예수의 가르침 중에 '박애 사상'[20], '산상수훈 팔(八) 복음', 기도하는 법, 용서, '좁은 문'[21], 십자가의 도(道), 평화와 회개에 합당한 열매 맺기 등은 바이블에 고스란히 기록되어 있으나 어찌된 영문인지 모르게 외면되어 눈뜬 봉사처럼 슬금슬금 넘어가고 있다.

　독일의 많은 학자가 공통으로 주장한 '교회의 역할'[22]은 한국교회가 빛과 소금의 기능과 역할을 하는데 예컨대 벤치마킹(benchmarking)하면 사회정화에도 도움을 줄 것이다.

19　안병로, 위의 같은 책, 296~306쪽
20　안병로, 위의 같은 책, 52~59쪽
21　안병로, 위의 같은 책, 44~46쪽
22　안병로, 위의 같은 책, 70~76쪽

어느 저자가 『예수쟁이들의 잔치』라는 책을 통해 알렸듯이 한국 그리스도인은 특권의식, 선민(選民)의식을 가진 자가 되었다. 교회, 성직자 그리고 신앙인이 사회에서 외면받는 상황이다. 환상적인 비전에 도취한 집단 무의식 상태의 단체로 전개되어서는 안 된다.

현실을 살펴보면, 오래전부터 한국 대형교회가 '주식회사 예수'처럼 조직화하였고 마천루와 같은 카르텔이 형성되었다. 재물과 교권이 하나 되어 권력의 상징이자 성공한 성직자의 모습으로 보일 수 있겠지만 결국 무너져야 할 현대판 바벨탑이 되었다. 그것은 맘몬이즘(Mammonism)의 현상이기 때문이다.

더욱이 샤머니즘의 특징을 싫어하는 한국개신교가 교회에서 목사 세습화를 방관하거나 묵인하고 있어 사회적으로 손가락질도 받고 있다. 교회가 개혁의 드라이브를 걸지 않고 손 놓고 묵인 또는 방관하고 있을지라도 교회개혁의 필요성이 많은 사람에게 주목받고 있다.

2019년 11월 2일

4. 그리스도교 교회사에서 인간세계의 참혹상, 인류의 죄악사를 발견한다

　서구의 역사와 문화를 접하면서 자연스럽게 그리스도교회사를 배웠다. 교회사를 공부하면서 한 분의 예수를 놓고 바이블 해석, 교리와 신념, 신앙 의식 등이 서로 다름으로 인해 그리스도교의 다양한 분파와 교파가 형성되었다.

　아타나시우스(Athanasius 296/298?~373년)의 삼위일체설(三位一體說)이 니케아 공의회에서 공인되면서부터 정통(正統)과 이단(하이레시스 hairesis)이 형성되었다. 교회의 정통이라는 대의명분 아래 이단으로 몰린 수많은 사람이 죽임을 당했다. 아타나시우스의 미진한 삼위일체설은 마니교에서 근 10년 동안 생활한 아우구스티누스(354~430)에 의해 수정 · 보완 · 정리되었다. 하지만 아직도 정론이나 정설이 되지 않았고, 동방정교회와 분리되어 있다.

　정교회는 삼위일체설 중에 성부와 성자(예수의 신성)의 관계성을 인정하되 성자가 성신(聖神)이라는 점을 인정하지 않기 때문이다. 오직 성부가 성신을 보낼 수 있고 성신으로 성화될 수 있다는 것이다. 성신을 성령(聖靈)이라고도 한다.

　예수 사상의 근간이 그리스도교가 되었고 또한 공식 명칭이며 차후 동로마, 서로마 가톨릭, 정교회, 가톨릭에서 분파된 개신교, 성공회 등의 교회 명칭이 생겼다. 즉 그리스도교의 명칭(名稱) 아래 가톨릭교회가 나왔고, 가톨릭(Catholic)은 본래 범우주적이고 보편적인 의미(그리스-로마의 다양한 사상과 문화수용을 인정)를 뜻한다.

　1200년도 이탈리아서 출생한 스콜라 철학자, 신학자 토마스 아퀴나스(Thomas Aquinas)가 그리스-로마문화를 연구하고 가톨릭 교리를 정리하면서 신학 사전까지 만들어 성인으로 추대되었다.

가톨릭교회는 그리스도교의 정통 교파임을 자부(自負)하면서 서로마 가톨릭교회의 법통과 교의를 신봉한다. 그리고 가톨릭주의 (Catholicism)는 교회 밖에서 다양한 분야에서 행하여지는 가톨릭 신앙 활동의 입장과 의미를 말한다.

한국가톨릭, 한국개신교가 세계적인 명칭이지 그리스도교가 기독교라고 하고 차후 한국가톨릭도 기독교라고 호칭하는 것은 정명 사용과는 큰 차이가 있다.

지극한 신앙심에 영성의 세계, 신비의 세계에 몰입되면서 판타지에 가까운 상념이 추가되었다. 인간의 아들이 바이블에 의하면 성령으로 잉태되었고 신의 아들이 되었다. 신적 형상의 모습과 예수의 수난상을 묘사한 유명한 피에타(Pieta)는 종교(심)성 담긴 천재적 작품이자 신앙심의 증표가 되었다.

예수의 어머니가 성모(聖母) 마리아의 표상이 되었고, 성모상과 십자가는 신앙의 대상물이며, 성모의 승천하는 그림은 가톨릭 신앙교육에 빠지지 않는다. 이에 독일의 신학자, 심리학자, 평화운동가 오이겐 드레버만(Eugen Drewermann)은 약 30년 전 바이블에 없는 성모의 승천 사진을 삭제할 것을 요청했다.

그러나 그는 강력한 교황권에 의해 임명직인 신부 자격, 교수직까지 박탈까지 당했고 가톨릭서 퇴출당하였다. 그러나 그가 자기 스스로 공부해서 취득한 박사학위만큼은 빼앗기지 않았다. 그러므로 독일의 박사학위는 나름 큰 의미를 지니고 있다.

서로마 가톨릭의 최고의 정신적 상징은 바티칸의 교황이며 교황권이다. 교황권의 유래는 콘스탄티누스 황제(皇帝)시기로 거슬러 올라가야 윤곽을 알 수 있다. 그가 정복 전쟁을 승리로 이끌기 위해 예수의 사상을 받아들였다. 그의 승인으로 325년 니케아 공의회에 의해 그리스도교가 공인되면서 예수 사상은 성치체세에 군긴힌 통치이념의 주춧돌이 되었고 황제교황(敎皇)주의가 유럽 교회사의 핵심이었다.

황제와 같은 교황 주의를 펼쳤던 서로마 가톨릭은 476년에 무너졌으나 황제 대신 교황 주의가 등장한다. 그 반면에 동로마 가톨릭은 비잔틴제국을 이끌며 1,000여 년 동안 외적으로는 화려한 문화를 꽃피웠다.

그러나 유럽의 교회사에는 전쟁사가 기록되어 교회사는 전쟁사이며 유럽의 역사가 되었다. 그 가운데 유명한 십자군 (원정) 전쟁이 포함되어 있다. 그리스도교의 '두 자루의 검' 이론이 무장(武裝)의 정당성과 전쟁의 당위성을 제공했고 교황 우르반 2세(Papa Urbano II)는 1차 십자군전쟁(1096 - 1099)을 계획하고 독려했다. 하지만 1453년 동로마의 비잔틴제국은 이슬람교의 오스만 제국에 의해 무너졌다.

외형상 서구 그리스도교의 종교 문제라고 하지만 실제는 프랑스와 영국과의 영토 문제로 발생한 100년전쟁(百年戰爭 1337~1453)과 영국의 장미전쟁(1455~1485)은 유럽의 인구를 많이 감소시켰다.

서로마 가톨릭의 교황은 신앙인들에게 무한한 존숭을 받았고 막강한 권한을 가지고 바티칸을 중심으로 유럽사를 지배했다. 교황은 살아있는 신적 존재, 신(예수)의 대리자로서 신정 통치의 절대 권력자였다. 장기간의 십자군원정 전쟁으로 바티칸의 재정난이 심각해지자 면죄부를 파는 사건까지 발생하여 교회개혁의 필요성이 이곳저곳의 학자들에 의해 제기되었다.

우리가 '종교개혁'이라고 말하지만 엄밀하게 따져보면 교회(시스템) 개혁이 정확한 표현이다. 대표적인 인물이 루터이다. 1517년 그의 세칭 종교개혁이라는 대의명분은 실종되었고 전쟁의 실마리를 제공한다. 종교개혁이 아니라 구교의 교회개혁이라고 해야 올바른 표현이다. 루터가 종교개혁을 한 흔적이 없기 때문이다.

교회개혁 일부가 논리적으로 시도되었으나 가톨릭은 루터와 루터를 따르는 신앙인을 가톨릭에 항의, 반항하는 자(Protest), 방황하며 반항하는 무리(Schwermer)로 판단했다. 가톨릭(정치사회문화제도 등의)개혁이라는 의미가 교회사에 기록되었을지라도 전쟁사가 뒤따랐다.

교회사와 연관된 전쟁사를 분석해 보면 루터의 교회개혁은 성공하지 못했다. 그는 강력한 토호 세력의 비호 아래 숨어 살면서 나름의 기회를 기다린다. 다만 그의 '만인 제사장'론은 개신교 발생에 큰 역할을 했다.

토호 세력에게 노예로 착취당하고 있는 농민들을 대변하며 가톨릭과 루터에게 맞선 학자가 토마스 뮌쳐(Thomas Müntzer)였다. 뮌처와 수많은 농민은 루터를 두둔하는 토호 세력의 군대에 의해 하루에 6000명 이상이 살해되었다. 농민봉기에 참여한 30만 명 중 10만 명이 무자비하게 어린아이들조차 비참하게 죽임을 당했고 집단학살도 이루어졌다.

독일의 농민전쟁(1524~25) 이후 구교와 신교의 갈등과 영토 문제로 발생한 독일의 30년전쟁(1618~1648)은 참혹하고도 파괴적인 전쟁사였으며 그 당시 1500만의 인구에서 500만의 인구가 감소하였다.

장 칼뱅(일명 칼빈)의 교회개혁에 뒤따르는 교리와 논리적 정당성(운명론 포함)은 평생을 통해 연구되었다. 그의 신학적 사상은 또한 널리 퍼졌다. 수많은 그리스도교의 교파와 새로운 교파에서의 분파는 지금도 지속되고 있다.

우리 민족은 왜 남의 조상을 믿고 의지하며 살아야 하나 생각해봐야 하지 않겠는가? 반도사관에서 대륙사관으로, 신학 사상에서 단군 사상으로의 전환은 이미 대한민국 교육이념인 홍익사상에 있음이 명기되어 있다.

5. 한국(신앙)인과 코로나19 팬데믹(pandemic)

코로나19 감염병이 세계적으로 유행(pandemic)하자 각 나라의 모든 단체가 자국민 보호와 방역 그리고 자국의 안전과 이익을 위해 최선을 다하고 있다. 코로나19 팬데믹을 통해 각국의 반응과 대응이 감춰진 진실을 보여주는 듯하였다.

21세기 진단과학과 의료기술, 질병관리본부의 조직적인 방역체계가동, 이에 전 국민의 협조와 동참 그리고 높은 국민 의식이 하나의 주체가 되어 세계 속에 한국인, 대한민국의 존재가치를 확인시켜 주고 있다. 다양한 세계 언론이 한국의 방역체계와 사회적 상황을 취재하고 널리 보도하면서 한국의 방역이 국제사회에 높은 평가를 받았다.

1949년 한국이 세계보건기구(WHO)에 가입한 후 이후 2020년 5월 19일 WHO의 집행 이사국으로 선출되었고 임기는 3년이다. 집행 이사국은 34개의 나라로 구성되었고 WHO의 다양한 운영방안을 수립 및 검토하는 과정에 적극적으로 참여할 수 있다. 국제무대 위에 대한민국은 과학기술의 발전과 함께 세계적 패러다임에 충실히 하고자 한다.

그 반면에 한국인의 신앙 세계는 어떠한가? 한국인, 한국 그리스도인(=크리스천 Christian)은 한국 그리스도교에 대해 얼마나 바르게 알고 있을까 하고 자문해 본다.

한국인과 한국 그리스도인은 다른가? 한국 그리스도인은 누구인가?

또한 그리스도인은 무엇을 뜻하며, 그리스도교란 어떠한 단체인가 하고 한 번 정도는 생각도 해보면서 나는 누구냐고 되물어 보았을까? 역사적 존재와 정체성 그리고 국가와 공동체 사회를 회상해보면서 나름의 반문(反問)도 해보았을 것이다.

많은 한국인이 그리스도교 신앙인을 통틀어 세계 공통어인 '그리스도인'이라고 말하지 않는다. 그리스도교인 중에 가톨릭신자를 천주교인, 개신교 신자를 기독교인, 때로는 가톨릭과 개신교를 합쳐서 기독교, 기독교인이라고 한다.

하지만 천주교, 기독교라는 용어는 오직 한국에서만 즐겨 사용되고 있는 국내용이지 범세계적인 차원에서는 사용되고 있지 않다. 그것은 정명 사상(正名思想)과도 거리가 멀다.

Himmel der Welt, die wir sehen und haben, hat aber keiner.

2022년 9월 3일

제5장 영혼의 그물망 안에서 통곡하지 말고

사람의 영혼(靈魂)은 어떻게 생성되어 우리 몸 안에 거(居)하나? 그 영혼의 본래 자리가 있다면 어디인지 궁금하지 않을 수 없다. 혹시 영혼이 우주의 별 가운데 어느 하나의 자리에서 왔다면 나, 너, 우리의 별은 있을 것이다.

육신은 부모님의 정(精)과 혈(血)을 통해 출생했다고 할지라도 영혼은 어떻게 육신과 함께 존재해야 사람이 될 수 있을까 생각해보지 않을 수 없다. 성인은 정신세계의 '영혼의 자유'를 아니면 '영혼의 구속'에 대해 가르침을 주었는가에 집중해 보고자 한다.

"영혼이 없는 몸이 죽은 것 같이 행함이 없는 믿음은 죽은 것"(약 2 : 26)이라고 한다.

인간의 육신에는 영혼이 함께 존재한다는 뜻이다. 인간이 인간다운 인간의 행위를 하지 못하면 인간이라고 할 수 없다. 그와 같이 행함이 없는 신앙인의 믿음은 죽었기 때문에 그 신앙인의 영혼 또한 죽은 자와 같아 그에게 인간다운 영혼이 떠났다고 볼 수 있다. "행함이 없는 믿음은 그 자체가 죽은 것이라"(약 2:17)고 한 이유가 어디에 있는지 생각해봐야 한다.

행함이 없는 신앙인뿐만 아니라 비(非)신앙인, 일반인들도 올바른 영혼이 미약하거나 때로는 영혼이 없는 육신이 있을 수 있다고 추론해 본다. 이로써 온전한 인간의 영혼, 인간다운 인간의 영혼이 존재한다는 것을 유추해본다. 맑은 저녁 천상의 별들을 바라보면서 천지의 기운을 느끼고자 상념에 잠겼다.

태초(太初)부터 천상에 수많은 별, 혹성(惑星)의 세계, 우주에서 발현되는 에너지는 큰 힘(大力)을 가지고 있고 또한 영묘(靈妙)하기만 하다. 그 가운데 달(月)과 태양(太陽)의 관계는 음양(陰陽)의 법도(法道)로 알려졌고 상생과 상극의 이치와 섭리를 동시에 가지고 있다.

그러나 그 법도의 대덕(大德), 대혜(大惠)는 생생(生生)의 변화(變化)에 있어 조화로운 만물의 존재적 의미를 알려주고 있다. 음양의 도(=법칙)는 만유 생명체가 존재하는 지구(地球)에 대단한 영향을 주고 있다.

지구가 23.5° 기울어져 자연스럽게 지축(地軸)이 형성되었고 남극(南極)과 북극(北極) 그리고 동극(東極)과 서극(西極)이 존재한다. 그러한 지구가 거리상 가장 가까운 달의 존재와 함께 각자의 운행 궤도에서 자전과 공전을 반복한다. 그들은 생명의 탄생과 신비로운 생명의 그물망(네트워크, Network)을 구축하여 상호작용을 이어가고 있다.

지구와 달이 주어진 궤도에서 운행하면서 서로 의지하고 균형을 이루고 있듯이 인간도 특히 정신적 버팀목이 될 수 있는 의지처가 필요하다. 그 의지처가 인간의 심축(心軸)이 될 수 있도록 조기(早期)에 여러 분야에서의 균형 잡힌 학습(學·習)이 요청된다. 특히 성현의 가르침은 학습 과정에서 필수과정으로 이수해야 올곧은 심지(心地)를 형성시킨다. 한쪽에 치우치지 않는 조화와 포용성 등을 함양하는 교육은 심지를 밝히기에 정신적 지주(支柱)가 된다.

유한한 한계에 노출된 인간이 무엇인가를 잡아서 의지하고 싶은 본능적인 마음은 자연스러운 현상이다. 본인의 마음과 의지에 따라 의지하고 싶은 여러 형태의 대상이 선택된다. 하지만 그렇게 하지 못하는 경우가 또한 다양하다. 대표적인 사례가 특정 단체의 독특한 신앙생활, 때로는 집단생활이다.

어린 아기의 의지처(依支處)이자 특별 대상은 부모다. 부모는 아기의 생명을 보호하고 보살펴주기 때문에 아이에게는 신적 존재와 다름이 없어서 절대적이다. 그런데도 언젠가는 부모의 품을 떠나야 할 시기가 자연스럽게 도래한다. 하지만 이와 반비례하는 것이 신앙생활의 특성이다.

인간은 성장하면서 대체적(大體的)으로 자립 의지가 형성되고 독립적 자아의식이 발전되지만, 나이가 들어도 심신(心身)의 의지처를 찾고자 하는 마음은 모두가 같을 것이다. 일반적으로 가족이 의지처가 되지만 신앙단체의 신적 존재를 믿고 따르는 신앙생활이 어떠한 형태로든(신앙의 가족처럼 생각되어) 선택(選擇)되는 경로와 과정이 있다.

그 반면에 어떤 특정 신앙단체에 소속되지 않고 비신앙인으로 생활하는 사람도 많다. 비신앙인 중에 무신론을 주장하는 자와 우주의, 무형의 신적 존재(=성스러운 기운)를 부인하지 않은 자가 있다.

후자 중에는 스스로 깨달음에 이르기 위해 성인의 가르침에 의지하고 노력하는 일반인과 수행인(修行人)이 포함되어 있다. 이들에게는 유일신 숭배, 창교주(創敎主) 숭배나 사상이 없고 주어진 환경에서

'안분수도(安分修道, 분수를 지키며 도를 닦음)'[1]하는 것이 평상시의 삶이다. 여기서 도를 닦는다는 것은 사람다운 사람으로 살아가는 길에서 벗어나지 않는 것을 말한다.

신앙단체와 신앙인 모두 우리 공동체 사회에서, 한 국가의 범주 안에 존재한다. 망국(亡國)의 서러움은 모두가 익히 알고 있듯이, 빼앗긴 나라, 나라 없는 국민, 지식인, 신앙인, 신앙단체 등은 무시당해 여러모로 보호받기 어렵다.

신앙단체, 신앙인이 준수해야 할 신앙생활의 법 즉 신앙법(信仰法)이 국법(國法)보다 높은 상위법은 결코 아니다. 신앙 제일주의는 글자 그대로 신앙 고백적인 생각과 이념이자 신앙인의 신앙법이지 국법이 아니다. 상호 간에 상생의 차원에서 조화로운 존재로 기능해야 국가 공동체의 일원으로 역할을 하는 것이다.

그 어떠한 신앙단체라 할지라도 국법을 준수해야 하며 국법 안에서 신앙의 선택 또는 비(非) 선택 자유가 보장된다. 이 세상에 무한한 자유는 존재하지 않듯이 자연의 섭리도 자연의 법도 즉 이치에 순응하고 따른다.

신앙단체와 신앙생활이 국법 위에 있다고 신앙 의식에서 잘못 판단하고, 행동하는 것은 공동체 사회의 독버섯과 다름이 없고 음지(陰地) 지향성의 신앙단체이자 신앙인이다. 풀잎의 이슬처럼 언젠가는 특유 색채의 간판도 퇴색하다가 어느 날 떨어져서 사라지는 것은 밝음을 지향하는 공동체 사회의 이치와 섭리에 따르는 결과다.

신앙인의 생활은 신앙생활(信仰生活)이지 종교생활(宗敎生活)이 아니다. 종교와 신앙의 개념과 의의가 다르듯이 종교 생활은 성인의 말

---

1   봉우 권태훈, 『봉우일기 3』, 책 미래, 서울, 2021, 111쪽

씀, 가르침에 따라 생활하려고 노력하는 것이다.

그의 가르침에는 유일성과 독단성 등이 없는 보편적 인류의 정신사 상과 실천을 촉구하는 평화의 메시지가 들어 있다. 그러므로 성인의 가르침에는 동서(東西) 구별이 없고 인종을 초월하여 생명 문화의 광 장에서 인류를 감동(感動)시키고 사람다운 사람이 되도록 전하는 공 동선의 메시지가 충만하다. 세계종교의 본질과 원형은 같아 통합할 수 있고 종교통일 또한 비상식적인 추론이 아닌 미래의 현상이다.

기복(祈福) 사상이 아닌 예수의 지상천국(地上天國) 사상, 공자의 인(仁), 대동장춘세계(大同長春世界), 석가모니의 자비(慈悲), 극락정 토(極樂淨土) 사상을 구현하고자 힘써 노력하는 것이 세계적인 종교생 활이다. 종교생활은 종교인의 길이다.

종교생활은 예컨대 그리스도교 예수의 가르침 중에 유명한, 세계적 으로 보감(寶鑑)이 되는 '빛과 소금의 역할', '주기도문', '산상수훈 팔 (八) 복음', '이웃사랑(박애 博愛)', '용서', '회개에 합당한 열매 맺기', '십자가 사랑', '십자가의 도(道)' 등을 실천하는 것이다. 어느 특정 신 앙단체의 범주에서 벗어난 범세계적인 종교생활이 구체적으로 설명 되었다.

신앙생활은 신앙단체에서 제시한 교리, 신조, 신앙고백 등을 통해 이루어지기 때문에 스스로 자신의 영혼을 의탁하는 행위가 된다. 그 행위는 영혼 구속의 길로 이어지는 첩경이 된다.

신앙인은 신앙단체의 굴레에서, '만들어진 영혼의 그물망'에 걸려 있어 그 그물망 안에서 자신의 영혼이 자유롭지 못해 신앙공동체의 삶에 단순화되어 간다. 신앙인의 집단무의식이 때로는 범사에 행복한 생활이자 미래에 대한 비전과 환상도 크고 고귀하며 아름답게 보이는 것처럼 생각(착각)한다. 그러나 자연스럽지 못한 어떤 신앙생활의 길은 한계가 있어 만시지탄(晩時之歎)의 원인이 되기도 한다.

　필자와 모 신앙단체의 신앙인과 대화한 적이 있다. 모 신앙이 자신의 신앙생활을 회고하며 속마음을 털어놓았다. 이야기의 내용을 요약해 보면 다음과 같다.

　중·고등학교, 학창 시절에 어떤 신앙단체를 알게 된 모 신앙인은 창교주를 믿고 의지하며 단체생활도 하면서 온 정성을 다해 몸과 마음을 다 바쳤고, 청춘을 불살랐다. 어느 때인지는 불확실하나 집단무의식의 신앙단체 생활에 대해 의문이 커지면서 부정적인 인식이 어렴풋이 들었고 그렇게 생각하는 횟수가 점차 늘어났다. 주위를 돌아봐도 새롭게 만날 사람, 사귀어야 할 사람이 없다. 방향을 잃은 돛단배가 바다 위에 표류하는 듯한 기분이 들었다.
　그리하다가 벌써 세월은 중년의 나이를 넘겼으나 그저 망막하기만 했으며 새로운 도전에 대한 용기가 없었고 참 무기력했다. 이것저것 등한시(等閑視)하거나 아예 무시(無視)하며 살아가다가 어느덧 노년(老年)이 되었다.
　지금까지 믿고 의지하며 따라온 신앙의 길을 버리고 되돌아가려고 하니 어렵사리 건너온 과거의 ～(어떠어떠한) 다리가 없어졌다. 어쩌면 스스로 불살라 버렸거나 파괴했다고 느껴진다. 좌우를 돌아보고 상하를 바라봐도 새롭게 의지할 곳 어디 하나 없어 공허한 마음에 통탄하는 소리만 울려 퍼지기만 한다.
　그동안 가족, 친지처럼 지냈던 주변의 신앙인들이 방황하는 나를 보고 이상한 말과 행동으로 핀잔을 준다. 그들 가운데 일부는 나를 어느 정도 이해하고 나름의 공감 의식을 가지고 있는 듯하지만, 스스로 참고 말문을 닫아버리고 밖으로 드러내지 않으려고 한다.
　어떠한 형태로든 자신이 외적으로 이상하게 드러난다는 것을 불안하게 생각하고 때로는 그로 인해 불쾌한 심정이 한구석에 자리 잡고 있다는 생각이 든다. 그동안 피붙이 못지않게 귀히 여겼던 신앙 가족이 어느덧 멀어져가고 있다.

어느 날 반강제적으로 교단에서 격리되었다. 나 홀로 지나온 세월을 돌아보면서 통곡하는 소리가 세월의 무게처럼 산마루에서 저 아래 산골 끝자락에 이르기까지 서서히 퍼져서 돌고 다시 빙빙 돌아 한적한 마을에 이르기까지 흘러간다.

잊어버렸다고, 잊었다고 생각하고 말해도 다시 떠오르는 것이 청춘의 무지개 꿈과 희망이 담겼던 과거의 신앙생활, 그의 여파, 잠재적, 꿈같은 신앙효과, 역설적인 신앙 의식과 무관하지 않아 보인다.

어떨 때는 즐겨 불렀던 그 당시의 찬송가의 곡이 나도 모르게 입에서 흘러나온다. 그 당시의 단순한, 하지만 자부심이 담겼던 신앙 의식과 신앙생활이 의미도 있었다는 자위적(自慰的)인 생각이 순간적으로 스쳐 가는 적도 있었다. 귀와 입을 닫고 전에 알고 지냈던 여러 신앙인을 멀리했어도 어느새 닫았던 귀와 입이 나도 모르게 슬그머니 열리고 한 소리 하고 싶은 (충동적인 심리적) 상황이 가끔, 때로는 종종 있다고 한다.

그러하다. 참으로 애석하고 애처롭고 안타깝다. 그의 가슴에는 말로 표현할 수 없을 정도의 숨 막히는 고통과 애환(哀歡) 등이 태평양의 바다처럼 한없이 담겨 있기 때문일 것이다. 그러한 '영혼의 그물망'에서 벗어나기도 쉽지 않으나 그 안에서 벗어날 수도 있다. 보편적 종교사상 숙지와 종교 생활이 그것이다. '영혼의 그물망에서 통곡하지 말고' 세계적인 종교 사상, 성인의 말씀에 귀 기울여야 한다.

성인께서 밝힌 정신의 밝은 빛, 정신세계에서의 '영혼의 자유'가 종교의 자유이자 삶의 대의이며 궁극의 목적이다. 바이블에 '진리가 너희를 자유롭게 한다'라고 하는 메시지도 들어있어 무엇이 영원한 진리인지 생각하지 않을 수 없다.

그러나 문제는 교리에 대해 다시 생각해보는 자율적 의식의 문이 닫혀 있다. 잘 훈련된 특정 단체의 신앙인이 나름의 판타지가 가미된 독특한 신조, 믿음, 신앙 의식과 고백 등을 토대로 만들어 낸 논리가 교리가 되었다. 그 교리는 '영혼의 구속'이라는 신앙 의식이 형성되도록 영향을 주었고 환상적인 교리가 되어 신앙인의 영혼을 사로잡고 있다. 그 굴레에서 벗어나야 한다.

필자가 배운 그리스도교의 원죄, 구원 등에 관한 신학 논리는 타인과 다를지 몰라도 이렇게 간략히 요약하고자 한다.

그리스도교 신학에서 논하는 신앙적인 원죄(原罪) 의식과 죄인(罪人)이라는 멍에가 영혼의 구속이라는 논리를 탄생시켰다. 구약 이사야 53장과 예수의 생애와는 무관하다. 예수 십자가의 의미 부여는 중세(中世) 교부 철학자(敎父哲學者)들에 의해 만들어진 신앙적 구원의 상징이 되었다.

그에 대한 믿음은 현재까지 승계되고 있어 숙명적인 '원죄 의식'에서 벗어날 수 있다고 주장하는 그리스도교와 유사 그리스도교단체의 교리(신앙 고백론, 구원론 포함) 문화 등으로 고착화(固着化)되었다.

하지만 원죄론은 그러한 신앙단체의 특수하고 독특한 신앙 사상이지 인류 보편적 사관이나 사상이 아닐 뿐만 아니라 바이블 신약에 등장하는 예수는 바이블 구약에 나오는 '원죄(原罪)'에 대해 전혀 설명하지 않았다.

제도적 교리와 고착화(固着化)된 영혼의 그물망 안에서 벗어나는 길은 오로지 자신의 의지와 선택에 달려있다. 성인의 가르침이 담긴 경전(經典)을 가까이하고 그의 뜻을 인류 보편적 관점에서 넓고 깊게 그리고 올바르게 의미해야 한다.

그러한 시작과 실천 과정이 범세계적인 종교생활의 기초(基礎)를 놓게 한다. 종교생활은 세상의 밝은 빛을 맞이하게 하고 올바른 생각과 삶의 반경을 넓혀주어 통찰 의식과 통섭 의식을 함양시킨다.

Herr Gott, Du bist Frage, die keine Gottesgestalt war und ist, hat geschwiegen.

2023년 2월 2일

제6장 정신세계에서의 만남과 민족의 성산 백두산

고대 유럽 세계의 맹주(盟主)였던 로마가 '빛은 동방으로부터'라고 하였다. 정신세계 문화가 '아시아'에서 발흥(勃興)되어 서방으로 넘어 갔다는 뜻이다.

고대 그리스 헬레네 사람이 '해 뜨는 동쪽'이라는 의미로 아시아 (Asia)의 명칭을 사용했다.

정신문화를 연구하는 학자(學者)들은 '아시아를 벗어나서 일어난 종교가 없다'라고 말한다. 성인의 출현과 종교 발생의 중심지가 아시 아임을 예찬(禮讚)한 것과 다를 바 없다.

1. 독일의 한 신비주의자와의 대화 - 빛은 동방으로부터

아시아의 서쪽 끝 지역인 동반구(東半球)와 서반구의 접경지대가 되는 팔레스티나 지방에서 예수가 탄생했다. 그의 종교사상은 유럽의 정신적 지주가 되었고 그에 대한 교리적 숭배와 믿음은 신앙이 되어 예수는 그리스도교의 창교주가 되었다.

예수가 탄생할 당시의 팔레스티나 지역은 아시아, 유럽, 아프리카 3

대주의 인후지대(咽喉地帶)이며, 문화와 문물교역의 창구를 대변하는 중심 지역이었다. 그러한 곳에서 사용되는 국제통상 용어 즉 공용어가 아람어(Aram 語)였다.

예수는 아람어(語)로 설파(說破)했고 그의 가르침은 유럽에서 그리스도교(=가톨릭, 동방정교회, 성공회, 개신교)가 되었다. 그리스도교가 천여 년 동안 정신문화의 꽃을 피우다가 대서양을 건너 미국으로 전파되었다. 예수 사상이 한자문화권에서는 야소교(耶蘇敎)라고 표현되었다.

예수 사상이 서구 정신문화의 세력으로 집결되었고 미국에서 다시 팽창한 세력이 태평양을 건너 아시아(=중국, 한국, 일본, 필리핀)로 유입되었다. 서(西)아시아지역인 이스라엘에서 시작된 예수의 사상, 정신세계의 빛이 서양 세계를 밝게 비추었다가 다시 동양으로 되돌아왔다. 그의 사상은 정신문화의 본향으로 다시 회귀(回歸)되었다. 시종(始終)의 대의가 자연의 섭리처럼 이루어진 것이다.

동방의 나라 한국, 특히 누 천 년 동안 이어져 내려오고 있는 선·유·불·도가(仙儒佛道家)의 사상이 조화롭게 융화되어 문화적으로 토착화된 한국에서 그리스도교가 급성장한 것은 세계 그리스도 교회사에서 그 유래를 찾아보기 힘들다.

필자가 독일에서 공부할 때, 시간이 나면 친구들과 함께 프랑크푸르트 시외에서 가장 높은 타우누스(Taunus) 산을 등산하였다. 그들은 세미나 시간에 알게 된 사람들인데, 서로가 각기 다른 신앙이 있으나 영성 및 신비주의에 대한 이해와 관심 등 하나 같이 흥미를 같이하였다.

이러한 친구 중에 대학 졸업 후 일선에 있는 직장인과 퇴직한 분들도 있는데, 불교의 선(禪) 사상, 그리스도교의 영성과 평화, 이슬람의 신비주의, 인도의 종교, 종교문화 등에 대한 강의나 세미나가 개최되면 같이 참석하곤 했다.

이는 그들이 지식과 과학의 한계와 모순을 익히 알고 있고, 또한 지금 이때가 인간과 자연 그리고 종교와 과학에 대한 새로운 인식의 전환점이기 때문에 그러한 것은 아니었나 하는 생각을 하게 한다. 그리고 오랜 그리스도교적 신비주의의 영향도 무시할 수 없을 것으로 보인다.

그들에게 모인 관심은 정신문화의 시대적 변천과 사상적 조류에 대한 것이었다. 필자 역시 그들의 의견을 참고하여 중세 유럽 시대의 신비주의자들 중 몇 사람들을 거론하며, 이들의 시대적 역할과 지식인들의 사회적 반응이 어떠하였는지 이야기했다.

특히 그 가운데 한 사람이 오래 기억에 남는다. 그분은 동양(정신) 문화에 관심이 많은 60대 중반의 카타리나 베버 부인이다. 서양의 한 신비주의자, 정신(영성) 수련자였고 허심탄회(虛心坦懷)하게 필자와 대화가 이루어졌다.

그녀의 본래 직업은 그래픽 화가였다. 그녀는 명성(名聲) 있는 화가였던 부친의 일을 돕던 소녀 시절부터 깊은 사색을 하였고, 그런 사색을 통해서 영적 체험을 하기 시작하였다. 그리고 중년이 되었을 때 다니던 개신교에서 탈퇴하고 새로운 자아(自我)를 발견하고자 노력했다고 한다.

정신 공부를 중요시하고 신비주의 사상이 있는 베버 부인은 동양과 서양의 점성술과 불교사상에 많은 관심과 폭넓은 이해력을 바탕으로 유태인(猶太人)의 신학(＝유대 신학)을 논평하고 있다. 그 부인을 통해 필자는 신비주의자의 역사는 유럽인들의 의식 속에서 중세를 거쳐 근대와 현대에까지 생명력을 면면히 이어왔음을 살펴볼 수 있다. 그녀와 함께 인류 정신문화의 발달과 그 사상적 발원지로의 회귀에 관해 대화하였다.

시간이 지날수록 그녀는 무엇인지 모르지만, 꼭 하고 싶은 말이 있는 것 같았다. 그녀는 필자를 데리고 가톨릭교회에 가고 싶다고 제안했다. 그 분야에 관심이 있어 연구하던 중이라 흔쾌히 승낙하고 그녀를 따라나섰다.

우리가 찾아간 교회는 프랑크푸르트 시내에 있는 오래된 가톨릭교회였다. 부인은 가끔 그 교회에 들어가 의자에 앉아있으면 왠지 아늑한 느낌을 받으며 고향에 온 것 같은 착각을 일으킨다고 했다. 그곳에서 부인은 또한 때때로 깊은 명상에 잠긴다고 했다.

그리고 그녀는 필자에게 이런 이야기를 했다. "나의 전생은 이 성당의 신부였던 느낌이 든단 말이에요" 하면서 그녀는 소녀같이 해맑은 표정을 지었다.

그 성당에서 멀지 않은 거리에 마인(Main) 강이 흐르고 있다. 옛날에도 그 강변에서 흐르는 강물을 보는 자신을 생각할 때 야릇한 감회가 돈다고 한다.

필자는 잔잔한 미소에 진지한 그녀의 모습을 보면서 언젠가 베버 부인과 함께 전생에 관해 나눈 대화가 생각났다.

그녀의 전생이 신부! 전생을 느끼기에 내생이 있다고 믿는다. 그녀가 말하는 삼생(三生)의 인연! 진행 중인 현생 속에 영감으로 느낀 전생을 설명하고 있다. 그녀 자신의 영감에서 잊힌 과거 속에 새로운 현생의 진행이 있음을 인식할 때 내생에 대한 신념은 이해되는 것이다.

그녀와의 만남은 동서 문화의 만남이며, 동서 문명의 조화이며 또한 동양과 서양의 대화이기도 하였다. 그녀는 우리의 만남에서 이러한 결론에 이른 것까지도 하느님의 섭리라고 한다.

그녀와 함께 인류 정신문화의 발달과 그 사상적 발원지로의 회귀에 관해 대화하였다. 그리고 새로운 문명의 전환기에 나타나는 현상이 어떠하며 메시아는 어디서 출현하는가에 의견이 모였다. 오늘 우리는 그동안 여러 번의 만남을 통해 이루어진 대화 내용의 핵심을 정리하고자 하였다.

그녀는 조용히 미래 정신 사조(思潮)의 흐름을 과거 그리스도교 사상에 비추어보며 자신의 소견을 밝혔다.

"약 2000년간 유럽 사회의 정신문명을 지탱해온 그리스도교의 이데올로기와 해석학적 논리의 텍스트를 제공한 성경의 이미지는 놀랄만한 과학의 발달로 위축되고 한계상황에 이르렀다. 그러한 상황 가운데 서구의 시민들은 또한 대체 이념의 공백 속에 정신적으로 방황하며 살고 있다고 판단했다. 정치와 사회이념 그리고 인류사를 대변하는 모습으로 비친 그리스도교의 절대적 사상은 수많은 전쟁과 식민사관 때문에 세계를 바로 보는 이치를 잃어버렸다."

그러한 시대적 인식에서 히틀러의 정치와 사상적 이념과 국제적 문제 등에 대한 모든 책임 인식은 인류에게 많은 경각심을 불러일으켰다. 많은 지식인은 이것이 종교와 문화를 이끄는 확고한 정신사상의 부재로 생겨났음을 공감하였다.

그 지식인들이 제한된 그리스도교 생활문화권에 변화의 새바람을 기대하고 있었다는 것은 새로운 정신문화 사조에 대해 그들이 개방적 견해를 보인다는 것을 뜻했다. 물론 타 종교 문화권에서 찾을 수 있는 긍정적인 요소를 그리스도교 사상과 접목해 새로운 대안적 해석방안을 찾으려는 지식인층도 있었다.

새로운 정신적 이념이 제시되길 기대하는 지식인들의 이러한 반응은 그 시대를 이끄는 시대정신이라고 할 수 있다. 지식인들은 시대정신에 따라 그리스도교 사상과 문명에서 보편적이지 못한 점이나 부족한 점, 사상의 부재 등을 동양의 정신문화에서 찾아 수정 보완하고자 한다.

그리스도교 사상이 한계점에 다다른 결과라고 할 수 있다. 그래서 유럽의 정신세계와 사회를 이끌어 갈 수 있는 새로운 이념을 동양에서 찾는 시도가 이루어졌다. 새로운 시대의 새로운 지도자 출현을 가까운 장래에 아시아에서 기대하기도 했다. 이것은 우연의 일치가 아니라 신의 섭리라고 베버 부인은 보고 있다.

베버 부인의 그룹은 가끔 유럽의 명산대천들을 찾아다니며 모임을 갖기도 한다. 그들 가운데 점성술에 밝은 사람이 있어 하늘의 별을 보고 토론하며 예언적인 의견도 제시한다. 그들은 인류의 성자가 동북방에서 출현하고 그곳에서 새로운 정신 문화를 이끄는 사상과 이념이 드러날 것이라고 기대한다.

성인(聖人) 출현의 방위를 좀 더 자세히 질문하면 어쩌면 구소련에서, 아니면 구소련의 경계 지역일 것이라고 대답한다.

우리는 바이블에 기록된 메시아 출현을 예고한 지역에 대해 논하며 신·구약을 통해서 해 돋는 곳, 동방의 나라는 어디인가를 살펴보기도 했다. 그리고 그곳에서 새 하늘과 새 땅을 이루어 인류사를 논하고 다스리는 자의 출현, 그는 만왕의 왕 즉 천상의 최고의 신의 부름을 받은 인류의 지도자, 그리고 흰옷 입은 무리와 함께하며, 일곱 천사가 생명을 살리고자 인(印)을 치는 역사가 이루어지는 곳이 서양은 아니라는 것을 분명히 했다.

그러면 해 돋는 동방 나라의 위치, 그들의 주변 국가의 반경을 좁혀 가면서 추적해 보았다. 우리는 본격적으로 책상 위에 놓인 지구본을 돌리면서 동방의 여러 국가를 지적하여 보았다.

동북방이라면 어디, 혹시 만주 지역, 북만주, 한국, 일본 …?

호기심의 침묵은 서로간의 눈을 직시하며 잠시 흘러가고 있다.

필자는 인도의 라빈드 라나드 타고르의 시를 인용하여 베버 부인에게 들려주었다.

"아시아의 빛나는 황금시대에 코리아는 그 등불을 밝힌 한 주인공이었다.

그 등불이 다시 켜지는 날 동방은 찬란히 세계를 비추리. …

무한히 퍼져 나는 생각과 행동으로 우리들의 마음이 인도되는 그런 자유의 조국으로 그런 자유의 천국으로 내 마음의 조국 코리아여 깨어나소서."

그리고 동양의 순환적 정신사조와 풍부한 정신문화의 자료와 유적지, 선·유·불·도교에서 배출된 유명한 한국의 인물들에 대해 말하였다. 그에 대한 인식과 평가는 세계적으로 점차 알려졌다고 하였다.

또한 아직 역사적 증빙자료 및 사료 제시의 부족으로 논란이 계속되고 있는 한국 고대사의 쟁점도 설명하였다. 이 모든 것이 발견되고 인정되면 또한 인류 정신문명의 발원지가 어디에 있는가를 찾을 수 있을 것이라는 가능성도 제기해 보았다.

베버 부인은 침묵을 지키다가 입을 열었다. 훌륭한 동양 고대 문명과 철학의 발원지가 어디인지 밝혀진다면, 그곳이 인류사의 새로운 대성인이 출현할 지역일 것임을 그 누구도 부인하지 않을 것이다.

그녀는 타고르의 시를 듣고 보니 한국이 가장 적합한 곳이라는 것이 영적인 느낌으로 와닿는다고 했다. 왜냐하면 중국과 구소련은 공산국가이며 사람을 많이 살상하였기 때문이다. 그리고 일본은 제2차 세계대전의 전쟁전범자이다. 그러므로 하늘이 이들의 나라는 선택할 수 없을 것이라고 그녀는 또렷하게 자신의 영감을 전했다.

그간 그녀는 광범위하게 동북방 아시아의 그 어느 지역을 동경하게 되었는데 한국에 대해 새로운 이미지를 발견한 것은 뜻밖의 일이라고 했다. 그리고 "도(道)와 생활의 진리가 덕(德)으로 어우러져 도덕 사회를 이루게 될 그 나라에서 살고 싶다."라고 하면서 그녀는 "내가 다시 태어날 때는 한국에서 태어나고 싶습니다"라고 부연했다.

그녀와 이러한 대화를 나눈 게 벌써 10여 년 전의 일이다. 그 부인은 얼마나 변했을까. 건강치 못한 몸으로 오늘도 밝은 영성과 새로운 메시아를 기다리며 그 교회에서 명상에 잠겨 있을까!

오늘밤에 필자는 촛불을 밝히고 그녀와 인류사의 전환기와 기대에 대해 영적인 대화를 나누어 볼까 한다.

이제 인류 정신문화와 사상은 본래 발원지로 돌아가고자 하는 시대 정신을 드러내는 증거들을 속속 나타내고 있다. 지금 많은 지식인은 새로운 정신 문화의 돌파구가 어디에 있는가를 찾으려고 몸부림치고 있다. 희망을 버리지 않으려는 것은 고무적이다.

종교와 과학, 다종교사회와 민족, '빛은 동방으로부터'라는 종교, 철학적 희망이란 결국 새로운 인류시대의 새 지도자의 출현과 초종교적 사상인 사해동포주의라는 평화의 이상세계를 기대하는 정서라고도 할 수 있다.

그러한 정신 사조의 흐름으로 표출되어 나온 용어가 변화·개혁이며, 이 개념보다 좀 더 구체적으로 대변하는 우주 사적 용어가 '개벽'이며, '후천개벽'이다. '21세기 르네상스 운동'이자 세계평화의 인자(因子)로서 개벽을 이끄는 성인의 출현이 요청되고 있다.

2000년 3월

2. 민족의 성산 백두산(白頭山)과 국조단군(國祖檀君) 사상

백두산과 국조단군 사상은 홍암 나철에 의해 다시 조명되면서 민족 정신 회복 및 독립운동 정신의 구심점이 되었다. 나철의 생애를 살펴 보면서 오늘날 우리가 남겨진 과제는 무엇이며 어떻게 풀어 나아가야 할지 함께 숙고해 보고자 한다.

가. 단군사상과 나철의 수행관에서 본 대종교의 5대 종지[1]

I. 서 론

한국의 근대화과정이 빚어낸 정치적 혼란은 전통문화와 근대문화 간의 충돌로 이어졌고 점차 국권 상실이라는 최대의 위기를 초래하여 씻을 수 없는 민족의 통한을 남겼다. 그런 소용돌이 속에서 민족의 정 통성과 정체성 회복을 위해 민중의 지팡이로서 빛과 소금의 사명을 다하는 인물이 등장했다.

그는 정치, 종교, 사회, 문화 그리고 정치종교·사회문화적인 세기 (世紀)의 인물로 주목받는다. 바로 홍암 나철(弘巖 羅喆: 1863.12.2. ~ 1916. 8. 15)이다.

나철은 이미 을사늑약(1905) 이전에 구국의 이념으로 민간외교의 비공식 교섭단체를 구성하여 외교 정치를 통해 동양 평화를 주장했 고, 기유(己酉: 1909)년 "대황조신위(大皇祖神位)를 모시고 단군교포 명서(檀君敎佈明書)를 공포(公布)"했다.[2] 홍암은 사회적으로 대황조봉

---

1   필자의 위 논문은 2006년 12월에 학회지 '단군학회' '단군학연구' 제15호에 게 재되었다. 아주 작은 보완된 내용 일부(=석유환국에 대한 설명)가 있음을 밝힌다.

2   대종교총본사, 『大倧敎 重光六十年史』, 동진문화사, 開天 4428年, 80쪽

안운동(大皇祖奉安運動)에 신명을 다 바쳐 추신하며 항일 독립운동단체의 정신적 지주 역할을 담지(擔持)했다. 그는 대종교의 창시자이자 수행자로서 유구한 민족문화의 정체성을 대황조 사상에서 찾고 천제(天祭)를 올렸다.

그리고 그 사상과 이념을 이어받은 민족의 성철 성현들을 추모하며 그들의 밝은 역사를 통해 백성을 계몽시켰다. 또한 그는 모화사상으로부터의 탈피를 촉구하며 '대륙 사관'[3]인 단군[4] 사상과 문화의 창달에 심혈을 기울인 국학 사상가로 민족의 자긍심을 심어주기도 했다. 홍암의 수행관은 민족의 영성운동이며, 단군사상의 맥을 이어 그 이념을 거듭 밝히는 것(重光)이다.

이러한 관점에서 나철이 평생 성심을 다하여 숭배한 대황조는 누구이며 그의 정신과 영혼이 살아 숨 쉬는 삼법수행(三法修行)은 대종교(大倧敎) 오대종지(五大宗旨)[5]와 어떠한 연관성을 가지고 있는가에 대한 비교연구가 필요하다.

본고의 주제는 현재 우리의 상고사부터 발해사까지 중국의 변방사라고 왜곡시키는 차이나의 동북공정과 일본(日本) 사관에 대한 경각심을 높이고 민족정기를 함양하여 국조 단군사상을 상기시킬 수 있기 때문에 요청된다. 본고에서 상고사와 연관된「단군교포명서」와 대종교의「오대종지」등에 대한 나철의 이해 및 대종교 중광(重光) 이후 8년

---

3 정영훈, 「최근의 상고사 인식 혼란사태와 그 수습방안」, 『단군학연구』제 5호. 2001.10. 176쪽

4 단군(檀君)이라는 개념은 일반적으로 널리 통용되나 본문에서는 국조 단군(=대황조)을 의미한다. 대종교의 경전(38쪽)에 의하면 첫 단군이 단제(檀帝)로 표기되었다고 볼 수 있고 일간에서 말하는 단제(檀帝) 또한 같은 의미로 첫 단군의 칭호로 사용되고 있다.

5 5대 종지(敬奉天神, 誠修靈性, 愛合種族, 靜求利福, 勤務産業)는 을유(乙酉; 1909)년 12월 1일에 대종교이념으로 발포(發佈)된 '실천 강령'이다. 『대종교중광 60년사』, 152쪽

간의 구국과 구도의 삶이 오늘날 우리에게 무엇을 제시하고 있고 그가 어떤 범국가적 과제를 남겼는지 살펴볼 것이다.

이에 대해 대종교에서 발간한 『대종교중광 60년사』, 『대종교경전』, 『역해 종경 4부 합편』, 홍암의 저서와 유작(遺作) 그리고 대종교지침서 등은 그의 수행 사상을 연구하는 방향의 기본 텍스트로 사용되었다. 이러한 자료에는 그의 사상적 영향과 수행관이 내재되었다고 판단했기 때문이다.

이 논문은 대종교 나철의 수행관을 종교(철)학적 관점에서 분석하여 그 의의를 단군사상에서 발견하고 재조명하는 데 중점을 둘 것이다. 다만 그의 입산수도 과정, 연도, 장소 등에 관한 구체적인 자료가 없어 다루지 않고 앞으로 풀어나가야 할 과제로 남겨두었다.

II. 단군 대황조(大皇祖) 사상의 연원과 발흥

1. 사상적 연원과 발흥

대종교에 의하면 단군사상의 시조(始祖)가 되는 대황조(= 한배검)는 세검 한 몸(三神一體), 세 마루 한 몸(三倧一體), 세 자리 한 몸(三位一體)으로 개천(開川)하고 이신화인(以神化人)하여 "태백산 단목(檀木) 밑에 내려와 신교(神教)를 베풀어 백성을 가르쳤다."[6] 그는 우리나라의 옛 조선(古朝鮮)을 개국(開國)한 첫 번째 단군(檀君)이며 왕검(王儉, 단군왕검)이라고도 한다.[7] 한배검이란 개념에서 한의 한자어는 桓, 天, 一, 大 등으로 사용된다.

삼국유사에 고조선(古朝鮮)의 역사[8]를 밝힌다는 뜻으로 석유환국

---

6 김교헌, 『신단실기』, 한뿌리, 1987, 11쪽
7 김교헌, 위의 책, 42~43쪽
8 김교헌, 위의 책, 12쪽, 옛 朝鮮(=해 뜨는 아침의 나라)이라는 말이 차후 약 서력 700년 전에 한자어 '阿斯達'로 표기되었다는 설(設)도 있다.

(昔有桓國)이라고 기록되었다. 환(桓)은 밝음(=鮮)을 뜻한다. 환국(桓國)은 밝은 나라 또는 밝달 나라(檀國)라는 뜻이다. '밝달'이라는 말이 차후 발음하기 쉬운 '배달'로 전환되어 개국시조를 배달검(檀儉)이라고 하며 배달검이 차후 한글로 한배검으로 표현되었다.

하지만 불행하게도 우리 상고사에는 국조 대황조에 대한 자료가 거의 전무한 상태라고 할 수 있다. 나·당 연합군에 의해 신라가 삼국을 통일(668~918)했다고 하지만, 그로 인해 백제와 고구려사의 문헌들이 소실되었다.

또 "고려 원종(1260) 때 몽고의 침입으로부터"[9] 조선에 이르기까지 차이나(당시의 남송·원·명·청국)의 내정간섭과 조선시대의 사대주의 사상으로 인해 특히 상고사 자료는 국내 자체에서도 사문난적으로 취급당했다. 상세한 상고사의 기록과 보존이 어려웠다는 것도 이미 알려진 사실이다.

다행히 국조단군의 건국 역사를 간헐적으로나마 전해주는 우리 상고사 문헌이 삼국유사[10] 제왕운기(帝王韻記), 세종실록지리지, 동국통감, 응제시주(應製詩註) 등에 있다. 제왕운기에는 동방 제족인 신라, 고구려, 옥저, 부여, 예, 맥 등이 단군사(檀君史)를 계승하였다고 한다.[11]

13세기 후반에 기록된 삼국유사나 제왕운기에서(비록 현재는 없지만) 고기(古記), 위서(魏書) 그리고 본기(本紀)를 인용했다는 것은 역사적

---

9 『대종교중광 60년사』, 80쪽

10   魏書云 乃往二千載 有壇君王儉. … 開國號朝鮮 與高同時 古記云 昔有桓因 庶子桓雄 數意天下 貪求人世 父知子意 下視三危太伯 可以弘益人間 … 雄率徒三千 降於太伯山頂 神壇樹下…凡主人間三百六十餘事 在世理化 … 孕生子 號曰壇君王儉 以唐高卽位五十年庚寅 都平壤城 始稱朝鮮 又移都於白岳山阿斯達 又名弓忽山 又今彌達 御國一千五百年 周虎王卽位己卯 封箕子於朝鮮 壇君乃移藏唐京 後還隱於阿斯達爲山神 壽一千九百八歲(『三國遺事』, 紀異 古朝鮮)

11   … 檀君 據朝鮮之域爲王 故尸羅 南北沃沮 東北夫餘 濊與貊 皆檀君之壽也 (『帝王韻紀』)

개천과 개국에 대한 사료적 가치를 높여주고 있다고 하겠다. 이러한 기록을 통해 유추해보면 유·불·도교가 형성되기 이전부터 국조(國祖) 단군을 숭봉(崇奉) 하는 종교적 형태가 있었다는 것을 짐작하게 한다.

고조선의 민간신앙이나 의례(儀禮)를 분석할 수 있는 자료가 현재로서는 희귀(稀貴)하다고 말한다. 다만 주지하고 있듯이 옛 조선의 후예인 부여의 영고(迎鼓), 고구려의 동맹(東盟), 예의 무천(舞天), 진한의 소도(蘇塗) 등에서 천신(天神)에게 봉행하는 천제(天祭)가 있었다.

이와 연관된 "마한의 천군(天君), 백제의 교천(郊天), 고려의 연등 행사(10월 2일)와 신라는 삼한의 풍속에 의하여(三韓遺俗) 10월에 밤낮으로 모여서 술 마시고 거문고 타고 땅을 밟으며 노래했다는 것"[12]을 살펴보면 고조선에도 그와 유사한 전통이 이미 존재했을 것으로 추정된다.

주목되는 것은 조선 초기에 단군이 고조선의 건국 시조라는 인식이 조선경국전(朝鮮經國典), 삼국사략(三國史略), 동사강목 등을 통해 기록됐다는 것이다. 그 예로 알려진 바에 의하면 동국사(東國史)를 개창한 단군 숭봉이 국가적 의례로 이어졌고 그 의례가 평양의 숭령전(崇嶺殿)과 단군묘(檀君廟), 조선시대 정조(正祖)가 중수(重修)한 구월산의 삼성사(三聖祠), 강화도 마니산의 참성단(塹星壇)과 삼랑성(三郞城) 등에서 향과 축문으로 행해졌다.[13] 단군사상이 조선조에서도 국가적 제례 대상으로 행해졌다는 사실을 파악할 수 있다.

단군사상이 내재된 '삼일신고', '천부경'이 선현들을 통해 면면히 이어지다가 대종교의 창시자 나철에 의해 다시 세상에 빛을 보게 되었다. 또 사료(史料)의 진위(眞僞)에 대해 논란의 대상이 된 환단고기(桓檀古記)가 단군사일 수도 있다는 긍정적인 측면에서 오늘날 많은 사

---

12 김교헌, 위의 책, 85~87쪽
13 김교헌, 위의 책, 72~81쪽

람에게 연구되고 있다. 환단고기에 나오는 무사(無史) 시대의 통치자, 그의 숫자적 개념이나 내용이 근대화시기에 모 씨에 의해 기록되어 정사(正史)로 보기는 어렵지만, 민족정신의 흐름과 대의가 생명의 고동처럼 들려오고 있어 차후 이 분야에 전문가가 나오시어 정리해 줄 것을 기대한다.

나철은 조선 말 일제강점기에 처한 국치(國恥)를 '국수망이도가존(國雖亡而道可存; 나라가 비록 망했으나 도(정신, 국혼)는 가히 존재한다)'[14]고 표현했다. 나철의 언급대로 국혼(國魂)을 살리는 길에는 무엇보다도 민족사관이 강조되었다.

당대의 유능한 학자들은 국학정신을 통해 단군사상을 활발히 조명하여 민족의 정체성을 함양시켰다. 단군사상과 신앙은 고려 말이나 조선 말기의 역사에서 보듯이 국가적 위기 때마다 민족총화(民族總和)의 매개체로서 큰 역할을 했다고 알려져 있다.[15]

나철은 '단군교포명서'를 천하에 알리면서 국조 대황조 숭봉(崇奉)과 그 교(敎)의 발전이 국가를 흥하게 하였으나 그의 가르침을 불신하며 타교를 시봉(是奉)하고 타교에 얽매였기 때문에 쇠망했다고 지적했다.[16]

그는 대황조의 고유 정신문화 사상을 망각하는 것이 '망본배원(亡本

<hr>

14   박달재수련원, 「대종교는 조선의 고유 종교이다」, 『단암 이용태 선생 문고』, 동화서관, 248쪽 참조

15   『정영훈』, 「대종교와 민족주의」, 단군학 연구, 제10호, 2004, 6, 295~304쪽 참조

16   「단군교포명서」, 『대종교중광60년사』, 84쪽, "國朝 諸儒가 大皇祖 神聖의 蹟은 說하되 孔孟程朱의 書에 偏滯하야 大皇祖하신 敎는 硏究치 못하였으며 孔孟程朱는 在座後先한 것 같이 想하되 大皇祖 神聖을 洋洋在上하신 줄은 부지하니 自國을 建造하신 聖祖를 不崇하며 自身을 生育하신 聖神을 不敬하며 自家를 修守케하신 聖敎를 不奉하고 他의 祖를 是崇하며 他의 神을 是敬하며 他의 敎를 是奉하니 어찌 如此히 理에 逆하고 常에 乘하는 事가 有하리오"

背原)'[17] 이라고 규정하고 단군의 후예인 우리가 국조(國祖) 대황조의 사상을 발흥시켜야 민족과 인류가 번창한다고 보았다.[18]

또 그는 외래의 종교와 신을 받드는 현실을 통탄만 하지 않고 대황 조사상을 펼치면서 민족정기의 회복에 심혈을 기울였다. 그의 삼법수 행은 민족의 정신지도자로서 역할을 다하는 데 동력의 추동력이 되었 고 그가 남긴 글(국한문혼용)은 오늘날 전해진다.

그의 글에서 눈에 띄게 발견되는 것이 대황조에 대한 다양한 칭호 (稱號)사용이다. 대황조의 사상이 지역마다 크게 발흥되어 유구하게 전해지고 있다는 것을 제기한 것이라고 생각한다.

2. 대황조에 대한 다양한 칭호(稱號)

오늘날 재야사학계의 상고사 연구에 의하면, 단군 후예들의 활동지 역으로 알려진 동북아시아 지역도 대황조 사상과 문화가 수 천 년 동 안 대대손손으로 계승된 곳이라고 한다.[19] 그 지역 중의 하나인 청호 (靑湖)로 대종교총본사를 옮긴 나철은 대황조봉안운동을 더욱 적극적 으로 펼쳤다.[20]

그는 "대황조신위〔차후 대황조 어진(御眞)〕를 모시고 제천(祭天)의

---

17   대종교종경편수위원회, 『대종교경전』, 대종교출판사, 2002, 451쪽, 대종교 총 본사, 「신리대전」, 『역해종경4부합편』, 대종교출판사, 개천 4456, 51쪽
18   "凡我同胞兄弟姉妹는 皆我 大皇祖 百世本支의 子孫이오… 本敎가 興하 면 … 人類가 蕃昌하고 … 古今의 消長과 歷代의 存廢가 本敎에 關함이고 若合 符節한지라."『대종교중광60년사』, 85~86쪽 "諸儒가 大皇祖 聖神의 蹟은 說하 되 孔孟程朱의 書에 偏滯하야 大皇祖하신 敎는 硏究치 못하였으며 … 自國을 建造하신 聖祖를 不崇하며 … 他의 敎를 是奉하니 어찌 如此히 理에 逆하고 常 에 乘하는 事가 有하리오.."『중광60년사』81쪽.
19   김영주, 『한민족의 뿌리와 조선단군사』, 환웅문화사, 1989, 146~268쪽 참조 바람
20   『대종교중광60년사』, 183쪽

대례(大禮)를 집행하고 단군교포명서를 공포(公佈)"[21]한 후 개천절을 선포하고 대황조의 유업을 후학(後學)들에게 전했다. 이토록 나철이 우리 민족에게 절실하게 여겨진 상고사의 대황조는 과연 누구인가? 우선 「단군포명서」와 나철의 유작에서 대황조의 칭호가 어떻게 사용되었는지부터 살펴보자.

대황조의 칭호가 한배(님), 한배검, 한배단군, 환인, 환웅, 한검(또는 환검), 한얼, 일신(一神 = 한얼), 상제(上帝), 대제(大帝)상제, 삼신(三神)상제, 상제한배님, 상제한배검, 대종조(大宗祖), 대조신(大祖神), 대황신(大皇神), 태백신제太白神帝), 태조고황제(太祖古皇帝), 태황조(太皇祖), 대황조(大皇祖), 대황조단군성신(聖神), 성조(聖祖), 성조신, 기조(其祖), 주신(主神), 천신(天神), 천주(天主), 천조(天祖), 천제(天帝), 단제(壇帝), 천신단제, 천제단제, 천신단조, 천조단조(壇祖), 천조단군(檀君), 천신단군, 조선시조(朝鮮始祖)단군, 황천(皇天), 천조황황(皇皇), 황상제(皇上帝), 삼신제석(帝釋), 제석, 동황대제(東皇大帝), 태고단신(檀神), 상산신(上山神), 노백신(老白神) 등으로 표현되어 있다. 이처럼 대황조의 이름이 역사의 변천과 시대적 상황에 따라 다양하게 동명이어(同名異語)로 기록되었음을 찾아보자.

「단군교포명서」; 국조단군의 칭호가 대황조로 37회, 조선시조단군으로 1회, 대황조 단군성신 1회, 성조 1회, 기조 1회, 태고조황제 1회, 태황조 1회, 단군 5회
「중광가」[22]; 한배(님), 23회, 한아배 1회, 한배검, 2회, 한검 1회, 한

---

21 『대종교중광60년사』, 80쪽. 대종교는 대황조의 어진을 오늘날 천진(天眞)이라고 한다.
22 「중광가」는 나철이 삼성사에서 조천하기 전에 대종교의 연원과 중광을 위해 남긴 유작으로 3·4調 歌詞 54章 後念으로 구성되었다. 『대종교중광60년사』,

울 1회, 상제 3회, 천조 2회, 천제 1회, 대종조 1회, 천주 1회, 일신(=한얼) 1회, 주신 1회, 성조신 1회, 태백신제 1회, 태고단신 1회, 노백신 1회, 상상신 1회, 단군 1회, 삼신제석 1회, 제석 1회, 동황대제 1회

「단군가」; 대황조 7회, 천조단군 1회「단단조」; 단군 2회

「이세가」; 상제 3회, 한배 1회『대종교홍범』; 한배단군 5회

「유서」; 단제 2회, 천조 1회「무언종사에게 보낸 유서」; 천조 1회

「가증유서」; 단제 1회

「여일본총리대외서」; 천신단제 1회, 천제단조 1회, 황상제 1회, 삼신상제 1회, 단제 5회, 단군 2회, 단군상제 1회, 상제 1회, 천조 1회, 천제 3회

「여조선총독부사내서」; 천제단조 2회, 상제단조 1회, 단제상제 1회,천조 1회, 단제 1회, 황상제 1회, 천신 6회, 천제 1회

「순명삼조」; 천조 2회, 「밀유」; 천신(=한얼) 1회

「공고교도문」; 천신단제(=한님단군) 1회, 천조단제 1회, 단제 1회

「주필기사8수」; 대황신 1회「원본신가」; 한배검 3회, 대조신 1회

「부해명신가」; 대황조 3회「입교의절」; 대황조 1회「봉교과규」; 한배검 2회

「서사」; 대황조 1회

「의식규례발표안」; 대황조 1회, 천신 3회, 천조 7회, 천조단군 1회, 천신단군 1회, 환인 1회, 환웅 1회, 단검 1회

「백두산제천문」; 천신 1회, 천조 1회, 천조단제 1회, 천주 1회, 상제한배검 1 회

「제고령사축문」; 단제 1회, 천조황황 1회

「천궁경하사」; 천조 1회, 상제한배검 1회, 대제상제 1회

「제천의식물기」; 황천 1회, 상제 1회

220~245쪽

「도사교세모소삼」; 대황조성신 2회

「전수도통문」; 단제 1회

『신리대전』; 환임 1회. 환웅 1회. 환검 1회

『신사기』;「조화기」편에 주(主) 3회, 환인 1회,「교화기」편에 1회,
「치화기」편에 환검이 1회 언급되었다.

대황조의 존칭이 선가(仙家)적 (환인, 환웅, 단군, 주신, 일신, 천조단조,
천조, 천조황황, 단제, 대종조, 태조고황제, 대황신, 태고단신, 대황조단군성신, 천
신단군, 천신단제, 삼신상제, 상제단조…), 유가(儒家)적 (상제, 천주), 도가
(道家)적 (황천, 황상제, 태황조, 상산산, 노백산, 동황대제), 불가(佛家)적
(제석, 삼신제석) 그리고 한글(국)학적 (한배검, 한배, 한검, 한얼, …) 등의
용어로 혼용되어 사용되었다는 것이 발견된다. 이는 당시 시대적 상
황이 고려된 것으로 보여 흥미롭다.

나철이 섭렵한 유불선 계통 및 근대사 지식, 수행의 진척 상태 그리
고 수행관이 액면 그대로 표현되었기 때문이다. 이러한 종가(宗家)적
개념을 통해 언급한 것은 그와 또한 무관하지 않다고 생각한다.

배달민족의 유구한 전통문화가 범국가적 차원에서 계승·발전되
었고, 처해진 문화적 상황에 따라 표기된 단군 대황조의 용어가 그 본
질이 훼손되지 않은 상태에서 다양하게 사용되었다는 것을 발견할 수
있다. 이런 현상은 대황조가 시대의 변천과 각 지역의 풍습에 따라 다
양한 신의 이름으로 존숭되었다는 것을 알려준다.

그리고 대황조 사상이 당시 동북아시아 전역에 걸쳐 발흥하여 큰
영향을 주었다고 미루어 짐작케 한다. 그 지역에서 행해진 천신 숭배
인 천제 의식이 발견되기 때문이다.

그뿐만 아니라 하늘을 숭상했던 인류문화는 종교라는 이상의 세계
와 더불어 누천년(累千年) 동안 찬란한 정신문화를 발전시켰다. 세계
종교사를 살펴봐도 오늘날 동서양의 종교문화와 종교들은 상호 공존

속에 나름대로의 독특성을 유지하면서도 동질성을 가지고 있다.

그리고 서로 포용하여 융화할 수 있는 것은 보편성을 추구하되 나름대로 고도의 정신세계를 심화시키고 있다. 그러한 관점에서 대황조에 대한 나철의 이해와 그가 사용한 대황조의 호칭이 다양하다는 것을 알 수 있다. 이는 유학자로서의 학문적 지식을 겸비하고 민족정신을 이끄는 대종교 수행자로서 깨닫고 체득(體得)한 것을 드러낸 것이라고 할 수 있다.

오늘날 다종교사회·문화에서 사용되고 있는 최고신의 이름〔(하늘(울)님, 하느(나)님, 일신(한얼 주신으로서의 천주, 상제 등)이 동서양 정신문화의 정수(精髓)인 신관(神觀)과 상호 무관하지 않다는 것을 미루어 짐작할 수 있다.[23]

이에 대한 체계적인 문화사적 연구가 앞으로 필요하다고 본다.

III. 단군교포명서(檀君敎佈明書)[24]의 유래와 나철

1. 단군포명서의 유래

첫 번째 민간외교사절단으로 일본에 건너갔다가 별 소득 없이 귀국하는 길에 나철은 1905년 12월 30일 오후 11시경 서울 서대문역에서 의외의 한 인물을 만난다. 그는 백두산지역에서 수도하고 있는 두암(頭岩) 백전(伯佺)이다. 그는 그의 스승 백봉(白峯)의 명을 받아 나철을 찾아 온 것이다.

나철은 백전에게 대황조사상과 배달민족의 이상형이 담긴 교적(敎

---

23 동서양의 신관 분석 특히 경천사상과 그리스도교의 하나(느)님인 God에 대한 종교학적 관찰이 필요하다. 안병로, 동서양의 하늘 님(天) 사상 『신종교연구』제10집, 172~207쪽 참조 바람

24 『대종교중광 60년사』, 80~81쪽

籍) 두 권 '(삼일)神誥'와 '神事記'를 받았다.[25] 하지만 나철은 '단군사상의 교화'보다 현실적 문제해결로 부각된 민간외교에 관심을 두었다.

1907년 나철은 국가적 위기를 초래한 을사오적(乙巳五敵: 이완용, 이근택, 이지용, 박제순, 권중현)을 응징하려는 계획을 세웠다. 같은 해 2월 그는 행동단체인 자신회(自新會)를 조직하여 거사(동년 3월 25일 10시)를 시도했으나 실패하여 지도(智島)로 유배되었다. 그러나 그는 고종황제의 특사로 동년 10월에 석방됐다.[26] 1908년 그는 구국의 정신을 가지고 다시 일본으로 건너가 민간외교를 펼치지만 실패하고 만다. 네 번째의 민간외교도 수포로 돌아가자 나철은 모든 위기가 자아정체성상실('忘本背源')에서부터 기인되었다는 것을 뼈저리게 느꼈다.[27] 그의 마음은 통분했고 국혼(國魂)을 살리고자 하는 깊은 성찰(省察)에 들어갔다.

나철은 일본의 간교한 침략적 정책에 의해 속수무책으로 당하는 약하고 초라한 조국을 바라보면서 약자가 강자 앞에서 평화를 논하고 구한다는 것은 한낱 애걸에 불과하다는 것을 절감했을 것이다.

그는 백두산 수도인들과의 만남을 통해 오직 유구한 정신문화로 이

---

25 『대종교중광 60년사』, 93, 252쪽

26 나철은 6월에 10년 유형의 선고 받고 7월 12일 나철 외 11명이 지도(智島)로 유배되었다. 나철은 석방된 후 동년 12월 6일 지도로 가서 그의 후견이자 정치외교가였던 김윤식을 만났다. 박환, 『나철, 김교헌, 윤세복』, 동아일보사, 40~47쪽,

27 청일전쟁(1894~1895)이 종결된 지 약 10년 후 조선의 땅에서 개전된 러일전쟁(1904~1905)은 민족의 국운에 치명타를 던졌다. 이 전쟁에 승리한 일본은 일본군 병력을 조선에 주둔시켰고 1905(乙巳)년 11월 17일 을사늑약을 맺어 외교권 박탈은 물론 치안권까지 장악했다. 비분강개한 민중들은 우국충정의 마음을 모아 주권수호운동을 펼쳤다. 이 시기에 나철은 이미 외교적 활동을 통해 구국의 길을 모색하고자 4회(1905년 6월, 1906. 5.12. 1906. 10.20, 1908. 11)나 도일(渡日)하였다. 그는 일본의 주요 정치인들을 만나 한·중국·일본간의 동맹이 동양평화를 지키는데 중요하다고 역설하고 조선주권의 자주적 보장을 일본에 요구했다. 한·일·중 3국의 협력과 한국이 정치적 자주국으로서 존재해야하는 중요성을 밝혔으나 당시 난국을 타개할 수 있는 방향으로 이어지지는 않았다. 삿사 미츠아키, 『한말·일제시대 단군신앙운동의 전개』, 서울대학교(박사학위논문), 2003, 52~55쪽 참조 바람

어져 내려오는 국조 단군사상이야말로 국가의 분열을 막고 국혼을 일깨워서 민족 통합을 이루고 정신적 총화를 이루는 첩경이 된다는 것을 자각했다.

1908(戊申)년 12월 5일(음력 11월 12일) 두일백 옹(翁)이 나철의 숙소(동경 淸光館)를 방문했다. 그는 나철에게 단군교포명서 한 권을 주었다[28]. 그리고 단군포명서에 관한 일이 나철의 사명이라고 직접 말했다.

"나의 이름은 두일백(杜一伯)이오 호는 미도(彌島)이며 나이는 69세인데 백전도사(佰佺道士)등 32인과 함께 백봉신사(白峯神師)에게 사사(師事)하고 갑진십월초삼일(甲辰十月初三日) 백두산(白頭山)에서 회합(會合)하여 일심계(一心戒)를 받고 이 포명서(佈明書)를 발행한 것이니 귀공의 금후(今後) 사명(使命)은 이 포명서에 대한 일이오."[29]

1908년 12년 9일 밤 10시에 두(杜)옹이 나철의 숙소(蓋平館)로 다시 찾아와 나철과 그와 함께 동석(同席)하였던 정훈모에게도 영계식(靈戒式)을 수계(受戒)하고 대황조의 교화를 펴라고 다음과 같이 권고했다.

"국운(國運)은 이미 다했는데 어찌 이 바쁜 시기에 쓸데없는 일로 다니시오. 곧 귀국하여 단군대황조(檀君大皇祖)의 교화를 펴시오. 이 한마디 부탁(付託)뿐이니 빨리 떠나시오."[30]

대황조의 교화를 넓게 펼치는 것이 시국적으로 중요하다고 판단한 백봉은 나철을 적임자로 지목했다. 나철은 백두산 수도인들과 세 번째의

---

28 『대종교중광 60년사』, 93쪽
29 『대종교중광 60년사』, 77~78쪽. 같은 책 104쪽에는 32명이 아니라 13명으로 기록되어 있다.
30 『대종교중광 60년사』, 78쪽, 93쪽

만남을 통해 민족총화의 구심점이 대황조와 대황조의 붉고 밝은 사상에 있다는 것을 깨닫고 한목숨 다 바쳐 성심을 다하고자 다짐했다.

그는 대황조사상인 홍익인간, 제세이화의 이념을 부활시켜 보급함으로써 역사의 왜곡에 가려진 민족혼을 밝히고 그 불씨를 되살리려고 전력투구했다. 누란(累卵)의 위기에 처한 구한말에 나철은 백봉 제자들과의 만남을 통해 중요한 계기를 맞이했다. 이로 인해 나철의 민간외교 정치가 대황조사상의 교화라는 범국가적 내치(內治) 운동으로 바뀌는 전환점이 되었다.

1909(乙酉)년 음력 1월 15일 자시(子時)를 기해 나철은 서울 북부 재동(齋洞) 취운정(翠3)에서 그의 동지들(오기호, 강우, 최린, 유근, 정훈모, 이기, 김윤식, 김인식 등 10인)과 함께 "대황조신위(大皇祖神位)를 모시고 천제의 대례를 行하시고"[31], 단군포명서(檀君布明書)를 발포(發佈)했다.

이날은 "고려 원종 때 몽고의 침입으로부터 700여 년간 폐새(閉塞)된 고대 민족문화사의 맥이 단군교(대종교)를 통해 다시 연결되면서 대황조의 이념을 밝히는 중광(重光)의 원년이 된다"[32]고 한다.

그리고 8월 21일 처음으로 단군영정을 총본사에 봉안한 후 의례를 갖추어 제례를 올리고 국조(國祖) 단군의 개천(開天)을 또한 개국(開國)일로 정했다. 나철이 그해 12월 1일에 '백교지조(百敎之祖) 백교지종(百敎之宗)'의 기조(其祖)가 대황조라고 천명하고[33] 대황조봉안운동(大皇祖奉安運動)을 추진하면서 실천 강령인 오대종지를 발포했다.

그는 같은 해 12월에 도사교(道司敎)로 추대되었다. 국조 대황조사상의 맥을 이어가는 단체의 한 모습이 민족의 관심과 함께 세상에 알려졌다.

31　『대종교중광60년사』, 80쪽, 253쪽
32　김교헌, 『홍암신형조천기』, 대종교출판사, 2002, 177～178쪽, 『대종교중광 60년사』, 80, 93, 103쪽 그리고 박환, 위의 책, 47쪽, 정영훈, 「단군민족주의 前史」, 단군학연구, 제8호, 2003.6. 151쪽
33　「與日本總理大隈書」, 『대종교중광 60년사』, 248쪽, 249쪽

2. 단군교포명서의 구성분석과 나 철

이 단락에서 필자는 나철의 저서 『신리대전』[34]과 유작들에 유념하여 수행관의 전체적 틀을 살펴보고자 한다. 그의 유작들은 수행을 통해 한층 더 심화되어 영혼의 흔적으로 응축되었을 것이며, 단군교포명서에 관한 나철의 수행적 이해이자 사상적 영향으로 남겨진 것으로 판단되었기 때문이다. 그러한 자료들을 먼저 단군교포명서와 비교해 봄으로써 그의 사상이 어디에 있는가를 재발견하는데 초점이 주어졌다.

나철이 발포한 단군교포명서 내용의 특징은 정신문화사적 관점에서 재천명한 민족의 중광이념이다. 그 내용의 핵심은(분류한 후 요약해 보면) 여덟 가지〔①세계 일가사상 ②천신(天神) 대황조의 성육화(Incarnation) ③삼신일체사상 ④국조 대황조숭봉(崇奉) ⑤대교대도(大教大道)로서 종교의 조종(祖宗) ⑥도연원(道淵源)을 통한 단군조실사(檀君朝實史) ⑦단군성현들의 숭조사상고취 ⑧권선징악〕테제로 구성되었다.

①세계일가사상

"上帝께 呼訴하여 天國을 새로 열어 / 한 나라 한 神敎로 큰 지구를 統轄케 / 大小强弱 너 나를 한 집에 一體愛合 / 한 世界 한 道 빛에 天民同樂 萬萬代"(중광가 54장).[35]

34　나철의 저서 『신리대전』(1911.1.15)은 총 4장으로(총 216자 한자) 분류되었다. 그는 『三一神誥』의 「神訓」을 "神位(한얼 자리), 神道(한얼 도리), 神人(한얼 사람), 그리고 神敎(한얼 교화)"로 세분화시켜 해설해 놓았다. 그 책의 특징은 三·一사상을 종교철학적 차원에서 해석된 것이다.

35　『대종교 중광60년사』, 「중광가 10장」, 245쪽

세계일가사상은 오내종지 중에 애합종족(본고의 Ⅳ. 2. 4) 참조)에서 구체적으로 잘 표현되었다. 그 사상은 홍익인간이념이라는 세계윤리차원에서 본다면「신사기」에 나오는 인류오족근원설과 부합(符合)된다.[36]

② 천신(天神) 대황조의 성육화(Incarnation)

그리스도교의 성부가 사라진 신, 즉 격절신(隔絶神; deus otiosius)이지만『신사기』와『신리대전』신위(神位)편에 의하면, 대황조 성부가 직접 화육신(化育神)으로 강세(降世)했다는 것(降世神)이다. 나철은 이를 백두산제천문에서 "성령, 化肉人物, 人神化降, 天神返御"라고 표현했다.[37]

이는 세계에서 가히 찾아보기 어려운 성부의 성육화 신관이라고 할 수 있다. 성조(부) 대황조 성육화(聖肉化) 또는 이신화인(以神化人)은 대종교의 신관이자 세계적 신관으로서 독특하며 이 신관에는 인류를 위한 홍익인간, 제세이화라는 인류 평화의 보편적 이념이 내포되어 있기 때문이다. 그 이념은 독보적인 세계 생명철학이며 영원한 인류의 이상이자 안내서라고 할 수 있다.

③ 삼신일체사상

"天祖는 三神一體시니 桓因, 桓雄, 壇儉"이라는 데서 알 수 있고 또한 조화·교화·치화일체 사상이라고 한다.[38]

이와 동일한 사상이,「제고령사축문」[39],「천궁경하사」,「樂章文」,「중광가」26장,「대일본총리대외서」[40] 및 그 외「신리대전」신위(位)와

---

36 『역해종경4부합편』「신사기」,62쪽,「신리대전」, 82~83쪽

37 『대종교중광60년사』, 167~168쪽

38 『대종교중광60년사』,「의식규례 발포안」, 162쪽

39 『대종교중광60년사』, 169~171쪽,

40 『대종교중광60년사』, 172쪽(나철은「천궁경하사」에서 "교문을 세우니 이름하여 대종이요 현묘한 도의 근원은 삼일이다"(乃設教門曰大倧 玄妙之原道三一)라고 하였다, 191쪽.

신교(敎)편 그리고 「신사기」에서 언급되고 있다.[41]

④ 국조 대황조숭봉(崇奉)

"우리 天祖 檀君 … 대황조의 높은 恩功, 대황조의 크신 恩功, 대황조의 넓은 神化, 대황조의 자손된자, 형제·자매들아… 대황조께 向한 忠誠 변치 마세, 대황조의 베푼 神敎 빛내보세."[42]

국조단군을 찬사(讚辭)한 것은 이 외에도 많다. 「제고경사축문」, 「백두산제천문」, 「都司敎歲暮」, 「誓辭」 등은 대황조사상이 민족에게 미친 영향이 지대하였다는 것을 제시하고 있다.

⑤ 대교대도(大敎大道)로서 종교의 조종(祖宗)

"道淵源 찾아보라 가닥가닥 한배 빛 / 仙家에 天仙宗祖 釋迦에 帝釋尊崇 / 儒氏의 上帝臨汝 耶蘇의 耶和華와 / 回回의 天主信奉 실상은 한 한배님"[43]

도연원(道淵源)을 찾아 밝히며 동방의 역사를 설명하고 유불도 3교와 그리스도교, 이슬람교가 본래 가닥가닥 한배 빛이라고 설명되었다. 이와 유사한 내용의 글이 「儀式規例發布案」, 「천궁경하사」[44]에서 발견된다. 그리고 나철이 조천(朝天)하기 전에 일본인에게 유서로 남긴 「與日本總理大隈書」, 「與朝鮮總督寺內書」[45]를 보면, 단군사상

(나철은 藥章文 제 2장에 "主宰惟一이나 作用惟三이로다. 眞理微妙하여 萬有包涵이었다"고 함), 231, 246쪽

41 『역해종경4부 합편』, 49~102쪽
42 「단군가」, 『대종교중광 60년사』, 151~152쪽
43 『대종교중광 60년사』, 「중광가」10장, 223쪽
44 『대종교중광 60년사』, 160, 171쪽
45 『대종교중광 60년사』, 245, 248쪽

을 이어받은 대종교(大倧敎)가 민족 고유 종교로 표현되었다.

⑥ 도연원을 통한 단군조실사(檀君朝實史) 제시
중광가 9장('道脉이 千峯萬嶽'), 30장('道根源 千派萬流'), 16장('闡道玄妙 최치원…'), 9장「제고령사축문」등에는 대황조의 도(道)가 단군조실사로 설명되고 있다.[46]

⑦ 단군성현들의 숭조사상 고취
나철은 고령사에서 역대 선철선성(先哲先聖)들에게 제례를 올리면서 그들의 유업을 계승한다. 신교정신문화의 사관과 계보 그리고 숭조교본(崇祖敎本)의 정신을 제시한 것이다. 이에 나철은 단군의 후예이자 천민(天民)으로서 대동단결의식을 고취하고자 단단조(檀檀調)을 작사하여 남겼다.

"白頭山 돌아드니 檀君遺業 이 아닌가. 잃은 疆土 찾아내고 죽은 인민 살리랴면 아마도 檀君後裔로 一體檀檀."[47]

⑧ 권선징악[48]
이에 대한 언급이 「이세가 離世歌」[49]와 나철이 이등박문에게 보내

---

46   『대종교중광 60년사』, 223, 229, 234, 169~170쪽. 현대 지질학 및 천문학적 연구 자료를 통해 살펴볼 때, 인류문화의 발달은 1만 2천 년 이상 된 것으로 추정한다. Graham Hancock(김전환 옮김), 『신의 거울 』김영사, 2000년, 389, 395쪽 참조 바람
47   『대종교중광 60년사』, 「檀檀調」, 151쪽
48   『대종교중광 60년사』, 「단군교포명서」90~91쪽, "大皇祖 聖神께옵서 千子萬孫을 一視同仁하시와 勸善懲惡에 對하사 一人이 有善하면 衆人이 勸成하였다 하사 均賜其福하시며, 一人이 有惡하면 衆人이 勸沮치 못하였다 하사 同降其罰하시나니, 是以로 人의 善을 見커든 盡心表助할지어다."
49   『대종교중광 60년사』, 「離世歌」, 218~220쪽,

는 항의서한인「여이등박문서」[50]에도 들어있다.

   … "萬德門 들어가서 人間善惡 여짜올 때 奸詐코 惡毒한 者 容
恕없이 다스리며 正直코 착한 사람 保全하여 다 旺盛케 殺伐風塵
쓸어내고 道德世界새로 열어 보세."「離世歌」

인간의 문제를 선악(善惡)의 실천으로 보고 선에 대한 가치구현이
천의(天意)에 따른 도(道)와 덕(德)의 실천에 있다는 것을 알려준다.
   위와 같은 사례를 통해 볼 때 대종교 중광 이후 나철은 학문연구와
수행공부를 병진하여 그가 깨달은 바가 전반적으로 폭넓게 언급되었
다는 것을 발견할 수 있다. 그리고 그는 명산대천에 대황조의 정신문
화가 남겨진 곳을 순례하고 제천의례를 봉행했다[51]. 이러한 그의 행보
는 수행인의 실천적 덕목의 일면을 보여준 것이다.[52]
   특히 성부의 성육화, 삼신일체사상, 세계일가사상, 종교의 조종(祖
宗) 등이 대황조이며 그의 사상이 삼종일체(三宗一體)를 이루고 있음
을 알 수 있다.[53]

---

50   대종교중광60년사』, 26쪽. "孟子曰 作俑者는 其無後라 하니 盖惡其像人而
從於死耳라. 今我韓이 雖小나 顧其人口가 亦不下二千萬이오 而皆有血氣性命
하니 決非木偶之比也라."「與伊藤博文書」,『

51   『대종교중광 60년사』,「중광가」8, 14, 29, 44, 49, 51장,『대종교중광 60년
사』, 223, 225, 232, 241, 243, 244쪽

52   申哲鎬,『韓國重興宗敎 敎祖論 - 弘巖 羅喆 大宗師』, 한국새종교연구원,
각세출판사, 1979, 24쪽

53   『역해종경 4부 합편』, 신리대전, 신인(神人)편」, 64쪽, "天地三神 人之三宗
其義一也".
『대종교경전』, 468쪽

Ⅳ. 삼법수행(三法修行)과 오대종지(五大宗旨)

필자는 오대종지가 봉교인의 생활강령으로서 성통(性通)공부 (敬奉天神, 靜求利福, 誠修靈性)와 공완(功完)공부(愛合種族, 勤務産業)로 구성되었다고 본다. 전자가 정신과학이라면 후자는 자연과학이 된다.

양자의 합치(合致)가 사회 속에 함께 조화를 이루어 아우러져야 한다는 접화군생(接化群生)의 도(道)를 설명한 것이다. 본고는 성통공부에서 필요로 하는 삼법수행(三法修行)이 무엇인가부터 먼저 분석해 보고자 한다.

1. 삼법수행의 개요

오대종지가 삼법수행과 불가분의 관계를 가지고 있다고 판단되어 그에 대해 홍암의 관점에서 간략히 다루고자 한다.

『삼일신고』 '진리훈'에 인간의 천부적 성·명·정(性·命·精)의 참함 [三眞]이 출생하면서 심·기·신(心·氣·身)이라는 3가지 망령됨(三妄)이 뿌리내린다. 이 뿌리에서 온전히 벗어나기 위해 성품을 밝히고 사회에 공적을 쌓는 성통공완(性通功完) 공부가 기록되었고, 또 그런 공부를 통해 이르게 되는 길이 신인합일(神人合一) 또는 신인일체(神人一體)의 길임을 가르쳐 준다. 대종교에서는 삼망(三妄)을 물리치고 삼진(三眞)으로 되돌아가는(三眞歸一) 방법을 삼법수행이라고 한다.

삼법수행은 삼·일(三·一 : 一卽三 三卽一)의 참 이치인 성품을 궁구하는 공부이다. 그 수행은 지감(止感: 느낌을 그침), 조식(調息: 호흡을 고르게 함), 금촉(禁觸: 부딪침을 금함)을 말한다.

지감이 잡념(雜念)을 없애는 공부라고 비유한다면 금촉은 잡사(雜事)한 것을 멀리하는 공부이다. 이런 대칭적인 변화를 하나로 하고 그 하나를 다시 무(無)로 전환시키는 것이 조식이다.

그래서 지감, 금촉, 이 둘(二)은 변함의 다함이고 조식은 다함이 없는 一이기 때문에 감, 식, 촉은 하나이며 하나는 무에서 나온다. 즉 '삼일 이치'에서 三이라는 것은 無에서 一이 生하였고 一과 대등하고 비등한 것이 三이며 三은 一 이상인 숫자이다. 그러므로 三이 一이라는 것도 우주만유의 근본인 一에 귀착되기 때문에 二가 아니라는 뜻이다.

나철은 『신리대전』 제4장 「신교」 편에서 "대종(한배검)의 이치는 셋과 하나뿐이다"(大倧之理는 三一而已)[54]라고 하였다. 이러한 이치에서 수행자는 삼법 공부를 통해 인간의 성품을 흐리게 만드는 삼망에서 돌이켜(返妄卽眞)[55] 삼진에 되돌아가면(三眞歸一), 신의 기틀(조화의 기운)이 크게 발(發)하여(發大神機)[56] 궁극의 목적인 성통의 길에 다다르게 된다는 것이다. 다다른 그곳이 천계의 온갖 덕으로 들어갈 수 있는 문(萬德門)이라고 나철은 말했다.

"셋 하나 참 理致를 힘쓰라 工夫하라 / 十八지경 세 길로 妄에서 眞에 가면 / 五苦界 아주 떠나 四神機 바루 얻어 / 通性한 이 길 우에 萬德門 光明光明"[57]

54   『역해종경 4부 합편』 63쪽, 『대종교경전』, 469쪽, "大倧之理는 三一而已" 한 곬(뜻)으로 변화되어 감은 셋에 나아가는 것이고, 세 참함을 돌이킴은 하나에 나아가는 것이니, 셋에 나아가고 하나에 나아감으로써 한얼님께 합한다(一意化行은 所以卽三也 오 三眞會歸는 所以卽一也니 而三而一하여 以合于神). 『대종교경전』, 474쪽
55   참함과 망령됨이 서로 맞서 세길(三途)을 지어 18경계를 이룬다. 즉 느낌(感)에는 "기쁨, 두려움, 슬픔, 성냄, 탐냄, 싫음, 숨쉼(息)에는 향내, 술내, 추위, 더위, 마름, 축축함 그리고 부딪침(觸)에는 소리, 빛깔, 냄새, 맛, 음탕, 닿음"이 있다. 봉우 권태훈, 안기석 외 『천부경의 비밀과 백두산족의 문화』, 정신세계사, 서울 1989, 190쪽
56   대종교교리에 의하면, 大氣는 다시 四大神機(見, 聞, 知, 行)로 나누어서 見神機, 聞神機, 知神機, 行神機로 분석되었다.
57   「중광가 34장」, 『대종교중광 60년사』, 236쪽, 홍암은 「이세가」에서도 '만덕문(萬德門)'의 용어를 사용했다. 하지만 『삼일신고』 제3장 천궁훈(天宮訓)과 「신사기」 '교화' 편에는 만덕문 대신 문만덕(門萬德)으로 기록되었다.

나철이 중요시한 삼법수행의 출처는『삼일신고』의 오훈(五訓)[58] 중 제5장 진리훈에서 찾을 수 있다. 그리고 '삼일이치'와 '반망즉진'과 같은 내용이『신리대전』제4장 신교(神敎)에 나온다.[59] 오늘날의 삼법수행은 홍익인간의 이념을 구현하는 데 필요한 절차탁마(切磋琢磨)로서 누구나 쉽게 접할 수 있는 대중화의 길을 열어놓았다. 그 예로서 80년대부터 시작된 단(丹)의 열풍은 민족의 자긍심을 다시 밝혀주었고 나아가 상고사에 관심을 가지도록 이어졌다고 할 수 있다.

2. 오대종지분석

홍익인간의 이념에서 태동한 오대종지가 인류의 보편적 선(善)을 추구하는 사상으로 나철의 수행과 수행관이 상호 어떻게 연관성을 지니고 있는가를 다루고자 한다.

1) 경봉천신(敬奉天神)

홍암은「백두산천제문」에서 언급하기를, 국조 '한배검에 대한 불경불성'(不敬不誠)이 "망국의 노예백성(奴隷種族)으로 고통받는 원인"이자 그에 관한 결과로 보았다.[60] 그뿐만 아니라 그는 '역대제국들이 대황조를 신봉(信奉)하고 그의 가르침을 받들 때는 번창했고 그리하지

58　오훈: 天訓(천훈, 36자), 神訓(신훈, 51자), 천궁훈(天宮訓, 40자), 세계훈(世界訓, 72자), 진리훈(眞理訓, 167자, 총 366자로 구성됨

59　천부경, 삼일신고를 암기하는 것과 修行詩, 死生詩 등은 수행의 매개체로 사용되나 가장 간략한 독송수행법중의 하나가 각사(覺辭)이다. 그 외에 수행할 때 '專修研三眞理 普求離五苦界'라고 써 붙인다고 한다.

60　"…于于蠢蠢이 不敬不誠하니 慢天瀆神에 仍廢祀典이라 … 罔知悔改에 靡家靡國이라 … 奴隷種族이오 魚肉生民이라"…『대종교중광 60년사』, 168쪽

못하면 쇠망했다'고 충고했다.[61]

천신(한배검)을 받들어 공경한다는 것은 대황조의 가르침을 받들어 행한다는 것과 같다. 그것을 임금이 잘 받들면 성품이 밝아져서 밝은 정치를 하게 되고 백성은 선을 행할 것이다. 그 가르침에는 수행 사상이 내재돼 있어 수행을 통해 천지인의 이치를 깨닫게 된다고 홍암은 판단했기 때문이다. 그는 대황조 사상이 범국민적, 국가적 차원에서 실행돼야 할 사안으로 인식하고 대황조봉안(奉安)운동을 주장했다.

2) 정구이복(靜求利福)[62]

기유(己酉: 1909)년 2월 18일 새벽에 나철은 수행공부 중에 스물 두 자의 밀계(密誡)를 영감으로 받았다.

"純曰道(순왈도) 一曰誠(일일성) 勿作事(물작사) 勿服飾(물복식)
道者靜(도자정) 誠者儉(성자검) 不自欺通(부자기통)"[63]

순수한 것을 도(道)라고 한다. 하루하루 정성을 다하라. 일을 꾸며 만들어 내지 않고 (화려한) 옷으로 꾸미지 말라. (그러한) 도는 고요함이요, 정성은 영검(靈儉)이니 스스로(자신)를 속이지 않음으로써 통하는 것이다.

그리고 1916년 조천(朝天)하기 전 삼성사에서 중광가 35장에 남긴

---

61   부록「단군교포명서」참조 또는『대종교중광 60년사』, 81~91쪽
62   새롭게 발견된『단군교오대종지서』를 보면 '정구이복'이라는 개념이 본래는 '안고기토'(安固基土)였다고 한다. 倍達故土回復이라는 전제조건으로 연구된 관점은 흥미롭다. 김동환,「대종교와 홍익사상」,『국학연구』7집, 국학연구소, 2002, 301~307쪽 참조
63   『대종교중광 60년사』, 150쪽,『대종교경전』, 826쪽

글을 보자.

"네 眞性 求할 때 皎皎한 저 달 보라 / 한 달이 各各 물에 똑같이 찍혔건만 / 고요코 맑은 물엔 맑은 빛이 훤앙청 / 흔들고 흐린 물엔 흐린 빛이 어스름"[64]

위에 제시된 글은 수행자가 지녀야 할 마음 자세를 설명한 것이다. 순수한 마음으로 행하기를 끊임이 없어야 한다. 그러한 길은 심성(心性)을 밝히는[65] 것으로 밝은 달빛이 고요한(靜) 물 위에 비치나 물의 청탁(淸濁)에 따라 그 빛이 다르고, 바람이 불면 수면이 동(動)하여 물 위에 떠 있는 밝은 달이 제대로 보이지 않는다. 지감과 금촉을 통한 조식이 고요함의 극치인 무(無)에 이르면[66] 내면의 거울인 마음이 점차 명경지수(明鏡止水)처럼 밝아질 수 있음을 암시하고 있다.

심파(心波)의 안정(安靖)은 내적 평화와 행복을 추구하는 동시에 성품을 밝히는 길로 이어진다.

3) 성수영성(誠修靈性)

성수영성은 정구이복의 연장선에 있으며 일관(一貫)된 마음으로 불

---

64   『대종교중광 60년사』, 「중광가 35장」, 237쪽
65   물리학자 Roger Penrose는 심성(mentality)을 과학적 방법으로 양자역학이 정신- 육체문제와 잠재성 현실화에 어떠한 관계를 가지고 있는가를 연구하고 있다. 자세한 것은 로저 펜로즈 외 3인(김성원, 최명희 옮김), 『우주 · 양자 · 마음』, 사이엔스 북스 , 2002년, 177~194쪽 참조
66   물리학자 서스킨드(Susskind)는 "무(無)를 알면 모든 것을 안다"고 말했다. 무(nothing)는 인간의 뇌에서 나온 가장 풍부한 개념이다. 마음속에 무를 찾는 것은 마음의 그림자를 없애는 것이다. 트리언(E. Tryon)의 주장대로 "우주의 근본적인 성질을 모두 더하면 '0'이 된다는 것은 놀라운 일이다." 펜로즈, 위의 책, 217쪽

228

휴불식(不休不息)하고 정일(精一)[67] 집중(＝允執厥中)하는 데 그 대의
가 있다는 것을 나철의 유작에서 찾아보자.

홍암은 1909년 12월 30「세모소감」(歲暮所感)을 통해 자신의 수행
하는 모습을 언급했다.

　…"閉門修道(폐문수도)　篤誠崇奉(독성숭봉)　一念一事(일념일사)
只在修道上(지재수도상)　一言一辭(일언일사)　只在養德邊(지재양덕
변)."[68]

　문을 닫고 정성을 다하여 도(道: 마음)를 닦으라. 마음을 오로지 하
나로 하여 도를 닦음이 상(上)이요, 한마디 말과 글은 덕을 기르는 것
으로 그 다음이다.

　'덕'을 기르는 것이 그 다음(邊)이라는 것은 무엇인가? 덕이 도의
중심에 서있는 것이 아니라는 것이다. 그래서 사람은 먼저 도와 덕을
논하고 도·덕이라고 하면서 도덕의 실천을 주장한다. 이에 관한 안
목을 넓혀주는 글이 있다. 대학(大學)장에서 도가 뜻하는 궁극의 목적
과 실천이 설명돼 있기 때문이다.

　"大學之道在明明德在新民在止於至善"[69]
　"大學之　道　在明明　德在新　民在止於至善"으로 현토(懸吐)해서
풀이해 보면,

67　정(精)은 혈기의 운행을 원활하게 하는 생명의 요소이며 수행에 있어 성(性)과
명(命)을 닦는 데 중요한 에너지다. 안병로, 「강증산의 정혼사상」, 『종교연구』 제26
집, 115～120쪽 참조
68　『대종교중광 60년사』, 153쪽
69　성백효(역주), 『大學·中庸 集註』, 전통문화연구회, 1999, 23쪽

대학의 도는 본래 밝은 성품(性稟)을 다시 밝히는 것이며 덕은 날로 새롭게 하는데 있고 백성(民)은 지극한 선에 머무는 것이다.

덕은 그 본래의 뜻을 항상 새롭게 함양시켜 실행하는 데 있고 그로 인해 형성되어가는 선은 나 그리고 이웃사랑으로부터 시작하여 인류 공동의 최고선으로 이어진다. 그러므로 선·덕(또는 善·政)을 베풀어 나가는 모든 행위는 또한 대학의 도를 조금 더 가깝게 지향해 나가는 것으로 홍익, 홍제의 원동력이며 추동력이 된다.

그 밖에도 나철이 「密諭」에 교우 형제자매들에게 남긴 당부의 글은 이러하다.

…(안으로는) "안정(安靖)으로써 몸을 닦으며(修身) 청직(淸直)으로 써 뜻을 가지고…인지(仁智:)를 닦으며, 밖으로는 신의(信誼)로 사귀 고 진실한 정성(精誠)은 팔관(八關)의 재계(齋誡)가 있고, 두터운 풍 속은 또한 구서(九誓)의 예식을 전해오니[70], 삼법(三法)을 힘써 행하여

---

70 『대종교중광 60년사』, 211~212쪽

구서: 夫餘古俗에 봄·가을에 모여 나이 차례로(序齒禮) 앉아 9가지의 맹서〔어버 이에게 효도하지 않는 이를 내친다(黜不孝), 형제끼리 우애하지 않는 이를 내친다 (黜不友), 친한 벗에게 믿읍지 않는 이를 내친다(黜不信), 나라에 충성하지 않는 이 를 내친다(黜下忠), 어른께 공손하지 않는 이를 내친다(黜不遜), 공익사업에 서로 힘 쓰자(勉德業), 허물이 있으면 서로 경계하자(規過失), 환란이 있으면 서로 구휼하자 (恤患難), 예속을 이루어서 함께 두터운데 돌아가자(成禮俗同歸于厚)〕를 함께 읽은 후 모두 두 번 절하는 큰 예식이었다.

팔관: 고려 때 임금과 백성이 한 가지로 한얼께 제사하되 여덟 가지 허물(勿殺生: 생 물(生物)을 죽이는 것, 勿愉盜: 도적질하는 것, 勿淫迷: 음란(淫亂)하는 것, 勿忘 語: 망령(妄侫)되게 말하는 것, 勿飮酒: 술을 마시는 것, 勿座高床: 높은 평상에 앉는 것,勿着香華: 비단옷을 입는 것, 勿自樂觀聽: 함부로 듣·봄을 즐기는 것) 들을 금하자는 예식이었으며 이를 팔관재(八關齋) 또는 여덟 가지의 서사(誓辭)라고 했다. 구서와 팔관은 현 대종교조직의 규약에 들어 있다.『대종교요감』, 340~341 쪽,「홍암신형조천기」, 153쪽,『대종교경전』, 841쪽,

먼저 욕심물결(慾浪)을 가라앉음을 도모하며 한 뜻을 확실히 세워 스스로 깨닫는 문(自得覺門)이 열림을 얻게 하라"[71].

욕심물결을 가라앉혀서 고요한 마음으로 수신하고 청렴과 강직한 성품으로(淸直) 한 뜻을 확고히 세우되… 어질고 지혜로움(仁智)을 갖추어야 하며, 밖으로는 돈독한 믿음(信誼)을 가지고 사람을 대하라. 정성은 옛날부터 전래되는 미풍양속인 팔관재(八關齋)와 구서(九誓)의 예를 본으로 삼으라. 그리고 수행에 정진하여 스스로 깨달아 신의 세계로 찾아 들어가야 하는 문이(自得覺門) 열리게 하라고 한다.

신앙인들은 자신들이 믿는 신에게 기도하여 원하는 것이 이루어지길 바란다. 그 반면에 나철은 '자득각문'을 권유하기를 아래와 같이 했다.

"工夫한 兄弟姉妹 三法 먼저 배우되 / 한배의 소리기운 밖에서 求치 말고 / 네 神府 恭敬하라 네 靈臺 밝히어라 / 玄玄코 精一하면 한울사람 한 旨趣."[72]

여기서 "한배(검)의 소리기운 밖에서 구하지 말라"고 한 그 소리의 기운은 무엇일까? 삼일신고 '신훈' 편을 보면, …"自性求子 降在爾腦"(…저마다 지닌 본성에서 씨알을 구하라. 머릿골 속에 내려와 있다)[73]고 했다. 한배검의 소리는 대황조의 가르침인 수행 공부이며 한배검의 기운은 하늘로부터 부여받은 각자의 밝은 씨알(本然之性)이라고 할 수 있다. 그 씨알은(·主宰主)[74] 원래의 나(我)이며 나의 밝은 성품이며 각자

---

71 『대종교경전』, 840~841쪽, 『홍암신형조천기』, 153쪽, 『대종교중광 60년사』, 210~212쪽

72 「중광가 35장」, 『대종교중광 60년사』, 236~237쪽

73 『삼일신고』, 제 2장 「신훈」, 안기석 외, 같은 책, 186쪽

74 선가(仙家)수련단체에서 '나'라는 것은 본래의 나(眞我) 스스로라고 풀이한다. 구원의 문제는 자신의 문제로 본다는 것이다. 예를 들면, 예수는 "내가 길이요 생명

의 머리 골속(神府)에 들어 있다. 세상의 모든 업(욕심)으로 가려진 때를 벗겨서 본래의 나(眞我)를 구하고 찾는 길이 나를 통해, 나의 수행을 통해 이루어진다는 것을 알 수 있다. 그와 같은 길을 추구하면 스스로 혜각의 문(性通)이 열릴 수 있고 내재적 신과의 만남, 즉 내재적 신성을 밝히는 것[75]이다.

… "一神攸居에는 群靈諸哲護侍하며 大吉祥 大光明處라 惟性通功完者라야 朝하여 永得快樂하리라: 하느님이 계신 곳에는 뭇 신령과 모든 밝은 이들이 모시고 있으며, 그곳은 크게 복되고 상서로운 곳이요, 지극히 빛나는 곳이라. 오로지 자성을 통하고 모든 공적을 이룬 사람이라야, 이 하늘 궁전에 나아가서 영원히 쾌락을 얻을지니라."[76]

참의 경지를 구하고자 공부하는 자에게 제시한 것이 먼저 '자성구자'의 수행공부이다. 이 '성통공부'를 마친 후 사회에 진출하여 공동체의 업적과 함께 이루어져야 온갖 덕으로써 들어가는 문(門萬德)에서 가히 공적을 완전히 이룬 '공완'이라고 말할 수 있다. 이는 삼일신고 제3장 천궁훈에서 재확인할 수 있다. 따라서 자력수행과 공공의 복리를 위한 사회활동이 인류 최고의 아름다움인 선봉행(善奉行)으로 병진되어야 표리본말(表裏本末)이라는 천리에 부합된다. 전자가 비존재적(형이상학적이자 정신적) 우주 생명의 그물이라면 후자는 인류공동체

이니 나로 말미암지는 않고는 아버지에게로 올 자가 없다"고 말했다. 「요한복음」 14장 6절, 대한성서공회, 『성경전서』 1974, 172쪽

75 독일 신비주의 신학자 엑하르트(M. Eckhard)는 변화 자체로서의 절대 신(神)은 인격적, 비인격적 신의 범위를 넘어선다. '역(易)' 자체인 신은 인격적이며 동시에 비인격적인 신이기 때문이다. 그는 "신성의 최고 형태는 신성으로 삼위일체 신을 넘어서는 것이다."라고 했다. 이정용, 『易의 신학』, 대한기독교서회, 1998, 46쪽

76 「삼일신고」 제3장, 천궁훈, 『대종교경전』, 46쪽, 봉우 권태훈, 안기석 외, 위의 책, 187쪽

의 존재적(형이하학적이자 물질적) 관계의 그물망이다.[77]

수행은 천부적 성품을 밝히는 형이상학(心) 공부이자 순수의식혁명인 정신과학이며 자연과학은 존재의 이치를 궁구하는 형이하학(物)의 공부이기 때문에 심물합치(心物合致)의 공부 즉, 종교(정신공부)와 과학이 통합적으로 이루어질 때[78] 지상천국의 구현이 가능할 것이다. 마음(心)과 물질(物)이 대칭을 이루고 있는 것같이 보이나 실제는 하나(合一)로 보고 그 쓰임이 조화와 융화의 인자(因子)로서 인간 행복을 추구하는 공부가 형이중학((形而中學)이라고 할 수 있다.

이 세 가지 학문을 완성한 성통공완자가 나와서 인류평화에 이바지하길 인류는 기대한다. 여기에 우리가 말하는 진정한 홍익(弘益), 홍제(弘濟)의 대도를 이끄는 성수영성의 중요성이 있다.

4) 애합종족(愛合種族)

"奉敎人은 本國古來에 忠烈·英豪의 神明을 모두 崇敬할 것이오. 비록 他國의 賢聖 및 敎門들도 또한 敬待할 것이라." [79]

…"너 나를 한집에 一體愛合 / 한世界 한道에 天民同樂 萬萬代"[80]

77　명심보감을 보면, 하늘의 그물이 넓고 넓어서 보이지는 않으나 새지 않는다(天網恢恢 疎而不漏)는 말이 있다. DNA 구성을 분석판독하고 공학기술의 발달로 직경 0.1mm보다 작은 유리섬유 하나에 3만회선 이상의 음성통신이 가능하다. 우주가 만든 통신선과 비교할 수 있겠는가. 우주의 통신선은 신과 인간의 영성적 통신망이자 정신과학의 네트워크이다. 최민자,『직접시대』, 범한, 2001, 118~119쪽 참조 바람
78　캔 윌버(조효남 역),『감각과 영혼의 만남』, 범양사, 서울, 2000, 39~64쪽 참조 바람
79　「봉교과규」,『대종교중광 60년사』, 101쪽.
80　「중광가」 54장,『대종교중광 60년사』, 245쪽.

나철의 애합종족의 종지(宗旨)를 통해 그 당시의 시대적 상황을 분석해 본다면, 외세의 다양한 영향으로 인해 분열된 민족에게 단결을 촉구했고 단군사상을 통해 종교사회문화적인 대통합을 추구했을 것이다. 그러한 종지가 광의적인 차원에서는 홍익인간사상의 근본과 비교되며 인류오족근원설(人類九族根源說)에 근간을 두고 있다.[81]

즉, 대황조에게 가르침을 받은 우수한 인물들을 다른 여러 종족들에게 보내어 짐승과 다름없이 살고 있는 인간을 만물의 영장답게 살도록 가르쳤다는 설이다. 대종교의 「봉교과규」에서 기록된 다른 또 하나를 소개한다.

"奉敎人은 비록 敎外人 이나 域外人을 對하여도 반드시 溫恭謙和(온공겸화)로서 相待(상대)하고 결코 輕侮(경모)와 歧視(기시)가 없을 것"[82]이다.

일제의 압정(壓政)하에서도 나철은 대황조의 대도를 보여준다. 타종교인과 타(외)국인에게도 온공겸화로 대하라고 한 것은 서양의 그리스도교와 상반되고 있다. 그리스도교가 타(他) 종교를 우상이라고 여기고 타종교문화를 파괴하는 것에 반해 나철은 타인과 남의 것을 동시에 존중하라고 하였다.

이러한 도(道)야 말로 인류 평화를 추구할 수 있어 각 지역의 풍토와 특색에 맞게 평화롭고 행복하게 살게 하는 길이다. 그것은 다양한

---

81 인류의 시조가 나반(那般)과 아만(阿曼)이라고 『神事記』의 「造化紀」 편에 설명되었다. 인류는 처음에 오족(五族 :黃·白·玄·赤·藍)에서 구족으로 번성하였고 오족 중에 황인족이 크게 번창하여 개마산 남쪽에 양족(陽·族), 동쪽에 간족(干族), 북쪽의 속말(粟末, 송화강)에 방족(方族), 서쪽에 견족(畎族)으로 퍼졌다고 한다. 『역해종경사 부합편』, 79~83쪽.

82 『대종교중광60년사』, 101쪽, 대종교총본사, 『홍암신형조천기』, 대종교출판사 서울, 2002, 164쪽.

꽃들이 대자연속에 아름다운 조화를 이루는 것과 같다. 그러한 조화적 융화의 길이 호생지덕(好生之德)으로 세계일가를 이루는 첩경이 아닐까 한다.

…"암흑의 빛을 다 쓸고 好生한 天意받아 道德平和 부를 때 / 天神道 明明한 빛 全世界 同輝하되."[83]

우리의 땅에 한배검의 가르침인 홍익인간 이념이(天神道) 다시 밝혀질 것이라고 인도의 라빈드 라나드 타고르는 말했다.

"아시아의 빛나는 황금시대에 코리아는 그 등불을 밝힌 한 주인공이었다. 그 등불이 다시 켜지는 날 동방은 찬란히 세계를 비치리. …내 마음의 조국 코리아여 깨어나소서."

여기서 주목할 것은 언제 코리아가 아시아의 등불이 되어 황금시대를 이루었는지? 언제 그 등불이 다시 밝히게 되는지? 왜 타고르는 한국의 각성을 촉구했는지? 이에 대해 우리는 큰 의문을 가지고 숙고해야 할 것이다.

5) 근무산업(勤務産業)

근무산업은 정신노동과 육체노동이 포함된 산업 활동이라고 할 수 있다. 산업현장에서 인간의 정신과 도구가 하나 되어 경제적 가치를 새롭게 생산하기 때문이다. 침략적 열강들의 신기술을 목격한 홍암 나철은 그들과의 대등한 힘의 균형을 유지하기 위해서는 산업발전(기술)이 꼭

---

83 『중광가』42장」,『대종교중광60년사』, 240쪽

필요하고, 진정한 강국의 모습은 정신문화인 형이상학(心)과 물질문명인 형이하학(物)의 발전이 분리되지 않는다고 판단했을 것이다.

즉 세계의 부강한 나라, 진정한 지도국이 되려면 정신과학과 자연과학이 상호 공존적으로 발전되어 인류의 평화를 위하여 사용되어야 한다는 것이다. 그러한 관점에서 나철은 단군사상 운동의 전개가 타문화의 정신적 노예근성으로부터 벗어날 수 있고, 나아가서는 새로운 민족문화 창달의 원동력으로 거듭 태어날 수 있는 길로 보았다고 생각한다.

하루하루 정성을 다해 도(생명철학)를 닦는 것(密誠 참조)은 정신과학을 발전시키는 정신 산업과 무관하지 않다. 정신과학은 인식의 폭을 넓혀주고 잠재능력을 발휘시켜 신기술을 창출해 내는 데 협력한다. 이러한 근무산업은 정신과학과 자연과학의 토대 위에서 산업 활동을 촉진시키는 것이며 나와 가정을 자력으로 지키게 하며 국력신장에도 일조하게 된다.

그와 같은 산업 활동은 또한 행선(行善, 行禪)의 역할로서 사회를 밝게 할 것이다. 심물합치(心物合致)라는 경계의 끈을 추호도 놓을 수 없는 이유가 여기에 있지 않을까 한다!

오대종지 중에 '근무산업'이 없었다면 오대종지는 구두선(口頭仙)에 머물렀을 것이다.[84]

종합해 보면, 경봉천신에서는 대황조를 계례의 국조로서 숭봉하고 그의 가르침을 계승해야 한다는 것이 강조되었다고 본다. 정구이복은 명상의 과정과 유사하고 성수영성은 수행을 통해 참 본성을 깨우쳐가는 높은 계제의 길을 설명했다. 특히 성통은 수행(道)의 완성이요, 공완의 길은 사회에 적극적으로 참여하여 홍익, 홍제하는데 덕(德)으로 할 것을 암시한 것이라고 할 수 있다.

---

84 "영혼 없는 몸이 죽은 것 같이 행함이 없는 믿음은 죽은 것이다."「야고보서」, 2장 26절

이런 과정을 통해 드러난 애합종족의 실천은 초종교적 차원에서 인류평화를 구현하는 인자(因子)이자 수행인의 도덕(道德)성을 제시한 것이라고 생각된다. 근무산업은 현대적 측면에서 보아도 공완의 실천장으로 애합종족을 이루는 데 큰 추동력이라고 할 수 있다.

3. 문제점과 과제

풍전등화와 같은 국가적 위기상황에 처한 시기에 나철이 선현들을 통해 끊어지지 않고 면면히(綿綿不絶) 이어져 내려오고 있는 한배검의 사상을 거듭 밝히(重光)고 단군교포명서에 의거한 대황조 사상운동을 펼치는 총책임자로 자리매김했다. 이로 인해 그러한 국민적 운동이 성화 불로 점화되어 백성들에게 희망의 빛으로 드러났다.

그 운동은 먼저 백성을 한배검사상으로 교화시키고 전통문화의 정체성과 민족혼을 부활시키며 민족을 하나로 뭉치게 하는 데 있었다. 1910년 8월 5일 나철은 '단군교명'을 폐지하고 '대종교'(大倧敎)로 개명[85]하고 그의 책임을 다하기 위해 총력을 기울인다.

하지만 경술국치를 맞이하여 중광의 성숙을 위한 민족의 시련과 혹독한 담금질이 시작되었다. 나철이 그렇게 일관되게 이끌어 간 궁극의 목적의식은 민족사의 밝은 선현(先賢) 성철(聖哲)들의 정신을 이어받아 힘을 육성하여 민족의 독립을 성취하는데 있었다. 당시의 대종교총본사는 한일합방이라는 비운 속에서도 항일운동단체의 정신적 구심점을 이루었다.

---

85   개명이유: 대종(大倧)은 한검의 한자표기이며 일반 단군명사이전의 천신단군이자 삼신명사를 의미하기도 하다. 그리고 일제가 예의주시하는 '단군'개념을 표면화하지 않기 위함이었다고 한다. 『대종교중광 60년사』, 156~157쪽, 160, 253 쪽. 대종교는 1958년 음력 4월 18일(민족종교 제 1호로) 재단법인설립 인가를 받았다. 『대종교요감』, 382쪽

나철은 국수망이도가존(國雖亡而道可存)의 신념을 가지고 대종교 중광에 혼신을 다한다. 민족정신은 민족이 존재하는 근거 즉, 흙과 나무의 뿌리와 같다. 국혼이 살아나야 민족의 정체성이 살아난다. 유구한 우리의 정신문화와 국도(國道)가 선진문화로서 살아 있으니 세계의 강국이 될 수 있다고 민족에게 알렸다.

나철의 중광운동은 직간접적으로 활동하는 항일독립 운동가들에게 정신적 지주역할을 담지(擔持)하였고, 민족사에 잊히지 않는 '빛과 소금'으로 민중의 지팡이가 되었다. 그뿐만 아니라 그의 정치종교·사회문화적인 행보는 인류의 보편적 염원인 홍익사상으로 승화되어 전개되었다.

그러한 나철의 행보는 대내외 비운이 겹친 구한말 격동기의 근대 종교사는 물론 세계 종교(철학)사에서도 타의 추종을 불허하는, 찾아보기 극히 어려운 대종교사상의 고유한 특징이다. 기존의 종교창시자와는 근본적으로 특이하게 다른 것이 바로 그것이다. 홍암은 20세기 한국문예부흥운동을 이끈 한 사실주의적 지도자가 되었다고 그의 사상은 자연스럽게 단군(또는 국학)사상의 단초를 제공했다.

그러므로 나철이 이끈 중광운동은 모든 신학과 철학사상을 총괄하면서도 그 범위를 뛰어넘은 것으로서 21세기에 회자(膾炙)되는 초종교[86] 사상운동을 약 100년 전에 태동시킨 세계 최초의 동인(動因)이자 추동력이며 세계평화의 인자(因子) 역할이라고 분석된다.

나철이 세계종교사 중 가장 먼저 인류를 사랑하는 보편적 종교, 종교 아닌 종교 즉, 초종교로서 각광(脚光)받을 수 있는 토대를 이미 제창했기 때문이다. 이러한 운동은 21세기 정치종교문화사의 금자탑으로 분석될 수 있어 시사하는 바가 크다고 하겠다.

---

86 1970년도에 과학자들에게 사용된 탈 종교적 제3의 문화라는 말이 사용되었다. 하지만 제3의 문화가 종교적인 측면에서 제3의 종교 또는 초종교로 적극 해석되었다. 초종교(Meta-Religion)에 대한 연구검토가 오늘날 필요하다. 김진, 『종교문화의 이해』, 울산대, 1998, 216~224쪽 참조.

1) 종교문화의 조종

유불선, 이슬람교와 그리스도교의 하늘(천신)신앙 모두가 대황조의 한 빛에서 나왔다고 나철이 설명했으나 그 분야에 보다 구체적인 연구가 요청된다. 오직 대종교사상이자 이념으로 보기에는 그 문화사적 틀이 광대하고 우주사적이기에 더욱 그러하다.

그리고 그 이념이 실증적 역사에 연관되는 것처럼 설명되고 있어 인류사적 관점에서 세계적인 안목을 가지고 다양한 전문적인 분야에서 다루어져야 할 사안이라고 생각된다.

2) 제2의 중광운동(重光運動)

나철은 민족사관을 바로보기를 위해 화석화된 모화사상에서 벗어나서 대륙사관으로 의식이 전환되어야 한다는 것을 주장하면서 고대 민족문화사의 관심을 촉구했다. 그의 종교적 구원은 외부에 있지 않고 인간의 내면에 있다고 민족의 경전인 '삼일신고'를 예로 든다.

자성구자하고 성통공완에 이르는 길이 구복 신앙의 차원을 넘어선 오대종지의 생활철학에 내재되어 있다는 것을 살펴보았다. 인류의 영성 회복과 신과의 만남이 내 안에 있다는 것을 제시한 홍암은 의식 전환의 혁명을 주도하면서 신인합일의 가능성을 제시했다.

그리고 그는 단군사상의 중광을 통해 반상의 구별을 없애는 사회개혁을 시도했다. 그러한 개혁의식은 대종교의 '봉교과규'(예: 如同一家之兄弟姉妹)와 '중광가' 54장(一家一體愛合) 등에 잘 드러나 있다.

이와 같이 나철이 천명을 다해 노력한 중광운동이 오늘날 제2의 중광운동으로 승계되고 재천명 되어야 할 과제이다. 그런 과제를 집중적으로 담당하는 교육 기관육성 및 상고사 연구와 단군사상과 문화에 대한 분석이 요청된다.

1980년도 중반에 단학에 관한 관심과 열풍이 전국적으로 확산되면서 상고사의 문제점을 반영하여 다시 제기하였다고 할 수 있다. 이것은 또한 우리 정신문화의 새로운 계몽시대로 접어들었다고 본다. 삼법수행의 대중화를 알리고 정신문화를 발흥시키는 것은 제2의 중광운동과 무관하지는 않은 것 같다.

또 자성구자의 길은 누구나 할 수 있는 초종교적 실천 이념이라고 말할 수 있다. 어릴 때부터 그러한 이념을 실행할 수 있는 범국민적 운동과 교육의 시작은 자기 자신은 물론 보다 밝은 사회와 국가 발전에 이바지할 수 있을 것으로 생각된다.

3) 개천(開天)절에 대한 재인식

세계 각국에서 자국의 개국을(정확히 찾으려고 애쓰며) 국경일로 정하고 경축하는 나라는 찾아보기 어렵다. 더욱더 천민(天民) 의식을 가진 민족도 없고 하느님이 하늘의 문을 열고(開天) 직접 인간으로 화생하여 삼신일체, 삼위일체, 삼종일체 사상을 통해 조·교·치화로 인류의 오족을 최초로 교육시켜 제도하고 홍익, 홍제이념으로 단군의 나라를 세웠다(開國)는 (역사를 전재로 한) 신화는 지구상에 찾아볼 수 없다.

나철은 부여된 사명을 다하고자 중광자로서 천제를 올리고 개천절을 경축하였다. 그는 필생의 염원인 중광 사상을 「중광가」 1장에서 '우리 한배'에게 한배의 밝은 빛을 만만세 밝혀지기를 먼저 고했다. 그 다음 2장에서는 개천절 날짜가 제시되었다.

… "처음 빛은 어느 때뇨 첫 甲子 上달 上날 / 한울 열고 교 세운 赫赫上帝 나리사"[87]…

---

87   대종교종경편수위원회, 『대종교중광60년사』, 「백두산제천문」, 동진문화사, 서

(상원) 갑자년 갑자월 갑자일이 대황조가 개천한 날이라고 기록했다.

1984년 단(丹)열풍의 주인공이자 대종교 전 총전교였던 봉우 권태훈 옹(翁)의 말을 들어보자.

"단군시대의 연대가 중국 요순시대와 같다고 보는 것은 우리의 가장 큰 역사적 결함이다. 우리가 본 바로는 현재 단군기원(檀君紀元)보다 304년을 더한 갑자(甲子)년, 갑자(甲子)월, 갑자(甲子)일, 갑자(甲子)시가 올바른 단군기원이라고 확언해둔다."[88]

개천절에 대한 적극적인 연구가 국가적인 차원에서 검토되어 민족의 정체성과 주체성을 회복해야 하는 당위성이 헌법에도 명시되어 있어 귀취가 주목된다.

V. 결론

많은 사람들이 이미 파악하고 있듯이 근대화의 소용돌이 속에서도 홍암 나철은 민족혼의 봉화불로, 중광의 총책임자로 역사의 광장에서 활동했다. 그는 통곡하는 민족의 혼과 비통함에 빠진 백성들의 큰 상처를 자신의 가슴속에 깊게 새겼다. 나철의 염원은 민족이 바라는 바이며 그의 중광 사상은 국조 대황조 사상을 펼치는 것이었다.

그는 국조 단군사상을 이어받은 선현들의 추모문화가 숭조교본의 정신이며 그의 사상과 문화가 국망 성쇠의 황금률이라고 주장했다. 대황조가 종교문화의 조종이 되며 그의 건국이념이 국혼을 살리고 나

울, 221, 167쪽

88   봉우 권태훈, 『백두산족에게 告함』, 정신세계사, 1989, 69쪽

아가서는 동양 평화의 핵심이자 사해동포주의를 구현힐 수 있는 세계 평화 추동력의 인자(因子)로 나철은 보았기 때문이다. 홍암의 일생이 말하듯이 그는 최후의 일각까지 국가의 장래를 대황조에게 원도(願 禱)하고, 민족혼을 되살리기 위해 성화 불로 거듭 태어나 홍익, 홍제 의 이념을 오대종지를 통해 실천하려고 노력했다.

그의 정일(精一)수행 사상은 단군사상을 이어받은 전통적 선가의 윤집기중(允執其中) 또는 유정유일(惟精惟一) 윤집궐중(允執厥中)의 사상과 비교될 수 있다. 그의 사상은 내 안에서 나의 본질(씨알)을 구 하는 '성통공완'의 길로 점철되었다. 그 길은 의식혁명이며, 인간의 밝 은 성품, 즉 내재적 신성을 찾아 밝혀나가는 것이다.

그의 수행관에서 살펴본 대종교의 오대종지에는 성통공부와 공완공 부가 분리되지 않고 하나로 제시되어 있어, 일부 구미학자들이 언급한 정신과학과 자연과학의 통합이라는 명제가 포함돼 있다고 하겠다.

나철의 수행 사상과 노력은 정치·종교·사회·문화를 통합하면서 도 그러한 특색들을 극복한 형이중학(形而中學)에 근간(根幹)을 두고 있으며, 초종교 문화적이라는 것을 살펴보았다. 그러한 그의 사상이 국가적인 관심 속에, 범사회적인 차원으로 폭넓게 연구되지 않는 것 은 민족사에 지극한 모순이 된다.

특히 차이나와 일본에 의해 왜곡된 우리의 상고사가 오늘도 진행되고 있 기 때문이다. 왜곡된 우리의 역사 인식을 범국가적인 교육과정에서 다루어 바로잡아야 민족의 얼이 되살아나고 단군사상을 계승하는 것이다.

법치국가의 정통성 승계와 교육이념이 단군의 홍익사상에 근거를 두고 있다고 헌법에 명시되어 있다. 나철의 사상은 우리에게 어떤 교 훈을 남겨주었고, 무엇을 시대정신으로 말해주고 있는가?

주목되는 것은 '한국인에게 고한 나철의 메시지'다. 그가 제일 먼저 지적한 것이 '망본배원'에서 야기된 자아정체성 상실이다. 지금은 어떠한가? 우리가 심각하게 숙고해 보아야 할 것은 인접국과 강대국으로부터 자유롭고 대등한 관계에 있는가에 있다.

중광의 담금질은 아직 끝나지도 않았으며 멈추지 않고 우리에게 이어지고 있다. 홍암이 역사의식을 반도사관에서 대륙사관으로 전환하도록 촉구한 것은 오늘날의 현실을 대변한다고 보기 때문이다. 민족은 홍암과 같은 사상을 가지고 제2 중광을 위해 준비하고 노력하는 인물, 제2의 홍암, 21세기 르네상스의 선구자를 기대하고 염원하고 있다. 홍익 이념으로 승화된 국가적 교육 기관의 육성이 시급하다고 생각한다.

그러한 인재 양성기관 없이 어찌 홍암과 홍익사상을 일관되게 설명할 수 있겠는가를 되물어 본다. 허공에 글쓰기와 같고 외로운 메아리만 민중에게 고고하게 들릴 뿐이다. 그의 정신과 대종(大倧) 사상은 민족혼이 깃들어 있는 역사적 광장에서 민족의 가슴에 힘차게 약동한다.

※ 주제어: 국조단군(대황조)·단군교포명서·오대종지·삼법수행·자득각문·나철

나. 〈Abstract〉

Daejong-Gyo's five principles in the perspective of Nacheol's contemplation and the Dan-gun (Hanbae-geom) thought

An, Byong-Ro

Professor at Sunmoon University

Hongam Nacheol(弘巖 羅喆: 1863 ~ 1916) originated the Daejong-Gyo in 1909, which values the 'Dan-gun Hanbae-geom(＝大皇祖: the Great King of the kings, Heaven's God) thought'. He is the one who proclaimed the 'Manifestation of Dan-gun's lecture(檀君敎佈明

書)′. His posthumous works made it possible to catch the fact that the name of the Dan-gun Hanbae-geom was put on record in about 45 synonyms, depending on the situation of the current age and history's change.

It was found this name was used in terms of Seonga, Confucianism, Taoism, Buddhism and Koreanology etc, which is a very interesting phenomenon because it reflects the situation of those's times. Furthermore, the contemplation thought, current progress of contemplation, knowledge about the modern age and pedigree of Confucianism, Buddhism and Seonkyo(仙敎), which Nacheol ranged over, are expressed just as they are.

Something about the Manifestation of Dan-gun's lecture we should give notice is the nations re-enlightenment(重光) thought which is re-clarified in the view of spiritual and cultural history. The kernel of the content summarizes to eight theses: The ①Thought of a united world(世界一家) ②Incarnation of Hanbae-geom(大皇祖 聖肉身) ③Trinity thought(三神一體 思想) ④Hanbae-geom Worship(大皇祖 崇拜) ⑤Top of religions as the Great Lecture and the Great Way(大敎大道) ⑥Dan-gun chronic(檀君祖實事) through the Tao pedigree(道淵源) ⑦Dan-gun's disciples(檀君聖賢) Worship(崇高思想 鼓吹) ⑧Encouraging good and punishing evil(勸善懲惡). The focus is on discovering afresh his idea by comparing those theses with Nacheol's posthumous works.

His contemplation thought denotes the Sambeob suhaeng(=three methods of one's behavior pattern) and what he insisted on were the

Great five lectures(①敬奉天神 ②誠修靈性 ③愛合種族 ④靜求利福 ⑤ 勤務産業). Sambeob suhaeng denotes Jigam(止感; to stop feeling), Joshik(調息; to breathe evenly) and Keumchock(禁觸; to forbid touching). Jigam signifies the study of dismissing worldly thoughts from one's mind, while Keumchock denotes keeping away from miscellaneous affairs. Joshik is what makes these symmetric changes into one and again turns that one into naught. This may be a point that nobody covered up until now.

Nacheol claimed that it is a Mangbonbaewon(亡本背原; to forget and turn one's back to the origin) to forget the spiritual and cultural awareness of Hanbae-geom. The reason is that the people and mankind prosper only if the idea of Heaven's God comes to rise. Nacheol called upon changing the historical consciousness from the peninsula-historical aspect to the continent-historical aspect.

What he presents and what questions he leaves us today were observed in Nacheol's philosophy of life. This thesis analysed Nacheol's contemplation thought from a point of view of philosophy of religion and therefore recovered the significance in a new light, which is also a focus of this thesis. The part that remains uncovered, due to the lack of concrete materials, is a question we should solve in the very future.

※ Key Words :
Dan-gun Hanbae-geom(大皇祖) · Manifestation of Dan-gun's lecture · Five Great Lectures · Three contemplation methods · Jadeukgackmun(自得覺門) · Nacheol

다. 부록: 단군교포명서(원문)

"今日은 惟我 大皇祖檀君聖神의 4237회(四千二百三十七回) 開極 立道之慶節也라. 愚兄等 13인(十三人)이 太白山(今之白頭山) 大崇 殿에서 本敎 大宗師 白峯神兄을 拜謁하고 本敎의 深奧한 義와 歷 代의 消長된 論을 敬承하와 凡我同胞兄弟姉妹에게 謹告하노니 本 敎를 崇奉하와 善을 趨하며 惡을 避하야 永遠한 福利가 自然히 一 身一家一邦에 達하기를 希願하나이다. 嗚呼라 汪洋한 千派萬流의 水도 其源을 塞하면 渴涸하고 鬱蒼한 千枝萬葉의 木도 其根을 絶 하면 枯摧하나니 況千子萬孫의 人族이 其祖를 忘하고 어찌 繁昌하 기를 望하며 安泰하기를 期하리오.

昔我 大皇祖께옵서 天命을 受하시고 檀木靈宮에 降臨하사 無極 한 造化로 至道를 誕敷하시며 大塊를 統治하실새 北西로 朔漠窮 壤과 南東으로 瀛海諸島까지 神化가 過存하시고 功德이 洋溢하 시니 西에서는 東方君子의 國이라 稱하고 東에서는 西方有聖人이 라 謂함이 皆我 大皇祖를 慕한 바이라. 立邦千有餘年間에 聖子神 孫이 繼繼繩繩하사 人族이 益蕃하며 治化가 愈洽하야 和風瑞日에 福祿이 熙穰하니 殷의 箕子가 亦慕化來朝함에 其窮投한 情跡을 矜憫하사 平壤一隅에 安接케 하셨더니 箕氏의 子孫이 其厚恩을 感하야 大皇祖를 崇奉함이 本土人에 尤切하야 世世積誠이 深入染 化되야 螾蛉의 系를 分受하고 箕準에 至하야 洪範卜筮만 專信하 고 漸漸怠慢하다가 金馬의 逐을 當하였더니 本敎의 一線光明이 大 皇祖 本派遺裔扶餘家에 尙傳하야 高句麗가 勃興할새 東明聖王이 七歲에 檀木一枝를 取하야 曰 此 聖祖肇降하신 靈木이라하야 作 弓射的에 百發百中하시고 及垂統에 崇奉의 典을 特設하고 佈化의 方을 大行하시니 乙支文德兄弟같으신 英雄도 朝夕拜禮하오며 廣 開土王 같으신 英主도 每事를 大皇祖太廟에 告 後에 行하시니 天

下가 靡然而從之하야 新羅·百濟도 亦一體尊信하야 二千年盛儀를 庶可復覩러니 偶然 釋迦의 教가 流入함에 百濟가 最先染化하다가 其國이 先亡하고 高句麗가 亦南北佛法의 浸入을 被하야 宗家의 本教를 漸忘하다가 衰滅에 至함에 其臣 大祚榮이 憤慨를 不勝하사 教門經典을 抱持하시고 靺鞨地에 逃避하사 渤海國 三百年基業을 創興하셨으며 新羅의 春秋王과 金庾信時代에는 本教가 東南에 稍盛한 故로 太白의 山名을 嶺左로 改移하였더니 未幾에 佛說과 儒論이 俱行하야 新羅가 亦衰亡되고 高麗 太祖 王建은 其父祖가 本教를 篤信하는 故로 其家庭의 見聞을 承襲하사 大皇祖의 聖諱二字로 氏名을 仿儗하사 其敬慕의 誠을 寓하시며 本教의 宗國 高句麗를 不忘하사 國號를 高麗라 稱하시고 妙香山에 靈壇을 建하시며 江東大朴山에 仙寢을 修하시나 其子孫이 遺志를 承치 못할 뿐 아니라 佛法을 專奉함이 前代에 尤甚하야 擧國이 本教를 全廢한 故로 元朝의 患에 生民이 塗炭 當하였고 我 太祖高皇帝께옵서는 大皇祖 聖神降臨하신 太白山南에서 發祥하사 崇奉敬慕하신 誠心이 前代諸王에게 卓越하사 鴨綠江回軍時에 夢中金尺을 大皇祖께 親受하시고 寶位에 誕登하신 後에 大皇祖의 祀典을 尊하시고 本教를 爲하사 佛法을 嚴斥하셨으나 聖遠言湮하야 一朝에 煥然復明치 못한 바는 時運所至에 儒教가 漸旺하야 本教崇獎의 論이 行치 못하니 有識者가 皆憂歎하는 바이라. 是以로 南孝溫 詩에 曰「檀君生我靑邱衆하사 教我彝倫浿水邊」者는 亦是 敬仰欽嘆하는 意오, 世祖朝에 至하여 大皇祖位版에 特書曰 "朝鮮始祖檀君之位"라 하시며 又親히 摩尼山에 祭天하사 報本의 誠意를 特表하시나 國朝諸儒가 大皇祖神聖의 蹟은 說하되 孔孟程朱의 書에 偏滯하여 大皇祖 神聖하신 教는 硏究치 못하였으며 孔孟程朱는 在座後先한 것 같이 想하되 大皇祖聖神의 洋洋在上하신 줄은 不知하니 自國을 建造하신 聖祖를 不崇하며 自身을 生育하신 聖神을 不敬

하며 自家를 修守케하신 聖敎를 不奉하고 他의 祖를 是崇하며 他의 神을 是敬하며 他의 敎를 是奉하니 어찌 如此히 理에 逆하고 常에 乖하는 事가 有하리오.

至仁至慈하신 大皇祖聖神께옵서 不肖子孫을 對하사 災殃을 降야 一時에 殄滅하기는 不忍하시나 福利를 普錫치 아니하시며 德音을 宣布치 아니하시니 今日의 支離澌盡에 屢劣衰弱함이 若是하도다. 嗚呼라 日月의 光明도 晝夜의 晦明이 有하고 四時의 循環도 春冬에 發寒이 生하니 本敎의 消長進退함도 亦此에 關함이러니 何行 我 白峯神兄大宗師께옵서 挺天의 靈姿로 應時而出現하사 高大한 道德과 宏博한 學問으로 救世할 重任을 當하시고 天下에 轍環하사 百苦를 經하시고 太白山中에 十年禱天하사 大皇祖聖神의 黙契를 受하시고 本敎經典과 檀君朝實史를 石函中에 得하와 將以次第로 世上에 公布하시려니와 本敎再興의 洪運을 當한 今日에 先此一言을 我兄弟姊妹에게 豫告하노니 凡我同胞兄弟姊妹는 皆我 大皇祖 百世本支의 子孫이오 本敎는 乃四千年 我國固有한 宗敎라 其論은 雖暫息하나 是理는 不泯하고 其行은 雖暫止하나 是道는 自在하야 與天地同其壽하며 與山川同其久하며 與人類同其始終하여 是敎가 興하면 天地가 更新하며 山川이 復煥하며 人類가 蕃昌하고 是敎가 衰하면 卑高가 易位하며 動靜이 失處하며 品物이 不生하나니 是以로 古今의 消長과 歷代의 存廢가 本敎에 關함이 若合符節한지라. 嗚呼라 四千年 傳來하던 大敎大道가 不言不知中에 全然히 忘却할 境에 至하야 今日에 本敎의 名도 記得하는 者 無함이 數三百年 將近하니 儒佛의 流來에 人心의 習俗趣向을 變移함이 若是하도다. 雖然 石底의 荀이 斜出하고 燼餘의 殿이 獨存하야 百劫을 經하되 能히 磨滅치 못하고 萬魔가 郭하되 惟히 支保한 者는 但今日言語上에 朝鮮國이라 稱함은 檀君朝中葉에 倍達國이라 稱한 語가 漢字의 字義字音으로 轉變하야 朝鮮이 되

었으니 古語에 謂祖曰倍오 謂父曰比오 指光輝之物曰達이라 하니 祖父光輝를 被한 四表土地라 하여 國號를 建한바인즉 倍達은 卽 祖光이라 漢土史筆이 外國國名에 險字를 用함은 慣例라. 況祖字를 用하리오. 祖를 以音譯之하여 朝字가 되고 光輝를 以義譯之하여 鮮字가 되었으나 只今까지 赫赫한 古名이 吾人口頭에 尙存한 者는 倍達木이라 함은 大皇祖 光輝木이며 太白山이라 함은 大皇祖山이며 (倍之爲白亦, 漢字之通音) 浿江이라 함은 大皇祖江이오 鴨綠江 (古稱浿江, 浿亦倍字之通音) 一國의 君主를 稱하되 任儉이라 함은 大皇祖聖諱에 出한바이니 古昔에 人을 尊稱曰任이라 하며 神을 尊稱曰 儉이라 하야 人神을 合稱하여 尊敬하는 語요 新羅王을 尼師今이라 함과 百濟王을 理尼今이라 하는 今字도 亦儉字也니 白衣之神이라 尊敬하는 語요 邦國을 那羅라 稱함은 箕氏의 所管 平壤一區를 統名한 古號라 本敎古記中에 有曰 那羅人最誠信勇爲善怯爲惡祖神喜之穀豊民無病이라 하니 此는 箕氏朝를 指한 語요 國都를 西鬱이라 稱함은 檀君朝末葉에 遷都한 扶餘國中 地名이니 本敎古記中에 云한바 西鬱敎變이라하는 大事案發生하든 府邑이오 堅固完全한 物을 指하되 檀檀이라 稱하고 禍敗危殆한 物을 指하되 脫이라 稱함은 三國時 佛法初入할 際에 本敎人이 佛像을 脫脫이라 謂하여 當時에 檀檀脫脫의 歌曲이 本敎中에 有한 바요, 衣服上에 嶺襟의 白緣은 高句麗時 本敎에서 大皇祖를 愛戴하든 太白山 表章이오 小兒의 辮髮하던 布條를 檀戒라 謂함은 渤海國에서 兒生初度 其父母가 大皇祖廟에 率往告謁하고 "保壽命 袪疾病" 等字를 五色布條에 書하야 小兒頭髮에 繫掛하고 靈戒를 受하였다는 舊習이요, 風俗上에 民間에 賽祭한 成造라 하는 神은 卽 古代에 家家尊奉하던 家邦을 成造하신 대황조신위(大皇祖神位)거늘 今人이 不知하고 家屋成造한 神이라 하니 其誣妄이 太甚하도다. 是以로 其祭가 十月朔에 多行함은 卽 大皇祖慶節을 應한 바이

오, 嶺東古寺에 新羅率居가 畵傳한 大皇祖御眞에 高麗 平章事 李奎報의 題贊한 詩에 曰 "嶺外家家神祖像은 當年半是出名工"이라 하였으니 此를 觀한즉 家家마다 尊奉함을 可知로다. 禮崩에 求野하고 樂亡에 在蠻이라 하더니 今日의 山道嶺路에 仙靈堂이라 稱하는 神은 大皇祖)의 命을 受하여 高山大川을 奠하던 彭虞의 祠요, 田疇間에 農夫가 午饁을 對하면 一匙를 先爲恭投하고 高聲念呼함은 大皇祖의 命을 受하야 稼穡을 敎하던 高矢의 祭요, 滿洲 鐵嶺 等地에 往往樹林中에 古廟遺蹟이 存한데 土人이 相傳曰 "太古壇神祭餘墟"라 하니 壇者는 檀字의 誤也니 此는 高句麗朝의 本敎盛行할 時에 大皇祖를 崇奉하던 確據요, 壬辰之役에 日本 島津義光이 我國磁器工 十八姓을 擧家移遷하여 日本 鹿兒島 伊集院에 住居하였는데 其十八姓이 本國古俗을 仍襲하야 大皇祖聖神을 崇奉하여 只今까지 家家에 享祀하니 古昔 本敎의 盛)을 於此에 可히 推知할바라 嗚呼라 禹域의 經典이 孔壁汲塚에 出하고 西土의 靈蹟이 羅馬穴居에 露하니 敎門의 劫厄顯晦는 古今東西가 同然하도다. 凡我兄弟姉妹여 齊心明聽. 本敎는 大皇祖聖神의 至仁大德을 體하여 誠心誠意로 崇敬奉行하여 一念一誠이 始終如一면 百苦百厄이 在前하여도 大皇祖께옵서能히 解除하시며 一念一誠이 始終有差하면 百祿百福이 當前하여도 大皇祖께옵서 能히 退收하시나니 一家의 父母도 賢淑한 子女에게는 愛護賞讚하고 悖惡한 子女에게는 誚責楚撻하거든 況明明在上하신 大皇祖께옵서 千子萬孫을 降監하사 善惡을 隨하여 禍福을 降하시니 子孫中 一人이 善念善事가 有면 卽先燭知하시며 子孫中 一人이 惡念惡事가 有하여도 卽先燭知하시나니 大皇祖께옵서 千子萬孫으로 하여금 擧皆善念善事만 有하여 福祿 降賜하시기에 無暇함이 最上의 極樂으로 望하시나 不肖한 子孫들이 愚迷暴戾하며 荒怠巧淫하여 忘本背源에 不敬不道하고 反常逆理에 無實無眞하여 互相爭奪하며 互相擠

陷하며 互相詐欺하며 互相戕殺하여 無數罪惡이 自取禍殃하니 大皇祖께옵서 嗟傷歎惜하사 若痛在己하신 至意가 果當何如실는지 惟我 大皇祖의 子孫된 兄弟姉妹여 兄은 弟를 勸하며 姉는 妹를 勸하여 一人로 十人, 十人으로 百千人, 百千人으로 萬億人까지 同心同德하여 兄의 慶이 弟의 喜며 姉의 慽이 妹의 悲니 一弟의 慽로 衆兄의 悲를 生치 말고 一妹의 慶으로衆姉의 喜成케 하소서.

至慈至惠하신 大皇祖聖神께옵서 千子萬孫을 一視同仁하시와 勸善懲惡에 對하여 一人이 有善하면 衆人이 勸成하였다 하사 均賜其福하시며 一人이 有惡하면 衆人이 勸沮치 못하였다 하사 同降其罰하시나니 是以로 人의 善을 見커든 盡心表助할지어다. 卽我의 善이며 我의 福이오, 人의 惡을 見커든 袖手恬視치 말지어다. 卽我의 惡이며 我의 罰이니 是以로 一身에 一事가 善하면 其身이 安하며 一事가 惡하면 其身이 危하고 一家에 一人이 善하면 其家가 保하며 一人이 惡하면 其家가 敗하고 一邦에 一世가 善하면 其邦이 興하며 一世가 惡하면 其邦이 亡하나니 一邦은 卽一家요 一家는 卽一身이며 兄이 卽弟요 姉가 卽妹니 分而各言하면 雖是 今日의 兄과 弟와 姉와 妹의 身也家也邦也나 合而統言하면 乃是昔日에 大皇祖의 一骨肉也一室也라, 嗚呼라 飮水而思源하며 栽木而倍根하나니 本敎者는 乃當然之理며 當行之事요, 易知之理며 易行之事라. 信心篤行하며 一誠崇奉하소서, 四千餘年 舊敎의 晦而復明이 其在今日이며 千萬億兄弟姉妹의 禍而復福이 亦在今日하니 嗚呼라 凡我兄弟姉妹여.

檀君開極立道四千二百三十七年
卽大韓光武八年甲辰十月初三日於太白山
大崇殿東廡古經閣 十三人 同署"

라. 나철의 조천(朝天)에 대하여

일제의 조선총독부령 제83호 종교통제안 공포에 따른 '포교 규칙'에 나철의 입지는 좁아 질대로 좁아졌다. 일제는 대종교가 독립운동의 거점으로 본 것이다.

거세게 밀려오는 압박은 가중되면서 나철은 대종교의 미래와 일제의 폭정에 시달리는 민족을 생각하며 참담한 마음을 가지고 심각한 고뇌에 빠진다.

나철은 백봉[白峯; 나철에게 단군교포명서(檀君敎佈明書)를 준 인물]을 만나보고 싶어 찾아다녔지만 그를 만날 수 없었다(중광가 49장). 홍암은 후임자에게 뒷일을 맡기고 1916년 8월 7일 구월산 삼성사로 거처를 옮겼다. 삼성사는 한배검이 어천(御天) 하신 곳으로 전해진다. 나철은 삼성사를 수리하고 8월 9일에는 천수(天水)[89]를 모시고 천향(白檀香)을 피우고 경배식(敬拜式)을 행했다.

8월 10일 그는 그곳에서 한배검 천진을 모시고 단군의 도를 전했고 8월 15일 선 의식(禮儀式, 하늘께 제사 지내는 예식)[90]을 행한 후 '중광가(重光歌)'와 '순명삼조(殉命三條)'와 '유서'[91]를 남기고 세상을 떠났다.

---

89   천수(天水)는 자정(子正)수 또는 정화수와 같은 의미를 지닌다. 자세한 설명은 안병로, 『신종교연구』 제6집 「물과 한국인의 청수문화」 (서울, 신종교학회, 2002), 136~171쪽 참조 바람

90   『홍암신형조천기』, 29~42쪽 참조

91   "나는 죄가 무겁고 덕이 없어서 능히 한배님의 큰 도를 빛내지 못하며 능히 한 겨레의 망케 됨을 건지지 못하고 도리어 오늘의 업신여김을 받는지라. 이에 한 오리 목숨을 끊음은 대종교를 위하여 죽는 것이다. 내가 대종교를 받든지 여덟 해에 빌고 원하는 대로 한얼의 사랑과 도움을 여러 번 입어서 장차 뭇사람을 구원할 듯하더니 마침내 정성이 적어서 갸륵하신 은혜를 만에 하나도 갚지 못할지라. 이에 한 오리 목숨을 끊음은 한배님을 위하여 죽는 것이다. 내가 이제 온 천하의 많은 동포가 가달 길에 떨어지는 이들의 죄를 대신으로 받을지라. 이에 한 오리 목숨을 끊음은 천하를 위하여 죽는 것이다. 단제강세 4373년 병진 8월 15일 대종교 도사교 나철 대

1) 나철의 폐기조천(閉氣朝天) 혹은 폐식조천(閉息朝天)에 대하여

십인십색(十人十色)이라는 말이 있듯이 순명삼조(殉命三條)에 대한 해석 또한 다양할 것이다. 민족 중광(重光)의 총책임자 나철은 국가가 망하고 항일 독립운동가와 민족이 일제의 만행으로 심한 박해와 수탈 당하는 것을 보았고 보고를 받았을 것이다. 그러한 상황에 부닥친 나철이 삼성사(三聖祠)에서 대황조의 어진을 모시고 민족의 고통과 어려움을 직접 호소(중광가 54장) 하였다.

그가 최선의 길로 선택한 것이 고뇌 속에 사려 깊은 심정을 담은 글, 순명삼조를 남기고 조천(朝天) 했다. 대종교의 종사(宗師)분이 돌아가심을 높이는 의미에서 조천이라고 한다. 조천의 의미는 (이 세상을 떠나서) 하느님을 알현(謁見)한다, 즉 뵙는다는 뜻이다.

혹자(或者)가 홍암 나철의 조천 방법에 대해 상징성을 부여하는 의미로 차원 높은 순명(殉命)의 길이라고 찬사하는 듯한 논조(論調)로 말한다. 하지만 순명(殉命)은 천명(天命)이 아니고 본의 아니게 스스로 선택한 죽음의 길이다. 그러한 길을 찬미한다는 오해의 소지가 발생하면 발표자는 물론 대종교도 어쩌면 사회적 여론에 뭇매를 맞아 곤경에 빠질 가능성이 열려 있다.

따라서 나철의 사망원인이 폐기조천(閉氣朝天) 혹은 폐식조천(閉息朝天)이라고 조명하는 것은 문제가 있어 동의할 수 없고 조천의 방법에 대해 논하는 점은 부정적으로 본다. 그의 마지막 길이 자연사가 아니었기 때문이다.

각색(各色)하여 부풀리는 인물 평가보다는 나철에게 주어진 그 당시 그대로의 한계상황과 안타까워하며 통곡하는 모습이 더 진솔하고

종교 여러분께"
비교해볼 문헌,『대종교 중광60년사』, 209~210쪽,『홍암신형조천기』, 51쪽

고매할 것이다.

2)「유계장사칠조(遺誡葬事七條)」

「유계장사칠조(遺誡葬事七條)」에 "지금 조선 땅에 이 몸을 묻을 곳이 없으니 반드시 화장으로써 깨끗이 할 것"[92]이라고 했다. 오늘날 누가 나철이 평안히 묻힐 곳을 찾아낼 수 있을지 궁금하다.

1990(1991?)년 대종교 전(前) 총전교(總典敎) 봉우 권태훈 선생이 삼종사(三宗師: 홍암 나철, 무원 김교헌, 단애 윤세복)의 묘비를 대종교 천궁(天宮) 입구(入口) 길에 세우셨다. 최소한 삼종사의 영혼들이 쉼터이자 안식처가 되었으면 하는 심정일 것이다.

말 없는 삼종사의 묘비는 말 많은 대종교를 드나드는 존재들을 말없이 지켜보고 있다.

2006년 5월

마. 유성통공완자(惟性通功完者)

민족의 경전 『삼일신고(三一神誥)』 제3장 천궁훈(天宮訓)은 하늘(= 정신)의 세계를 알아가는 데 도움을 준다. 누구나 한 번 정도는 꼼꼼히 읽어보아야 경전이다. 정신세계에 대한 핵심적인 설명이 간단명료하게 정리되어 영성의 세계, 영성의 세계로 가는 길, 영성의 빛을 밝게 밝혀주고 있다.

---

92   『대종교중광 60년사』, 209~210쪽, 『홍암신형조천기』, 「遺誡葬事七條」, 216쪽

삼일신고 천궁훈(天宮訓)의 전문은 다음과 같다.

天神國有天宮階萬善門萬德 一神攸居群靈諸哲
護侍大吉祥大光明處 惟性通功完者朝永得快樂

天(천) 神國(신국) 有天宮(유천궁)
하늘은 하느님의 나라이니, 하늘 궁전이 있어서
階萬善(계만선)
온갖 착함으로써 (궁전으로 오르는) 섬돌을 삼고,
門萬德(문만덕)
온갖 덕으로써 문을 삼았느니라.
一神攸居(일신유거)
하느님이 계신 곳에는
群靈諸哲護侍(군령제철호시)
뭇 신령과 모든 밝은 이들이 모시고 있으며,
大吉祥(대길상) 大光明處(대광명처)
그곳은 크게 복되고 상서로운 곳이요, 지극히 빛나는 곳이라.
惟性通功完者(유성통공완자)
오로지 자성을 통하고 모든 공적을 이룬 사람이라야,
朝(조) 永得快樂(영득쾌락)
이 하늘 궁전에 나아가서 영원히 쾌락을 얻을지니라.

우리는 삼일신고(三一神誥) 천궁훈(天宮訓)에서 유성통공완자(惟性
通功完者)의 구절을 보았다.
'신고(神誥)'는 '신(神)의 가르침'을 뜻한다. 그 뜻은 지상에서 홍익인간
(弘益人間) 이념의 구현, 성통공완(性通功完)을 통해 이웃 사회와 국가 그
리고 세계에 많은 공덕을 쌓으라는 대황조(=한배검)의 가르침이다.

삼일신고의 개념 중에 넌서 '삼일(三一)'은 삼신일체(三神一體)이자, 그의 역할이 만물의 존재와 존재들의 상호관계를 성립한다는 설명(=삼신일체 사상 三神一體思想)이다.

만물의 변화무쌍한 생성경로를 삼(3)과 일(1)로 통찰한 것이 삼·일(三·一)사상이다.

대자연의 비가시적인 무(無)에서 본래 하나가 나오니 하나가 셋이 되었다는 기본원리가 한민족 고유의 삼일(三一) 사상, 삼일(三一) 철학이 되었다. 따라서 삼일 사상은 자연과 인간의 근원과 조화로운 생성(生成)·변화 관계와 발전 원리를 설명한다.

그 사상을 토대로 인간의 본래 밝은 성품을 회복시키는 수련법이 '삼진귀일론(三眞歸一論)'이며 그 방법은 구체적으로 삼법(지감, 조식, 금촉)으로 나누어 구별, 구분되었다. 하지만 하나가 셋으로 나누어진 삼법(三法)이지만 그 셋이 또한 하나의 수련법에 포함된다.

1) 유성통공완자(惟性通功完者)의 개념 분석

생각할 유(惟)라는 의미로 사유(思惟)라는 개념이 있다. 그러나 여기서 유(惟)자는 '오직', '단지'라는 뜻으로 사용되었다. 예컨대 유독(惟獨)이라는 용어가 그러하다.

성통공완의 개념은 성통(性通)과 공완(功完)으로 분리해서 풀이해야 한다. 그렇게 두 개의 개념으로 나누어서 보아야 천궁훈의 전체의 뜻을 바르게 파악할 수 있다.

2) 성통(性通)이란 무엇인가?

성품 성(性)은 자신의 본성을 뜻하는 것으로 자성(自性)을 뜻한다. 자성을 통한다는 것은 고력(苦力) 수련(修練)을 통해 천부(天賦)적인 밝은 천성(天性) 즉 선천적 성품(性稟)을 다시 밝히는 것이다. 그러한 성품을 빛나게 밝히는 수련법이 '지감(止感)', '조식(調息)', '금촉(禁觸)'으로 구분되어 있어 삼법수행(三法修行)이라고 한다.

지감은 고요한 마음을 가지는 것, 조식은 호흡을 고르게 하는 것, 금촉은 접촉하지 말라는 것이다. 지감(止感)하면 조식이 되고 조식이 되면 자연스럽게 금촉이 된다. 그러므로 지감, 조식, 금촉이 하나가 되도록 행하는 수련법이 삼법수행이다.

삼법수행은 결론적으로 선천의 정신적 밝음을 후천에 다시 정신의 빛을 밝게 비추게 하는 호흡법, 조식 호흡법이다. 그 법이 바로 자성을 통하는 것, 자성을 통하는 길, 자성을 통해 정신적으로 밝은 사람이 되는 첩경(捷徑)이다. 그 길은 유가의 대학(大學) 1장에 나오는 대학의 도(大學之道)는 재명명(在明明, 밝음을 다시 밝힘)과 같다.

오로지(惟) 자성(自性)을 통(通)했다고 할지라도 또한 사회에서 공완(功完)을 해야 하는 일이 남았다. 공완의 길은 위에서 '계만선(階萬善)'이라고 했듯이 이 세상에서 온갖 선행(善行)을 하고 착함을 쌓고 쌓는 것이다. 그러한 착함을 쌓는 것은 이 땅에서 하나하나의 섬돌을 쌓아가며 그 섬돌 위로 올라가는 것 같아 하늘의 궁전으로 올라갈 수 있는 하늘사다리가 된다. 하나하나 섬돌을 쌓아 섬돌 위로 올라가는 것, 하늘의 궁전으로 올라갈 수 있는 사다리는 정신계의 계제를 뜻한다.

온갖 덕(德)을 지음은 수많은 선행(善行)과 선덕(善德)을 쌓아 지상과 천상의 만덕(萬德)의 문(門)을 열리도록 두드린 것이다. 그러한 문만덕(門萬德)의 길은 수행과 공완이 불가분의 관계로 하나가 된다는 현실과 정신세계의 차원에서 설명되었다.

계만선(階萬善)·문만덕(門萬德)의 길은 광의적인 차원에서 보면 홍익(弘益)·홍제(弘濟) 이념의 행실(行實)이자 결과물로 드러난다. 요약해 보면 성통은 삼법수행의 열매, 공완은 계만선(階萬善) 문만덕(門萬

德)의 결과다.

따라서 유성통공완자(惟性通功完者)만이 하느님이 계신 곳(일신유거 一神攸居), 뭇 신령과 (정신계의) 밝은 분들이 하느님을 모시고 있는 곳(군령제철호시 群靈諸哲護侍)으로 들어가서 알현(謁見)하고(朝) 영원히 쾌락을 얻는다(영득쾌락 永得快樂).

하늘나라 궁전(＝천궁 天宮)에 하느님이 계신 곳(＝일신유거 一神攸居), 뭇(群) 신령(靈)과 밝은 분들이(諸哲) 하느님을 모시고 있는(護侍) 곳은(群靈諸哲護侍) 정신적으로 빛나는 대광명처(大光明處)로서 오로지(惟) 성통(性通)하고 공완(功完)을 하신 분 즉 성인만이 들어갈 수 있다. 그는 그곳에서 하느님을 뵐 수 있고 영원히 쾌락을 얻는다고 하였다. 그러므로 하느님을 알현한다는 차원에서의 조천(朝天)의 의의는 참으로 크다고 아니할 수 없다.

3) 유성통공완자에 대한 개요 – 천부경의 본심본(本心本) 사상을 중심으로

천부경에 무진본(無盡本), 부동본(不動本), 본심본(本心本)의 개념이 들어 있다. 천부경의 삼본(三本) 원리라고 본다. 천지의 이치와 섭리는 본래 다 함이 없고(無盡本), 천상에는 본래 움직이지 않는 부동본(不動本)이 있고 인간의 마음에는 본래의 마음 본심본(本心本)이 있다. 여기서 부동본의 사례는 천체(天體)의 북극성을 의미한다.

인간은 하늘의 명령(天命)으로 천지의 형상을 닮아 태어난 존재이며 우주적인 사유 세계를 갖추고 있다. 인간은 소우주라는 의식이 천인(天人)합일(合一) 사상으로 발전했다. 그만큼 인간은 하늘같이 만물을 포용하고 귀하게 여기며 땅 같이 모든 생명을 배려하고 존중하며

함께 살아가는 존재라는 것을 알려주고 있다.

소우주인 인간 본성의 특징은 밝음을 추구한다. 천부경 본심본(本心本)의 질서에 의해 무(无)에서 유(有)로 나타나는 천성적(天性的) 본래의 마음은 밝은 성품을 앙명(昻明) 하는 행위를 하며, 정신계의 빛을 밝힌다.

사회적으로 적선(積善)과 선덕(善德)을 쌓아 밝음을 지향하는 행위는 공명(功明)과 공덕(功德)의 열매가 된다. 정신계와 사회적 열매가 어떠하냐에 따라 어떤 곳(＝大吉祥 大光明處)에 이르는지를 천궁훈(天宮訓) 편에 간단명료하게 묘사되었다. 이는 천부경의 천지인(天地人) 삼재(三才)와 삼일(三一) 사상, 삼법(三法)수행과 연계된 변화의 도(道), 즉 도생(道生) 정신을 설명한 것이다.

우주 변화의 도가 수리적(數理的)인 법칙을 통해 과학적 안목으로, 정신세계의 깨달음을 통해 밝은 빛으로 접근할 수 있도록 제시(提示)되었다. 이와 같은 도(道)와 덕(德)의 길을 가기 위해 성통(性通)으로서 학습(學習)과 고력(苦力) 수련, 공완(功完)으로서 '덕을 쌓고 홍익(弘益), 홍제(弘濟)의 뜻을 이루기 위해 만선(萬善)과 만덕(萬德)이 요청되었다. 성통·공완은 정신계의 차원 높은 길이라는 것을 알 수 있다.

생활 속에 깨달음의 도와 덕의 실천을 이 세상에서 펼쳐 나아가는 것이 성통· 공완 자의 길이며 사람다운 사람은 그 이치를 받들어 지극히 선함에 머무는 것이다. 그러므로 끊임없이 조식 수련으로 자성을 깨우치고 실생활에서 만선과 만덕을 쌓는 사람만이 성통공완의 이치와 섭리에 참여하는 성인(聖人)이 되는 길이다.

2023년 3월

3. 다시 백두산족에게 고(告)하다

『선도(仙道) 공부』라는 책이 나오기 22년 전의 일이다. 많은 사람이 사회적 병폐·병리 상황의 한계를 느끼며 국민의 정신적 공황 상태에 이르렀다고 진단할 정도의 그 시기였다. 하지만 역(易)으로 보면 새로운 기운의 태동기라고 할 수 있다.

그간 외래(서구)문화와 고유문화와의 새로운 관계 설정·모색과 결행에 대해 총체적 각성을 촉구하는 천명(天命)의 시기라고 볼 수 있다. 이때 한국의 정치·종교·사회·문화적으로 주목받으며 홀연히 나타난 인물이 봉우(鳳宇, 如海) 권태훈 선생(1900~1994)이다.

또한 그는 동방의 선인(仙人)이자 백두산족 주창자, 민족주의자, 독립운동가, 대종교 총전교(1982~1992)이며 1984년 출간된 베스트셀러 소설 『단(丹)』 책의 주인공인 우학 도인으로 세상에 널리 알려졌다.

봉우 선생은 민족에게 특히 왜곡된 역사를 직시하는 힘을 깨우쳐 주면서 상고사 재발견의 당위성은 시대적 요청이자 웅비하는 민족의 사명임을 촉구하였다. 이와 같은 것을 추진하기 위해서는 정신 수련과 학문적 연구가 병진(竝進)되어야 한다고 주지시켰다. 그러한 선생의 가르침은 모든 학인(學人)에게 정신세계의 기운을 불어넣어 주었고 반도사관(半島史觀)의 틀에서 벗어나 대륙사관(大陸史觀)을 직시하는 웅대한 민족의 혼을 일깨워 주었다.

그리고 그분이 초지일관 심혈을 기울여 설명한 조식 호흡 공부는 '선도(仙道) 공부'의 시작이자 끝이며 모든 것의 핵심이다. 선생은 또 국가적인 차원에서도 조식 호흡에 관한 응용의 필요성과 중요성을 다방면으로 제기하면서 순회강연도 하였다. 그와 아우러진 선도(仙道)계의 밝으신 분들의 활약상에 대한 소개는 민족의 자긍심을 일깨워

주는 기폭제가 되었다. 예컨대 오늘날 한국의 신 대중문화이자 트렌드로 각광받는 선도 공부의 일종인 단학, 요가, 명상, 기(氣) 수련, 기체조 등은 이미 소설『丹』의 영향을 받아 각양각색의 형태로 급속히 성장 발전되었다고 할 수 있다.

그러한 의의에서 오늘날 봉우 선생을 그분의 정신 수련서, 백두산족에게 고하는 글과 봉우일기, 안내서 그리고 좌우명(去去去中知 行行行裏覺) 등에서 살펴보면, 선생은 이미 10대에 일본으로 건너가 유명인사들과의 만남을 통해 그간 쌓아 올린 선도 공부의 실력을 점검해 보았다. 선생은 그들에게 한국인의 문화적 전통과 자부심을 각인시켜 주었다.

20대 중반에는 고도의 학문과 높은 경지의 수련 공부를 다방면에 깨우치고(覺) 천하를 주유(天下周遊)하면서 나름대로 체득한 것을 확인하고자 민족의 성산(聖山)인 백두산을 여러 차례 등정했음은 물론 중국·몽고·시베리아·서장(티베트) 등을 답사하였다.

하지만 봉우 선생은 그 후 60년 동안의 사회생활 속에서 한국의 미래와 세계질서의 변화에 대해 침묵으로 일관하다가 하원갑자의 시작인 1984년을 맞이하여 백두산족의 3000년 대운(大運)이 그때부터 시작됨을 천하에 공포하였다.

또 선생은 유불선 삼종(三宗)의 본질과 그리고 서방에서 만개한 그리스도교의 본원적 실체를 세계사적 맥락에서 삼종일체의 대의를 해설하였다. 그와 더불어 국조(國祖) 대황조(大皇祖)의 위격(位格: persona)이 삼위일체(三位一體)이자 삼신〔三神: 환인, 환웅, 환검(단군)〕 일체임을 밝히며 최초 인류 오족(五族)과 구민(九民: 神史紀 참조, 차후 九族分布)의 시원(始元)을 설명하였다.

즉 어디가 세계 정신문화의 조종(祖宗)이며 유시유종(有始有終)을 갈무리하는 세계적 문화 선신국임을 재천명한 것이다.

봉우 선생은 인류의 큰 스승이자 최초의 백두산족의 어버이이며 우리의 국조이신 성조(聖祖) 단군 대황조를 선도 사상의 원류라고 확언하였다. 그리고 민족 고유의 선도(仙道) 사상을 연구하는데 무엇보다도 민족의 성경(聖經)으로 구전심수로 면면히 전해지다가 글로 표현된 '천부경'과 '삼일신고'를 지적하면서 그 대의를 학인들에게 가르쳤다.

국조 단군이 그간 학계에서조차 이해 부족으로 아직 제대로 조명받지 못하였지만 앞으로 단군 대황조의 연구는 상고사를 연구하는데 학계에서 필수 불가결의 요소가 될 것이다. 국조의 뜻을 국경일로 기리는 개국(開國)과 개천(開天), 교육법 차원에서 다루는 홍익인간 이념으로 이화세계(理化世界)를 추구하는 것은 전통문화로 면면히 맥을 이어가고 있다.

이러한 사상과 문화는 세계 그 어느 곳에서도 찾아볼 수 없다. 우리 대한민국은 백두산족의 고유한 실천 이념이자 강령을 열성조(列聖朝) 분들의 혜안(慧眼)을 통해 보존하였고 준수했다. 홍익·홍제이념의 올바른 실천은 성통(性通)·공완(功完)을 추구하는 것으로서 전자는 조식 수련을 통한 정신과학(형이상학 즉 道)이며 후자는 자연과학(형이하학 즉 만인에게 베푸는 문명의 이기(=德)이다. 이 두 가지가 공존 적으로 미래 평화 세계에 이루어져야 할 심물합치(心物合致)임을 봉우 선생은 특별히 강조했다.

조식 호흡법에 대해서는 조선 중엽의 북창(北窓) 정염(鄭磏)의 용호비결(龍虎秘訣)을 인용하되 다소나마 쉽게 접할 수 있게 정리해 놓은 것이 봉우수단기(鳳宇修丹記)이며 이를 세분화시킨 것이 호흡법 소서(小敍)와 법분십육(法分十六)이다. 법분십육은 차후 연정(研精) 십육이라고 한다. 호흡법의 의의는 호흡법서문(呼吸法序文)에서 발견된다. 선생의 수단기에서 나오는 호흡법 소서가 『선도 공부』라는 책의 첫 순서가 되었고 연정 십육은 학인(學人)들의 평생 과업으로 남겨졌다.

일부에서는 호흡 공부가 비의적(秘儀的)인 측면은 물론 신비적이라고 이해하고 과학적 방법이 아니라 비현실적이란 혹평을 한다. 그러나 그 공부가 서구에서는 이미 과학적으로 심화시켜 깊게 연구되고 있으며 그 결과적 가치를 뇌과학의 핵심으로 평가되고 있다. 이러한 보고서가 다시 국내로 역수입되어 재확인되고 재생산되는 촌극이 일어났음을 여러 가지 측면에서 살펴볼 수 있다.

호흡 공부를 하여 깨우친 자는 "위로는 천문을 보고(上觀天文), 밑으로는 땅의 이치에 통달하며(下達地理) 가운데로는 사람의 일을 살핀다(中察人事)"라고 봉우 선생은 『백두산족에게 고함』이라는 책(130쪽)에서 밝혔다. 만물의 영장인 인사 문제를 살피는 것은 천리(天理)와 지리(地理)의 핵심을 다루는 것과 같이 매우 중요한 것으로 보았다. 상호조화와 균형을 이루어야 함을 갈파하고 시종일관 인간의 생명을 중시하는 형이중학(形而中學)을 설파한 것이다.

이러한 내용이 『선도 공부』 874쪽에서는 천지 도수의 변화를 과학적 산법(算法)으로 풀어내는 국도학(國道學)으로 간략히 소개되었다. 그뿐만 아니라 21세기 문명의 패러다임이 '황백 전환(黃白轉換)'임을 주장한 것은 백두산족의 중명(重明)대운 또는 백산대운(白山大運)을 고취한 것이다.

봉우 선생의 혜안이 담긴 주장과 예언은 단지 차원 높은 영성 계발(心眼 또는 神眼)에 의한 것뿐만 아니라 그것을 통해 상상을 초월하는 학문적 섭렵의 결과가 합쳐진 압축된 표현으로 생각한다.

책(冊)『선도 공부』를 읽고 난 후 최종적으로 남겨진 인상은 형형색색으로 그려지나 한가지로 요약한다면 책『백두산족에게 告(고)함』과 밀접한 연관성이 있다고 생각된다.

봉우 선생은『선도 공부』에서 등장하는 인물들의 질문에 답을 하는 것같이 보이나 질문과 응답의 핵심을 자세히 살펴보면 그들을 대화 매개체로서의 한 개인으로만 보지 않고 그 이면에는 그들을 통해 동방의 백두산족에게 널리 고(告)하는 형태를 취했기 때문이다.

부연하자면, 태고시대부터 인류사를 지켜보시는 북극성의 기운이 성시성종(成始成終)과 일시무시(一始無始) 일종무종일(一終無終一)의 대도를 펼치시기 위해 성스러운 백두산 천지에서 모여 굽이치는 백두대간을 통해 동방의 찬란한 빛을 밝게 발하기 시작했다. 그러한 빛인 오성취두(五星聚斗)가 그간의 시련과 질곡의 고난 그리고 인내함의 과거사를 떨쳐버리게 하고 하원 갑자(1984)년의 시작을 천상의 계시로 알렸다. 동방 백두산족의 간도광명(艮道光明)과 중명대운(重明大運)을 향한 대동(大同)장춘세계의 성광(聖光)이 임하였다는 것을 입증한 것이다.

천명을 받들어 주어진 소명 의식과 역사의 현장에서 각자 책임 의식을 가지고 유구한 민족정신과 혼을 계승하고자 심혈을 기울이는 여러분 희망의 불꽃이『선도공부』의 책을 통해 한 걸음 더 가까이 밝혀지길 기원한다.

2007년 2월 8일

제7장 백두산(白頭山)과 백두산족(族)

　백두산(白頭山), 국조 대황조(大黃祖), 선사시대(先史時代), 고대사(古代史), 백두산족 문화, 민족 전통 정신 수련법, 독립운동(가), 근·현대사 등에 대해 가장 처음으로 상세하게 피부에 다가올 정도로 설파(說破)하신 분이 봉우(鳳宇) 권태훈(權泰勳) 선생이다. 수많은 사람이 봉우 선생의 강연을 들었다.

　봉우 권태훈 선생(1900~1994)은 서울 종로구 재동(齋洞)에서 출생해 만 5세부터 모친에게 정신 수련 즉 조식(調息)법을 배웠고, 그 법은 국조 단군 시대부터 전수된 선가(仙家)의 심법(心法)이라고 하였다.

　봉우 선생은 일본·중국·몽고·시베리아·서장(西藏 : 티베트) 등을 탐험하면서 정신세계를 편력(遍歷)하였다. 선생은 정신 수련 중에 체득한 그의 전생(前生), 전생에 살았던 집을 방문하여 사실관계를 상세히 확인했고 중국의 도관(道觀)에서 아주 많은 책을 독파(讀破)했으며 진인(眞人)들과 교류하면서 정신세계의 조종이 어디에 있는가를 널리 밝혔다.

　선생은 1925년 일제강점기 때 정신세계를 연구하고 발전시키는 차원에서 '연정원(硏精院)'을 설립하여 많은 후학을 양성했다. 그는 백범 김구 선생과 함께 민족의 자주독립과 국권 회복 및 민족의 정체성,

민족혼을 살리기 위해 온몸을 던져 독립운동하다가 수없이 투옥되었으며 심한 옥중(獄中) 고문(拷問)으로 인해 실명의 위기까지 왔으나 나름 고유의 치료법으로 시력을 회복했다.

봉우 선생은 수많은 환자를 치료해주었고 그 가운데 경제적 여유가 없는 분들에게는 무료로 돌봐주었다. 수많은 사람이 그분의 혜택을 받았다. 그는 사회와 단체의 요청으로 다양한 장소에서 '백두산족 문화'의 우수성과 유구성 등에 대해 순회강연을 하였고 많은 국민에게 민족의 자부심(自負心)과 웅비하는 정신력을 일깨워 주었다.

선생은 미래세대를 위해 학교를 설립했고 장학금을 지원했으며 유학(儒學)에도 조예가 깊어 유가의 큰 학자였고, 유도회(儒道會) 회장, 민족종교 1호 대종교 총전교를 역임(歷任)했으며 많은 후학을 양성했다.

봉우 선생은 국조 단군과 단군사(史)를 거쳐 통일신라사(史)를 다시 조명해 주었고 근·현대사의 여러 문제점은 강연과 글로 남겨 주목받고 있다. 선생은 다음과 같이 배달민족의 불우한 역사적 문제점을 설파하였다.

"신라가 당나라를 끌어들여 삼국을 통일했을 때 단군 정신은 그 7할 정도가 말살된 것으로 보아야 한다. 이것을 성업(聖業)이라 표현했는데 신라가 통일했다는 땅이 얼마나 넓었는가. 한반도의 반밖에 안된다. 백제와 고구려가 가졌던 땅이 얼마나 넓었는가. 신라는 산동성 안쪽, 발해, 만주를 모두 당나라에 바친 것이다. 그것이 소위 삼국통일이라는 것이다. 발해가 복구한 그 옛 땅은 어디로 갔는가. 제주도, 충청도, 전라도가 백제란 말인가. 함경도, 평안도, 황해도만을 고구려로 알고 있는 것은 큰 잘못이다. 삼국통일 때부터 우리 배달민족의 정신은 말살되어 버렸다."[1]

왜곡된 우리나라의 역사, 배달민족의 정신을 되살리는 방법 가운데 하나인 고대사 연구가 강조되었고 새로운 국가적 역사교육의 필요성이 설파되었다. 그동안 반도 사관에 함몰된 의식에서 벗어나 웅대한 대륙 사관을 직시하게 하고 대륙 사관의 정신을 가지고 고대사를 연구해야 함을 봉우 권태훈 선생은 주장했다.

봉우 선생이 처음으로 백두산족, 정신 연구로서의 조식(調息) 수련법, 정신 수련(좌도방, 우도방)의 계보, 정신과학 등의 개념을 사용하여 신조어가 되었다. 그뿐만 아니라 선생은 대학의 도(大學之道)는 재명명(在明明), 덕재신(德在新), 민재지어지선(民在止於至善)이라고 주장했다.

인간은 본래 밝고 밝은(明明) 정신, 성품을 다시 밝히는(在明明) 존재 즉 중명(重明)의 존재라고 가르쳤다. 덕재신(德在新)은 덕을 베푸는 일은 날로 새로워져야 하며, 민재지어지선(民在止於至善)은 국민은 지극히 선에 머물러야 한다고 설명했다. 선생은 대학지도(大學之道)를 통해 인성교육과 정신 공부의 대의를 제시했다. 그러한 개념을 학습(學習)하고 그 의미를 생각하고 생각할수록 신선하고 그 의의가 선명해진다.

선생이 설파한 구(舊)소련의 멸망 예언(적중), 민족의 흥망성쇠(興亡盛衰), 백두산족의 새로운 시대, 황백전환(黃白轉換), 백산운화(白山運化), 평화탄 발명 등은 불운했던 과거의 민족사를 털어버리게 하고 민족의 정체성, 자존심을 불러일으켜서 세계사적 인식의 지평선을 넓혀주었다.

---

1   봉우 권태훈, 『백두산족에게 고(告)함』, 정신세계사 서울, 2000, 132쪽

그분을 뵙고사 미국의 여러 학자가 여러 번 찾아서 사(四)차원의 세계에 대한 이해를 구했다. 그분은 정신세계에서 도(道)는 길이라고 하면서 성인이 걷고 또 걸어서 가본 천도(天道), 지도(地道), 인도(人道)가 무엇인가를 제시했고 동극(東極)·서극(西極)이 있듯이 남극(南極)·북극(北極)이 왜 존재하는가에 대해 알아보라고 했다.

봉우 권태훈 선생의 가르침, 책, 유고집 등은 민족의 성산 백두산, 단군 대황조, 선가(仙家)의 조식 수련법, 백두산족(白頭山族), 백두산족 문화연구 분야 등에서 빼놓을 수 없는 필독서가 되었다.

봉우 선생이 직접 작성한 원고들이 편집되어 여러 권의 단행본으로 출간되었는데 그중에 원본 '법분십육(法分十六)'은 민족 고유의 조식 수련법이다. 단행본 책『백두산족에게 고(告)함』과 「호흡법 소서」, 『법분십육(法分十六)』 등은 선가(仙家)의 명맥을 널리 알리고 부활시키며 '백산운화', 황백(黃白) 전환(轉換)의 시대를 알리는 신호탄이 되었다.

봉우 선생이 조식 수련을 통해 선가, 유가, 불가, 도가의 길을 스스로 걸어가 보고 그 길에서 경험(經驗), 체득(體得)하고 증득(證得)한 것을 압축하여 글로 남긴 책이 『백두산족에게 告함』이다.

선생은 학문 분야에도 큰 업적을 이루신 분이며 체술(體術), 경보(競步), 병법(兵法), 천문(天文), 지리(地理), 인사(人事), 산법(算法)에도 조예(造詣)가 깊으셨고 후세에게 많은 가르침을 주었다. 이에 봉우 선생의 핵심 사상이 가장 압축적으로 정리된 것은 다음과 같다.

"사람이 학문을 연구하려면 상관천문(上觀天文: 위로는 천문을 본다), 하찰지리(下察地理: 밑으로는 땅의 이치에 통달함), 중찰인사(中察人事: 가

운데로는 사람이 일을 살핌)해야 하는 것이다.^{"2}

봉우 선생은 백두산을 여러 번 등정(登頂)하면서 백두산의 지형, 지질의 특성 등을 분석하고 아래와 같이 설명했다.

"백두산은 강성한 겨레의 성산(聖山)이자 통일된 국민 의식의 상징으로 자리했다."³

백두산(白頭山)은 흰머리(白頭) 산(山)이라는 뜻으로 산중의 산, 조종(祖宗)되는 산, 세계 최고봉의 산이라는 뜻이다.

하지만 백두산이 화산 폭발로 인해 산의 높이가 많이 가라앉아 예전보다 현저하게 낮아졌고 여러 형태의 지각변동이 일어났고 세계의 지형이 바뀌었다. 한국 땅에 붙어 있던 지금의 일본 열도가 떨어져 나갔고 서해(西海)가 생겼다고 선생은 이미 오래전부터 설명했다.

이 장에서 논의되고 있는 산의 명칭 백두산(白頭山)이 현재의 백두산이냐? 라는 문답은 생략하기로 한다. 여러 참고문헌에 따라 백두산 지명이 이러저러하게 해석되어 의견이 분분(紛紛)하기 때문이다. 큰 안목에서 백두산의 개념과 의의에 초점을 두기로 한다.

2023년 3월

---

2   봉우 권태훈, 위의 같은 책, 130쪽
3   봉우 권태훈, 위의 같은 책 63쪽

1. 백두산(白頭山)과 국조(國祖) 대황조(大黃祖)

"백두산(白頭山)은 일찍이 온 겨레의 첫 조상이 되시는 단군(대황조, 大黃祖)께서 하늘로부터 내려오시어 교화의 터를 잡으신 성스러운 산"[4]이다.

봉우 선생은 대황조(大皇祖)는 백두산 지역에서 오색인종을 교화(敎化)·치화(治化)하신 분, 인류의 스승이며, 백두산족의 조상이며, 최소한 1만 년 이상 전의 첫 번째 백두산족 국가를 통치하신 분, 고대 신화에 나오는 삼황(三皇)은 천황씨(天皇氏), 지황씨(地皇氏), 인황씨(人皇氏)이며 인황씨가 대황조라고 하였다.

대황조(= 한배검)가 인류의 오색인종(五色人種)을 백두산 지역으로 불러 모아서 '사람답게 살 수 있게' 사람의 도리를 행하도록 교화(敎化)시켰다. 교화의 핵심은 짐승과 다르게 먹고사는 법, 부족과 부족 간의 생활법이 중시되었다. 바이칼(Baikal) 호수 지역에서 번창한 부족이 서양으로, 아메리카 지역으로 진출했다.

대황조의 시대는 선사(先史)시대로 보는 것이 합당하다. 선사시대라는 뜻은 무사(無史) 시대, 즉 글자가 없어 글자로 표현되기 이전의 시대이기 때문이다. 역사의 기록이 글자로 표현된 시대가 유사(有史)시대다. 유사 시대의 증거는 현재 복희역(伏羲易)[5]이 된다.

---

4 위의 같은 책, 63쪽

5 지금으로부터 대략 5000년 전에 복희씨(伏羲氏)가 만든 글자가 복희역(伏羲易)이다. 복희씨가 처음으로 팔괘(八卦)를 획정(劃定)하였다고 시획팔괘(始劃八卦)라고 한다. 복희역을 희산역(羲山易)이며, 상고시대의 역사가 희산역의 괘(卦)로 기록되

대황조는 홍익인간(弘益人間)·제세이화(濟世理化)의 뜻을 펼치기 위해 개천(開天), 개국(開國)하신 분이며 한글로 '한배검'이라고 한다.

한배검의 '한'은 한자어로 환(桓), 천(天), 일(一), 대(大) 등의 뜻이 포함되어 있다. 한배검은 세검 한 몸(三神一體), 세 마루 한 몸(三倧一體), 세 자리 한 몸(三位一體)으로 개천(開川)하고 신이 사람의 몸으로 변화 즉 이신화인(以神化人)하여 "태백산 단목(檀木) 밑에 내려와 신교(神敎)를 베풀어 백성을 가르쳤다."[6]

한배검은 우리나라의 옛 조선(古朝鮮)[7]을 개국(開國)한 첫 번째 단군(檀君)이며 왕검(王儉, 단군왕검)이라고 한다.

환(桓)은 밝음(=鮮)을 뜻한다. 환국(桓國)은 '밝은 나라'라는 의미이기에 '밝달 나라, 단국(檀國)'으로 표기했다. 따라서 단(檀)은 '밝다'라는 뜻이 분명하여 '밝단 단(檀)'이라고 한다. '밝달'이라는 말이 차후 발음하기 쉬운 '배달'로 전환되어 개국시조를 배달검(檀儉) 또는 한배검(=단군 대황조)으로 표현되었다.

일반적으로 사용되고 있는 단군(檀君)의 개념은 국조(國祖) 대황조가 아니다. 단군(檀君)의 개념은 본래 밝을 단(檀)과 임금 군(君)으로 구성되어 있어 '밝은 임금', '정신적으로 밝은 임금'이라는 뜻이다. 그러므로 단군은 여러 밝은 임금의 존칭으로 사용되었다. 따라서 단군의 존칭은 국가가 형성된 후에 (정신적으로) 밝은 임금으로 승계된 통치자분들을 아우르고 있는 통칭(統稱)이다.

대황조가 국조(國祖) 단군(檀君)으로 널리 통용되고 있다. 대종교의 경전(38쪽)에 의하면 첫 단군이 단제(檀帝)로 기록되었으나 일반적으

었다고 봉우 선생은 설명했다.

6   김교헌, (이민수 옮김) 『신단실기』, 서울, 한뿌리, 1987. 11쪽

7   옛 조선(朝鮮, 해 뜨는 아침의 나라)이라는 말이 차후 약 서력 700년 전에 한자어 아사달('阿斯達')로 '표기되었다는 설(設)도 있다.

로 단제(檀帝)로 표기(標記)하는 것은 그 의미는 같다는 뜻이다.

　고려 말기의 승려 일연(一然, 1206~1289)이 국조 단군의 역사를 설명하기 위해 전거(典據) 자료로 『위서(魏書)』와 「고기(古記)」를 인용하여 책(冊) 『삼국유사(三國遺事)』를 남겼다.

　삼국유사 「기이(紀異)」편 고조선조(古朝鮮條) 부분에 석유환국(昔有桓國: 옛적에 환국이 있었다)[8]이라는 기록이 있다. 환(桓)은 밝음(＝鮮)을 뜻하기 때문에 환국(桓國)은 밝은 나라 또는 밝달 나라(檀國)라는 뜻이다. 이와 같이 기록된 점은 단군신화가 아니라 환국(桓國)의 역사라는 것을 입증(立證)한 것이다.

　서지학적 증거를 중시하는 학자들은 일연 스님이 인용한 전거자료가 현재 없어 단군 역사가 아닌 단군신화라고 한다. 하지만 고대 선사시대의 역사가 오직 글자로만 증거를 남기지도 않았기에 보다 폭넓은 연구조사가 후학들의 과제가 되었다.

　대왕조에 대한 설명은 삼국유사 외에도 제왕운기(帝王韻記)[9], 세종실록지리지, 동국통감, 응제시주(應製詩註) 등에 수록되어 있다. 제왕운기에는 동방 제족인 신라, 고구려, 옥저, 부여, 예, 맥 등이 단군사(檀君史)를 계승하였다고 기록되었다.

8　【魏書云 乃往二千載 有壇君王儉, ... 開國號朝鮮 與高同時 古記云 昔有桓因 庶子桓雄 數意天下 貪求人世 父知子意 下視三危太伯 可以弘益人間 ... 雄率徒三千 降於太伯山頂 神壇樹下...凡主人間三百六十餘事 在世理化 ... 孕生子 號曰壇君王儉 以唐高卽位五十年庚寅 都平壤城 始稱朝鮮 又移都於白岳山阿斯達 又名弓忽山 又今彌達 御國一千五百年 周虎王卽位己卯 封箕子於朝鮮 壇君乃移藏唐京 後還隱於阿斯達爲山神 壽一千九百八歲 (『三國遺事』, 紀異 古朝鮮)

9　...【檀君 據朝鮮之域爲王 故尸羅 南北沃沮 東北夫餘 濊與貊 皆檀君之壽也 (『帝王韻紀』)】

신사기(神事記)[10]에는 한배검에 대해 기록이 있다. 신사기는 조화기

10 신사기(神事記)의 제1장 조화기(造化紀)는 다음과 같이 해석하고 있다.
흠계조화주(欽稽造化主)하니 왈한임[曰桓因]이시니 개천국(開天國)하사 조군세계
(造羣世界)하시고 대덕(大德)으로 화육신신물(化育姓姓物)하시니라.
【삼가 상고하건대, 만드는 임자인 조화주는 한임(桓因)이시니, 천국(天國)을 여시어
뭇누리를 만드시고, 대덕(大德)으로 만물을 기르시나니라.】
명군령저철(命羣諸矗)하사 각수직(各授職)하여 분장세계(分掌世界)하실새 선행일세
계사(先行日世界事)하시다.
【뭇신령들과 모든 밝은이들에게 명령하사, 제각기 직분을 주어 누리 일을 갈라 맡
기시되, 먼저 해누리의 일을 행하시니라.】
… … …영철(靈矗)이 여명(如命)하여 각선궐직(各宣厥職)한 대 한열진습(寒熱震濕)
이 이시(而時)하여 음양(陰陽)이 조(調)하니 행저화유재(行翥化游栽)의 물(物)이 내
작(乃作)하니라.
【… … …신령과 밝은이들이 그 명령대로 저마다 제 직분을 행하되, 차고 더움과 마
르고 젖고 하기를 때 맞게하여, 음양이 고르니, 기고 날고 탈바꿈질하고 헤엄질치고
심는 온갖 동식물들이 지어지니라.】
오물지수(五物之秀)는 왈인(曰人)이라 궐시유일남일녀(厥始有一男一女)하니 왈나반
(曰那般)과 아만(阿曼)이라 재천하동서(在天河東西)하여 초불상왕래(初不相往來)하
니 구이후우(久而後遇)하여 여지우(與之偶)니라.
【다섯 물건들에서 빼어난 것이 사람인데, 맨 처음에 한 사나이와 한 여인이 있었으
니, 나반(那般)과 아만(阿曼)이라. 한울가람(송화강, 松花江) 동서에 있어 처음엔 서로
오가지 못하더니, 오랜 뒤에 만나 서로 짝이 되니라. 】

기자손(其子孫)이 분위오색족(分爲五色族)하니 왈황백현적람(曰黃白玄赤藍)이라 수
초지민(邃初之民)이 의초식목(衣草食木)하며 소거혈처(巢居穴處)하니 양선무위(良善
僞)하여 순연자재(鶉然自在)라 주애지(主愛之)하사 신석복(申錫福)하신대 기인(其人)
이 수차귀(壽且貴)하여 무요찰자(夭札者)니라.
【그 자손이 나뉘어 다섯 빛깔의 종족이 되니, 황인종 · 백인종 · 흑인종 · 홍인종 및
남색 인종이다. 먼 옛날 사람들은 풀 옷을 입고 나무 열매를 먹고 둥이에 살며, 굴속
에서 지냈는데, 어질고 착하여 거짓이 없이 순진한 그대로이므로, 조화주께서 사랑
하시사, 거듭 복을 주셔서, 그 사람들이 오래 살고 또 귀중하게 되어, 일찍 죽는 이
가 없었나니라. 】

세원년구(世遠年久)에 산육일번(産育日繁)이라 수내각거일우(遂乃各據一隅)하여 소
위향족(小爲鄕族)하고 대성부족(大成部族)하니라 황거대황원(黃居大荒原)하고 백거사

(造化紀)·교화기(教化紀)·치화기(治化紀)로 구성되었고 그 내용을 살펴보면 다음과 같다.

조화기에는 우주 만물의 창조를 주관하는 조화주(造化主), 인류의 시조로서 남자 '나반(那般)'과 여성 '아만(阿曼)'이 등장한다.
인류는 처음에 오족(五族 :黃·白·玄·赤·藍)에서 구민(九民)으로 번성하였다. 오족 중에 황인족(黃人族)이 크게 번창하여 개마산 남쪽에 양족(陽族), 동쪽에 간족(干族), 북쪽의 속말(粟末＝송화강)에 방족(方

막간(白居沙漠間)하고 현거흑수빈(玄居黑水濱)하고 적거대영안(赤居大瀛岸)하고 남거제도중(藍居諸島中)하니라.
【세대가 멀어지고 세월이 오래되매, 낳고 기름이 번성해져서, 드디어 제각기 한 모퉁이씩 자리 잡고, 적게는 일가 친척을 이루고, 크게는 한 부락을 이루었는데, 황인종은 넓은 벌판에 살고, 백인종은 호숫가에 살고, 홍인종은 남녘 바닷가에 살고, 남색 인종은 여러 섬들에서 살게 되니라.】

오족(五族)에 유황(惟黃)이 대(大)하여 지유사(支有四)하니 재개마남자위양족(在蓋馬南者爲陽族)이오 동자위간족(東者爲干族)이며 재속말북자위방족(在粟末北者爲方族)이오 서자위견족(西者爲畎族)이 되니라.
【다섯 종족 가운데 황인종이 가장 커서, 갈래들이 넷이 있으니, 개마산(蓋馬山) 남녘에 사는 이들은 양족(陽族)이 되고, 동녘에 사는 이들은 간족(干族)이 되고, 속말강인 송화강 북녘에 사는 이들은 방족(方族)이 되고, 서녘에 사는 이들은 견족(畎族)이 되니라.】

구민(九民)이 거이속(居異俗)하고 인이업(人異業)하니 혹척황(或斥荒)하여 주종수(主種樹)하며 혹재원야(或在原野)하여 주목축(主牧畜)하며 혹축수초(或逐水草)하여 주어렵(主漁獵)하니라.
【아홉 겨레 백성들이 사는 데마다 풍속이 다르고, 사람들끼리 직업이 달라 혹은 거친 땅을 개척하여, 농사와 과수 심기를 일삼고, 혹은 언덕·들판에 있어 목축을 일삼고, 또 혹은 물과 풀숲을 따라가 고기 잡고 사냥하는 일을 하게 되니라.】
오족(五族)에서 구민(九民)으로 번창하고 융성하게 되어 온 세상으로 퍼졌다는 내용은 인류사의 기원을 설명한 것이다.

族), 서쪽에 견족(畎族)으로 퍼졌다.[11]

교화기는 한배검에 대한 설명이다. 한배검은 교화주(敎化主)로서 인간세계에 한울 사람(신인 神人)의 몸으로 변하여(＝이신화인 以神化人) 강림하였고, 인류를 위해 대덕(大德), 대혜(大慧), 대도(大道)를 가르쳤다는 내용이 핵심이다.

치화기는 치화주(治化主)로서의 한배검이 개천, 개국하였음을 제시한다. 따라서 한배검(＝단군 대황조)은 조화(造化)·교화(敎化)·치화(治化)를 하신 분으로 삼신일체임을 알 수 있다.
한배검은 대력(大力)으로 오사(五事: 곡식·명령·질병·형벌·선악)를 주관하고 인간 세상의 366가지 일을 다스리게 했으며 오사의 일은 3선(三仙)·4령(四靈)이 담당하게 하였다.

삼선은 팽우(彭虞), 고시(高矢), 비서갑(裴西岬) 신모(神母)이다. 팽우는 치산치수(治山治水)와 가옥(家屋)을, 고시는 농사와 화식(火食)을, 비서갑 신모(神母)는 길쌈과 옷 만드는 역할을 했다.
사령의 신지(神誌)는 글자를 만들고 윤리를 가르치며, 옥저(渥且)는 질병을 다스리고, 지제(持提)는 풍속을, 숙신(肅愼)은 간악한 일을 막고, 수기(守己)는 선행을 권하여 상벌을 밝게 하니 남녀(男女)·부자(父子)·군신(君臣)의 제도가 비로소 정해졌다고 한다.

민족의 성산 백두산과 백두산족의 대의, 잃어버린 민족 문화사가 정립되어야 통일국가의 위상이 드러난다. 백두산은 한민족이 단결해

---

11   대종교종경종사편수위원회, 『역해종경사부합편』, 대종교총본사, 1971. 『神事記』「造化紀」편 79-83쪽 참조.

나아갈 정신적 이정표이자 민족의 영산(靈山)이다. 백두산은 남북으로 분열된 민족의 통일을 위해 국민 의식을 고취(鼓吹)시키는 성산(聖山)이며 세계의 모든 백두산족(白頭山族) 자손들에게 희망의 빛을 비추고 있다.

2023년 3월

2. 백두산족(白頭山族)의 개념과 유래

백두산족의 시조(始祖)는 국조 대황조다. 대황조가 교화(敎化), 치화(治化)하기 위해 강림(降臨)[12]하신 곳이 백두산이다. 그가 대자연의 이치로 오족(五族)을 사람답게 살 수 있도록 이화(理化)시켰다. 오족이 백두산 지역을 중심으로 번창하고 널리 퍼졌다.

백두산 지역은 우리 민족이 활동한 핵심 무대였고, 겨레의 정신적 성산(聖山)이며, 한민족 고대사의 중심 지역이었다. 한민족의 고대문화를 발흥시킨 민족이 백두산족(白頭山族)이다.

백두산족은 국조 대황조의 가르침(敎化, 理化, 治化)을 받아 고대 동방 문화권을 창시(創始)한 겨레이자 인류 문화사의 시원을 이루었다. 그 가운데 특히 한민족(韓民族)은 백두산족 문화를 성장·발전시킨 주역(主役)이 되었다.

우리가 다시 유념해야 보아야 할 점은 '백두산족(白頭山族)'의 개념 사용 시기와 의의를 어떻게 계승하는가에 있다.

백두산족의 개념은 1989년 봉우 권태훈의 저서 『백두산족에게 告(고)함』을 통해 널리 알려졌다. 국조 대황조와 백두산족의 문화가 인류 문화사의 시원(始元)임을 암묵적으로 밝혔다. 국조 대황조는 인류 정신문화의 스승이 되며 인류 문명사의 태동을 이끌었다.

백두산족의 선사(先史) 문화, 상고사(上古史) 등의 관심과 연구가 지속되어야 한다. 세계인류사에 백두산족 문화의 창달(暢達)을 알리는 것은 인류 문화사의 시원을 밝히는 것이며 백두산족의 시대적 사

---

12 대황조가 강림하신 후 다시 하늘로 올라가신 날이 음력 3월 15일 어천절(御天節)이다.

명이다.

백두산족 중에 유구한 전통과 전통문화의 맥을 이어가는 배달민족이 고대 선사(先史) 문화의 중심축이 되었다. 백두산족은 백두산 지역을 중심으로 동북아시아로 퍼져나간 민족, 아시아(Asia)족 즉 황인종(黃人族)을 두루 지칭한다.

따라서 현재 우리 배달민족이 백두산족의 중심 역할을 했을지라도 한민족만 백두산족이라고 한정 짓기에는 본래의 대의와 다소 거리가 있다.

오늘날 우리는 배달민족의 상고사를 어떻게 보고 있는지, 상고사에 대한 국가적 역사교육은 어디까지 진행되고 있는지 돌아보아야 한다. 선현들이 어떠한 정신적 역량에서, 어떻게 고대의 찬란했던 문화를 발흥(勃興)시키고 계승(繼承)했는지 여러모로 다양한 분야에서 천착(穿鑿)하는 자세가 요청된다.

후학은 우리 민족의 고대사를 현대 과학적인 안목에서 고고학적, 역사학적, 종교(철)학적인 통찰력을 가지고 남겨진 과제를 풀어 나아가야 한다. 이는 또한 왜곡된 배달 민족사뿐만 아니라 인류사를 재조명해야 한다는 천명(天命)이기도 하다. 중명대운(重明大運)의 큰 과제가 아닐 수 없다.

오족이 번창하여 구민(九民)으로 늘었다고 하는 내용이 『신사기(神事記)』와 『신리대전(神理大全)』[13] 등의 문헌에 기록되어 있다.

『신사기』에 나오는 내용들이 신화같이 보이나 인류의 역사적 사실을 전제로 큰 밑그림이 선명하게 그려져 있어 학술적 가치가 크다. 신

---

13 홍암 나철(羅喆)의 『신리대전(神理大全)』은 『삼일신고(三一神誥)』의 신훈편(神訓編)을 설명한 것이다. 신리대전은 1922년 제2대 대종교 종사 무원(茂園) 김교헌(金敎獻)에 의해 대종교 경전으로 편입되었다.

사기는 인류사 시원을 밝히는 세계사적 문헌으로 다른 곳에서는 찾아볼 수 없다. 그 문헌은 오늘날 과학적 차원에서 고고학, 인류학, 사회학, 역사학, 종교학 등의 연구 분야에서도 주목되고 있어 인류문화사적 가치로 접근하고 천착(穿鑿)해야 한다.

하원(下元) 갑자인 1984년을 맞이하여 봉우 권태훈 선생의 구술이 출판사 정신 세계사의 편집으로 책(冊)『단(丹)』으로 출간되었다. 하지만 봉우 선생은 그 책에서 소개된 내용이 본인의 본래 뜻과 차이가 있음을 여러 부분에서 밝혔다.

그 후 봉우 선생은 1989년 책『백두산족에게 告함』을 통해 백두산족(白頭山族)이라는 개념을 널리 공표(公表)하였다. 그의 책들은 특히 일제강점기 시대부터 근현대사에 이르기까지 겪어 왔던 한민족의 정신적 공백기와 사상적 암흑기에 빛을 선사했다.

봉우 선생은 잘못된 대한민국의 고대사와 근·현대사를 지적하고 바로잡아야 함을 여러 사례를 들어가며 누누이 가르쳐주었다. 특히 누천년(累千年) 동안 고대사를 승계하고 있는 배달민족 한국인에게 자긍심을 심어주었고 잘못된 상고사를 바르게 알도록 본인의 저서 및 대중강연 등을 통해 깨우침을 주었다.

선생은 국조 대황조께서 가르치신 정신 수련법이 조식법이며 예전부터 선현들에 의해 면면히 구전심수(口傳心授)되었고, 그러한 정신 수련의 명맥을 선가(仙家)가 이어왔다고 하였다. 그는 요(堯)나라의 임금이 대황조의 가르침을 배운 백두산족이며 중국으로 들어가 중국인들을 가르쳤다고 설명했다. 고대사 연구에 의미하는 바가 크다고 아니할 수 없다.

조식 수련법을 계승한 봉우 선생은 정신 수련을 통해 직접 체험하고 증득한 결과를 총정리하여 세상에 널리 알렸다. 그것은 '호흡법 서문', '호흡법 소서', 조식 호흡법인 '법분십육(法分十六)', 원상(原象) 등이다.

봉우 선생은 조식 호흡법은 누구나 쉽게 접하여 이해할 수 있고 일상의 삶 속에서 행할 수 있으며 성심을 가지고 노력하면 각자가 자연스럽게 정신세계의 문을 두드리고 열리게 하여 그 안으로 들어갈 수 있음을 가르쳐 주었다.

민족의 성산 백두산, 우리의 얼, 정신의 빛을 찾아 밝히는 것은 배달민족은 물론 백두산족의 과제이자 미래 희망의 불꽃이 되어 우리의 가슴에 고동치고 있다. 그 불꽃은 다시 홍익, 홍제 사상을 펼치는 21세기 인류 선도국(先導國)의 서광(曙光)을 밝힌다.

2023년 4월 20일

3. 백두산족과 연정원

1925년 봉우(鳳宇) 선생은 계룡산에 정신 연구를 목표로 연정원(研精院)을 설립하고 수련자들을 모아 함께 고력(苦力) 수련(修練)을 하였다. 수련 방법은 면면히 이어져 내려온 고대(古代) '대황조가 가르친 방식대로'[14] 충남 공주시 계룡산 자락에서 후학(後學)들을 양성하였다. 연정원의 옛터는 지금도 남아 있어 그 흔적을 발견할 수 있다.

조식 호흡은 "인간 생명의 근원인 숨을 조절하여 안정시키고 더 나아가 본래 가지고 있는 정신의 밝음(明明)을 다시금 밝게(재명명 在明明) 되찾음을 목표로 삼아 그 명명(明明)함을 바탕으로 자기 주위의 세상을 이롭게 함에 힘쓰는 것은 최상의 목표로 하고 있다."[15]

"10여 인(人)이 정식으로 정신을 수련해본 일이 있고 또는 해변이나 교목상(喬木上)에서 고력수행(苦力修行)도 해보고 설상(雪上)에서 내한(耐寒) 수행, 수중(水中)에서 수수행(水修行)도 해보았다. 그러던 중 우리 동지들이 무자년(1948)에 계룡산 산상(鷄龍山山上) 삼불봉하(三佛峯下)에서 10여 인(人)이 집단해서 내한 수행으로부터 고력수행(苦力修行)을 계속할 때 우리가 거주하는 석굴(石窟)을 제인(諸人)의 의사(意思)로 명명(命名)할 세 각인각양의 별 명명이 다 있었으나 연정원이 제일 합격되어서 아주 연정원이라 하였다. 이 연정원이라는 명명 아래 우리들의 정신 연구를 목표로 동지들이 집합하였던 것"[16]이다.

위의 내용을 요약해 보면, 1948년 계룡산에서 동지들과 이미 협의

14　봉우 권태훈, 『백두산족에게 고함』, 정신세계사, 서울 2000, 66쪽
15　봉우 권태훈, 『봉우일기 1』, 정신세계사, 서울 1998, 89쪽
16　봉우 권태훈, 『봉우일기 1』, 정신세계사, 서울 1998, 88쪽

하여 연정원의 명칭(名稱)을 확정하여 공고(公告)하였다.

연정(研精)의 의미는 정신을 연구한다는 뜻이다. 정신 연구는 형이상학이며 정신과학이다. 정신 연구의 방법으로 조식(調息) 호흡이 중시되었다.

세상에서 말하고 있는 "단학(丹學)의 기원은 백두산족의 성조(聖祖)이신 단군의 가르침에서 비롯한바, 인간 생명의 근원인 숨을 조절하여 … … … 우리 겨레의 면면한 숨결이 고동치고 있는 고유한 정신 수양의 체계로서 삼국시대의 화랑도(花郎道) 사상이나 국선(國仙), 조의선인(皂衣仙人) 제도 등은 모두 같은 맥락이다."[17]

조식 호흡의 유래와 목적, 그의 역사적 맥락이 설명되었다. '인간 생명의 근원인 숨을 조절'하는 것은 조식 호흡이라는 점을 봉우 선생은 이미 1948(무자 戊子)년에 호흡법 서문에서 밝혔다. 따라서 조식 수련법은 1984년 이후 우후죽순처럼 형성된 여러 유형의 단학단체와는 다르다는 것을 알 수 있다.

오늘날 후학들이 공적(公的)인 '연정원'의 명칭을 사용하는 것은 봉우 선생의 유지를 받들어 이어가는 것이다. 그 명칭이 포함하고 있는 의의는 역사적, 세계적인 문화, 문명 그리고 통의적(統義的)인 맥락에서 먼저 주시해야 한다.

그리고 연정의 대의가 국지적인 측면이 아니라 세계적 사상으로 의식의 지평선을 넓혀서 인류 문명사의 통합적(統合的)인 관찰이 필요하다. 나아가 21세기 인류문화의 시원에 대한 통찰적(洞察的)인 관점을 가지고 어떻게 대응할 것인가?

---

17   봉우 권태훈, 『백두산족에게 고(告)함』, 정신세계사, 서울 1989, 66쪽

이와 같은 문답에는 연정원의 통솔적(統率的)인 기능이 설명되었고 나아가 인류 정신 문화사의 통섭적(統攝的)인 역할이 포함되었다고 분석된다. 따라서 그분이 설립하고 사용한 연정원(硏精院)의 명칭을 그대로 사용하는 것이 정명(正名)이며 정명 사상과 부합한다.

국조 대황조님이 오족(五族)에게 가르친 수련법이 조식법이라고 봉우 선생은 설명하였으나 그 법이 어떠한가를 알 수가 없었다. 하지만 그 법을 1948(무자 戊子)년 9월 봉우 선생이 계룡산 연정원에서 직접 글로 쓰신 것이 「호흡법서문(呼吸法序文)」외 「호흡법소서(呼吸法小序)」, 「법분십육(法分十六)」이다. 그 조식법을 토대로 좀 더 깊은 정신세계를 관조(觀照)할 수 있는 「원상(原象)」, 「원상법요(原象法要)」, 「원상혹문장(原象或問章)」 등이 1984(갑자)년 이후 널리 공개되었다.

그 가운데 「법분십육(法分十六)」은 "초학자의 편의를 위하여 법을 16으로 나누어, 경험을 여럿으로 나누어 기술"[18]한 것이다. 예컨대 제일(第一)에서 제팔(第八)까지 그리고 제팔(第八)의 1(八之一)에서부터 제팔(第八)의 팔(八之八)까지를 나누어 설명한 것이 '법분십육(法分十六)'이다.

법분십육의 대의와 특징은 다음과 같다.

"그 법은 지극히 쉽고도 간단하여 … 행하면 공부에 익숙해져 … 지극한 경지에 이르게 하는 수련법"[19]이다.

18　鳳宇 權泰勳, 『鳳宇修丹記』, 韓國丹學會硏精院, 서울 1990, 19쪽, 36쪽
봉우 선생은 무자년(1948) 가을 계룡산 연정원에서 법분십육(法分十六)을 글로 작성할 때 「呼吸法序文」을 쓰셨다. 그는 평소 법분십육(八之八), 조식호흡, 조식법을 설명했다.
19　鳳宇 權泰勳, 위의 같은 책, 16쪽

법분십육(法分十六)은 차후 연정(研精) 십육(十六)이라고 하였으나 본래 명칭은 아니지만, 조식 호흡법은 같다. 조식 호흡의 대중화 운동은 '백두산족'뿐만 아니라 세계인도 포함되었다.

조식 호흡과 더불어 "지(智), 덕(德), 체(體)의 함양에 있어서는 조상 전래의 지력(智力) 개발법, 체력 양성법, 덕성 함양법이 온전히 갖추어져 있어 정성껏 행하면 고유한 민족문화의 탁월한 하나의 계승자로서 사회발전에 기여(寄與)하게 된다."[20]

나아가 봉우 권태훈 선생은 하원(下元)갑자가 다시 시작되는 서력기원(西曆紀元) 1984년을 맞이하여 하늘의 증표로서 오성(五星)이 한민족의 영토를 점차 밝게 비추기(聚斗) 시작했다고 '백두산족'에게 알렸다. 오성취두(五星聚斗)는 백두산족이 과거 인류문화 동력의 추동력으로 존재했다는 것을 하늘이 보여주는 증거다. 오성(五星)의 기운은 국가적 대운으로 이어지면서 백두산족은 세계적인 기능과 역할을 다시 한다고 선생은 대내외로 천명하였다.

선생은 백두산족의 긍지는 시종일관 유구히 계승된 정신 수련, 조식 호흡법에 있다고 강조했다. 그 법을 통해 정신과학(心)과 자연과학과(物)의 만남이 큰 융화와 조화를 이루어 "심물합치(心物合治)"[21]를 이룬다고 주장했다.

심물합치의 특징은 유물(唯物＝자연과학)과 유신(唯神＝정신과학)을 하나로 보는 것이다. 봉우 선생은 "유물유신합치론(唯物唯神合致論)"[22]을 주장하면서 "이원합일론(二元合一論)"[23]의 필요성을 다음과

---

20 봉우 권태훈, 『백두산족에게 고함』, 정신세계사, 서울 2000, 66쪽
21 봉우 권태훈, 『봉우일기 1』, 정신세계사, 서울 1998, 92쪽
22 봉우 권태훈, 『봉우일기 1』, 정신세계사, 서울 1998, 308쪽
23 봉우 권태훈, 『봉우일기 1』, 정신세계사, 서울 1998, 308쪽

같이 설명했다.

"물심불가론(物心不可論)의 관계를 주장하며 정신 연구는 유심론에 그치는 정신을 연구하는 것이 아니라 유심유물(唯心唯物)양론의 비(非)를 타파하고 이원합치론(二元合致論)을 연구하라는 것이다."[24]

1952년 봉우 선생은 이원합치론의 중요성에 대해 재삼 구체적으로 이렇게 기록했다.

"유물(唯物)만으로 만사를 해결할 수 없고 유신(唯神)만으로 역시 만사를 해결하지 못한다. … … … 물심합일(物心合一)이 되면 강자도 없고 약자도 없이 만년 평화가 될 수 있다는 것이다."[25]

선생은 또한 유신(唯神)인 정신과학과 유물(唯物)인 자연과학과의 조화로운 발전과 당위성을 주장했고, 정신 수련이 '형이상학의 정수'로서 「정신과학」이라고 명명(命名)하였다. 그러한 용어는 20세기 후반에 급속히 퍼져나가 사회적 패러다임이 되었고 자연과학 발전과의 불가분의 상호관계가 성립되었다.

정신 수련은 '정신과학'을 연구하는 사회적 범국민적 정신운동으로, 심신의 안정과 치료의 매개체로, 교육용 등으로 우리의 생활문화에 깊숙이 들어왔다는 것을 실감할 수 있다.

2023년 4월 22일

---

24   봉우 권태훈, 『봉우일기 1』, 정신세계사, 서울 1998, 92쪽
25   봉우 권태훈, 『봉우일기 1』, 정신세계사, 서울 1998, 308쪽

제8장 주어진 오늘의 상황을 돌아보면서

1. 디지털시대와 초종교 운동[1] —영통(靈通)의 공간, 네트워크로 '세계일가사상' 발전

유선 초고속인터넷의 보급, 무선인터넷 서비스, 21세기 디지털 세상을 맞이하여 추진되는 DMB(디지털 멀티미디어 방송) 사업, 홈시어터 (home theater) 전시장을 찾아가는 신시대의 발걸음은 동서양의 모든 문화 경계를 넘나들고 있다.

다양한 경계의 장벽을 허무는 디지털 시대의 신과학은 정신 현상의 시스템은 물론 현대 인지과학을 발전시켰고, 정신과 육체의 데카르트적인 분리를 극복하여 성공한 생명의 유기체적 시스템이 가지는 특성을 내포하고 있다.

그러한 특성은 부분적인 존재들 간에 상호 연관성을 가지고 작용·발생하면서 어느 한 부분도 전체의 맥락 속에서 통합의 의미로 이해하는 네트워크(Network) 시스템을 이룬다. 이러한 시스템을 자연과

---

1 2005년 1월 6일 〔종교신문〕에 게재된 필자의 글이다.

학에서는 제3의 문화로, 인문과학에서는 초종교 운동으로 간주하는 현재의 패러다임이 세계인의 관심을 이끌어 가고 있다.

1) 생명의 네트워크

'생명체는 스스로 재생하고 조직하는 전체'라고 칸트가 말했듯이 생명체의 각 부분은 서로를 위해 기능적인 전체 속에서 서로를 떠받치고 있는 상호 간의 작용이다. 서로를 '위해서' 자기조직화는 전체로 통합하는 생명의 연결망이 된다.

생태계 존재에 대한 이해는 지구가 생명체의 전체이자 한 생명체의 통합이라는 데 있다. 이러한 통합적 이해가 바로 현대과학에서 주목(脚光)받고 있는 '홀로그램 우주'라는 차원에서 '생명의 네트워크'로 다루어지고 있다.

카프라(Fritjof Capra)의 저서 『생명의 그물』에 대한 시스템사고는 서구의 과학사상에도 큰 변화를 일으켜 동양의 유기체설적(有機體說的) 세계관에 주목하게 되었다. 이 세계는 서로 분리된 집합이 아니라 하나로 통일된 전일론(holoism)적 패러다임의 전환으로 이어졌다. 지역 문화적인 구성요소로 집약된 다양한 신념과 신앙들이 '고정된 인식의 위기'를 맞이하여 혁명적인 수정이 빠르게 이루어지고 있다.

지구촌의 모든 생명체가, 종교들의 영성 단체가 전체 속의 개체로서 상호 연관성을 가지고 작용하여 융화된 문화 현상들로 나타나는 연속적 연결망인 제3의 문화로 보았기 때문이다.

2) 제3의 문화: 전일론적 세계관

(독일) 철학자 야스퍼스는 이미 1960년대에 새로운 '차축 시대' 도래와 '시대정신'을 언급하면서 동양으로 눈을 돌리라고 말했다. 그로

부터 약 20년 후에는 동양사상에 기조를 둔 '뉴에이지 운동'이 활발하게 전개되었다.

지금은 동양의 정신과학과 서양 자연과학과의 만남, 종교와 과학의 만남을 통해 과학과 종교의 통합을 주장한 캔 윌버(Ken Wilber)의 사상이 나왔고 디지털 시대는 새로운 제3의 문화라는 의미로 세계의 이목(耳目)이 쏠리고 있다. 이와 같은 시대적 문화는 종교 지도자들과 과학자들 간의 틈새를 좁히는 통로 역할을 하면서 정신·과학문화의 합치(合致)를 시도한 미래 문화가 태동하게 한다.

종교와 과학이 의식의 스펙트럼인 양극단에 서 있는 것이 아니라는 것이다. 스노우(Charles Percy Snow)가 언급한 '두 개의 문화'이다. 그러한 문화는 인문학적 전통과 자연과학이 대립하던 시대에서 종교적 과학, 과학적 종교로 전이·변환·(새로운 문화 형태로) 전환되어 발전과정에 있다는 것을 의미한다.

사회 속의 종교가 과학적 영성훈련과 지도를 해야 하는 시대가 이미 눈앞에 다가와 있다. 이것은 종교 지도자들의 역할이 전일론적(全一論的) 세계관이라는 안목에서 실행되어야 한다는 것을 암시하고 있다.

3) 과학적 영성 지도자: 제3 문화의 사상가, 실천가

준비된 영성 지도자들과 과학자들은 제3의 문화를 상호보완적, 상생적 차원의 네트워크로 보고 있다. 한 종교 존재의 차원이 타(他) 종교와의 갈등이 아니라 지역문화의 한계적 특수성이 가미된 자연선택의 본질로 보는 것이다.

종교와 종교 지도자, 타 종교와 타 종교 지도자와의 관계는 '투쟁사'라는 과거의 소용돌이에서 벗어나 이제는 세계평화 구현이라는 시대정신의 뜻에 겸허한 '상호작용자'(interactors)로 전환되어야 한다.

지도자들의 분리된 역할은 본래 자연적이었으나 인간이 만든 도그마티즘(dogmatism 교조주의)이라는 유일성이 스스로 자연적 상호관계를 배제(排除) 시기고 소외시켜 범주화시킨 것이다.

종교 지도자는 이제 상호작용 자라는 창발적인 기능의 근간이 되어야 양지(陽地)의 세계에 드러난다. 과학자들이 공중에 떠 있는 '스카이훅(Sky hook)'의 존재를 부인하듯이 이 세상에 독존하다는 종교적 단체는 무의미하다는 것이다.

오늘날 수많은 종교 간의 도그마티즘과 그 집단세력이 스카이훅을 여전히 갈망하고 있다면 현대종교가 아닐 것이다. 그러한 '종교적 스카이훅'은 환상의 ET와 같은 '오뚝이'일 것이다.

4) 초 종교운동: 종교연합 운동을 넘어선 세계일가사상(世界一家思想)

현대의 자연과학이 남긴 시대적 패러다임 중의 하나가 정보화시대, 디지털 시대이다. 이러한 문명의 이기는 비록 인간이 발명한 시대적 공중파와 지상파이기는 하지만 국가와 인종 및 국경의 장벽을 초월하여 사용되고 있다. 세계를 정보화시대라는 울타리 아래에서 하나로 집결시킨 자연과학의 쾌거이다. 미래 세계시민의 사회적 국가적 공동체의 공생 원리를 제시하는 자연과학의 패러다임이라고 볼 수 있다.

그러한 측면에서, 21세기 정신과학의 패러다임은 전쟁과 반목·상쟁을 멀리하고 인류공생의 길, 세계 일가의 이념을 실천하는 초 종교운동이 될 것이다. 디지털 시대에 걸맞은 영성적 파동의 패러다임은 종교와 과학이 조화를 이룬 과학적 영성 시대이다.

과학적 영성은 변함없는 '시대정신'으로 대명천지의 세계에서 모든 종교를 각자 자신의 취향에 따라 직접 선택할 수 있는 종교의 뷔페(buffet) 화(化)로 이어진다. 그리고 이런 '종교의 뷔페화'는 사회가 자연과학을 멀리하는, 음지(陰地)의 종교에게 설 자리가 제공하지 않는다는 것을 제시하고 있다.

이러한 경향은 세계인 모두 직접 참여할 수 있는 디지털 시대 영통(靈通)의 공간이 되어 세계의 모든 생명을 존중하고 사랑하는 세계일가사상에 초국가적 일원으로 협력할 것이다.

르네상스 후기에 나타난 '세계시민', '세계정신'이라는 의미를 내재하는 코스모폴리탄이즘(Cosmopolitanism)이라는 개념이 있다.

그 개념적 의의는 인종, 영토, 문화, 언어의 경계를 초월한 것으로 유가(儒家)의 '대동세계'와 연결해보면 현재 우리가 직면한 지구촌의 한 가족 시대라는 차원에서 보아도 차이가 별로 없다. 이는 미래지향적인 세계평화 구현이라는 인류의 염원(念願) 사상이며 계승 발전시켜야 할 초국가 초종교적 사안이라고 생각된다.

세계 일류를 한 가족으로 여기는 열린 마음과 함께하는 행위들, 그런 심성문화(心性文化)를 적극적으로 지도하는 영성운동은 종교 지도자들 간의 대화에서 화해로 심화하여야 한다. 특히 종교 윤리와 사회 윤리, 국가 윤리 더 나아가서는 세계의 정치·종교 윤리를 이끄는 정신 지도자 즉, 종교 지도자들 간의 화해와 상호 호혜적인 상생의 종교운동 참여는 초종교의 길로 이어질 것이다.

그러한 길은 21세기의 정신적 제3의 문화를 이끄는 영성적 밝음을 추구하는 패러다임이 될 것으로 유추되어 시사(示唆)하는 바가 매우 크다고 할 수 있다.

2. 그리스도교와 종교 평화의 길[2]

'유일신' '우상 타파' 명분, 타 종교 문화파괴에 앞장

서양사는 '교회사'이다. 그런데 그리스도교의 전성기였던 중세 유럽의 교회사가 평화사가 아닌 종교(파) 간의 분쟁과 '전쟁사'로 점철되었다고 하면 의아해할 사람들도 있을 것이다. 그러나 그것은 사실이며, 그와 같은 모순(Paradox)적인 상관관계(Relation) 속에 종교 평화라는 단어가 많이 사용되었다. 따라서 유럽의 교회사에서 역사적 예수와 그의 사상을 되새겨 보면서, 예수의 본질적 평화 사상이 왜곡되지는 않았는가에 대해 한 번 정도는 생각해보아야 한다.

1) 종교자유의 한계

이 세상에 과연 자유가 존재하는가? 자유란 먼저 주어진 어떠한 굴레 또는 제도에서 벗어나서 만사에 내외적으로 거리낌이 없어야 한다. 그만큼 자유라는 것은 누구에게나 가까우면서도 먼 거리에 있다. 즉 그 누구도 자연과 우주의 법칙에서 벗어날 수 없다는 것이다.

더욱이 종교자유라는 것은 신앙인의 자유보다 더 큰 형이상학적 용어이자 지금까지 해결하지 못한 인류사의 질곡에서 물음이다. 그리스도교회와 교인은 이에 대해 어떻게 답하고 실천하고 있는지!

신성로마제국의 맥을 이어온 오늘날의 서로마 가톨릭(바티칸)과 가톨릭에서 분파된 개신교 단체 그리고 개신교 단체에서 다시 분파된 새로운 단체들은 그들만의 신앙의 자유를 위해 교회법 즉 종교법(신의

---

2 2006년 2월 1일 『종교신문』에 게재된 필자의 새해 특별기고문이다.

평화, 땅의 평화, 이단과 정통성, 수도원 법칙, 정교일치, 정교분리 등)을 만들었다. 그리스도교의 종교와 자유는 국법 안에서 하나의 신앙을 선택할 권리와 신앙고백에 따라 신앙 활동을 할 수 있게끔 허용한 것이다.

그들의 교회사는 전쟁사라는 비평과 통찰적 역사 안목에서 평화를 기원하기 위해 발아된 새싹이 서구 그리스도교 종교법의 근간이 되었다. 그렇게 형성된 그리스도교 국가의 종교법과 비(非) 그리스도교의 종교법 형성사는 시작과 과정이 확연하게 다르다.

한자문화권을 사용하는 동북(東北)아시아의 국가는 그리스도교와 유사한 종교법을 제정한 적이 있는가 하고 의문이 들기 때문이다. 그런 국가가 대개 제2차 세계대전 이후 서구의 종교법의 근간을 끌어다가 적당히 윤색하여 사용하고 있다.

종교의 다양한 자유도 국가라는 큰 틀 안에서 국법으로 주어진 자유이다. 그러나 그렇게 주어진 자유의 누림은 그러한 자유를 허락한 국가의 국법 안에서 가능하다는 것을 유념할 필요가 있다.

가능하다는 것은 전제의 조건이며 주어진 국가적 상황과 종교적 성향에 따라 때로는 종교자유가 불가능하기도 하다.

종교에 있어 모든 자유의 허락과 그에 대한 누림의 혜택은 통치적 국가라는 원론적 개념의 틀 안에 들어 있다. 국가통치와 국가 질서유지를 준수하는 국법 안에 종교법, 나름의 신앙법이 존재한다.

그리스도교를 국교(國敎) 즉 제1 religion으로 천명한 특히 유럽 국가들은 그리스도교 외에 유사 그리스도교단체나 타 종교에 대한 관용은 한정되어 있고 배척과 배타성(排他性)이 강하다. 그 외의 타 단체들은 제2 religion 또는 신앙단체(독일어로 Glaubensgemeinde, faith community)로 구분되었다.

다만 그리스도교가 국교인 나라에서도 개인의 종교와 신앙과 신앙행위 그리고 교회가 국가라는 개념 위에 존재하지 않는다. 오직 국법 안에서 그리스도인들은 그들이 말하는 종교(신앙)의 자유가 보장되었고 종교적 평안함을 누릴 수 있는 혜택을 국가로부터 받았다.

국가가 국가의 종교(=religion)를 논할 때도 국교의 윤리와 사회적 역할 그리고 국가와 국교(國敎) 사이에 상호 지켜야 할 관계법이 존재한다. 그 관계법은 국법에 명시되었고 교회법에도 교회가 지켜야 할 사항이 상세히 기록되어 있다. 자국의 국교 외 타 종교들이 국가의 하위개념으로 그 나라의 종교법에 따른 종교적 자유가 법률적으로 허락된다.

일반 법률기관은 물론 국가 최고의 법률기관도 국교가 아닌 타 종교들을 자국의 이익과 다양한 시대적 상황과 때로는 (국민의) 신고로 감시 감독하고 법률적 근거에 따라 견제하고 경고하며 조처(措置)한다. 그뿐만 아니라 예를 들면 (서양의) 국가는 때로는 자국의 종교를 통제하기 위해, 국교도 물론 교권을 유지하기 위해 방향이 다른 종교(파)의 자유, 신앙의 자유, 언론 및 집회의 자유 등을 장기간 허락하지 않았다.

신앙인들은 종교의 자유와 함께 종교 평화를 원한다. 종교 평화는 포장된 인류사의 외재적 존재도 아니며 시간의 흐름에 따라 인류 앞에 추억 속에 기억하게 만드는 공간적인 것도 물론 아니다.

종교의 평화는 신앙의 자유를 말하는 것이고 신앙의 자유는 개인의 정서에 희망과 행복함을 가져다준다. 신앙인에게 희망을 주는 믿음은 내면세계에 존재하는 심적 발로의 상태이며, 그 내재적 현상에서의 희구와 평화로움일 뿐이다. 이렇듯 종교의 자유와 신앙의 자유에 한계가 있으며 그와 같이 종교 평화에도 아직은 한계가 있음을 드러내고 있다.

2) 종교 평화의 길

서구의 종교 평화는 신·구교 간의 증오, 분쟁 그리고 전쟁에서 벗어나 상호 간의 교리를 인정하고 평화로움을 추구하는 데서 비롯되었다. 신·구교가 믿는 신은 같은 하나의 하나님이었으나 지금까지 하나로 통합되지 않은 정전상태로서 종교 평화라는 개념이 탄생(誕生)되었다.

인류의 보편적 종교 평화는 치장되지 않은 오직 현실적 존재이어야 한다. 그 존재가 실질적인 가치로 드러나 인류 모두에게 공감을 주고, 유익해야 한다.

그러한 공감대를 형성하는 최우선적인 길이 생명 존중이다. 국가와 종교(종파) 간의 평화, 세계평화의 길이 그와 연관되기 때문이다.

인류가 어찌 저세상의 행복만 바라겠는가? 인류는 이 땅에서 행복하게 살리기를 원한다. 그러한 행복은 상호 간의 생명을 존중하고 생명 존중의 가치를 인정함으로써 이루어질 수 있고 현실에서는 곧바로 인권 보호로 이어진다. 그와 같은 사상과 함께 공조하는 실천이야말로 인류의 가슴을 열리게 하고 하나가 되게 하는 평화의 길을 구축하는 것이다. 이것은 오늘날의 세계인들이 인류사의 모든 것에서 생명 존중을 최우선으로 생각하고 인정하기 때문에 인간의 도리는 물론 세계의 윤리에도 손색없는 답안으로 타당하다.

하지만 그 어느 곳에도 그리스도교의 종교 평화가 교회사에 존재했다는 기록이 없다는 것은 오늘날 우리가 되돌아보아야 할 문제이자 풀어나가야 할 과제이기도 하다. 그런 과제의 풀이는 종교인들이 오직 내 종교, 내 신앙만이라는 자만과 외피를 진솔하게 벗어나야만 가능하다.

인간 본연의 성품인 내면세계에는 공통적(共通的)으로 빛나는 정신적 보석이 들어 있고, 그 보고(寶庫) 안에는 인류 문명사를 위한 세계 문화의 공통성, 동질성, 공공성, 근접성, 융화성, 종교의 뷔페화 그리고 상품성 등이 다양하고 조화롭게 자리 잡고 있기 때문이다. 그와 같은 내재적, 외재적 문화요 소들이 평화적인 종교(심)성으로 성숙하고 인류를 위해 널리 이롭게 펼쳐질 때 진정한 세계종교 평화의 염원도 이룰 수 있다.

그러한 관점에서 그리스도교의 교회사를 통해 살펴보면 크게 두 가지를 지적할 수 있다. 첫째는 지금까지 그리스도교는 인류를 위한 종교 평화의 길은 물론 세계평화의 길을 걷지 않았다는 것이다.

그리스도교의 중심에 서 있는 국가가 타 종교인은 물론 같은 하나님을 믿는 형제들이라도 공통의 경전인 바이블 해석이 달라 분파되면 '이단'으로 몰아 전쟁을 일으켜 무참하게 살해했다. 서로 하나 되지 못함은 말할 것도 없고 예수의 이웃사랑, 원수사랑 등의 관용 정신은 찾아볼 수 없었다.

어디 그뿐이겠는가? 성직자도 자국의 전쟁 무기에 십자성호를 긋고 승리를 기원하며 축복해주었다. 전쟁을 치르는 나라들의 많은 교회와 성직자들이 전쟁을 막아주는 평화의 사절단이 되어주지 못했다는 증거이다.

지금도 가톨릭과 개신교, 개신교에서 또다시 파생된 많은 종파 간의 통합은 상상할 수 없게끔 벌어졌다. 그들 간의 분파적, 지역주의적인 구도와 교파주의적인 분쟁의 역할은 '무언의 행동'으로 또는 '무언의 검'으로 번득인다.

둘째는 그리스도교가 유일신과 우상 타파라는 명분을 내세워 십자가 군기와 십자가를 정면에 앞세워 다른 종교문화를 파괴하고 그러한 일에 협조했다.

그리스도인이 새로운 천년의 시대(new millennium)를 맞이하여 개인적 신앙의 자유와 소아(小我)적 범주(구원)에서 탈피하여 성숙한 대아적(大我的)인 종교성, 영성으로 발전되기를 바라는지!

과연 그리스도교가 오늘날 크게 그리고 넓게 회자(膾炙)되고 있는 인류 평화와 종교 평화 그리고 세계종교 평화를 위해 어떠한 모습으로 다가올지 궁금하다.

3. 태백문화원의 천제단(天祭壇) 훼손 사건에 관한 입장을 보고 나서

강원도 태백산 영봉의 천제단이 훼손되었다. 그 사건에 대해 태백문화원이 밝힌 입장은 다음과 같이 정리할 수 있다.

태백산 천제단은 민족의 영산이며 우리 민족의 뿌리로서 국민에게 사랑받는 민족 문화유산으로 그의 가치는 상호 존중되고 보존되어야 한다. 태백산 천제단의 관리주체인 해당 기관은 더 적극적으로 천제단을 보호하고, 재발 방지를 위해 관계기관의 엄중한 조처가 취해지기를 바란다.

천제단(天祭壇)은 세계문화사에서도 인류 정신문화의 본질, 공통성과 동질성 등을 연구하는데 다방면의 분야에서 중요한 자료가 된다. 그 존재적 가치와 희귀성이 또한 주목받고 있어 정신문화의 원형을 탐구하는데 빠지지 않고 등장한다.

태백산 천제단은 우리나라의 지정문화재(중요 민속자료 228호)이며, 대한민국의 국조 단군(=한배검)을 기리고 천제를 올리는 성스러운 곳이다.

국조 단군의 홍익(弘益)·홍제(弘濟) 사상은 우리 민족의 가장 보배스럽고 세계 어느 곳에서도 찾아볼 수 없어 더욱 자랑스럽게 내세울 수 있는 배달민족의 건국이념이다. 그러한 건국사상과 실천적 덕목이 대한민국의 교육법과 교육이념에도 명기되어 있어 민족의 정신적 지주가 되었다. 세계사적인 위대한 이정표가 이미 국조 단군 시대부터 정립되었다.

모 신앙단체의 신앙인이 신앙 고백적인 차원에서 선조(先祖)들이 남긴 문화재를 파괴하거나 함부로 다룰 수 있다는 권한은 없다. 그 누구에게도 그러한 권한은 주어지지 않았다. 그럼에도 불구하고 천제단이 일부 몰지각하고 광신적인 신앙인들에 의해 훼손됐다.

그들의 조상이 유럽이나 미국에 근원을 둔 것도 아니다. 어떠한 조상인지도 모르고 역사적 무지 속에 자신의 신앙을 무기로 삼아 무지막지한 횡포를 일삼으며 그렇게 난동을 부리는 것은 어제오늘이 아니다.

언제부터인가 백두산족이라는 본원 의식과 사상이 도외시되면서 어처구니없는 일들, 통탄(痛歎)을 금할 수 없는 사건들이 발생하여 민족의 자존감이 무너져 내려앉는 슬픈 마음이다. 타민족의 조상숭배에서 벗어나 우리 조상을 제대로 알아보는 시대가 언제 올지! 역사의 수레바퀴가 얼마나 더 돌아야 하는지! 기대하는 것도 의미는 있으나 조상들의 역사를 올바르게 가르치는 국가의 교육정책이 시급히 촉구된다.

사건혐의자들이 문화재보호법 위반으로 조사받고 있다고 해도 사후(事後) 재발 방지 차원으로서 법적 조치(措置)로 이어질 수 있는지가 문제다. 법적 조치를 할 수 있다면 결과는 어떠했는지? 아니면 왜 적합한 조치가 이루어지지 않는지 알 수가 없다. 태백시문화원의 경고성 발표가 올바른 사건처리로 이어지지 않는다면, 그 무슨 의미가 있을까 생각해본다. 경찰조사와 그 결과까지 공개되어야 마땅하지 않겠는가?

어찌하다가 이 나라의 문화재, 선조들의 정신문화가 일부 신앙인들에게 모욕당하고 혐오스러운 모습으로 보이게 되었을까 반성해 보지 않을 수 없다. 역사교육의 부재가 오늘의 현실을 직면하게 만든 원인이 된다.

5000여 년의 유구한 역사 속에 대대로 이어져 내려오는 정신사상과 전통문화재는 한국 그리스도교 선교사 100년, 200년과 비교조차 할 수 없는 일이다.

오늘날 한국종교사회문화의 현실을 직시해보면 참담한 마음을 금할 수가 없다. 국가와 지방단체에서 국보, 보물, 문화재 등이 관련법에 따라 공식적으로 문화재보호법에 등재되고 공시되었다.

하지만 교육이 제대로 이루어지지 않아 심각한 도전 행위가 끊임없이 발생하고 있다. 그만큼 민족의 문화재 손상, 훼손, 훼멸 등은 공동체 사회의 얼굴에 흠집을 내는 것과 같고 사회적 혼란을 부추기는 위험 요소가 된다.

전통문화재는 선현(先賢)들의 정신세계에서 창출된 사상이며 자연과학의 문화가 함축적으로 융화되어 조화롭게 어우러져 있는 보물이다. 문화재는 그 누구에게만 속하는 것이 아니라 세계인들도 함께 공유하고 공존해야 하는 인류의 공적 자산이다.

지방이나 국보급 유·무형의 문화재, 보물, 유물들, 지역적 특성들은 21세기 종교문화경영의 콘텐츠로 거듭날 수 있다. 종교문화 콘텐츠 경영이 세계문화사의 패러다임으로 전개되고 있어 고유의 문화재들은 문화의 광장에서 호흡하고 약동한다.

국가와 지방단체에서는 우리의 선조들이 남기신 유형, 무형의 문화재가 잘 보존되기를 성심을 다해 힘써 주실 것을 바라며 많은 국민의 높은 관심을 기대한다.

2008년 5월 27일

4. '6월 호국보훈(護國報勳)의 달'을 맞이하여

살다 보면 누구나 자신의 한계상황을 알 수 있고, 극복할 수 없는 난관에 봉착(逢着)하기도 한다.

호국보훈의 달을 맞이하여 애국심이 무엇인가를 한 번 정도는 각자가 되새겨 보았을 것이다.

순국선열과 호국영령분들, 비록 그분들의 존함이 이 세상에다 밝혀지지 않았지만, 고통과 한계상황을, 이어지는 극한상황을, 칼에 베인 듯한 가슴의 통증을, 눈앞에 둔 죽음의 시간을, 사후(死後)의 오랜 세월을 … 누가 대신 감당할 수 있을까?

사람이기에 외롭고 괴로워도 참고 또 참았던 인고(忍苦)의 세월에 민족의 한으로 쏟아지는 뜨거운 눈물, 오늘도 마르지 않는 그 눈물의 샘은 사람이기에 더욱 그러하지 않겠는가!

다만 역사 속에 흐르는 우리 순국선열과 호국영령들의 피맺힌 눈물이 모여 현실의 안타까움을 정화하려고 애쓰며 노력하고 있으니 씻어도 씻기지 않는 민족간의 아이러니는 더 이상 반복되지 않아야 한다.

그분들께 감사와 위로의 말씀을 올리고, 올바른 민족의식, 도덕 정신을 함양하여 실천으로 그 의의를 되돌려 드리는 것이 진정한 호국보훈이다.

떠오르는 동해의 찬란한 빛, 서해의 응집력, 남해의 생명력과 평화로움 그리고 그 모두가 염원하는 북방진출의 기운이 하나 되게 하는 한 민족의 기상으로 전개되고 웅비하므로 펼쳐져서 이루어질 때 흐르는 그분들의 피눈물을 닦아드리고 멈추게 할 수 있지 않을까 하고 생각해본다.

2018년 6월 5일

5. 저작권 소멸과 새로운 생성의 반복

아돌프 히틀러(Adolf Hitler)의 『나의 투쟁』에 관한 저작권은 1946년 독일 바이어른(Bayern) 주(州)가 가지고 있었다. 그 후 저작권은 70년이 지난 지금 소멸(消滅)되었다.

히틀러의 삶은 정치적 목적을 이루기 위해 투쟁(鬪爭)으로 점철되었고 그 투쟁은 목적의 정당성을 부여하기 위해 사용되었다.

하지만 오늘날 평범한 사람이 살아가고자 애쓰며 하루하루와의 투쟁은 생명을 보호하고 살리는 데 초점을 둔 것이다. 그게 사람이 가는 길이라고 하여 인생의 길이라고 한다. 하지만 그런 삶의 길도 각자의 방향은 다르겠으나 하늘과 땅에서 부끄럽지 않게 사람다운 사람으로 살아가는 길이 있다.

우주의 법도, 우주의 길에는 천도(天道), 지도(地道), 인도(人道)가 있고 서로 조화롭게 융화되어 하나로 아우러져 상생(相生)의 길로 연결된다. 이 삼도(三道)는 우주 자연의 길, 자연스러운 길, 성인들께서 걸어가신 우주 공통의 길, 시대에 따라 변하지 않는 길이 때문에 정상 궤도에서 이탈되지 않아 불행이 발생하지 않는다.

그러나 인도의 길이 시대에 따라 인간에 의해 왜곡(歪曲)되거나 변형되면, 인류의 정신과 생명은 병들어 신음하며 고통에 빠질 것이다.

나그네와 같은 인생이라 할지도 삶의 과정에 포함되기에 변화와 생성의 반복은 끊임이 없다. 그래서 우주 생명의 네트워크(그물망)는 촘촘하여 추호도 어긋남 없이 영원한 삶의 변화와 정도(正道)가 존재함을 알려주고 있다.

2018년 6월 8일

6. 투쟁(鬪爭)의 개념을 되돌아보면서

투쟁(鬪爭)이라는 글자 중에 투(鬪)자는 설문해자(說文解字)를 통해 접근해 보고자 한다. 한 나라에 두 임금이 없듯이 하나의 높은 왕좌에 오르기 위해 서로 콩 볶 듯이 싸우며 마디마디마다 잘라서 헤아리는(寸) 행위가 투(鬪)자(字)다. 투(鬪)라는 글자는 진정한 왕(王) 중의 왕, 진검승부의 상징성을 가지고 있어 은유적 표현이기도 하다.

투쟁의 개념은 그 어떤 목적을 이루기 위해, 상대편을 극복하기 위해 저항하며 싸운다는 뜻이다. 즉 이기기 위한 싸움이 투쟁이며 전쟁터에서의 투쟁은 어느덧 국가존망(國家存亡)이라는 국운(國運)이 달려 있다. 호국(護國)적이고 대승적인 차원에서 투쟁의 개념과 의의가 각국의 그 당시 처한 상황인식과 이해, 국제적 패러다임 등에 따라 다를 수 있다.

일제강점기(日帝强占期) 시대에 대종교(大倧敎)인을 중심으로 조직된 독립운동단체 중에 북로군정서(北路軍政署)가 항일운동을 앞장서서 전개한 것은 잘 알려져 있다. 그들은 물론 수많은 사람이 애국정신을 가지고 조국의 광복을 위해 목숨 바쳐 투쟁했다. 그들은 투철한 목적의식을 가지고 온몸으로 투쟁했던 분들이었다.

그분들의 기상을 이어받아 오늘날 투쟁하는 사람은 있는지? 그 사람은 과연 어떤 모습으로 어떠한 투쟁으로 일관하고 있는지? 그러한 행위가 진정 투쟁이라고 볼 수 있는지? 한 번 정도는 투쟁의 의의를 되새겨 보아야 할 것이다.

투쟁이라는 용어가 한국에서 널리 사용된 계기는 아돌프 히틀러

(Adolf Hitler)의 저서 『나의 투쟁(Mein Kampf)』이 소개된 이후였다. 히틀러는 독일문화투쟁동맹(Kampfbund für deutsche Kultur: KfdK = 극우공동단체로서 독일 국민주의-반유대주의 정치단체)을 이끌다가 군부의 반대에 부딪혀서 체포되었고 5년형을 선고받았다.

그는 9개월 동안 란츠베억(Landsberg)의 감옥(監獄)에 수감(收監)되었고 그곳에서 나치 사상의 해설서인 마인 캄프「Mein Kampf」를 정리했다. 그 책의 상권(上卷)은 1925년에, 하권은 1927년에 발표되었고 1930년에는 합본 판이 나왔다.

『나의 투쟁』은 1943년까지 많은 사람에게 구독되었다. 그 책의 저작권은 1946년 독일 바이에른주(Freistaat Bayern)가 가지고 있었다. 그 후 70년이 지난 오늘날 저작권은 이미 소멸(消滅)되었다.

히틀러의 삶은 정치적 목적을 이루기 위해 투쟁(鬪爭)으로 점철되었다. 그 투쟁의 목적은 정당성 부여를 위해 정당 정책의 도구로 사용되었고 결국 독재정권의 옹호와 강력한 나치 정권의 출범으로 이어졌다.

2차세계대전 때 패전국이 된 독일(국민)은 나치 정권의 만행과 몰락을 체험하면서 인권과 생명 존중 그리고 평화 사상에 주목했고 감았던 눈을 다시 떴다. 그 사상이 특히 정치와 교육 분야에서 강조되었고 독일 재건에 원동력이 되어 새로운 정책적 동력과 추동력으로 활용되었다.

독일은 투쟁의 용어가 독재와 전쟁의 의미와 연관성이 있다고 보고 투쟁이라는 용어 사용을 조심스럽게 그리고 엄중하게 다루었다. 투쟁의 개념이 나치주의가 남긴 비평화적이고 전투적이었기 때문이다.

현대사회에서의 개인 또는 집단의 목적과 정당성 및 이익 등을 추구하기 위해 농성(籠城)으로 이어지는 단체행위가 종종 발생한다. 그러한 행위가 본래 투쟁의 개념과 같다고 보기는 어렵다.

개인과 집단의 목적을 달성하기 위해 함께 저항하는 것은 쟁취(爭取)다. 최소한의 권리보장과 보존을 위한 노력이자 싸움이라면 차라리 쟁취라고 하는 것이 본래의 의미에 가깝다.

.

오늘날 평범한 사람이 살아가고자 애쓰는 일상생활의 모습은 삶과의 투쟁이 아니라 생명을 살리고 보호하는 데 초점을 둔다. 주어진 환경과 상황을 극복하기 위해 열심히 노력하는 것은 아름다운 사람의 모습이다. 사람으로서 사람답게 살아가고자 하는 것은 모든 인생의 여정이자 또한 순례자와 같은 구도의 길이기도 하다.

하지만 그것이 삶과의 투쟁으로 생각한다면, 자신에게 남겨진 모든 사람은 경쟁의 대상이고 그들과 싸워 이겨야 한다는 절박한 전투적인 의식과 행동으로 번지게 된다. 이에 가세(加勢)된 잘못된 사회적 인식은 불안 요소를 가중(加重)시켜 심리적 압박으로 드러날 수 있다.

자기 자신이 용호상박(龍虎相搏) 하는 주인공으로서 투쟁의 존재라고 하지만 역사적 목적의식이 확고하지 아니하다면 누구나 할 수 있는 농성(籠城)이나 쟁투(爭鬪)밖에 되지 않는다. 쟁투 속에 그 어떤 무엇이라도 이익으로 남을 수 있게 하는 것은 또 다른 쟁취(爭取)이기 때문이다. 따라서 쟁투에서의 투(鬪)자의 의미는 다양한 이익을 위해 싸우는 것(이전투구 泥田鬪狗)으로 크게 변질하지 않았는지 생각해보자.

정의롭지 못하고 도덕성이 결여(缺如)된 쟁취(의식)가 사회에 만연되어 있다. 최고의 입법부인 국회, 국민의 소리를 대변하는 국회의원뿐만 아니라 사법부 법원장, 행정부의 최고 수장까지 어떤 경우에는 투쟁의 가면을 쓰고 때로는 정의로운 모습, 애국적인 의인의 형상으로 대중에게 호소한다. 그 모습이 참으로 점입가경(漸入佳境)이며 적반하장(賊反荷杖)이다.

시민의 촛불혁명이 가면의 정권을 벗기고 바꾸어 놨으나 그래도 많은 위정자의 꼴불견은 남아있어 국민의 눈시울이 찡그려진다. 새로운 용어로 등장한 내로남불(=내가 하면 로맨스, 남이 하면 불륜)이 정치인의 현주소를 대변하기도 한다.

수오지심(羞惡之心: 의롭지 못함에 부끄러워하고 착하지 못함에 미워하는 마음)을 모르는 자들의 행태가 그것이다. 그들은 국민과 민심을 멀리하고 도덕성이 타락한 탐관오리(貪官汚吏)처럼 처신하고 때로는 이이제이(以夷制夷)하며 싸우는 작태는 권력 유지와 이익의 수렁에 빠진 하이에나(hyena)의 무리와 같다.

국민의 혈세(血稅)를 지역발전의 외유(外遊)라는 이유와 명분을 만들어 거침없이 세비를 낭비하고 때로는 교묘하게 착취(搾取)하고 때로는 편취(騙取)하기를 주저하지 않는 이들에게 쟁취라는 용어가 너무나 관대한 표현이라고 본다.

2018년 6월 9일

7. 기해년(己亥年) 소한(小寒)을 맞이하여

오늘은 부분 개기일식(皆旣日蝕)이 있는 날이자 이십사절기(節氣) 가운데 스물셋째 절기인 소한(小寒)이다. 돌이켜 보면 동(冬至)짓날 이후에 맞이한 소한이기에 날씨는 대단히 추웠다. 이 절기에 눈도 많이 왔다. 눈이 많이 오면 풍년이 든다고 했다. 보리를 심은 밭에 눈이 많이 쌓였다.

어린 시절에 가족과 함께 보리와 잡곡이 섞인 밥을 먹었고 가마솥에 누룽지는 대개 따뜻한 숭늉으로 만들어 나누어 먹었다. 밥그릇에 한 숟갈가량의 밥을 더 보태주려는 어머니의 모습이 떠오른다. 그 당시는 10여 명이 함께 사는 대가족이었기에 삼시 세끼의 밥과 숭늉은 건강을 지키는 보약이 되었다.

온 가족이 온돌방에서 한파를 이겨냈다. 화롯불도 안방에 있었다. 그 불에 감자, 고구마, 달걀 등을 구워 먹었다. 그러다 마음에 차지 않으면 부엌으로 갔다. 부엌의 아궁이에 남겨진 불씨에 구워 먹은 음식도 생각해보면 참으로 맛있었다.

감기 기운이 있으면 동치미 국물에 담긴 삭은 고추가 약효를 발휘했다. 그 고추를 씹어 먹으면 혀가 매워 눈물이 날 정도였고 입안은 얼얼하다 못해 급기야 딸꾹질까지 할 정도였다.

물을 마시고 진정한 후 아랫목에서 드러누워 두꺼운 이불을 뒤집어 쓰고 잠을 청했다. 땀 흘리며 자고 일어나면 감기 기운이 완화되거나 몸이 가뿐한 기분이 들었다.

오늘이 소한이지만 그리 춥지 않으나 미세먼지가 심하다. 언제부터인가 어떠한 절기(節氣)를 맞이하면서 미세먼지를 걱정하는 시기가 왔다. 미세먼지 걱정 없이 살 수 있는 세상은 언제 올까?

　계절의 변화처럼 대한(大寒) 추위도 잘 넘기면 입춘(立春)이 온다. 을해(乙亥)년에는 남북 간의 다양한 변화가 이루어졌으면 한다. 모두가 건강하고 행복하시길 기원한다.

2019년 1월 6일

8. 문화(文化)는 보이지 않는 공기와 같은 생명(生命)의 요소다

인간이 살았던 다양한 흔적이 유무형의 가치로 생성되고 승화되어 역사적 의미로 쓰이게 되면 인간의 문화가 된다. 그러한 문화가 개인과 공동체 사회에서 생명의 호흡처럼 약동하면 생명(生命)의 문화이자 상생의 문화로 다양성과 조화를 이룬다.

그러므로 문화(文化)는 보이지 않는 공기와 같은 생명(生命)의 요소가 되어 공동체 사회의 삶의 문화로 재탄생될 때 지역 공동체는 성장 발전하여 국가공동체를 형성한다.

다양한 유형의 지역문화가 인류 역사와 함께 생명의 광장에서 숨쉬고 활성화되고 있다. 문화는 특수성과 보편성 등이 있으나 생명의 문화는 역동성(力動性)을 가지고 지역을 초월한다.

수수 천년을 이어온 배달 민족문화가 오늘날 국가교육의 차원에서 어떠한 형태로 다루어지고 있는지 살펴보는 것은 역사의 거울 앞에 겸허해지는 자세다. 불행한 역사의 전철을 밟지 않도록 어떻게 노력했는지를 성찰하며 시대 문화의 흐름을 되새겨보아야 한다. 역사에서 배우는 종교문화경영을 통해 오늘과 내일의 가치를 찾아서 계승 발전시켜야 한다. 그래야 민족문화는 융성해지며 민족의 가슴에 힘차게 고동친다. 종교문화경영은 국가경영의 초석이 되어 국정철학의 대의를 펼칠 수 있다.

동서(東西)문화의 변화에 동력을 제공한 것은 다양한 요소와 원인이 복합적이다. 그 가운데 가장 역사적으로 불행하게 드러난 것은 전쟁이다. 인류는 전쟁사를 통해 생명 문화의 비극적인 실상을 밝혀내고 있다.

예컨대 임진왜란(壬辰倭亂, 1592~1598)은 대표적인 세계적 사건이다. 그러한 사건이 발생하기 이전에 일본은 이미 포르투갈에서 전쟁 무기로 사용된 조총을 수입했다.

포르투갈 예수회 단체의 신부 세스페데스는 임진왜란 당시에 군종신부(軍宗神父)로 참여했고 1594년 최초로 조선 땅을 밟았고 일본으로 끌려간 많은 조선인에게 세례를 주었다.[3]

일본이 조선의 양민들을 노예(奴隸)로 만들어 포르투갈로 매매(賣買)하였다는 기록물은 연구 대상이 될 수밖에 없다.

일본과 포르투갈의 조선인 '노예 매매사건'[4]에 대한 역사적 진실은 국제적 해명과 반성이 필요하다. 하지만 우리 정부는 현재까지 침묵하고 있다. 역사 인식에 대해 무식한(?), 너그러운(?), 몰상식한(?) 한국 정부가 되지 않도록 역사교육을 국가적 차원에서 중시하면서 외교적으로 접근할 수 있도록 노력해야 한다. 정부의 안일한 (역사) 교육 정책과 태도에 먼저 문제가 있음은 지적하지 않을 수 없다.

비록 지방자치제도의 특수성과 자율성 등이 반영된 것들 가운데 하나의 사례이지만 신부 세스페데스 공원이 모 지역에 조성된 것은 무엇을 의미하고 있는지 여러모로 생각해보아야 한다.

역사적 과오(過誤)에 대한 진지한 반성과 성찰은 새로운 변화와 혁신 그리고 발전을 거듭할 수 있다. 그 반대의 경우에는 어떠한가? 그러한 국가는 '현대판 문화이식과 식민지정책, 식민지 사상의 굴레'에서 벗어나지 못한다. 현대화된 노예 정신, 노예 사상과 문화가 되풀이되고 있어 반드시 단절시켜야 한다.

배달민족 역사의 거울 앞에 노예근성의 굴레를 반드시 발굴하고 분석해서 재조명해야 그러한 굴레에서 벗어날 수 있다. 역사를 아는 국

---

3 안병로, 『역사에서 배우는 종교문화경영학』, 말벗, 서울 2022, 363쪽
4 위의 같은 책, 363~365쪽 참조 바람

민이 세계 역사의 주인공이 되어 지도자의 역할을 할 수 있다.

태양의 빛처럼 배달민족의 문화가 될 수 있도록 역사의 거울 앞에 겸허히 반성하고 내일을 도약하는 범국민적 역사교육이 이루어지고 새로운 교육제도가 정비되어야 한다.

2019년 4월 1일

9. 일본의 경제 보복성 문제를 주시하면서

과학기술의 발달과 더불어 세계 인류는 세계화 시대에 걸맞은 팽창 사회(膨脹社會)를 거듭거듭 경험하면서 살고 있다. 그러나 개인과 기업 그리고 국가부채는 최고조에 다다르고 있다. 경제적인 분야에서 어느 정도 빚이 있어야 생산적이고 활발한 경제활동을 한다는 의미로 이해되고 있는 현실이나 불안한 국제정세는 이어지고 있다.

개인과 기업의 부채는 국가의 부채로 부메랑이 되었다. 결국 국가는 팽창사회에서 수축(收縮)사회로 전환하기 위해 자국의 경제적 이익을 최우선으로 하고 있다.

요즈음 일본의 한국경제제재 또는 경제 보복성 문제로 인해 국내의 여론이 들끓고 있다. 미국과 일본이 한국을 물 먹였을 가능성이 있다. 일본과 미국의 '카스카-테프라 밀약'이 2차 세계대전 이후에도 그와 유사한 새로운 밀약이 지속되고 있다. 일본은 자위대의 이름으로 군사 무기 제조, 군사력 강화를 미국과 은밀하게 다루고 있어 세계국방력 5위가 되었다.

우리는 좀 멀리 봐야 일본과 미국의 속내를 제대로 알 수 있다. 미국의 도움이나 묵인 아래 아베가 앞장서고 있는 모습은 간과해서는 안 된다. 그가 어떠한 임무를 가지고 일본의 국익을 위해 미국과 긴밀한 협상을 했는지, 그의 속셈과 국제정세의 상황 등을 간파하고 정부는 제대로 대응하고 움직이어야 한다.

미국, 중국, 일본 그 가운데 특히 일본, 중국은 한국을 당쟁만 일삼는 어리석은 과거의 조선, 한때 속국으로 생각했던 대한민국을 어떻게 다루어야 하느냐에 대해 연구했을 것이며 그에 상응하는 정보력을 가지고 있다. 그러한 대한민국이 경제성장과 발진을 토대로 앞서가는 문화와 기술적인 부분에 대해서 일본은 참을 수 없는 묘한 기분을 가지고 있다고 본다. 방해하고 싶고, 때로는 다 된 밥에 재 뿌리는 격의 행동을 주저하지 않고 있다.

일본 못지않게 중국도 한국을 무시하는 경향은 여전하다. 그나마 오늘날 대한민국 국민의 정신력과 정체성 그리고 합심하여 이룩한 경제력이 국가경쟁력이 되었다. 그런데도 부족한 것 많고 산적한 문제점들이 많다.

해결 방법과 국민통합이라는 대의를 어디서 발견하고. 어떻게 새로운 국가의 모습으로 환골탈태(換骨奪胎)하여 세계적인 지도국의 모습으로 전개될지 국민의 한 사람으로서 기대하지 않을 수 없다. 사회적 국가적으로 성숙한 고민과 해결은 성숙한 국민의 지혜에 의해 나올 것으로 생각된다.

미국·중국은 한 삼십 년 전부터 무역·기술·금융 등에 걸쳐 치열하게 각축전을 펼쳐왔고 지금은 점차 무역전쟁으로 번져서 서로 간에 고삐를 바짝 조이고 있는 상태. 부분적인 협력은 G2 간에 이루어지겠지만 지배적인 주요 분야에서는 건곤일척(乾坤一擲)의 마음과 기술력으로 싸울 수밖에 없다.

미국·중국은 또다시 인도·태평양에 남중국해를 놓고 대결하고 있다. 중국은 예전부터 자국 이익의 중심으로 중국해역이라 하고 미국은 항해 자유를 주장하면서 가끔 미군 군함을 그 지역으로 통과시키면서 신경전을 벌이고 있다. 비록 그곳이 미래의 핵심 전략기지가 아닐지라도 새롭게 전개되는 신(新) 태평양 시대를 미국은 알고 있을 것이다.

우리는 중국을 의식해 남중국해에 대해서는 언급을 할 수도 없고 해서는 안 되는 현 상황에서 미국 측은 우리를 끌어들이려고 할 수 있으니 예측한 대로 올바르게 준비해야 한다. 21세기 해상력은 전 세계가 주목하는 국제질서의 패권 다툼이자 경쟁력이다.

북한의 군사력위협을 평계로 삼고 있는 일본의 아베 총리, 일본과 미국의 정치적 지정학적 관계에서 한국을 어느 분야에서는 일본과 막후 중재하고 또 무엇을 챙길지? 제2의 「가쓰라·태프트 밀약」과 비슷한 무엇이 있는지 등을 분석해 보아야 한다.

세계적인 시대 상황과 문화 상황을 연구하는 것은 '역사에서 배우는 종교문화 경영학'의 본질이자 주어진 과제이며 해결책 또한 분석하여 제시할 수 있어야 한다.

홍콩의 시위, 대만에 관한 미국의 대안과 신 군사 무기 판매는 동북아시아정책의 속내를 드러내고 있다. 국제정세 상황과 그의 변화가 여러모로 통찰되어야 통섭의 능력이 발휘되고 한 많은 '구걸 외교'에서 벗어날 수 있다.

민족 역사의 거울 앞에서 겸허하게 되돌아보는 역사의식은 지혜와 대안을 찾을 수 있고 그에 따르는 동력을 받을 수 있다. 하지만 눈앞에 펼쳐진 현실을 비관적 안목으로 비평만 하는 것은 모든 일에 도움이 안 되며 역사가 제공하는 혜안을 망각시킨다.

미국·일본의 동아시아 정치적 외교·안보 카드를 잘 살펴야 남·북·미 관계를 풀어갈 수 있고 그다음의 진행 과정도 예측할 수 있는 통찰력, 외교력이 향상된다. 국제관계는 국익을 위해 다소 모호하고 다양할수록 좋다.

2019년 7월 11일

10. 제정신(精神) 차렸는가?

―역사의 거울 앞에 회고하며 반성할 줄 알아야 지혜의 문은 열린다―

'민족의 역사'는 그 나라 문화의 숨결이자 생명력이 담긴 정신문화로서 회광반조(回光返照) 할 수 있는 '역사의 거울'이 된다.

인간이 역사와 문화를 잉태시키지만 그러한 역사와 문화는 민족 역사의 거울, 세계사의 거울이 되어 다시 사람다운 사람, 국가다운 국가의 면모와 품격을 유지해 주도록 인류 문화사를 발전시킨다. 이에 부응하지 못하면 역사가 없는 국가가 되기 때문에 미래가 없어 소멸(消滅)된다.

동북아시아 및 동아시아에서 최강의 군사력을 보유했고 광활한 영토를 차지했던 고구려와 백제가 나당연합군(羅唐聯合軍)에 의해 패망(敗亡)했다. 나당연합군은 7년 동안(670~676) 지속되었다.

고구려와 백제의 고대사는 물론 고대 조선사와 고대 조선 문화의 흔적도 폐허(廢墟)가 되어 한순간에 사라졌다. 수많은 문화재가 약탈, 수탈당하거나 불타버렸고 소실(消失)되었다는 것은 어느 정도는 미루어 짐작할 수 있다.

외세에 의해 삼국(三國)을 통일했다는 신라의 영역이 어떠한가를 지도(地圖)를 펴놓고 살펴보면 참으로 어이가 없어 실소(失笑)와 탄식을 금할 수 없을 정도다. 백제와 고구려의 광활한 영토가 당나라에 빼앗긴 통한(痛恨)의 참사가 바로 통일 신라의 시작이자 역사다.

패망한 고구려와 백제의 유민들과 그들의 문화사고(文化史庫), 문화재 등은 어떻게 되었고 또 어디로 흘러갔을까? 안타까운 마음을 가지고 과거사의 현장으로 들어가 보고 싶은 충동은 있으나 그렇게 할 수 없는 나의 한계가 야속하기만 하다.

1388년(고려 우왕 14) 명나라의 요동(遼東)을 공략하기 위해 출정했던 이성계(李成桂)와 그의 수하들의 합의로 이루어진 위화도회군(威化島回軍)은 차후 명(明)과 청(淸)나라의 속국(屬國)으로 전락하는 실마리가 되었다.

1392년 이성계는 어쩌면 행운을 잡은 조선의 창업주가 되어 조선의 태조(太祖)가 되었으나 왕의 정복(正服)인 황금색의 곤룡포(袞龍袍)를 착용하지 못한 불운의 왕으로 남았다. 그 후 만 200년이 지난 1592년 임진왜란(壬辰倭亂)이 일어났고 1598년까지 7년간의 전쟁은 또 하나의 불행하고 치욕적인 민족 역사이자 큰 수치(羞恥)로 남았다.

임진왜란 이전에 일본은 포르투갈 상인과의 무역 거래를 통해 조총을 수입했고 일본군은 신무기로 무장했다. 일본군 장수 고니시(小西行長)의 종군 신부로 임진란(壬辰亂) 때 참여한 신부가 포르투갈 예수회 가톨릭 소속의 세스페데스(Gregorio de Céspedes)였다. 그는 한국 땅을 밟은 최초의 외국인 신부다. 그 당시 이탈리아 예수회 소속 가톨릭 신부 마테오 리치는 중국에서 선교사로 활동했다.

지금도 발견되는, 볼 수 있는 일본 교토시(市) 히가시야마(東山) 구(區)에 존재하는 일명 귀 무덤(코 무덤)이 있다. 그 무덤에는 칼로 절단된 수많은 조선인의 코가 묻혀 있는 곳이다. 비탄과 통탄(痛嘆)을 금할 수 없는 임진왜란 수치의 상징인 코 무덤이 세계인이 찾아가는 관광지역의 모델로 보여주는 역할을 하고 있다. 임진왜란 당시에 발생한 과거사가 아닌 현재 진행형의 역사가 되어 참으로 부끄러운 모습이자 조선인을 경멸하는 의도가 암묵적으로 드러나고 있다.

그 무덤에는 조선인 12만 6000여 명분의 코가 묻혀 있으나 일본과 한국 정부 모두 관리 차원에서 재정을 지원하지 않고 있다. 임진왜란(壬辰倭亂) 당시의 10년 전후로 태어난 조선의 일부 백성들은 일본 군인에게 코 베임을 당했고 무고하게 죽임을 당했다. 참으로 불행하기만 하여 원통하고 분할 수밖에 없는 역사적 사실이 가려지면 안 된다.

그들 가운데 꽃다운 청소년 시절에 임진왜란을 당한 사람도 많았다.

그뿐만 아니라 아사(餓死)한 사람, 굶주린 백성이 인육(人肉)을 먹었다고 하는 것은 당시의 비참한 상황이 우회적으로 알렸다. 역병(疫病)으로 병들어 죽은 수많은 백성, 부모 형제와 참혹하게 살해된 가족 등은 상상을 초월할 정도로 부지기수였다. 제대로 된 역사적 조사도 부진한 한국 정부의 현주소다.

비록 류성룡의 징비록(懲毖錄)과 조선사가 임진왜란의 참상을 대변하고 있으나 국가와 조정, 지식인들은 진솔하게 통한의 역사를 바라보고 참회와 지혜의 문을 찾고자 갈구했는지 궁금하다.

하지만 조선의 정치인들은 정신 차리지 못했다. 1627년 인조(仁祖)왕 시대에 청국(淸國)이 일으킨 정묘호란(丁卯胡亂)과 1636년 병자호란(丙子胡亂)을 맞이한 40~50대의 조선인은 임진왜란에 이어 인간 이하의 수모를 당했다. 삼전도굴욕(三田渡屈辱)은 물론 온 나라가 쑥대밭이 되었다.

후금(청나라)군이 철수하면서 수많은 백성을 도살하고 수만 명을 노예로 삼아 팔았다. 임진왜란 때 포로가 된 조선의 백성들이 일본으로 끌려가서 포르투갈의 상인에 의해 노예로 매매된 것과 같이 또다시 치욕스러운 모습을 또 당했다.

그 후에 발생한 조선의 다양한 사화(史禍)는 국력을 부정적으로 분산시켰다. 특히 외세에 의해 조선의 나라에서 발생한 1866년 병인양요(丙寅洋擾, 프랑스 함대의 강화도 침공)와 1871년 신미양요(辛未洋擾, 미국 군함의 강화도 침공 사건)는 국력을 쇠약(衰弱)하게 만들었다.

이와 같은 국제적 사건을 지켜본 일본은 조선을 테스트해 보았다. 1875년 조선(朝鮮) 땅에서 방화, 살육, 약탈 등을 자행한 일본의 운요호(雲揚號 事件)사건은 조선 침탈사건의 시작이었고 나약한 조선은 속절없이 당했다.

특히 미국과 일본의 조선 침공과 러시아의 남하정책은 조선의 국력을 더욱 쇠약하게 만들었고 조선의 멸망을 부추겼다.

20세기 서양 '문화이식의 총칼'은 조선을 향했고 일본의 적극적이고 노골적인 행위는 조선의 심장부를 정조준(正照準)했다.

조선의 조정은 1894년 동학혁명을 진압하기 위해 청국의 위안스카이(袁世凱)에게 원병을 요청했다. 이를 간파한 일본은 독단적으로 대규모의 군대를 조선에 파견하였고 동학운동을 진압한다는 차원에서 조선의 백성을 헤아릴 수 없이 죽였다.

'농민들의 시체가 산과 같고 그들의 핏물이 오랫동안 개천에 흘렀다'라고 한다. 일본군이 조선인을 무자비하게 도륙(屠戮)했다는 것이다.

일제는 동학혁명 진압 대가(代價)로 엄청난 배상 금액을 조선에 청구했다. 배상금 지급 능력이 없는 조선은 만주 진출을 꾀하는 일본에 조선의 영토를 전쟁의 교두보로 내주었다.

결국 청일전쟁(1894~1895)이 일어났고 승자인 일본은 청국과 시모노세키조약(下關條約)을 체결함으로써 요동반도(遼東半島)의 영유를 확정했다.

불붙은 일제의 북진정책과 야욕은 러시아의 남하정책과 충돌되어 러일전쟁(露日戰爭, 1904~1905)으로 발전되었고 일제(日帝)가 승전국이 되었다.

일제의 대륙진출은 1905년 미국과 비밀리에 맺은 '가쓰라-태프트 밀약(Taft - Katsura agreement)'을 통해 본격화되었다.

일제는 대한제국을 도외시하고 1909년 9월 청국과 간도협약(間島協約)을 맺었다. 본래 우리의 영토였던 간도 지역이 청국(淸國)으로 넘어갔다. 일제는 1910년 8월 29일 대한제국(大韓帝國)을 멸망시켰고 식민지로 만들어 1945년까지 통치했다. 강대국들이 그 당시 약소국으로 전락한 대한제국의 영토를 그들의 마음대로 좌지우지했다. 억장이 무너지고 참으로 수치스러운 역사적 단면이었으나 반면교사가 되어야 한다.

해방과 더불어 미국과 구소련의 정치적 영향력으로 인해 남북이 강제적으로 분단되었고 군정(軍政)이 들어섰다. 미군정이 남한을 통치했다. 우리 배달민족, 대한민국의 한 많은 수난사는 여기서 멈추지 않고 다시 시작되었다. 서로 간의 정치적 노선과 이념 등의 갈등은 극도의 사회적 혼란을 가속(加速)시켰다.

1950년 1월 15일 발표된 미국의 애치슨 라인 선언(Acheson line declaration)은 구소련의 지원을 받고 있던 북한에 남한침략의 기회를 제공한 것과 다름이 없다. 그 선언은 결과적으로 대한민국과 중화민국, 인도차이나반도가 미국의 극독방위선에서 사실상 제외된 것이었다. 결국 그해 6·25전쟁이 일어났고 그 전쟁은 세계전쟁사에서 찾아볼 수 없는 참혹한 한국 전쟁사로 기록되었고 약 1000만 명의 한국인이 살상되었다. 한국전쟁이 발발(勃發)한 핵심 요인은 바로 미국이 만들어 낸 '애치슨 선언'이라고 분석된다.

이와 같은 전쟁사, 국치 사건 그리고 우리 민족의 수난사에서 발견되는 공통점은 각각의 정치적 이념과 진영논리에 정신이 팔려 국제정세에 눈이 어두워졌고 자아 및 국가의 정체성 상실 등이다. 역사의 거울 앞에 참회와 반성 그리고 지혜의 문을 촉구하지 않았기 때문에 미래지향적인 대안이 없었다는 방증이다.

특히 역사적 공교육의 부재는 이처럼 위에서 나열된 문제와 사건들을 암적 존재로 키우는 것과 다를 바 없다. 국어·영어·수학 공부 못지않게 자국의 올바른 역사교육이 참으로 중요하다.

독일의 철학자 니체가 왜 '노예 정신'에서 벗어나라고 주장했고 '철

인정치'를 설명했는가? 왜 독일의 신학자, 세계적으로 유명한 신학자 루돌프 불트만이 바이블의 '비신화화(demythologization)'와 '양식비평'(form criticism)을 논했을까? 우리가 숙고해 보아야 길이 보이고 답을 찾아갈 수 있다.

한국은 모화사상(慕華思想), 일제(日帝) 사상, 미국문화와 사상에서 언제 벗어날 수 있을까? 중국과 일본이 만들어 내놓은 왜곡된 한민족의 역사와 미국의 논객들이 작성한 문화를 지금도 금지옥엽(金枝玉葉)처럼 사용하고 있지 않은지 자아비판과 성찰이 필요하다.

신앙인은 왜 남의 조상(祖上)을 위하고 있는지? 비록 구국의 이념과 사상으로 형성된 사상단체 또는 신앙단체의 지도자이었을지라도 그들은 사람이지 신이 아니다. 신격화 작업도 시대에 역행하는 문제 중에서 문제가 아닐 수 없다.

과거의 역사적, 사회적인 사건들, 모두 다 평상심을 가지고 검토한 다음에 바르게 바라보아야 그의 진상(眞相)을 알 수 있고 우리의 진면모가 발견될 수 있다.

오늘날 국내 국외의 정치사회문화의 패러다임을 올바로 직시해야 한다. 경제 강대국으로 손꼽히는 미국, 중국 그리고 일본이 다시 대한민국을 우습게 보고 호시탐탐 노려보고 있는 형국이다.

트럼프의 미국 우선주의, 알려진 미국과 일본 간의 군사 협약, 중국 시진핑의 군사 및 경제 강국의 면모 과시, 한국의 사드 설치에 반대한 중국의 정치적 시비와 보복성, 지금 일본의 민낯을 내보이고 있는 노골적인 경제보복은 심상치 않다. 중국뿐만 아니라 제2의 '가쓰라-태프라 밀약'과 유사한 행동을 취하는 미국과 일본의 태도는 한국을 속국(屬國)으로 여기고 함부로 대한다는 의구심을 증폭시킨다.

국제사회의 냉정함 속에 이러한 국가들의 과거와 현재의 역사적 태노가 지금도 하나도 달라진 것이 없다. 그뿐만 아니라 지금 한국은 다양한 분야에서 위기의 '문화상황화'에 처해 있다. 만약 그에 대한 국내, 국외 한국(인)단체들이 합심하여 공표된 것, 초교파적이고 초종교적인 언급과 대응 대책 등이 없다면, 그들의 기능은 상실된 것과 다름없다.

전시작전통제권 환수가 아직도 이루어지지 않고 있다. 대한민국(大韓民國)이 타국에 좌우되지 않도록 한국인의 단결력과 국력이 집중되어야 한다.

한 많은 '구걸 외교'에서 하루라도 빨리 벗어나기 위한 총력전은 국민과 함께 반드시 일구어내어야 한다.

모든 것이 변한다는 것은 당연하고, 자연스러운 이치이자 섭리다. 우여곡절 속에 혈맹(血盟)으로 생각했다고 하는 미국이 국익에 따라 변한다는 사실도 이미 파악했고 그러한 의도를 수용하되 그에 대한 꼼꼼한 대응책도 강구되고 있어야 한다.

지금 한국의 정치인과 국민은 어떠한가? 제정신(精神) 차렸는가? 역사는 되묻지 않을 수 없다. 역사의 거울 앞에 선 대한민국, 당면한 국가적 경제위기 상황을 극복하기 위해 나, 너, 그리고 우리는 지금 무엇을 해야 하는지 국민이 움직이고 있다.

지금 많은 국민의 자발적인 마음으로 일어난 일본상품 불매운동 등에 대한 사회적 현상을 정부가 정치적으로 막을 수 없고 막아서도 안 된다. 국가는 더욱 지혜롭고 슬기롭게 조금 더 멀리 그리고 넓게 내다보고 과거의 전철을 밟지 않도록 냉철해야 한다. 그러한 것들은 국민에게 방향을 제시하는 것이며 오늘과 미래의 역사적 평가를 공정하게 받을 수 있어서 또한 겸허하게 수용할 수 있다.

2019년 7월 18일

11. 역사교육의 부실(不實)은 국가와 국민을 바보로 만든다

근대화시기에 조선(朝鮮)은 서구문화와의 충돌로 내상(內傷)을 입었고, 대한제국의 심장은 일제의 물리적 압력과 강탈 때문에 치명상(致命傷)을 당했다. 국모 명성황후가 살해되었고 외교권이 강제로 박탈당해 결국 1910년 8월 29일 대한제국은 역사의 뒤안길로 사라졌다.

수많은 독립운동가 중의 한 사람인 단재(丹齋) 신채호(申采浩, 1880~1936) 선생, 그는 뤼순(＝여순) 감옥(監獄)에서 비참하게 생을 마감했지만, 지금까지 국적이 없다. 일제강점기에 그의 국적이 상실되었다. 누가 단재의 국적을 회복시켜줄 수 있을지 국가도 손 놓고 있다. 요즈음 신채호의 역사·민족관이 왜 다시 주목받고 있는지 되돌아보지 않을 수 없다.

동학혁명, 청일, 노일전쟁, 경술국치(庚戌國恥) 등의 결과는 어떠했는지, 그에 대한 올바른 역사교육은 아무리 강조해도 부족함이 없다.

이미 알려진 많은 독립운동가도 있으나 아직 밝혀지지 않은 무명의 독립운동가발굴도 지속되어야 한다. 왜 그분들은 항일운동, 광복 운동, 독립운동을 하다가 목숨까지 바쳐야 했을까 생각해본다. 모든 국민이 추모하는 마음, 국가의 배려 등은 영원히 이어져야 한다.

일본 아베 총리는 한국을 어떻게 생각하고 있을까? 그에 대해 눈여겨보아야 부분이 참 많다. 그가 누구인가를 바르게 알지 못하면 일본 정부의 속내를 제대로 알기가 쉽지 않을 것이다. 지금 한국 국민은 일본의 경제보복을 직시하고 자발적인 일본산 불매운동을 시작했고, 그 운동은 확장되고 있다.

정부가 나서서 막을 수도 없고 간섭할 수 없다. 그와 같은 운동이 다양한 분야에서 진행되고 있어 범국민적 운동이 되었다. 그것은 바로 '역사에서 배우는 종교문화 경영학'에서 다루고 있는 당면한 '문화 상황화'의 실상을 대변하고 있다.

궤변(詭辯)을 모르는 솔직한 국민이 궤변의 달인으로 손꼽히는 정치인보다 한 차원 높은 민족의식을 가지고 헌신하고 있다. 국민은 제정신을 가지고 있으나 정치인은 어떠한가? 힘없는 국민의 순수한 운동과 국민총화의 목적의식은 역사적으로 기록될 사안이다.

하지만 반일(反日) 감정을 부추긴다고 말하는 소수의 정치인과 지식인 그리고 소수의 국민도 있다. 이들은 또한 누구인가? 그렇게 단순한 이분법적 사고와 판단은 극히 위험하다. 자신의 의견이라 할지라도 공감할 수 없는 말을 함부로 하는 것은 내국인인지 의심스럽고 자신의 품격을 격하시켜 천하게 보인다. 역사적 사실과 국내, 국제 정서를 바르게 알고 확실히 이해해서 판단할 수 있는 정보화, 국제화 시대의 자세가 필요하다.

제정신 차린 국가는 국익을 위해 최선을 다하고 국민도 사회적 반응에 진심으로 동참하여 총력을 기울인다. 그래야 과거의 역사적 사건들을 바르게 이해하고 반성할 줄 알며 또 제대로 대책과 대응을 세워가며 역량을 키워 나아갈 수 있고 국민과 국가의 힘을 배가시킬 수 있다.

특히 역사적 지정학적 안목에서 중국과 러시아, 일본과 중국 그리고 미국은 어떠한 존재였는가? 국가는 은폐된 역사의 진실을 지금이라도 밝히고 국민은 제정신을 가지고 제대로 알아야 할 권리가 있다.

범국민적 한국 역사교육의 부실, 부재는 국민을 바보로 만든다. 역사를 모르면 당하고 또 당하기 때문에 제대로 바르게 알지 못하면 개인은 물론 국가적 치욕과 수모, 망신당한다.

우물 안의 개구리는 무엇을 의미하는지 깊이 생각하고 반성해야 한다.

모 씨들이 선진국, 선진국이라고 아무개의 나라들을 상전(上前)처럼 받들 듯이 들먹이며 어떠어떠한 선진 시스템과 문화 등을 말하는 모습은 아직 문화식민지의 근성, 노예 정신을 버리지 못한 것 같다.

국조단군 대황조 시대부터 백두산족인 우리 배달민족은 이미 모든 문화의 선진국이었으며 그 문화를 계승하고 있다.

2019년 7월 21일

12. 을해년(乙亥年) 7월 칠석(七夕)을 맞이하여

2019(己亥) 년(年) 달력을 보니 칠석(七夕) 다음 날(8월 8일)에 입추(立秋)가 들어 있다. 하지(夏至) 절기(節氣)가 지난 후 초복(初伏)과 중복(中伏)이 있다. 말복(末伏)은 자연의 섭리에 따라 반드시 입추(立秋)가 지나야 한다는 단서(但書)가 붙는다.

세계의 역사와 인간의 한 세상도 여러 가지 단서가 붙기 마련이다. 그 단서가 극한의 충돌을 피하고 상호 호혜적인 차원으로 발전될 때 모두가 행복한 삶을 구가(謳歌)할 수 있을 것이다.

여름 중천(中天)의 하늘이 아무리 덥다고 해도 입추의 절기가 눈앞에 있다. 산천의 푸른 옷과 생명의 찬가는 올해도 변함없이 볼 수 있고 들을 수 있다. 시원한 계곡의 물과 바람은 나그네의 더위를 식혀준다.

'태풍 8호 프란시스코'의 영향으로 이곳은 이른 새벽부터 비가 내린다. 소식을 접해보니 텅 빈 북악산의 계곡에는 장맛비로 인해 물이 넘쳐 흐르고 인왕산은 북한산의 등산객들에 대해 말이 없다.

자연도 말을 하고 있을까? 누가 그의 말을 알아들을 수 있을까?

1) 말(言)을 알지 못하면 사람을 알 수 없다(不知言이면 無以知人也, 논어 20편)

상대방이 어떤 말을 하고 그 말의 뜻이 무엇인지 제대로 알기 위해 지속적인 학습과 경험 등은 필요하다.

개인적으로, 사회적으로 국가적으로 하는 그 어떤 말을 제대로 알지 못하면 나, 너 그리고 우리가 어떠한 사람인지 알 수 없다.

국제적인 관계는 더욱 조심하면서 올바른 정보를 통해 더욱 세심한 내용과 내용의 진의를 더욱 정확히 파악해야 한다. 비록 다소나마 안다고 할지라도 주의 깊게 제대로 알아야만 촘촘히 대처할 수 있고 바르게 대응할 수 있다. 그만큼 외교적인 차원에서는 특히 말을 정확히 알아듣고 진의를 파악하는 것이 중요하다.

한국인은 특히 자국의 쓰라린 역사를 알지 못하면 한국사를 제대로 알 수 없다. 대한민국의 국가와 국민 그리고 사회가 제정신을 가지고 자국의 역사를 제대로 바르게 이해하고 분석할 줄 알아야 타국의 모아무개의 언행을 제대로 분석할 수 있고 그 속내를 들여다볼 수 있다.

국제적으로 남겨진 통한의 역사는 역사의 거울 앞에 진실규명과 재발 방지의 대의를 조명하고 있다. 한 많은 역사의 통곡 소리와 애통의 눈물을 제대로 알지 못하도록 교육하지 않은 국가적 책임이 크다.

2) 제2의 '가쓰라—태프트 밀약'이 발생하지 않도록

조선 근대화 시기 전후의 병인양요(1866), 신미양요(1871) 그리고 일본의 운요호사건(1875) 등은 국력을 쇠진(衰盡)시키는 외세 침략의 대표적 사건들이었다. 그리고 신진세력이 타국(일본)의 힘을 빌려서 개혁하고자 했던 갑신정변(1884), 삼일천하로 끝난 갑신정변의 최후는 무엇을 말해주고 있는지에 알아야 한다. 그에 대한 재조명의 필요성은 오늘날 시대정신이다. 미국과 일본의 밀월관계가 심상치 않기 때문이다.

동학운동(1894), 청일전쟁(1894), 러일전쟁(1904), 을사늑약(1905), '가쓰라—태프트 밀약(1905), 경술국치(1910, 국권 피탈), 해방 이후의 남북의 문제, 특급전범 히로히토를 살려준 맥아더 사령부, 1953년 1월 애치슨 라인(Acheson Line) 선포, 한국전쟁, 이 모든 역사적 사건은 미국의 묵인(默認) 아래 발생했다. 원폭 투하(히로시마와 나가사키)로 숨죽이고 있던 모택동을 해리 트루먼이 안심시켜 주었다.

패전국 일본이 한국(6.25)전쟁으로 인해 엄청난 경제적 도약을 이루었다는 것은 대다수가 너무나 잘 알고 있다. 그뿐만 아니라 1965년 한일 협정은 또다시 일본의 경제적 속국으로 전락하게 되는 실마리가 되었다. 일본이 한국에게 차관(借款)형식으로 빌려준 돈과 일본의 경제적, 기술협력 등은 결과적으로 일본의 고금리 장사가 되어 한국은 눈뜬장님과 다름없이 착취당했다. 그 영향은 오늘날까지 이어져 많은 부분에서의 의존도는 이어지고 있다.

동서독, 남북한, 남북 베트남의 분단도 열강의 이해집단에서 나온 국제적 결과물이었다. 인류역사상 최종적으로 남아 있는 남북한의 분단은 지속되고 있으나 평화통일로의 지향은 세계적 관심사로 주목받고 있다.

많은 사람이 염려스러운 눈으로 지켜보았던 일본 아베 정권, 아베의 야망이 노골적으로 역사의 무대 위에 드러났다. 우리는 현재 아베 총리가 누구인지 알고 있을 것이다.

제2의 '가쓰라-태프트 밀약'과 유사한 일본의 한국 경제침략, 이에 대해 국민의 여론과 전문가들의 분석이 난무하지만, 역사의 거울 앞에 국가와 국익을 위한 애국심만은 모두 하나 되어 있기를 진심으로 바란다.

역사는 온고이지신(溫故而知新)의 자세로 현실을 직시하는 것이다. 우리는 일본, 미국, 중국, 러시아, 인도 그리고 주변 국가들을 어떻게 알고 대처하고 있을까?

논어(論語)에서 발견되는 "말(言)을 알지 못하면 사람을 알 수 없다"라는 대의가 범국가적 반면교사가 되었으면 한다.

2019년 8월 7일

13. 통한(痛恨)이 담긴 비운(悲運)의 역사(歷史)를 알아야 미래가 있다

국가는 자국의 쓰라린 역사, 비운이 담긴 통한의 역사를 감추고 싶어 한다. 그 반면에 나라마다 개선문, 승전비(勝戰碑), 국가적 위인들의 동상은 많으나 패전비(敗戰碑)와 그와 유사한 사건이 담긴 추모비(追慕碑) 등은 잘 알려지지 않고 있다.

역사적 패전(敗戰)의 고통과 국가적 수치스러움을 후대에 알리기 위해 비통한 사건이 벌어진 지역을 잘 보존하고 관리하면서 절대로 잊지 않도록 교육하는 것은 필요하다.

과거 유대국(Judae國)이 로마의 식민지가 되었다. 유대아(Judaea) 인(人)은 한자어로 유태인(猶太人)이지만 원어에 가깝게 존중하는 차원에서 '유대인'이라고도 한다.

유대인은 독립(獨立)을 쟁취(爭取)하고자 투쟁했다. 유대인의 대(對) 로마항쟁(抗爭)은 처절했다. 유대인은 최후의 결전지(決戰地) 마사다(Masada)에 결집(結集)하여 결사(決死) 항전(抗戰)을 했으나 74년 로마군에 의해 참패(慘敗)했다. 그로 인해 유대인의 나라는 역사의 무대에서 사라졌고 세계의 여러 나라에 흩어진 유대인의 방랑 생활은 지속되면서 디아스포라(diaspora)를 형성했다.

유대인은 1948년 5월 14일 지금의 팔레스타인 지역에서 다시 나라를 건국했다. 과거의 유대왕국과 이스라엘왕국을 계승한다는 차원에서 이스라엘이라는 국명으로 부활했다.

이스라엘 사람에게 성역(聖域)이자 역사적 비운이 담긴 것으로 알려진 통곡의 벽, 마사다 지역 그리고 2차 세계대전 때의 아우쉬비츠(Auschwitz) 수용소는 국가적 지원과 외교적 협력을 통해 잘 관리되고 있다. 그 수용소는 독일과 국경을 맞대고 있는 폴란드(Poland)에 있다. 이처럼 이스라엘은 왜 통한(痛恨)의 자국 역사를 가감(加減) 없이 후대(後代)에 전하고 있을까! 침묵의 역사는 흔적을 없앤다.

우리 선조(先祖)들께서 남기신 삼국시대 이전의 역사를 상고사(上古史), 고조선사(古朝鮮史) 또는 단군(檀君) 시대의 역사라고 지칭(指稱)한다. 대한민국은 선사(先史)시대로 알려진 고조선사는 물론 삼국(고구려, 백제, 신라)시대 그리고 조선의 역사를 승계하고 있다. 그러나 조선상고사의 유적, 유물 등의 발굴은 현재 지정학적인 한계로 인해 어려움에 봉착(逢着)된 상황에 부닥쳐있다.

불운의 역사적 시기를 맞이한 백제(기원전 18년~기원후 660년)와 고구려(기원전 37년 ~ 기원후 668)가 나당연합군(羅唐聯合軍)에 의해 멸망했다.

당나라에 의해 고조선시대의 선사(先史) 문화, 상고사(上古史)와 그리고 사적(史蹟) 등이 깡그리 소실되었다. 진시황의 분서갱유 못지않은 당나라의 악행(惡行)이었다. 왜 그랬을까? 이에 대해 우리는 적어도 한 번 정도는 생각해보아야 한다.

삼국통일이 아니라 고구려와 백제의 영토가 송두리째 당(唐)나라에 넘어갔다. 넘어간 것이 아니라 넘겨준 꼴이 되었으니 참으로 통한의 역사였다. 하지만 오늘의 역사적 공교육은 어떻게 분석되고 그 의의를 조명하고 있는지?

우리는 어떻게, 어느 정도 배달민족의 고대사와 문화를 알고 있을까, 국민과 국가적 궁금 사항이 아닐 수 없다. 대한민국의 영토(북한지역 포함)가 조선의 세종 임금 때 그나마 그 정도의 윤곽으로 남겨졌으나 고토 회복은 우리 민족의 염원일 것이다.

칭기즈칸의 유럽정벌은 세계사에 기록되었다. 서구의학으로 판단하기 어려운 환자의 그 어떤 질환들은 '몽골 병'이라고 치부한 것으로 보아도 유럽인의 속내를 짐작할 수 있다. 칭기즈칸은 당시 세계 최고의 군사력과 용병술, 전략 전술을 가지고 유럽의 일부 지역들을 신속·과감하게 공략했고 영토를 확장했다. 그들의 문화를 존중하되 세금은 반드시 징수했다.

칭기즈칸의 후예들이 승계한 원(元)나라가 여러 차례 고려(高麗)를 침공했으나 고려의 군관민이 협력한 항몽(抗蒙) 운동으로 막아냈다. 차후 도탄에 빠진 백성과 국력 상실 등을 염두에 두고 정치적 화친(和親)이 이루어졌다.

하지만 배중손 장군을 중심으로 한 삼별초(三別抄)의 대몽항쟁(三別抄 對蒙抗爭, 1270~1273)이 진도에서 일어났다. 그가 1271년에 전사(戰死)하자 그 뒤를 이어 김통정 장군이 항쟁의 본거지를 제주도로 옮겨 그곳에서 강력하게 결사 항전을 지속했지만 여러 가지의 한계상황을 극복할 수 없어 무너졌다.

역사적 비운이 새겨진 '삼별초항거순의비(三別抄抗擧殉義碑)'가 제주도에 존재하고 있으나 그에 대해 국민은 무엇을 발견하고 깨달았으며 국가적 역사교육은 어떠한 점을 제시하고 있을까 생각해본다.

임진왜란(壬辰倭亂)의 성격은 세계적인 전쟁사이자 동북 아시아지역의 패권 싸움이며 조선(朝鮮)의 명운(命運)이 걸린 전쟁이었다. 전쟁이 끝난 후 재상(宰相) 류성룡은 관직에서 물러나고자 스스로 사직(辭職)하고 고향 안동으로 내려갔다. 그는 그곳에서 몇 년 동안 임진왜란을 회고하며 임란(壬亂)의 처참한 상황과 전쟁내용을 기록했고 전쟁을 막지 못한 자신을 스스로 징계(懲戒)하며 전쟁을 대비해야 한다는 차원에서 징비록(懲毖錄)을 작성했다.

징비록은 후대에 삼가 교훈이 되도록 널리 학습(學習)됐어야 마땅하지만, 사고(史庫)에 묻혀 있다가 관리 소홀로 인해 일본 통신사의 손에 들어가 일본어로 먼저 출간되었다. 그 책은 일본에서 요즈음 말대로 베스트셀러(best-seller)가 되었고 중국에서도 많은 사람에게 알려졌다고 한다.

임진왜란 당시 1597(정유丁酉)년에 일본군이 도요토미 히데요시(豊臣秀吉)의 명령에 따라 수십만 명의 조선인의 코를 베어서 소금에 절여 상자 안에 넣고 히데요시에게 바쳤다. 비통하고 참혹한 사건이었다.

코가 잘린 사람들의 혼령을 달래주기 위해 일본에 코 무덤(鼻塚)이 조성되었으나 너무 비참하다고 생각하여 일본은 코 무덤 대신 귀 무덤이라고 말한다. 그럼에도 불구하고 한국에는 그들을 위한 위령비(慰靈碑)가 없다. 그에 대한 역사교육은 과연 어떠한가 하고 이렇게 반문(反問)하지 아니할 수 없어 억장(億丈)이 무너져 내린다.

1637년 청나라에 패전한 조선은 청태종(淸太宗)의 강요로 삼전도의 비석(원명, 대청황제공덕비(大淸皇帝功德碑))을 만들어 남한산성지역(= 오늘날 서울 송파구)에 세웠다. 그 비석에는 감추고 싶은 치욕적인 역사적 기록이 새겨져 있지만 과연 뼈를 깎는 각고(刻苦)의 반성 및 노력과 함께 조선의 국가적 대책은 준비되어 있었던가?

1801년 황사영백서(黃嗣永帛書) 사건, 1866년 병인양요, 1868년 대원군의 부친인 남연군 분묘도굴사건(南延君墳墓盜堀事件) 그리고 1871년 신미양요가 발생했다.

1871년 대원군은 당대(當代)와 후대(後代)에 전하는 '척화비(斥和碑)[5]를 전국적으로 건립했다. 그는 현재 어떠한 형태로 존재하고 있

---

5 안병로,『역사에서 배우는 종교문화경영학』, 말벗, 서울 2020, 181쪽 참조 바람

으며, 우리(정치인과 지식인 포함)는 그를 어떠한 관점에서 어떻게 알고 있고 또한 어떻게 해석하고 있는지 알아야 한다.

그러한 중차대한 사건들에 대한 우리의 역사교육은 공교육 과정에 포함되어 있는지? 그 가운데 어떤 부분은 왜 유독(唯獨) 두루뭉술하게 넘어가고 있는지? 특히 대통령과 교육부는 이에 답하고 대안을 제시할 줄 알아야 한다.

근대화시기에 발생한 친일 개화파, 친미 개신교파, 소수 신앙단체의 매국 행위 및 친일 행각들은 심각했고 아직도 역사적 상처는 아물지 않은 상태다. 해방 이후 이념 갈등, 정치적 부당행위, 민주화운동, 국민통합을 위한 평화운동 등은 보편적이고 합리적인 역사의식과 판단 및 분석 자료를 통해 공교육을 활성화해야 한다.

국민총화를 이끄는 정신적 지주, 구심점이 발굴되도록 국가적 치원의 공교육은 진행되고 있는지 되묻지 않을 수 없다.

오늘의 대한민국은 패전(敗戰)의 교훈의 담긴 비석이나 그와 유사한 불편한 역사의 진실을 얼마나 공개적으로 관리하고 있는지 등에 대해 널리 알려야 한다. 올바른 역사교육은 국민을 현명하게 육성하는 것이며 보다 밝은 미래를 가꾸는 기회를 제공한다.

2019년 8월 11일

14. 신정정치(神政政治, theocracy)에서의 식민지정책 사관이 새로운 경제침략의 무기로(?)

중세(中世)부터 근대화시기에 이르기까지 서구의 국가경영은 유일신의 이름으로, 예수의 이름으로, 그리스도교의 이름으로, 같은 민족, 그리스도인이라고 할지라도 교리해석이 틀리면 이단(異端)으로 정죄(定罪)하고 억압하며 전쟁도 불사했다. 비(非) 그리스도교의 국가를 식민지로 만들었고, 그의 민족을 노예로 삼아 착취하고 원자재를 강탈하여 경제적 이윤을 극대화하는 데 초점을 두었다.

특히 중세 시대 그리스도교의 국가(문화)경영은 신정일치(神政一致)로서 교권과 교황권이 강화되어 세계를 그리스도교화(Christianisierung)로 만드는 것이다. 이에 최우선의 방법으로 채택된 것이 해외 선교였고 선교 목적을 달성하기 위해 무력도 마다하지 않았다.

그로 인해 수많은 비(非) 그리스도교의 국가 중에 약소국가들이 그리스도교 국가의 식민지가 되어 약탈, 수탈, 강탈당했고 수많은 인명이 살상당했다. 그들의 전통문화가 그리스도교의 문화세력에 짓눌려서 점차 소멸(消滅)되어 가면서 정체성이 상실되었고 자력으로 다시 일어날 수 없을 정도로 초토화되었다. 그 가운데 그나마 살아남은 국가들은 그리스도교의 영향력에서 벗어나지 못하고 자국의 목소리도 제대로 내지 못하고 있어 문화식민지의 모습이다.

비록 그리스도교의 유일신, 주님, 예수 이름으로 선교정책과 국가경영이 실행되었다고 그렇게 신앙고백을 했을지라도 그의 만행은 인류 문화사에 '그리스도교의 죄악사'로 기록되었다. 오늘날 세계의 많은 사람이 그리스도교의 소름 끼쳐지는 악행, 식민시정책, 죄악사 등을 들여다보면서 경악을 금치 못하고 있다.

한 손에 바이블, 한 손에 칼, 이와 같은 이분법적 그리스도교의 선교정책과 국가경영은 세계에서 가장 먼저 실행되었다. 서구의 선교사(宣敎史)가 세계의 전쟁사, 식민지사, 수탈사 등으로 얼룩졌다.

그리스도교선교 정책의 핵심은 세계 유일신의 상징인 '그리스도교화'였기 때문이다. 그리스도교의 국가권력에 의해 침략당한 약소국들은 지금도 깊은 수렁에서 빠져나오지 못하고 있어 그리스도교의 신앙, 정치적 문화식민지는 지속되고 있다.

1095년부터 1456년까지 361년 동안 계속된 십자군원정 전쟁 때 제시된 서로마 교황청의 성전(聖戰), 성전(聖戰)에 참여한 자에게 신의 이름으로 던져주는 교황청의 죄 사함, 면죄부, 면죄부 판매 등도 모두 '그리스도교의 신정치(神政治)'에서 비롯되었다.

하지만 신정정치라는 구태(舊態)에서 벗어나지 못한 서구 그리스도교는 선교 정책, 통상정책이라는 미명(美名)으로 침략적 근성을 드러냈다. 그는 예수의 본래 사상과 정신을 저버리고 이율배반적 행동으로 근대화시기에 약소국가를 침략(侵略)했다.

서구의 열강은 또다시 경제적 창출을 극대화하기 위해 조선을 역사의 시험 무대에 올려놓고 약탈(掠奪)을 자행했다.

필자의 저서(『역사에서 배우는 종교문화경영학』)와 인터넷 사전을 검색하여 몇 가지를 참조하여 병인양요, 신미양요, 운요호사건 등을 이 단락에서 다시 요약해 보고자 한다.

1866(병인 丙寅)년 7월 미국의 상선 제너럴셔먼호가 평양까지 올라와 통상을 요구한다는 핑계로 횡포를 부렸다. 그 상선은 관민의 손에

불태워지는 사건이 일어났다. 같은 해 9월 프랑스군이 강화도를 침범하여 외규장각을 약탈한 사건이 병인양요(丙寅洋擾)다.

제너럴셔먼호 사건 발생 후 미국은 보복 차원에서 두 차례 탐문항행(探問航行)을 실시하면서 손해배상을 청구하기 위해 조선 원정을 계획했으나 실천에 옮기지 못했다.

하지만 1871(신미 辛未)년 미국 아시아 함대가 조선의 영토, 강화도를 침공(侵攻)한 사건이 신미양요(辛未洋擾)다. 강화도가 초토화되었고 '어재연 장군 수(帥)자기'가 약탈당했다.

결국 미국과 맺은 불평등조약이 조미수호통상조약(朝美修好通商條約)이다. 미국보다 조선의 의무(예컨대 관세 적용)가 더 많이 강조된 조약이기 때문이다. 신미양요는 결과적으로 미국이 조선을 식민지화시키는데 필요한 주춧돌이 되었다고 평가된다.

일본제국주의는 미국의 묵인(默認)하에 조선 침략과 대륙진출을 가속했다. 섬나라에서 대륙진출을 꿈꾸는 일제는 서구열강들의 행태를 눈여겨보며 배웠다. 일제는 지정학적인 측면을 적극적으로 활용하여 조선 침략을 계획했다.

1875년 일제(日帝)는 일본 군함 운요호(雲揚號)를 앞세우고 조선의 강화해협을 불법 침입하여 조선과 일본 간의 포격 사건이 일어났다. 그 사건이 운요호사건(운양호사건, 雲揚號事件)이다. 국력이 약해진 조선은 1883년 조일통상장정(朝日通商章程)을 체결했어야만 했다. 이에 따라 일제의 조선 침략 정책은 실현 가능하다는 야욕을 불태우게 하였다.

일제의 적극적인 조선 침략의 전략에 대해 미국은 지리적 차원에서 다소 방관하며 묵인하는 상황이었다. 일제는 쇠약해진 조선을 식민지화하는데 노골적인 모습을 감추지 않았다.

1905년 일본과 미국과의 '가스카-테프라 밀약'은 일제 대륙진출의 욕망과 야망을 충족시키는 결과로 이어졌다. 1905년 힘없는 조선은 일제와 불평등한 통한의 을사늑약(乙巳勒約)을 맺었다. 일제는 강압적으로 대한제국의 외교권을 박탈했다. 국권 중의 하나인 외교권 박탈은 대한제국의 멸망 징후(徵候)였고 결국 대한제국은 1910년 8월 29일 경술국치(庚戌國恥)를 맞이하여 역사 속에 사라졌다.

일제에 의해 부당하고 억울하게 당한 대한제국의 고종황제는 1907년 미국을 믿고 특사를 미국으로 보냈다. 이준(李儁)이 특사로 임명되었다. 그는 네덜란드 헤이그에서 개최된 만국평화회의에 파견됐지만 성공하지 못했다. 그러나 이준 열사는 일제의 부당한 무력 행위를 세계적으로 알리는 데 발자취를 남겼다.

미국의 이중적인 태도, 이해 중심적인 정치 외교는 과거에도 그렇게 이어졌고 지금도 진행 중이어서 미국의 입장을 제대로 파악해야 국익에 피해가 가지 않도록 하는 국정운영은 절대적이다. 2019년 지금 미국의 국제적 경영 상황은 어떠한가? 미국은 한국과 일본을 어떠한 차원에서 경영하고자 하는가?

일본은 한국경제 발전과 한국이 일본을 능가하는 몇 가지 기술적 선두 분야를 두 눈 뜨고 보지 못하는 듯하다. 일본이 한국을 아직 여러모로 속국으로 보는 것은 무엇일까? 물론 한국은 여러 분야에서 일본의 부품을 수입하여 사용하고 있고 일정 부분 기술적인 부분에서 일본에 의존된 것은 사실이다.

그래서 일본에 의존된 소부장(소재, 부품, 장비)의 국산화는 시급하다. 그러한 문제의식은 오늘날에 이르러 국가와 국민의 공감대 의식을 크게 불러일으켰다.

3·1독립운동은 못했어도 경제 독립운동은 하겠다는 것이 한국인의

심정으로 보인다. 일본의 한국경제침략이 현대 한국인에게, 한국 정치인과 정부에게 큰 교훈(敎訓)을 주었다. 특히 정부는 국제적 큰 대안을 가졌는지 돌아봐야 한다. 사안에 따라 쉽게 일본과 협상하면 일부 국민의식도 쉽게 바뀔 수 있다는 것을 항상 주지하고 있어야 한다.

문제는 일제강점기의 신정일치(神政一致)가 아베 총리로부터 새로운 자태로 변화되어 부활하려고 하는가에 대한 궁금증이다. 대한민국의 심장과 경제심장부를 겨누고 있는 아베의 경제 독트린 정책이 참으로 유감스럽고 걱정스럽다.

그러면 미국은 한국과 중국을 어떻게 알고 있을까?

미국은 중국의 경제성장을 어떻게 생각하고 있을까?

미국은 중국과의 무역전쟁에서 환율전쟁으로 이끌어 가고 있다.

러시아의 속내가 궁금하다.

근대화시기에 러시아의 남진 정책 야욕이 조선의 영역에 미쳤기 때문이다. 2차 세계대전 때 러시아는 일본의 패색(敗色)이 짙어는 지는 상황을 직시하고 연합군으로 참여하여 아주 쉽게 일본 열도의 일부를 잠식했다.

2차세계대전 이후 신정정치가 몰락했다. 식민지 사관이 자취를 감추었으나 서구 주도의 문화식민지 사관은 멈추지 않았다.

민주주의(民主主義, democracy)가 세계적으로 실천되어가고 있다. 그와 연계된 인도주의적 차원에서의 국제적 선행과 실천은 인류 문화사의 보감(寶鑑)이 되었다. 물극필반(物極必反: 사물이 극에 달하면 반드시 본래의 자리로 되돌아오게 된다)의 대의처럼 세계 정신문명을 주도했던 동양에서 새로운 국제정치사상과 모델이 홍익·홍제 이념에서 출현되기를 기원한다.

국제경제 질서유지 차원에서 '보호무역주의'에서 '자유무역주의'로 전환(轉換)된 지 오래되었다. 하지만 삭금(昨今)에 벌어지고 있는 일본의 한국경제침략, 자국의 이익을 최우선으로 하는 미국의 국가경영은 수면 위로 떠오른 지 오래되었다. 예컨대 미국은 정치적으로 한국에게 비상식적인 차원에서 엄청난 방위 분담금과 연합군 형태로서 호르무즈해역 파견을 요청하고 있다.

그뿐만 아니라 현재 일본의 한국경제침략에는 별로 관심 없는 태도로 일관하는 것이 미국이며 국익을 위한 미국의 전략적 계책이다. 국력과 국제적 외교력의 중요성이 더욱 드러나는 시기다.

미국인 그리피스(W.E. Griffs)의 작품 『은둔의 나라 한국』은 서양에 널리 알려져 있다. 그가 조선(朝鮮)을 '고요한 아침의 나라'라고 비유했다. 그와 같은 용어를 서구 그리스도교의 관점에서 분석하면, '과학 문명이 발달하지 않은 미개한 나라'라는 뜻이다. 그는 일본을 통해 한국을 개화시켜야 한다고 주장했다.

혹자는 '고요한 아침의 나라'의 민족은 평화를 사랑한다고 각색하여 자화자찬하니 참으로 황당무계하기만 하다. 그가 정신적으로 성숙하여 사리 판단에 명쾌하기를 바랄 뿐이다.

과거나 현재나 같이 평화를 사랑하고 원하는 나라라고 할지라도 신무기로 무장된 군사력과 경제력이 없거나 미약하면 약소국이며 평화를 약속받지 못하는 나라, '구걸 외교'가 반복되는 나라가 된다.

강대국의 상황과 눈치를 보고 구걸 외교하면서 자국의 목소리도 제대로 내지 못하면서 어찌 수평적이고 대등한 정상적인 외교(정치)가 이루어질 수 있을까 하는 의문이 든다.

반복되는 한 많은 구걸 외교에서 언제나 이 나라는 벗어날 수 있을까? 현재 미국의 정치적 행보가 과거의 무엇과 전혀 다를 바가 없다는 의구심이 들기 때문에 더욱 그러하다.

반만년의 역사 거울 앞에 겸허한 마음과 자세로 회광반조 해보지 않으면 선현들의 역사는 망각하게 되니 진취적인 대륙사관에 관한 역사교육은 아무리 강조해도 부족하지 않다.

　비록 신정정치는 사라졌으나 많은 사람이 민주주의 모델의 나라라고 생각했던 미국에서 트럼프-독트린(Trump-Doctrine)이 진행되고 있다. 그마저도 싫어하는 미국의 국제적 경찰 모습이 그 어떤 새로운 모델로서의 국제적 신정정치로 변화되지 않기를 바란다. 그렇게 하늘이 허락하지 않으면 미국만이라는 미국 중심의 단극 패권 시대는 점차 저물어가는 것은 자연스러운 현상이다.

2019년 8월 9일

15. 21세기 정한론(征韓論)은 어떤 모습으로 고개를 들고 있는가?

정한론(征韓論 Seikanron 세이칸론)에 대해 보다 구체적으로 알고 싶어 여러 인터넷 사전을 검색해 보고 다음과 같이 정리해 보았다.

정한론의 의미는 '한국을 정벌(征伐)해야 한다'라는 일본의 칼잡이 사무라이의 주장에서 비롯되었다. 일본의 침략적인 팽창론은 이미 도요토미 히데요시(豊臣秀吉) 시대부터 이미 시작되었다는 것은 일반적인 한국사를 통해 알려져 있다.

히데요시는 일본의 전국시대(戰國時代)를 평정하면서 봉건적인 지배권을 강화한 다음에 임진왜란(壬辰倭亂 1592~1598)을 일으켰다. 그의 뒤를 이어 도쿠가와 이에야쓰(德川家康)가 정적들을 제압하고 일본을 통일했다. 그 당시 사상가이자 교육가인 요시다 쇼인(Yoshida Shōin, 吉田松陰 1830~1859)이 처음으로 정한론을 주장하면서 "천하는 천황이 지배하고, 그 아래 만민은 평등하다"라고 설명했다.

요시다 쇼인은 일본제국주의의 형성에 큰 영향을 주었고 '메이지 일본의 건설자'로 표현 및 칭송되고 있다. 그는 자기 고향 조슈번(長州藩) 야마구치현(일본 혼슈의 서쪽 끝에 위치)의 개혁 세력과 힘을 합쳐 도쿠가와 이에야스의 체제를 타도하고 천황 중심 체제의 메이지(明治) 유신(維新)시대를 열었다. 하지만 쇼인이 가담한 쇼군(Shogun, 將軍) 마나베 아키카쓰(間部詮勝)의 암살 계획이 사전에 발각되어 1859년 그는 참수(斬首)되었다.

요시다 쇼인이 사망했으나 정한론은 1868년 다시 제기되었다. 그의 사상과 정신을 숭배하고 따르는 일본의 정치적 인물은 많다. 인터넷을 검색해 보니, 요시다 쇼인의 사상은 이토 히로부미(伊藤博文), 다카스기 신사쿠(高杉 晋作), 구사카 겐즈이(久坂玄瑞), 이노우에 분타((井上聞多, 이노우에 가오루(井上馨)로 개명), 기도 다카요시(木戸孝允), 야마가타 아리토모(山縣有朋), 기시 노부스케(佐藤信介)로 이어졌다. 요시다 쇼인의 문하(門下)에서 세 명의 총리와 여섯 명의 장관이 배출되었다. 쇼인의 위패는 현재 야스쿠니 신사에 있다.

일본은 2차 세계대전 때 연합군에 의해 패망하여 항복(降伏)했다고 국민에게 가르치지 않고 있다. 그냥 천황이 일본 국민을 위해 종전(終戰)했다고 한다. 미국과의 종전 협상에서 항복이라는 단어가 공식적인 자료에는 없다고 알려져 그 실체적 진실이 궁금하다.

1946년 극동국제군사재판(Military Tribunal for Far East)에서 기시 노부스케가 A급 전범으로 체포됐으나 불기소 처분되었다. 그 재판은 미국과 일본의 정치적 밀월관계로 인해 참으로 비상식적으로 얼렁뚱땅 진행되었다는 비난을 받았다.

기시 노부스케(佐藤信介)는 현재 일본 총리 아베 신조(安倍晋三)의 외할아버지이며 아베는 그에게 사상적으로 많은 영향을 받았다고 알려졌다. 2006년 아베는 근대 이후 일본의 정치계에서 요시다 쇼인을 가장 존경하는 인물이라고 말했다. 아베는 총리에 취임하자 제일 먼저 야스쿠니 신사를 방문했고 그 후에도 자주 그곳을 찾아가는 이유는 무엇일까?

서애(西厓) 류성룡(柳成龍)의 징비록(懲毖錄)은 일본에 각성제가 되었고 임진왜란의 패인(敗因)을 분석하는데 반면교사의 자료로 남겨졌다. 그 후 쇼인에 의해 주장된 징한론은 일본과 일본인들에게 역사적으로 사상적으로 큰 가르침이 되었다. 이러한 일본의 모습에서 우리는 역사의 거울 앞에 무엇을 느끼며 생각하며 되돌아보면서 무엇을 준비해야 하는가? 이에 대해 정부의 진정성이 담긴 정책이 없다.

1875년 일제(日帝)의 만행 중의 하나였던 운요호사건(운양호사건, 雲揚號事件)은 조선을 식민지화시키는 발판이 되었다. 그 사건의 특징은 근대화시기에 일제의 정한론자들에게 실제 행동으로 옮길 수 있는 계기가 만들어졌다. 대한제국(大韓帝國) 통한의 역사로 남은 을사늑약은 정한론의 결과였다.

작금(昨今)의 일본에서 신(新)정한론이 고개를 들고 있다. 그것은 메이지 유신의 정신을 이어받은 '자민당 극우파의 정책 노선'과 일맥상통한다.

아베 정부가 일취월장(日就月將)하는 한국의 세계적 첨단기술과 경영체제에 타격을 주고자 경제침략을 강행했다. 그에 대한 한국 정부의 반응 및 사회적 상황과 여러 부분에서 발생하는 변화과정을 아베 정부는 자세히 분석하면서 추이를 지켜보고 있다.

하지만 한국 정부와 국민은 현명한 자세로 아베 정부의 경제침략을 신(新)정한론의 맥락에서 신중하게 살펴보고 대처하고 있다. 국가와 국민이 한 단계 성장 될 수 있는 시험 무대가 역사의 광장에서 전개되었다.

자발적인 국민의 일본상품 불매운동은 그 성격과 품격이 보편적으로 유지되어야 세계적으로 공감을 이루게 된다는 것도 이미 숙지(熟知)된 상태다. 그뿐만 아니라 다방면(多方面)에서 경계할 것은 경계하고 대응할 것은 대응하며 가능한 한 바르고 정확하게 널리 알리기 위해 노력하는 한국인은 과거 100년 전 선조들의 독립운동 정신을 계승하고 있다.

성숙한 한국인의 국민 의식은 위기를 기회로 만드는 전화위복(轉禍爲福)의 정신을 발휘하고 있다. 따라서 아베 정부의 한국 경제침략은 신정한론의 안목에서 분석해 보아도 그리 오래 가지 못하고 수명을 다할 것이다.

우리는 보다 밝은 희망찬 국운을 맞이할 수 있도록 각자 주어진 분야에서 최선의 노력을 다할 뿐이다.

2019년 8월 14일

16. 21세기 과학기술과 경쟁력 – 유심과 유물의 합치(合致)

여러 나라 중에 특히 미국은 다양한 유형과 사안에 처한 국제적 과학자를 이민 형태로 보고 폭넓게 수용했고 과학정보를 수집하여 과학기술을 발전시켰다. 그와 더불어 연계된 국가경쟁력과 국방 안보는 공고히 다져졌고 금융·(기축) 통화가치를 중요하게 다루었다.

세계 근대화 시기에도 선교(宣敎)와 식민지정책을 전략적으로 기묘(奇妙)하게 사용하여 경제적 이윤을 극대화했고 오늘날 세계 최강의 나라라고 미국은 자임(自任)하고 있다.

과학기술의 최상층이 현대 용어로 소프트 파워(문화콘텐츠 포함)를 지배하고 있다. 서구문화의 근본 바탕에는 유일신 중심 세계의 정신·사유·철학과 우월적 의식이 존재하고 있다. 그러한 사고방식과 전략 전술이 지금도 과거의 연장선에 놓여 있다는 것을 우리 현대인은 간과해서는 안 된다.

유구한 정신세계와 문화콘텐츠가 연계된 실존철학 사상과 상생 문화의 뿌리가 온존하지 못하면 시대적 한계에 부딪혀 나름대로 첨단과학 기술도 한계점에 도달하게 되어 국제적 역할도 소원해진다.

세계가 공감을 가지고 동참하면서 추구하는 인도주의(人道主義) 사상은 인류문화와 문명사에 생명의 고귀함을 일깨워 주고 있다. 그 반면에 세계를 이끌어간다고 자부(自負)하는 일부 국가들의 정신세계와 그에 관조된 형상은 날로 퇴색되어 가고 있다.

그동안 식민지통치의 제국주의 사상으로 쌓아 올린 추악한 바벨탑(=인류사의 악행)이 하루아침에 무너지지 않기 때문에 시간만이 그 답을 더 정확히 알 수 있을 것이다.

미국문화(文化)의 콘텐츠(contents)사업으로 손꼽히는 유형은 할리우드 영화와 그의 매개체 그리고 인터넷기업 사업과 연계된 미국의

GAFA((구글·아마존·페이스북·애플), 유튜브, 페이스북, FANG, 넷플릭스 등이 있다. 그들은 미국의 문화사상을 세계에 주도적으로 전파하도록 거의 강요된 정보매개체이다.

그에 대한 대항으로 중국의 BATH(바이두·알리바바·텐센트·화웨이)가 중심을 이루고 있어 이미 세계기술 패권에 도전했고 빅데이터(big data)와 인공지능(AI) 기반을 구축하였다. 그 가운데 화웨이는 5세대 통신의 주축이 되어 통신장비의 개발에 박차를 가하여 왔다.

중국의 일취월장(日就月將)하는 기세를 미국이 서둘러 막지 못한 것은 2008년 자국의 서브프라임 모기지(subprime mortgage, 비우량 주택 담보 대출상품) 금융위기에 놓여 있었기 때문이다.

지금도 미국이 여러 장비와 인력을 동원하여 세계의 정보를 해킹하거나 도청 등을 통해서 거의 독점적으로 정보를 수집하고 있다. 그런데 중국 화웨이(Huawei) 5세대 통신장비가 세계 각국에 설치된다면 미국의 정보도청을 쉽게 중국이 알 수 있게 된다. 이에 미국의 중국에 대한 강경책은 예컨대 무역 부분에서도 이어지고 있어 한국에도 일정 부분 나쁜 영향을 주고 있다.

정보 획득을 놓고 벌어지는 중국과 미국의 각축전은 지속될 것이며 서로 경쟁하듯이 양국의 국내 사정을 교란하고자 부단히 신경을 쓸 것이다.

한국의 네이버랩스(Naver Labs) 대표는 2019년 10월 28일 아시아(일본, 베트남)와 유럽(프랑스)을 연결하는 글로벌 인공지능 연구 벨트를 조성해 GAFA와 BATH의 기술 패권에 도전하기 시작했다. GAFA는 구글(Google), 애플(Apple), 페이스북(Facebook), 아마존(Amazon)의 약자(略字)다. BATH는 바이두(Baidu), 알리바바(Alibaba), 텐센트(Tencent) 화웨이(Huawei)를 뜻한다. 결국 누가 더 과학기술을 공유하며 필요에 따라 분반(分牛)하느냐에 미래의 패권은 달려있을 듯하다.

이러한 기술적 공유·공영의 관점에서 분석해 보아도 21세기는 그동안 유지된 미국의 주도적인 단극(單極) 패권(覇權)에서 벗어나 자연스럽게 몇 개의 패권으로 나누어져 세계 공동체를 이끌어 가게 될 수밖에 없다. 세계 정치적 판도와 영향력이 바뀐다는 뜻이다. 국제정세에 민감하게 반응해야 국제질서의 헤게모니(Hegemonie)에 동참할 수 있다.

우리가 추구하고자 하는 정신과학과 자연과학 문화의 합치(合致)는 세계평화의 담지자 역할로 알려진 홍익(弘益)·홍제(弘濟) 사상에 근본을 두고 있다. 유신(唯神)과 유물(唯物)을 하나로 보는 이원합치론(二元合致論)이 세상에 구현되게 하는 것이다.

유신(唯神)과 유심(唯心)은 상호불가분의 관계를 유지하고 있어 같은 의미로 사용되기도 한다.

정신세계의 고력(苦力) 수련과 경험 및 축척 등이 합치된 21세기 과학 발전은 타국이 불허할 정도로 더 우수한 과학기술을 창출시킬 수 있다. 이를 통해 더욱 가까이 우리 민족의 숙원이 조화롭게 이루어질 수 있게 하고 보편적 세계가치를 실천할 수 있는 선도국(先導國)의 역량이 증가하게 된다.

반만년 이상의 유구한 민족문화 계승, 문화의 정수, 소프트웨어인 '정신 문화콘텐츠'는 정신과학이며 세계적인 문화강국이다. 정신과학은 정신을 연구하는 연정이다. 연정을 잘 할 수 있는 법이 조식법(調息法)이다.

봉우 권태훈 선생은 조식 수련을 통해 스스로 체험하고 증득(證得)한 것을 사례로 설명하면서 한국의 과학기술이 다소 뒤처져 있더라도 조식 수련과 자연과학의 연구를 병행(並行)하면 서양의 최첨단과학 기술을 극복할 수 있다고 설파했다. 정신과학의 영역을 체험하고 넓히게 되면 자연과학의 영역을 알 수 있다는 것은 이 두 가지 영역이 본래 하나의 영역임을 알려주고 있다.

자신의 입지와 방향 나아가 투철한 사명 의식, 목적의식 등을 가지고 연정(研精)의 첫걸음인 '내 안에서 나를 찾아서 구해야 속히 갈 수 있는 길이 보인다. 그렇게 쉬지 않고 각자의 분야에서 가고 가다 보면 앞서갈 수 있는 길이 열린다. 21세기 정신과학과 자연과학의 조화로운 합치, 유신(唯神)과 유물(唯物)이 하나 되어 인류 평화의 길이 되길 기원한다.

2019년 11월 15일

17. 바이러스(virus)는 누가 만들었나? 그가 세상을 바꾼다

세계 역사의 기록 중에 어떠한 전염병이 세상의 판도를 자연스럽게 바꾸었을까 하는 마음에서 공부도 할 겸 인터넷 사전을 검색해 보고 나서 다음과 같이 정리해 보았다.

6세기 초 동로마의 중심지 콘스탄티노플에서 발생한 페스트가 인근 주변 지역으로 급속도로 번졌다. 페스트가 532년에 이탈리아로 전파된 후 유럽지역으로 확산, 전파되어 화려했던 동로마제국을 붕괴시켰다.

그 후 약 800이 지난 1347년 페스트가 다시 이탈리아 시실리(Sicily)에서 시작되어 유럽 전역으로 퍼져나갔다. 중세 유럽을 공포로 이끈 전염병은 페스트[plague, pest, 흑사병(黑死病)]이었다. 유럽 전 인구의 3분의 1인 약 2500만~3500만 명이 페스트로 사망했다. 페스트의 치사율은 거의 100퍼센트에 가까웠다.

14세기 유럽뿐만 아니라 중국에서도 페스트로 의심되는 전염병이 발생하여 약 1300만 명이 사망했다. 페스트의 발원지로 추정되는 중앙아시아 및 서남아시아 지방에서도 약 2400만 명이 목숨을 잃었다.

1377년 병원체를 옮기는 사람들의 이동을 막기 위해 검역법(quarantine law)이 시행되었다. 민심은 흉흉해졌고 살기 위한 행위들이 집단적 광기를 일으켰을 정도였다. 결국 페스트가 권위주의적인 중세 그리스도교의 체제와 사회시스템을 몰락시켰다.

20세기에 들어 페스트의 발생빈도가 감소하였으나, 일부 지역에서는 환자 발생이 보고되었다.

2002년 중국 광동(廣東)에서 발생한 사스(Severe Acute Respiratory Syndrome, 중증급성호흡기증후군), 2009년 전 세계를 강타한 돼지 독감으로 알려진 신종플루(국내서 210명 사망), 2012 메르스(MERS, Middle

East Respiratory Syndrome, 중동호흡기증후군), 2019년 12월 중국 우한 (武漢)시에서 발생한 바이러스성 호흡기 질환인 코로나바이러스감염 증-19(COVID-19)는 과연 무엇을 몰락시키고 어떠한 세상으로 전환하려고 하는지 생각도 깊어진다. 그에 대한 정보 비밀은 자연의 암호이 겠지만 21세기 새로운 문화 코드의 해독(解讀)이 필요하다.

2020년 3월 3일

18. 코로나19 바이러스, 성역(聖域)이 없고 무차별적이다

　오늘날 성역(聖域)이 없다고 하지만 정신적 공간에서의 성역은 신앙의 상징성을 가꾸기 위한 명칭은 존재한다.

　유독(惟獨) 한국의 가톨릭 신앙인이 모여서 예배드리는 교회를 성당(聖堂)이라고 하는 것은 교회의 성역화와 다름이 없다. 일반인도 별다른 생각 없이 그저 그렇게 성당이라고 따라 부르고 그러한 명칭이 무의식중에 당연한 개념으로 여긴다. 그러나 가톨릭교회(catholic church)라고 표현하는 것이 국제적인 용어와 일치한다.

　성역화(聖域化)가 시대정신에 따라 세속화(世俗化)로 바뀐 지 오래되었다. 성역화 작업이나 호칭은 이미 2차 세계대전 이후 유럽에서는 흔적도 없이 사라졌다. 사람의 지혜와 자연과학이 성장·발전되면서 신앙 차원에서 형성된 성역의 자리가 자연스럽게 밀려 나가고 성속일여가 보편화되었다.

　서구의 많은 사람(지식인, 학자들 포함)은 알고 있다. 신이 어디에 어떻게 있고 없고, 그는 누구인지? 바이블의 신, 그 외의 어떠한 신은 누구이며 어떠한 존재적, 상징적 의미는 무엇인지 등에 관해 연구되었다. 신학과 신앙이 구분되었다. 서구의 근본주의 신학이 무너졌다는 뜻이다.

　코로나19 바이러스가 성역(聖域) 없이 침투해서 사람들을 감염시켜 죽음으로 몰아낸다. 감염된 사람이 또 다른 사람에게 연이어 바이러스를 전파(傳播)시켜 인류의 생명을 위협하고 있다. 무서운 호흡기 질환으로 알려진 코로나19가 세계적인 대 유행병이 되었고 인류에게 재앙이 되었다는 점은 분명하다.

　세계의 나라가 긴장하며 자국민의 생명을 보호하고자 하는 방역 활동은 물론 치료행위에도 적극적이다.

세계보건기구(World Health Organization, WHO)의 의무 가운데 하나
가 코로나19 바이러스가 최소한 언제, 어디서, 왜, 어떻게 발생했는지
등에 대해 밝혀야 하지만 나름의 역할을 제대로 할지 염려된다. 원인
을 알 수 없는 신종 폐렴(=코로나19 바이러스) 환자가 처음 발견된 곳
이 중국의 우한(武漢)지역이지만 중국이 이에 협조하지 않으면 진상
파악이 어렵기 때문이다.

코로나19 팬데믹(pandemic, 세계적 대유행)은 인간이 만든 성역(聖域)
의 존재를 알지 못하고 누가 성역에 있는지 구분하지도 않는다. 어떤
신앙단체의 모 지역이 성역이라고 특권을 준 존재도 없다. 단체의 지
도자와 신앙인도 물론 평범한 인간이지 별개의 존재 영역에 속하지
않는다. 생자필멸(生者必滅)이라는 말이 있다. 모든 신앙단체의 지도
자는 인간이고 병(病)들고 노쇠(老衰)하면 자연의 섭리에 따라 죽음
앞에는 모두 나약한 존재다.

대자연 속에 세계적인 유행병 코로나19는 널리 알려진 성직자, 성
지(聖地), 자녀, 사랑, 은혜, 축복 등을 왜 도외시(度外視)하는지 알고
도 남음이 있다. 입으로만 허세를 부리는 신앙단체의 얄팍한 모습들
이 포착된다.

자기들만의 성역이라고 외치던 신앙단체의 신앙인들이 코로나19에
집단 감염되었다. 오늘의 뉴스 현황을 살펴보면, 신천지단체, 일부의
개신교 단체, 광주의 불교단체가 감염되었다. 전국의 지역을 가리지
않고 모두 코로나19가 발생했다.

이 시기에 동서양의 신앙단체들은 어떠한 모습을 하고 있는지 현
재 상황을 눈여겨보며 통찰(洞察)해 보았으면 한다. 한국의 '일연정
종'(日蓮正宗)[6], 모 지역의 가톨릭도 코로나19에 감염되었다.

6 일연정종은 일본의 승려 니치렌(日蓮)이 창교한 단체이며, 일제강점기 때 한

세계의 다양한 신앙단체, 신앙인, 비(非)신앙 단체 구별 없이 수많은 인명이 코로나19에 감염되어 세상을 떠났다.

　노자의 도덕경에 "천지(天地), 곧 자연은 어질지 않아서(無仁) 만물을 짚으로 만든 개로 여긴다(天地不仁 以萬物爲芻狗)"라고 하였다. 세계적 대유행병인 코로나19는 시간과 장소를 가리지 않고 인간의 생명을 무자비하게 앗아갔다.

　신종 폐렴 바이러스 전염병 코로나19가 널리 확산(擴散)되기 전에도 유럽에서는 여러 번 다양하게 전염병이 크게 발생하여 대유행이 되었고, 성역 없이 전파되었다. 헤아릴 수 없는 사람들이 믿고 의지하는 그들만의 신을 부르고 기도하고 살려달라고 외쳤지만 감염된 사람은 죽었다. 죽은 사람의 수는 수천만 명이라고 유럽사에 기록되었다.

　그리스도교 신학, 교리, 신조, 신앙고백 등에 대해 살펴보면 의문점이 참 많다. 왜 인간은 신의 종속물인가? 신은 인간을 신의 노예로 보았을까? 과연 그러한가? 누가 그러한 논리를 만들어 지금까지 인간의

국 불교를 일본불교 조동종(曹洞宗)으로 귀속(歸屬), 전환(轉換)시키려고 앞장섰다. 1930년 조동종의 재가(在家) 신도(信徒)들이 설립한 단체가 창가교육학회(創價教育學會)였고 차후 국제창가학회(Soka Gakkai International ; SGI)로 변경되었다. 그 단체는 1960년대 말 한국에 상륙했고 1978년 동아일보를 통해 널리 알려졌다. 니치렌은 법화경을 중시하였다. 나무묘법연화경(南無妙法蓮華經)에 '귀의'한다는 말이 일본어로 '남묘호렌게쿄'이다. SGI 신도가 정신을 집중하여 조석(朝夕)으로 '남묘호렌게쿄(南無妙法蓮華經)'를 약 2시간 동안 반복적으로 외우고 있어 남묘호렌게쿄라고 한다. SGI(의 신도)는 남묘호렌게쿄가 주문(呪文)과 같은 기능과 역할을 한다고 믿는다. 창가(創價, Soka) 학회(學會, Gakkai)는 어떠한 가치를 창조하는 국제적(International) 학회인가에 대해 여론이 분분(紛紛)하다. 2005년 SBS가 '그것이 알고 싶다'의 프로그램에서는 '남묘호렌게쿄 – 한국 창가학회(SGI)'를 방영한 적이 있다. 한국의 SGI 신도는 약 50만 명이라고 하지만 불분명하다.

존엄과 가치를 상실시키고 있는지 여러 차원에서 의문을 가지고, 살펴보아야 21세기의 현대인이라고 볼 수 있다.

그 외의 신앙단체들도 마찬가지다. 모든 신앙단체의 교리, 교의, 신앙고백, 신조 등은 인간에 의해, 그 당시 인간의 한정된 지식과 안목에 의해 만들어졌고 상징성이 부여되었다. 결코 유한한 사안들이 어찌 변하지 않는 무한한 진리가 될 수 있겠는가!

여러 단체의 지도자급의 인물들은 21세기에 걸맞고 보편적 의식과 합리성에 부합되는 절차탁마(切磋琢磨)의 과정이 눈앞에서 기다리고 있다. 그러한 과정을 이수하고 경험한 후 공동체 사회에 나름의 가치를 환원해야 만인에게 존경받는다. 그들이 정신세계의 체험, 인류의 보편적 진리, 과학적 근거 의식 등을 배우고 익히며 증득(證得)하여 글자 그대로 '세상의 빛과 소금'이 되길 바란다.

소금의 기능을 할 수 있도록 절차탁마와 같은 나름의 수련, 수양의 길을 걸어가 보는 경험과 실질적인 체득이 필요하다. 빛의 역할을 담당하려면 정신 수련을 통해 물과 성령으로 거듭나는 길, 중생(重生)의 길은 지도자의 덕목이다. 소금이 소금다운 맛을 잃으면 아주 쓸모없어 길거리에 버려지는 모양새와 다름이 없다.

이웃을 내 몸같이 보살피고 사랑하라는 박애(博愛) 사상의 실천행(實踐行), 보살행(菩薩行), 보리살타(菩提薩埵, 菩薩)가 되고 다르마(dharma)를 깨우쳐 영원한 아트만(ātman)이 되는 것은 사람다운 사람, 성인(聖人)의 표상이자 온전한 정신세계의 덕목이자 길이다. 그래야 중생(重生)하여 부활(復活)할 수 있고, 삼세불(三世佛)이 축원하는 니르바나(nirvāna)에 도달할 수 있지 않을까 생각한다.

2020년 9월 9일

19. 염화미소(拈花微笑)

꽃을 집어 들고 미소(웃음) 짓는다 -마음에서 마음으로 전하다-

모 지역의 아무개와 대화를 나누었던 적이 있다. 그 후 몇 가지 떠오르는 단상(斷想)을 잡아 불교 문헌을 참고하여 정리해 보았다.

염화미소(拈華微笑)의 어원은 영산회상거염화(靈山會上擧拈花)에서 찾을 수 있다. 말로 하지 않고 마음에서 마음으로 전하는 심법(心法)을 뜻한다. 정신세계에 대한 성인의 가르침은 주로 심법으로 전수되었다.

석가모니(釋迦牟尼)가 인도 고대 마가다국의 영축산(靈鷲山)에서 설법하고 있을 때 하늘에서 꽃들이 마치 비가 내리듯이 떨어졌다고 한다. 참고로 독수리 취(鷲) 자(字)가 2001년 한국 불가(佛家)에서 '축'으로 읽히고 있다. 경남 양산의 영취산이 영축산, 취서산(鷲栖山) 등으로 혼용되어 사용하고 있다.

석가모니가 연꽃 송이 하나를 들어 보였으나 제자들은 그 의미를 모르고 어리둥절하고 있을 때 오직 마하가섭(摩訶迦葉: Mahā-kāśyapa) 만이 그 뜻을 알아채고 빙그레 미소를 지었다. 엽(葉)은 잎 엽(葉)의 뜻이지만 고을 이름 섭(葉)이라고도 한다.

염화미소(拈華微笑)의 이야기는 '대범천왕문불결의경'(大梵天王問佛決疑經)에서 찾을 수 있다고 한다.

석가는 자신이 스스로 체득(體得)하고 증득(證得)한 불가사의한 진리를 가섭에게 심법(心法)으로 전했다. 그러한 진리는 정법안장(正法眼藏)과 현묘한 깨달음 등을 말이나 문자로써 표현할 수 없는 경지의 불법(佛法)을 말한다. 예컨대 열반묘심(涅槃妙心), 실상무상(實相無

相), 미묘법문(微妙法門) 등이 손꼽힌다.

정법안장은 모든 것을 꿰뚫어 통찰하고 간직하는 깨달음을, 열반묘심은 번뇌와 미망에서 벗어나 진리를 깨닫는 마음을, 실상무상은 생멸 경계를 초월한 불변의 진리를, 미묘법문은 진리를 깨닫는 마음을 뜻한다.

그러한 석가모니(釋迦牟尼)의 가르침들은 삼처전심(三處傳心) 중에 하나로 널리 알려져 있다.

석가는 영산회상거염화(靈山會上擧拈花) 외에도 다자탑 앞에서 설법할 때 가섭에게 자신의 자리를 반 비워 준 일(多子塔前分半坐), 사라쌍수(沙羅雙樹)에서 열반에 들 때 가섭이 오자 관에서 발을 밖으로 내민 일 등은 삼처전심(三處傳心)의 대요(大要)로 전해진다.

다자탑(多子塔, Pahuputraka)은 중인도(中印度) 바이샬리(Vaishali, 비사리(毘舍離) 성 서북쪽에 있는 탑을 뜻한다.

석가모니의 뜻을 이어받은 가섭존자(迦葉尊者)는 10대 제자 중에서도 상수제자(上首第子)로 알려졌고 불가(佛家)의 법통을 말할 때 개조(開祖)가 되었다.

석가모니의 가르침이 문자나 교리뿐만 아니라 암시적인 차원에서 마음에서 마음(心法)으로 제자에게 전해졌음을 차후 제자들은 깨닫게 되었다. 선불가(禪佛家)에서 잘 알려진 교외별전(敎外別傳), 이심전심(以心傳心)이란 개념도 삼처전심(三處傳心)의 사례를 토대로 형성된 용어들이다.

그 무엇인가를 가르치거나 전달하려고 할 때 받아들이는 사람이 즉시 이해하고 그 의미를 올바르게 알아챈다면 그 이상 더 수월할 수가 없다.

　법문(法文)을 학습(學習)하고 그와 병행(竝行)된 오랜 수행(修行)의 결과로 얻어지는 것이 도량의 경계이며 '이심전심'의 심법을 터득한 증득(證得)의 표상이기 때문에 어느 하나라도 소홀(疏忽)하게 할 수 없다.

2021년 9월 6일

20. 5·18 광주 민주화운동 기념일을 앞두고
-생명 문화의 길을 살펴본다

5·18 광주민주화운동 기념일은 수많은 사람의 노력으로 오늘에 이르게 되었고, 21세기 생명 문화의 길을 지향하고 있어 일정 부분 철학적 관점에서 살펴보고자 한다.

생명 문화의 길은 끊임없는 인간 의식의 변화와 성장을 통해 만인에게 공감을 준다. 과학적인 사고(思考) 의식과 탐구 능력은 자연과 삶의 조화능력을 발휘한다. 발전적인 인식의 숙고와 탄생은 끊임없이 지속되고 있다. 인간은 대자연과 합일(合一)할 수 있는 소우주(小宇宙)라는 철학적 의식은 위대한 궁구(窮究)의 결과물이다.

5·18 광주민주화운동을 기념하는 것은 여야(與野)가 따로 없다. 지역 연고가 개입되거나 개인의 주장이 앞서면 5·18 광주민주화운동의 정신을 훼손하는 것이며 세계적인 안목에서 소통할 수 없고 호응(呼應)받지 못한다.

광의적인 차원에서 통찰적인 역사의 흐름을 주시할 수 있는 것은 오늘과 내일을 더욱 중요시하는 역사 인식이다. 자국의 역사, 타국의 역사 모두 대자연의 이치와 섭리 속에 세계인이 함께 조명하고 있어 각국의 역사는 자연의 법칙 속에 변화와 성장을 반복한다.

태초(太初)부터 무한한 변화를 일으키고 변화 속에 새로운 변화의 양태와 질서를 발전적으로 생성하고 소멸시키는 영원한 대자연의 율려(律呂)가 자연의 법칙이다. 율려는 율동(律動) 여정(呂靜)의 줄임말이며, 음·양(陰陽)의 동·정(動靜)을 뜻한다.

우주의 영묘한 음(陰)과 양(陽)의 동·정(動靜)은 끊임없이 새로운 변화와 조화를 형성시키는 에너지(=기운)이다. 그 기운은 천지의 대덕(大德), 대혜(大惠), 대력(大力)을 가지고 있어 만물을 창조한다고 삼일신고(三一神誥) 신훈(神訓)에 설명되어 있다. 이러한 대자연의 발현(發顯) 현상이 율려(律呂) 사상(思想)이며, 생명을 생(生)하고 살리며, 살릴 수 있는 상호 호혜적인 상생의 법칙으로 통찰(通察)되었다.

상생의 법칙은 생명 문화의 지속성이다. 공동체 사회문화의 관점에서 인간의 보편적 삶의 여정과 역사적 과정이 담긴 용어로 사용되고 있다. 시대적 생명 문화의 발아(發芽)와 발전은 만인경(萬人鏡)이 되어 국가의 정신문화 발전은 물론 세계문명사의 한 부분으로 기록되고 있다. 그렇게 스쳐 가는 마음의 단상을 붙잡아 잠시 나의 자리에 앉아 있다.

많은 사람이 정치(문화)에 관심이 많다. 그만큼 국민이 사회와 국가를 생각하고 염려하며 잘되기를 바라며 시민운동에 참여했다. 그 가운데 하나가 5·18광주민주화운동이다.

민주화운동에 앞장선 젊은이들의 피의 호소가 산천에 붉은 꽃을 피웠고 이제는 이팝나무의 흰 꽃처럼 승화되어 5월은 다시 새로워지고 있다. 노태우 전 대통령이 공언(公言)한 대통령직선제는 5·18민주화운동의 결과로 이어졌다.

5·18 민주화운동 이후 자유민주주의, 직접민주주의의 개념과 이상 그리고 실천이 더욱 강조되었고 정연(精研)해지기 시작했다. 5·18정신을 통해 국내 정치와 국제사회의 변화를 주시하며 생활문화와 문명의 길을 생각해본다.

우리가 당면한 현 정치의 실존과 실체는 어떻게 전개될지?

사회적 현상과 그 정치의 결과는 어떠할지?

코로나19 이후 국내·국제정세의 변화, 러시아의 우크라이나 침공에 의한 유럽의 미래는 어떻게 변할지?

미국, 러시아, 중국, 인도, 남북한의 관계에 따르는 국제정세의 흐름과 영향력, 어떠한 판도(版圖) 변화를 일으킬 것인가?

그 분야에 전문가라고 할지라도 그저 조금 더 추이(推移)를 지켜보겠다고 보통 그렇게 말하고 있다. 한국, 중국, 러시아와의 관계 형성, 한국의 발전된 정치적 행보 등에 대한 참신한 분석은 더 많이 나왔으면 좋겠다.

세계 패권의 주도권(Hegemonie)은 새로운 국제질서를 다지기 위해 이미 시작되었다. 태평양 시대에서 신(新)태평양 시대, 동북아시아 시대로의 변화는 어떠한 중심축으로 전개될 것인가? 급변하는 세계의 판도, 세계가 주시하지 않을 수 없다.

대한민국의 국운(國運)에서 살펴보아도 깊게 천착(穿鑿)하지 않고 시중의 언어처럼 중언부언(重言復言)해서도 안 될 것이다. 특히 대통령의 국정철학, 국정 경영철학이 중요하다. 다 함께 올바르게 가야 할 국가와 국민의 길이 있다. 그 길이 제시되어야 한다. 그 길에 대한 폭넓은 시야와 분석, 통찰 의식을 가지고 통섭(統攝)할 수 있는 합리적인 자세가 필요하다.

그런데도 이런저런 논객들의 생각, 이해, 판단 등이 속 빈 강정처럼 공허하다 못해 난무(亂舞)하고 있다. 제각각 서로 다름이 있듯이 나름의 정치 이야기와 평가는 또한 다양하지만, 모리배(牟利輩)처럼 사실과 무관한, 억측에 불과한 괴변은 삼가 조심해야 한다.

그러한 내용들을 알고도 모르는 체, 모르면서도 아는 체 이리저리 퍼서 옮기는 행위는 정당화될 수 없다. 그와 같은 형상으로 드러나고 있는 각자의 생각이나 이해가 옳다고 스스로 판단되어 타인에게 공감, 공조 등의 뜻을 구하고자 암묵적으로 전하는 것은 무리수가 뒤따른다.

과거로부터 오늘에 이르기까지 사실관계를 중요시하는 공동체 사회, 공익사회, 밝은 문화와 문명의 시대를 추구하는 길에 저해 요소가 된다.

생명 문화의 본질인 예(禮)와 덕목(德目)에도 합당하지도 않아 눈살을 찌푸리게 한다. 무지(無知)한 까닭(所致)이라는 우(愚)를 범하지 않아야 밝아오는 태양을 앙명(昻明) 할 수 있어 상생과 생명의 문화를 창출(創出)하는 데 일조(一助)할 수 있다.

과거의 평가는 누구나 어렵지 않게 할 수 있겠으나 오로지 자신의 이해와 생각에 의한 것이라면 객관적인 판단과 공감대가 형성되지 않아 울리는 꽹과리 소리로 되돌아올 것이다. 성숙한 국민, 깨어 있는 국민이 다수(多數)이기에 소우주의 희망찬 내일을 소망해 보기도 한다.

대자연의 법도와 이치 그리고 순리(順理)에 따르는 섭리가 있어서 소우주는 대우주 일부라고 보는 인식은 고대 시대로부터 오늘에 이르기까지 이어지고 있다. 소우주와 대우주를 하나로 보고 선현들은 대동(장춘)세계, 사해동포주의(四海同胞主義)라는 고차원적이고 통섭적인 이성을 공유했다. 같은 맥락에서 서양에서 정신문화의 꽃으로 활짝 핀 세계시민주의(世界市民主義, Cosmopolitanism)는 또한 전 인류를 동포로 보는 사상이다.

인류가 지역이기주의에서 탈피하고 각 민족의 문화, 전통, 독립, 이익 등을 존중하고 배려하며 공유와 공존의식을 가지고 있다. 인류가 인도주의 사상에서 연대하고 하나가 되는 사상이 성숙한 국민 의식,

세계인의 모습으로 펼쳐지고 있다.

세계인의 의식 세계가 바르게 밝게 펼쳐지니 대자연의 법도가 그에 화답할 것이다. 하늘이 정한 도수(度數)와 뜻이 있다면 그 순리대로 흘러가고 있는 것이 대자연의 법칙이고 소우주의 길이다.

천지의 법도인 대자연의 흐름은 순환적 사계절로 이어지고 있으며 그를 인지하고 체감(體感)할 수 있다. 눈과 몸 그리고 마음으로 맞이하고자 하는 꽃피는 아름다운 계절은 이십사번화신풍(二十四番花信風)의 섭리를 따르는 것이다.

화신풍(花信風)과 함께 이십사절기(節氣)는 달력에도 기록되어 있고 방송매체도 날씨를 전할 때 그 절기를 널리 알려준다. 이러한 자연의 순환적 질서를 모르는, 철모르는, 깊이 없는 외침과 논객만 다양한 분야에서 각양각색으로 드러나고 있어 불교의 용어인 이판사판(理判事判)이자 야단법석(野壇法席)이라는 본래 용어가 참으로 부끄럽기만 하다.

야단법석은 불교의 용어로서 부처님의 설법을 펼치고자 실외에 설치한 연단(演壇) (자리) 석(席)이다. 대중들은 정신세계 문화의 목마름이 야단법석에서 해갈될 수 있기를 기대하고 의지했다.

야단법석은 점차 불교문화의 터전에 여러 형태의 신앙 의식이 융합되어 복합적으로 전개(展開)되면서 다양한 부처의 형상이 조각(彫刻)되었고 과거에 없던 새로운 형태의 불교 의례 문화도 함께 성장·발전되었다.

불교문화는 역사, 세계사, 예술적 미학 분야 등에서 많은 가치를 품어내고 있다. 예컨대 전문가에 의해 현대기술과 장비가 동원되어 다양한 각도에서 문화, 문명사적 의미를 재창출하고 있다. '야단법석'의 개념이 속세의 생활에서 탈(脫) 성역화(聖域化)가 되어 가면서 일반적으로 다소 부정적인 방향으로 사용되고 있어 그 개념의 본질을 살펴보았다.

의지하고자 하는, 의타적(依他的)이고 제왕적인 정치사회문화권에서 탈피(脫皮)하고 직접민주주의(直接民主主義)가 세계적으로 전개되었다. 자유민주주의를 추구하는 대한민국의 직접민주주의는 국민이 함께 생각하고 참여하기 나름에 따라 그 의미 또한 크다고 본다. 그와 연계된 의회(議會)민주주의는 국민 의식과 밀접하기에 국가의 대운(大運)과도 무관하지 않다.

5.18 광주민주화운동을 통해 국가와 국민의 보편적 생명 의식은 더욱 성숙하였다. 지금으로부터 42년 전 통곡의 5월에서 이팝나무의 꽃향기처럼 승화된 정신문화는 국가적 문화 의식으로 계승되었다. 그러한 성숙한 의식을 가지고 사회변화를 시도하는 깨어 있는 사람들(국민, 시민)과 그들의 단체가 있어 사회적 활력소가 되었다.

사람이 문화와 문명의 꽃을 피우고 길을 만든다. 문화와 문명은 또한 사람을 만들고 사람의 길을 제시한다. 그 길 또한 대한민국의 유구한 문화와 문명이 계승·발전의 길이다. 세계인 모두가 공감할 수 있는 온고이지신(溫故而之新)하는 분들이 실용주의 관점에서 실천 사상을 가지고 각자의 영역에서 어서어서 나오시길 학수고대(鶴首苦待)한다.

2022년 5월 16일

21. 임인년(壬寅年) 소한(小寒)을 맞이하여

북풍한설(北風寒雪) 몰아치는 겨울의 신비는 새로운 질서와 변화의 시작임을 통보하며 새 생명체(生命體))의 잉태(孕胎)를 위해 극한의 인내와 자제를 요구한다.

소한(小寒)은 이십사절기 중에 스물셋째이며, 밤의 길이가 가장 긴 동지(冬至)와 대한(大寒) 사이(양력 1월 5~6일경)의 절기로서 매서운 찬 기운이 감도는 혹한(酷寒)의 겨울임을 알린다.

하지만 소한·대한이 지나면 서서히 봄의 기운이 감도는, 희망의 절기라고 할 수 있는 입춘(立春)이 기다리고 있다. 오늘의 소한은 또한 새로운 내일의 희망과 용기를 북돋아 주는 순환적이고 반복적인 여정을 향한 절기(節氣)이다.

겨울이 이십사절기의 시작이라고 보면 입동(立冬)에서부터 대한(大寒)에 이르기까지의 절기가 겨울철이 된다. 어찌 보면 입춘 전까지 겨울이라고 할 수 있다.

성인이 말씀하신 것처럼 겨울(冬), 봄(春), 여름(夏), 가을(秋)이라는 순번(順番)이 생기며 북·동·남·서의 방위가 순리(順理)다.

동서고금(東西古今)을 통해 인류가 하늘의 수많은 별, 은하수들의 중심과 방향, 방위(方位) 등을 정할 때 북극성(北極星)을 좌표로 삼아 사방(四方 북남동서)을 정했고 이십사절기를 잘 활용하여 문화를 발전시켰다. 하늘과 땅의 공간과 경계를 구분하기 위해 상하(上下)의 개념이 사용되면서 북·남·동·서 상(上)·하(下)가 육합(六合)의 원리로 사용되었다.

자연의 무한한 공간(空間) 속에 시간(時間)의 개념이 사용되면서부터 영겁(永劫)의 세월이 어찌 보면 다양한 차원(次元)에서 흐르고 흘러가서 오늘에 이르렀다.

우리가 사는 이 세계는 눈으로 보이는 평면(平面)과 공간의 세계를 아우르는 3차원의 세계다. 평면체(平面體)에서의 공간을 입체적(立體的) 공간으로 전환하면 보이지 않았던 4차원의 세계가 열린다. 그 세계의 일부를 과학적인 측면에서 알리고 있는 것이 주목(脚光)받고 있는 홀로그램(hologram)이며 이 또한 증강현실(Augmented Reality, AR)과 접목되어 지금 많이 사용되고 있다. 이와 무관하지 않은 것이 정(精)을 연구(研究)하며 실행하는 정신(精神) 수련(修練), 정신 공부(工夫)이며 그러한 공부를 축약시켜 사용된 개념이 연정(研精)이다.

연정의 개념은 1925년 봉우 권태훈 선생이 처음으로 사용했고 정신 공부, 정신 수련의 대명사가 되었다. 봉우 선생은 연정 과정에 고력(苦力) 수련이 있으며 수련 방법은 조식법(調息法)이라고 하였다. 조식법은 봉우 선생에 의해 법분십육(法分十六)으로 정리되었다.

정신 수련 공부와 그의 진척에 따라 경험할 수 있는 단계적 과정은 사차원의 세계에서부터 이어지고 있으므로 실질적인 체험을 통해 발전된 공부를 스스로 이해하고 그 경계를 볼 수 있을 것이며, 자각(自覺)의 깊이와 넓이는 또한 제각각(各各)일 것이다.

대자연의 다양한 변화와 변화 속의 또 다른 변화의 실상(實像)은 가시적이고 비가시적인 무한한 자연의 이법이다. 자연 속의 인간은 유한의 존재이기에 자연의 품으로 돌아가는 것은 자연스러운 현상이다.

인간사(人間事) 또한 형형색색이지만 가끔 받아들이기가 힘든 사연들이 많다. 그 가운데 어느 날 미혼의 자식이 노부모를 남겨두고 홀연히 떠난 일은(비록 뒤늦게 알게 되었지만) 참으로 안타깝기만 하다. 그분이 겪으신 깊은 상처에 어떠한 위로의 말씀을 전해드려야 할지 몰라 안타깝고 애통한 마음 금할 수 없으나 그저 애도(哀悼)의 마음을 전해 드렸다.

극히 감내하시기 어려웠던 일이라고 생각되며 이 혹한의 절기를 잘 극복하시고 부디 건강 회복하시길 간절히 바랄 뿐이다. 그분에게 맡겨진 나름의 소명 의식, 삶의 여정이 후학(後學)을 위한 씨앗으로 남아 춘풍(春風)이 불어오는 시기에 생명의 기운으로 발아(發芽)되기를 삼가 기원한다.

2022년 1월 5일

22. 임인년(壬寅年) 설날을 맞이하여

민족의 명절 정월 초하루 설날은 태음력(太陰曆)을 기준으로 한다. 달(月)이 차고 기울어지는 현상을 기초로 하여 만든 것이 음력이다. 달이 지구(地球) 둘레를 한 바퀴 도는 데 걸리는 시간(29일, 30일)을 한 달로 삼아 만든 것이 달력이다.

태음력(太陰曆)은 서양 로마에서도 기원전 46년까지 활용됐다. 세계문화백과사전에 따르면, 태양력(太陽曆)의 시작은 기원전 45년 율리우스력(Julian calendar)이다. 그 후 율리우스력의 계산(計算)상의 문제점을 보완시킨 것이 1582년 그레고리력(Gregorian Calendar)이다. 그레고리력은 1년을 365, 25일로 정하고, 4년마다 2월의 28일을 하루(1일)를 추가하여 29일로 하였다.

그레고리력의 회귀년은 365.2422일이기에 율리우스 역과 비교하면 0.0078일(11분 14초)이 짧아서 128년마다 1일의 편차가 발생한다. 따라서 1582년 2월 24일 교황 그레고리오 13세(Gregorius PP. XIII)는 율리우스력의 400년에서 3일(세 번의 윤년)을 없애는 방법으로 이를 해결했다.

하지만 1회귀년을 365.2422일로 기준으로 한 그레고리력은 현대 천문학의 연구발표에 의하면, 1회귀년보다 0.0003일(26초)이 길고 약 3300년마다 1일의 편차가 난다고 한다.

새로운 한 해가 찾아온 것은 일월(日月)의 변화이자 지구(地球)의 생명체에 영향을 준다. 일월(日月)이 일월신(日月神)의 상징이 되었다. 2022년 2월 1일 오늘은 음력(陰曆) 정월(正月) 초하루 '설날'이다.

설날은 새로운 한 해가 시작되는 첫 번째 날이다. 설날 아침은 원조(元朝)이며 일년지계(一年之計)를 논할 때는 원단(元旦), 세수(歲首)', '연수(年首)'라고 한다.

설날은 민족 전통의 문화를 기리고 계승·발전시키는 날이다. 인사말로 설을 잘 쇠었습니까? 라고 한다. 국어대사전에서 '쇠다'는 ~맞이하여 지낸다는 뜻으로 예컨대 음력으로 설날, 생일을 쇤다고 한다.

설'의 의미는 '사리다', '삼가다', '조심하다'라는 옛말에서 유래되었다고 한다. 한 해가 시작되는 첫날이므로 언행을 삼가 조심하며, 1년 내내 무사(無事) 무탈(無頉)하기를 기원한다.

나아가 '쇠다'는 몸가짐이나 언행을 조심하여 나쁜 기운을 쫓아낸다는 의미로 사용되었다. 예컨대 도덕적 차원에서 삼가할 '신(愼)'을 써서 '신일(愼日)'이라고 한 것은 근신(謹愼)한다는 차원에서 바깥출입을 삼가하고 집 안에서 가족들과 함께 한 해의 안녕(安寧)을 빌었다는 뜻이다.

신일(愼日)은 또한 나를 매일 다시 새롭게 하는 신일(新日)이 되어 몸과 마음을 다스리는 공부의 과정이기도 하다. 그러한 의미에서 설날에 하얀색의 떡국을 오순도순 먹는 것과 덕담을 나누는 것은 지난해의 묵은 때를 씻어 버리는 정화의식과 같다. 오늘날에도 설날 전후로 연이은 휴일은 가족들과 함께 보낸다고 하는 뜻이 담겨있다.

외침(外侵)과 외세(外勢)가 극성을 부렸던 시기 중에 1895년 대한제국은 양력(陽曆)을 사용하면서 신정(新正)의 개념이 대두되었고 설은 차차 구정(舊正)이라는 이름으로 퇴색되었다. 구정(舊正)의 개념은 예전과 같은 '설'이란 뜻이지만 일제(日帝)가 우리 민족의 얼과 혼을 말살시키기 위해 나온 단어가 신정이다.

조선총독부(朝鮮總督府)의 촉탁(囑託)으로 한국에 온 일본인 무라야마 지준(村山 智順, 1891~1968))이 한국 민족의 문화가 속(俗)되다는 차원에서 민속(民俗)이라 지칭하고 그와 관련된 많은 자료를 남겼다. 그 가운데 한국어로 번역된 책이 『조선(朝鮮)의 귀신(鬼神)』이다.

예컨대 '민속(문화)'이라는 용어보다 '민족(문화)'이라는 개념을 널리 사용해야 한다. 그렇게 해야 보편적 역사 사관에서 자주적 차원을 유지하고 통찰(洞察)하는 능력을 함양시켜 통섭(統攝)의 자세가 유지된다.

전통 민족문화의 입지와 격을 스스로 비하(卑下)시키는 망국적 개념, 문화적 속국에서 어서어서 벗어나는 길은 올바른 정명사상(正名思想)에서 비롯된다. 올바른 개념을 사용해야 그 의미 또한 바르게 된다. 정명 사용은 일상생활에서 비롯되어야 언어에 혼이 실리고 생명력이 깃든다. 민족의 언어는 바로 민족의 혼이다. 민족혼은 우리 가슴에 고동친다.

설날 명칭을 되찾은 것은 역사적 전통과 문화를 이어갈 수 있는 발판을 새롭게 다진 것으로 생각된다. 1984(갑자, 甲子)년, 하원 갑자(下元甲子)년을 맞이하여 그다음 해인 1985년 설이 민족의 고유문화로 지정된 것은 참으로 다행이다. 유구한 민족문화를 밝히라는 정신세계의 가호(加護)라고 생각한다. 구정이라고 하지 말고 설날이라고 해야 올바른 개념을 사용하는 것이다.

독일의 철학자 니체는 독일인에게 '종의 의지', '노예 정신' 등에서 벗어나길 촉구했다. 그는 그러한 용어가 이스라엘 민족이 이집트에서 포로 생활환경에서 나온 신앙적 개념으로 보고 초인(超人), 초인의 길을 강조했다. 초인에 대한 철학적 담론보다 일상생활에서 그 의미를 찾아볼 수 있다.

구태의연(舊態依然)한 사회(문화)체제, 잘못된 반복적인 인식, 이해, 학습, 언행 등에서 벗어나고자 하는 사람이 초인이 되는 시작이다. 그러한 사람의 행실(行實)이 초인의 길이 된다. 신일(愼日) 하는 자세에서 신일(新日)을 거듭하고자 하는 온고이지신(溫故而知新)의 행실은 초인의 길을 가는 것과 무엇이 다를까 한다.

설은 잘 쇠어야 하고 '설 잘 쇠셨습니까'라고 말하는 것은 사람으로서 서로가 삼가 배려(配慮)하고 보다 간극(間隙)을 해소해 가며 함께 잘해보자는 덕담을 주고받는 의미라고 본다.

2022(임인 壬寅)년 2월 6일

23. 임인(壬寅)년 경칩(驚蟄)을 앞두고

 태양력으로 구성된 이십사절기(節氣) 속에 세 번째 절기 경칩(驚蟄)이 며칠 남지 않았다. 다가오는 경칩은 현대과학에 의하면, 태양의 황경(黃經)이 345°에 해당할 때이다. 경칩은 우수(雨水)와 춘분(春分) 사이에 들어 있어 동면(冬眠)하던 동물들을 깨어나도록 생명(生命)의 약동(躍動)을 제공하는 시기가 된다.

 예전 풍습(風習)에 의하면, 경칩 날을 중심으로 흙으로 지은 집의 벽을 다시 바르거나 담을 쌓았던 일은 자연적인 재해를 사전에 방지하는 차원에서도 돋보인다.

 지금은 농부가 보리농사를 많이 짓지 않으나 과거에는 경칩 날에 보리 싹의 성장을 보아 그 해 농사의 풍흉(豐凶)을 예측했다.

 단풍나무나 고로쇠나무의 수액을 보약으로 마시는 문화도 있으나 국가적 산림보호의 차원에서 개별적인 수액 채취는 금지하고 있다.

 만물(萬物)은 자연의 이치와 섭리에 따라 봄기운을 맞이하여 생양(生養)하고 가을에는 결실의 시기가 되어 걷어 들이는(收) 자연의 풍요로움을 선물한다. 하지만 겨울을 맞이하면 새로운 신년을 준비하기 위해 스스로 감추는 일(藏)을 순환적으로 거듭 반복한다. 이러한 생양수장(生養收藏)의 과정이 생로병사(生老病死)의 개념과 같은 의미를 지닌다.

 하늘의 수많은 별이 북극성을 중심으로 자전과 공전을 지속해서 유지하고 있어 자연의 섭리는 만물의 길 즉 도(道)가 되었다.

 천도(天道), 지도(地道), 인도(人道)가 별개가 아니고 천지인이 하나(天地人 合一)가 될 수 있다고 보는 정신세계가 정신과학(=형이상학)이다. 그러므로 자연은 대우주(macro cosmos)이고 인간은 소우주(micro cosmos)라고 한다.

그와 무관하지 않으나 구체적으로 사유(思惟)가 된 한민족의 전통 문화에 원(圓 ○) 방(方 □) 각(角 △), 삼황(天皇, 地皇, 人皇), 삼신(三神)일체, 삼일(三一), 삼수(三數), 삼재(三才) 사상 등이 있다. 그러한 문화는 향유(享有)하고 발전시켜야 한다. 배달민족의 제천(祭天)의례 는 천민(天民), 천손(天孫) 의식을 고취(鼓吹) 시기며 간방(艮方)의 도(道)를 밝히는 민족의 정신문화다.

동서고금을 통해 광의적인 차원에서 살펴보아도 인간은 본래 윤리 적 인간(homo ethicus), 교육적 인간 (homo academicus)이라는 양면성을 가지고 있다. 특히 가정과 학교에서 학습되어야 할 후천적인 교육이 중시되었다.

유가(儒家)에서 논하는 선천적인 본연지성(本然之性)과 후천적인 기질지성(氣質之性)은 성리학(性理學)의 핵심이 되었다. 만물 중에 가 장 빼어난 존재가 인간이라고 보았기 때문이다.

하늘의 광명과 땅의 기운을 받아 출생한 윤리, 도덕적 인간(homo moralis)은 고귀한 생명체로서 일월(日月)의 광명과 같은 존재다.

형이상학의 가장 큰 학문 즉 대학(大學)의 도(道)와 목표(目標)가 사 람이 일월의 형상처럼 정신적으로 밝아져야 한다.

봉우 권태훈 선생이 대학의 도는 재명명(在明明)이다. 사람은 본래 정신적으로 밝은 것(明明)을 다시 밝히는 재명명(明明) 즉 중명(重明) 의 존재라고 가르쳤다. 인간이 재명명의 존재임을 알게 함은 인성교 육과 정신 공부의 대의를 설명한 것이다.

민족의 경전인 천부경(天符經)에서도 발견할 수 있듯이 사람의 본 래 마음(本心本)은 태양앙명(太陽昻明)이라고 한 것은 밝음을 추구한 다는 설명이다.

태양을 받들어 공경하는 것은 앙명(昻明)이며 앙명 사상과 문화는 세계 인류 문명사에서 빠지시 잃고 등장한다.

빛은 모든 생명의 근본 에너지 중의 하나이며, 생명의 탄생과 변화 그리고 부활을 상징하고 있다. 그러므로 태양신(太陽神)과 지모신(地母神)의 문화적 요소 등은 인류 문명사에 지대한 영향을 주었다.

임인(壬寅, 1962)년 이후 60년 만에 다시 찾아온 같은 임인(2022)년 봄(春)을 재촉하는 경칩(驚蟄)을 맞이하여 국가와 사회에 큰 빛을 밝혀주는 한 해가 되길 기대해 본다.

2022년 2월 24일

24. 임인(壬寅)년 3월 1일 20대 대통령선거를 바라보면서

3월 1일을 맞이하여 무엇을 되새겨 보고 우리 민족의 과거와 오늘 그리고 내일에 대한 역사적 과제를 살펴보는 것은 국민의 한 사람으로 도리라고 생각한다.

한국의 근대사 중에 예컨대 동학혁명(1894년)이 어떠한 결과로 이어졌는지 알아야 '역사의 거울 앞'에 올바른 조명이 이루어진다. 일본은 동학혁명을 무력으로 진압한 후 조선 침략의 발판을 만들었기 때문이다.

일본은 진압의 대가로 천문학적인 전쟁 비용을 나약한 조선에 청구했으나 지불(支拂) 능력이 없는 조선은 일본의 요구대로 자국 영토의 길을 열어주었다. 그로 인해 조선의 영토는 청일전쟁, 러일전쟁의 길목이 되었다.

결국 대한제국은 멸망했고 역사에서 지울 수 없는 일제의 식민지 시대가 존재했다. 일제강점기 때 수많은 무고한 양민(良民)들이 참을 수 없는 참혹한 고통과 착취, 수탈, 억울한 죽임 등을 당했다.

지금으로부터 103년 전(前)인 1919년 3월 1일 한민족은 독립선언서를 공표(公表)하고 거국적인 대한독립만세운동(大韓獨立萬歲運動)을 세계적으로 널리 알렸다. 삼일독립선언서는 국조 단군의 홍익(弘益)·홍제(弘濟) 사상을 포함(包含)하고 있다.

삼일(3·1)절 정신은 국정철학과 국가경영의 주춧돌을 심어놓은 국가적 기념일이다. 민족의 정체성, 자주독립국, 자유민주주의, 세계 인류의 평화 이념 등이 깊고 넓게 포함된 독립선언서이기 때문에 더욱 자랑스럽고 세계적이다. 그를 통해 우리는 선현들의 기상과 이념 그리고 목숨 바쳐 일구어낸 오늘의 대한민국을 계승·발전시켜야 한다.

세계평화를 지향하는 역사적 안목, 이해와 인식 및 더 나은 조국의 미래를 위해 무엇을 배우고 익혀 나아가야 할 것인가 등에 대해 진솔하게 숙고해 보아야 하는 것은 남겨진 정신과학과 자연과학의 과제가 되었다.

특히 '민족혼'[7]을 밝히는 역사교육 확대, 세계 역사의 객관적이고 수평적 이해와 보편적 의식평가 등은 필수과정으로 이수(履修)되어야 민족의 자존감과 정체성 나아가 국가관이 올바르게 정립된다.

종속된 신앙(信仰) 사상과 의식에서 벗어나 자유로운 영혼의 세계를 담지(擔持)하는 가르침이 있다. 동서남북(東西南北) 상하(上下) 방향에서 보고 들어도, 그 누구에게도 공감을 주는 가르침이 성인의 가르침(宗敎)이다. 그의 가르침은 종교(宗敎)로 표현되었고 불변의 진리이자 과학적이고 도덕적 가치를 추구하고 있다.

그러므로 인류가 주목하고 있는 이유가 바로 종교의 원형과 본질에 있다. 종교에 대한 과학적인 증명은 21세기에 대세가 된다. 따라서 신앙도 과학적 차원에서 최소한 일정 부분이라도 증명될 수 있어야 한다. 종교 안에 올바른 신앙 행위는 만인이 공감하는 인류 공동선을 이루어 역사의 빛으로 남는다.

현대 인류의 역사는 거울 속의 빛처럼 반사되고 있어 각국(各國)의 자화상을 되돌아보게 하는 다각적인 기능과 역할을 하고 있다. 자국(自國)의 역사가 세계사의 일부이자 세계사 또한 자국의 역사적 사실과 일정 부분 연계되어 있다. 자국의 문화는 자국민의 생명 호흡과 함께 약동(躍動)하고 발전하며 이웃과 함께한다.

---

7   봉우 권태훈, 『봉우일기 2』, 정신세계사, 서울 1998, 239쪽

대한민국, 한국인은 역사에서 배우고 발전할 수 있는 만인경(萬人鏡)과 같은 통찰적인 안목과 역량(力量)을 함양해야 세계사의 주도적인 일원뿐만 아니라 주인공이 될 수 있다. 세계는 우주 생명의 네트워크처럼 상생의 변화와 조화로움 속에 평화를 추구하고 있기 때문이다.

온고이지신(溫故而知新)의 자세에서 역사적 거울 앞에 진솔한 반성과 새로운 대안이 필요하다. 대의명분을 발굴하고 종교·문화·경영학의 차원에서 직시된 도덕적 생활과 최고의 선(善), 공동선(共同善)을 지향하기 위해 인류가 함께 실천하는 것은 시대정신을 이끌어 나아가는 것과 다름이 없다.

2019년 12월에 불명(不明)의 호흡기 질환이 중국 우한시(武漢市)에서 발생하여 인류는 불운의 시기를 맞이했다. 그 질환은 급속도로 세계 전역에 퍼져서 상상을 초월하는 인명피해, 재산상의 피해, 국제경제 등에 악영향을 주었다.

세계보건기구(WHO)는 불명(不明)의 호흡기 질환을 신종코로나 바이러스감염증으로 분석했고 COVID(시오브이아이디)-19 Pandemic(팬데믹; 감염병 세계 유행)이라고 명칭(名稱)하였다. COVID(코비드)는 Corona Virus Disease의 약자이며 한국에서는 코로나19로 약칭한다.

오늘날 세계는 코로나19 시대를 맞이하여 힘겹게 싸우고 있지만 극복하고자 최선을 다한다. 과학적인 방역, 진료 기술 및 의식 등을 가지고 인류의 생명을 지키기 위해 끊임없이 노력하고 있다.

코로나19의 안전지대는 과학방역으로 이루어진다. 코로나19는 그어떤 신앙단체의 성역으로 포장된 지역을 인정하지도 않고 모른다. 코로나19에게 성역은 존재하지 않는다. 세계의 공중보건이 심각한 타격을 입으면서 어려움을 겪게 되었고 각국의 감염 확진자와 사망자의 숫자도 엄청나게 증가했다.

비록 여러 가지의 백신(vaccine)이 출시되었으나 금년(今年) 2월 중순 전 세계 코로나(바이러스감염증)-19 누적 사망자가 580만 명, 누적 확진자 4억 882만 3천여 명 이상으로 집계(集計)됐다. 세계 각국에 다양한 난관과 문제점들이 발생 되었다. 대한민국은 그나마 여러 부분에서 선방(善防)했다는 평가는 나름의 의미를 부여한다.

며칠 전(前)에 '제20대 대통령선거 책자형 선거공보'가 우편으로 배달되어 후보자들의 정보공개 자료를 보았다. 그들은 어떠한 삶의 여정을 거쳐 준비된 대통령 후보로 소개되었는지! 그들의 공약이나 유세 상황, 진행되고 있는 대선 TV 토론내용 및 여러 사항을 점검해 보았다.

그들의 자질, 국정철학, 국가경영 등은 현 시대적 안목에서 분석해 보아도 각각 차이점도 있고 논쟁의 소지를 넘어 국정운영에도 영향을 줄 수 있는 사안들도 포함되어 있다. 문제는 누가 대통령 후보로서 적격(適格)이라고 볼 수 있으며 유경험(有經驗)의 분야가 있느냐가 핵심이다. 3월 2일 선관위 주관 마지막 법정 TV 토론이 어떻게 전개될지 궁금하다.

정체성이 녹아 있는 자주·자립적이며 실현할 수 있는 정책공약과 미래지향적인 국정철학, 평화통일의 집념과 지속적인 노력이 현장으로 이어져야 세계적인 국가(문화) 경영의 첩경(捷徑)을 이룰 수 있다.

대자연의 영원한 섭리는 역사적 수레바퀴처럼 반복하며 생생(生生)의 변화와 도(道)를 일으킨다. 서기(西紀) 2022년은 하늘의 십간(十干)과 땅 십이지지(十二地支)의 순리에 따르면 임인(壬寅)년이다.

1962년 이후 60년 만에 다시 돌아온 같은 임인(壬寅)년이지만 무엇이 어떻게 변하여 다르게 보일지는 역사적 한 페이지에 남을 것이다.

올해 3월 9일은 20대 대선(大選)이 있는 날이다. 참정권(參政權)이 부여된 국민은 중요한 한 표를 행사할 수 있어 새로운 대한민국 미래의 시작이자 여명의 시기를 가르는 분수령(分水嶺)이 될 것으로 생각된다.

당선자의 국가경영, 국정철학이 담긴 상생적 통찰력(洞察力), 통섭력(統攝力)은 이념논쟁을 초월하여 '종교문화 경영학'의 차원에서 동력의 추동력을 일으킨다.

한민족의 기상과 역량이 웅비(雄飛)라는 한 해가 되기를 기원하면서 맹자(孟子), 고자장하(告子章下) 중에 다음과 같은 글을 옮겨 적어 본다.

天將降大任於斯人也(천장강대임어사인야)
하늘이 장차 그 사람에게 큰일을 맡기려고 하면,
必先勞其心志(필선노기심지)
반드시 먼저 그 마음과 뜻을 괴롭게 하고
苦其筋骨(고기근골)
근육과 뼈를 깎는 고통을 주고
餓其體膚(아기체부)
몸을 굶주리게 하고
窮乏其身(궁핍기신)
그 생활은 빈곤에 빠뜨리고
行拂亂其所爲(행불란기소위)
하는 일마다 어지럽게 한다.
是故動心忍性(시고동심인성)
이것은 마음을 담금질하여 인내심을 길러
增益其所不能(증익기소불능)
지금까지 할 수 없었던 일을 할 수 있게 하기 위함이다.

진인사대천명(盡人事待天命)의 길을 추구하는, 하늘에서 점지한 위와 같은 인물이 대선후보군에 포함되어 있기를 바란다.

2022년 3월 1일

25. 상아탑의 전당, 대학교의 서광(曙光)이어

국내에서 학비 내면 시간이 흐르는 대로 그러그러한 눈높이로 그럭 저럭 대학 졸업이 가능하다. 대학원 과정에서 학사과정과 유사한 절차 과정이 일정 부분 진행되는 것은 창의적이고 미래지향적인 관점에서, 새로운 비판의식을 가지고 온고이지신(溫故而知新) 자세에서 되돌아보아야 하지 않을까 한다.

소수의 박사 학위논문을 누가 대신 작성해 주었다든지, 논문이나 참고서적을 인용했다는 각주가 없어도, 요리조리 짜깁기해서 학위논문으로 제출해도 무난하게 통과되었다고 하는 것이 여러 매체를 통해 보도되었다. 표절된 논문, 표절 의혹의 논문, 품앗이 형태 논문의 제2, 제3 저자가 실제 연구 실적과 무관하게 남발되고 있다는 소문도 있어 참으로 어이없고 걱정과 실망이 크다.

위의 보도 내용과 연관성이 다소 미흡하지만 함량 미달의 학위논문, 부풀린 연구 실적(논문 쪼개기 포함), 위조된 학위증도 있다는 괴소문(怪所聞)을 들은 적이 있어 상식이 통하지 않는 지역에 있는 것 같아 사실이 아니기를 기대한다.

인간에 대한 밝은 사상과 사유의 폭을 넓히는 상아탑의 목적보다 마치 쓸모 있는 제품을 찍어서 만들어 내는 기능공의 모습이 좋아 보였을까? 학문의 전당이자 상아탑의 상징으로 알려진 대학교가 시대 흐름의 야합(野合)이 아닌 상생의 차원이라는 틀에서 취업사관학교의 형상이 되었다. 하지만 그 반면에 본래의 사명과 역할을 다하고자 안간힘을 쓰고 있는 모습은 바람직하다.

요즈음 국민을 위해 봉사하고 공익을 위해 헌신하겠다는 나름의 정치인들, 장관 후보자들, 어떤 공직의 수장, 대표가 되고자 하는 사람은 모든 면에 매우 신중해야 한다. 그들은 더욱 자신을 위해 신독(愼獨) 하는 자세에서 윤리, 도덕적으로 깨끗한 일상생활과 모습이 전제(前提)되어야 한다.

이것저것 다 가진 자들이 (원하는 욕구와 욕심이) 더하다는 선량한 국민의 부정적인 의견을 귀 기울여서 금과옥조(金科玉條)처럼 받아들이어야 한다. 스스로 자신을 되돌아보는 기회가 많을수록 공익, 공정, 공유, 공공사회의 질서유지 등을 위해 공인의 자세를 잊지 않고 덕목을 실천할 수 있다.

물론 대다수의 학구적이고 양심적인 학위소지자들은 일부의 현 정치인, 정치후보자, 장관 후보자의 상황과 사태를 직시하며 또한 올바른 시정(是正)과 교육개혁에 공감하고 있어 미래 희망의 빛이 점차 서광으로 다가오기를 기대해 본다.

필자가 독일에서 유학할 때의 이야기다. 독일에서는 '대학생입학식'이 없으나 학과의 인솔자가 대학도서관에서 책(冊) 대여(貸與) 방법을 신입생들에게 상세하게 가르쳐 준다. 도서관은 사시사철 만원이며 학생의 도서관 사용은 주어진 규정에 따라 이루어지고 있어 예의 바르다고 정평이 났다. 리포트 및 논문작성 방법 등은 대학 입학 전에 이미 학습하여 우리가 뒤늦게 사용하고 있는 연구 윤리 의식이 강하다.

이수학점 미달자는 졸업이 금지되어 있어 부정적인 행위가 허락되지 않는다. 누가 언제 졸업했는지 알아야 할 필요가 없고 질문도 하지 않는 것은 한국처럼 떠들썩하게 하는 의식(ceremony) 형식의 대학 졸업식이 없기 때문이다.

'입학의 문'은 열려있으나 '졸업의 문'은 정말 협소하기만 하다. 그와 마찬가지로 대학원의 박사과정은 더욱 혹독한 훈련과 담금질의 시기를 맞이하게 되어 누구나 죽기 살기로 최선을 다한다.

박사학위를 받으면 전생의 죄가 탕감된다고 하는 유머(humor)가 담긴 말을 하는 것은 그만큼 이루어 내기 힘들고 통과 절차 과정도 험난하여서 학문적 연구 결과의 중대성을 직, 간접적으로 설명한 부분이다.

학위논문의 최우수, 우수성 등의 평가는 창의적이고 여러 분야에서 새로운 안목에서 제시된 학문 분야의 논리적 특징, 방법론, 실용성, 현장에서의 활용성, 가치성 등을 두루 참조한다. 그와 연계된 면접시험이 종합평가에 영향을 준다.

심사위원들의 냉철한 분석과 종합적인 판단, 최종적인 평가는 특수 처리된 박사 학위증서에 성적점수까지 상세하게 명기(明記)되어 있다. 그에 대한 심사위원들 각각의 서명(sign)은 모두가 존중하기 때문에 평생 그들의 책임도 또한 뒤따른다. 그와 연관성을 가진 (교수) 윤리위원회는 필요시 별도의 기구로 가동되어 주어진 기능과 역할에 충실하다.

독일에서 박사학위를 받은 사람이 대학교 교수가 되고 싶으면 정해진 절차 과정을 거쳐 교수 논문을 제출하고 교수학 학위도 별도로 받아야 교수자격이 있지만 졸업한 동(同) 대학에서는 교수로 재직이 불허되어 반드시 타 대학으로 진출해야 한다.

학위 받은 남자의 부인은 그동안 남편을 도와준 공로를 인정하여 일반적으로 명예박사와 같은 맥락으로 불러준다. 학위를 수여(授與) 받은 사람의 신분증(Ausweis 아우스바이스: 한국의 주민등록증과 같음)과 여권에 박사 또는 교수·박사의 명칭은 반드시 기록된다. 학자로서 명예, 윤리, 도덕적인 사명을 상기시키고 사회의 빛과 소금의 역할이 강조되었기 때문이라고 본다.

외국인이 독일서 박사학위를 받고 거주하면 그의 신분을 증명하는 신분증에 박사의 명칭이 명시되어 있다. 그가 비록 외국인일지라도 독일 국가 박사이자 세계적인 박사, 고급 전문 지식인으로 인정, 배려 및 예우(禮遇)하고 보호하며 여러모로 관리한다. 어찌 나의 조국이 이러한 유형의 나라보다 나아질 방법을 생각하지 않을까 하는 아쉬움도 남아 있다.

이제는 이렇게, 저렇게, 그렇게, 요리조리 앞서거니 뒤서거니 하는 모양새로 따라 하는 형국이나 상황에서 벗어나야 한다. 대의명분이 포함된 창의적인 길이 교육혁신의 한 부분으로 낮은 단계에서부터 시작되어야 한다.

그 길 또한 21세기 백년대계(百年大計)의 국정 교육과제와 무관하지 않다. 이에 많은 사람의 관심과 지혜가 필요하며 뜻있는 분들의 동참이 무엇보다 중요하다. 그들의 힘이 모이면 새로운 교육풍토와 세계화 시대에 걸맞은 대체 방안과 길이 열릴 것이다.

2022년 5월 3일

26. 대한민국의 국민총화 정신은 무엇인가를 생각한다

근대 한국사에서 발견되는 국교수립은 수호통상조약(修好通商條約)의 이름으로 이루어졌기 때문에 국민의 한 사람으로 만감을 교차하게 만든다. 약소국의 실태를 여실히 보여주고 역사적 사실은 기록으로 남아 있어 제대로 배워야 한다.

미국의 뒤를 이어 1883년 11월 26일 조선(朝鮮)은 독일과 '조독수호통상조약(朝獨修好通商條約)'을 맺었고 올해 2022년은 국교수립(國交樹立) 139년이 되었다.

학습 과정에서 다소 부진했던 점은 한국의 근대사였으나 논문의 질적인 완성을 위해 노력했다.

한국전쟁 이후 인구 증가와 높아지는 실업률은 정치 사회적 문제가 되었다. 새로운 출구로 대두된 것이 독일에 한국인의 인력을 파견하는 것이었다. 독일과의 다양한 교류는 1965년 이후부터 시작되었다.

대표적인 정치적 사례가 '파독(派獨) 간호사와 광부'이다. 세칭 노동력 파견은 1970년도에 이르러 정점을 이루었으나 1980년도 초반부터 급감하기 시작했다. 독일 정부는 세계 외국인에 대한 질적인 관리와 보호차원에서 정책 변경을 한 것이 주원인이 되었다.

파독 간호사와 광부는 한국 경제발전에 큰 도움을 주었고 국위를 선양한 애국자와 같은 역할을 했다. 그들의 일부는 독일에 남아 성실하게 살고 있으며, 한국인의 정체성을 잊지 않고 오늘도 한국이 잘되길 기원한다.

필자가 독일서 유학할 때 경험하고 느낀 부분이 많은데 그중 교육제도와 교육자에 대해 다시 말하고 싶다. 대학 입학 및 등록금제도가 없었고 지금도 없다. 유학을 원하는 사람에게는 참으로 매력적이다. 독일의 교육제도뿐만 아니라 세계의 다종교사회문화, 종교와 정치 등에 대한 관심이 많다.

한국의 개신교회와 가톨릭교회의 사회적 현상을 바라보며 개신교를 태동시킨 독일의 마르틴 루터도 여러 가지 방법을 통해 직접 만나고 싶었다.

또 하나의 질문이 있었다.

2차세계대전 이후 독일(獨逸)은 어떻게 건전한 국가로서 세계 각국이 무시하지 않는, 함부로 대하지 않는 세계의 강국 중에 한 나라로 거듭났을까?

유학 생활시설에 점차 알게 된 것은 독일의 지정학적인 위치, 교육제도 및 높은 자국민의 참여의식이다. 독일은 유럽 국가의 중심 역할과 교두보의 역할을 동시에 하고 있어 세계 각국의 많은 유학생과 쉽게 교류할 수 있다는 사실이다.

그들은 독일학생과 동등한 권한과 대우를 받았고 공부하고자 하는 학생에게는 최선의 여러 가지 방법으로 도와주었다. 원하는 책 구매비가 없으면 대학교 도서관에 의뢰하여 그 책을 대여할 수 있는 시스템이 정비되었다.

대학원 과정에서는 학생이 원하면 도서관 안에 있는 별도의 캐비닛(cabinet: 작은 공부방)을 제공해 주어 공부에 집중하도록 배려한다. 도서관에는 엄청난 장서가 있다. 독일서 공부한 외국인들의 논문 모두가 도서관에 잘 정리되어 있었다.

대학교수는 외국 유학생의 비자 발급을 도와주어 안정적으로 공부할 수 있도록 협조한다. 유학생이나 외국인을 돕기 위해 작성된 교수, 신부, 목사님의 문건은 공증된 문건과 같은 기능과 역할을 담당하고 있어 전국적으로 통용된다.

예컨대 그분들의 문건에 자필서명이 있으면 최소한의 사회적 도움을 받을 수 있도록 역량을 발휘한다. 그들의 국가적 사회적 위치, 신뢰도 그리고 공신력이 있음이 한눈에 알아볼 수 있다. 공익사회에 빛과 소금의 역할이 주어졌기 때문이다.

초등학교에 입학한 학생은 한 선생님에게 4년 동안 지도받는다. 담임 선생님은 학생 개개인의 모든 것을 파악하고 도움을 줄 수 있는 사안이나 문제점이 발견되면 학부모와 자주 대화하며 바르게 지도하고자 한다. 초등학교 4학년 때부터 약간의 영어 공부와 나름의 신앙 공부 시간이 주어진다. 신앙이 없는 학생(외국인 포함)은 바로 귀가한다.

독일의 학제는 초등학교 과정 4년과 9년간의 중고등학교 통합과정으로 구성되었다. 4년 과정을 졸업한 학생 중에 학습 부진 또는 전문적인 직종에 더 많은 능력이 있다고 발견되면, 담임 선생님은 학부모와 상담하여 전문 직종의 인재를 양성하는 직업학교로 진학하도록 권유한다. 다만 직업학교를 졸업하고 사회생활을 하다가 본인이 원하면 소정의 과정을 거쳐 대학교(university)에 입학할 수 있는 길이 열려 있다.

총 13학년의 교육과정을 이수한 학생은 반드시 아비투어(Abitur)라는 대학 입학 자격시험에 합격해야 대학생이 될 수 있다. 아비투어에 합격한 학생은 독일 전국의 대학교에 자신이 원하는 전공학과를 스스로 선택하여 원서를 제출할 수 있다.

지원자가 많은 학과는 최소한 3년 정도 기다려야 입학할 수 있다. 취득한 성적에 따라 입학순서가 정해지기 때문이다. 어떠하다는 대학교의 이름보다 배우고자 하는 전공학과를 찾아가는 지원자의 모습은 진지하다.

대학교의 신입생은 있어도 입학식은 없다. 졸업생은 있어도 졸업식이 없어 누가 언제 졸업했는지는 알 수 없다. 어느 날 도서관에 학생들이 웅성거리면 아, 신입생들이 도서관 활용법을 배우기 위해 인솔자와 함께 왔다고 생각할 뿐이다.

몇 년이라는 정해진 기간이 지나면 대학, 대학원을 이수하고 졸업하는 것이 아니라 엄격한 졸업시험을 통과해야 가능하다. 독일 학생도 대학 생활 10여 년이 넘어도 졸업 못 하고 경우도 종종 있고 학업을 중도에 포기하기도 한다.

대학생의 바펙(Bafög) 제도는 최소한의 생활비지원금으로 안정적인 학문연구에 도움을 준다. 학교 교육의 핵심 이념과 가치가 중에 첫째가 정직이다. 성년으로서의 책임감, 자립, 이웃과 함께하는 자율적인 연대 정신은 공동체 사회의 한 구성원임을 주지시켜 준다.

정직함의 관점에서 신뢰감이 쌓이기 때문에 때로는 여러 평가에 중요한 부분을 차지하고 있다. 그러한 토대 위에 형성된 성숙한 시민의식은 타인을 배려하고 관용하는 문화 정신으로 거듭나고 있다.

여러 분야에서 많은 사람을 만났고 경험하면서 공부하다 보니 그동안 품었던 여러 가지의 의문 중에 몇 가지가 장기간의 유학 생활을 통해 풀리기 시작했다. 그 핵심은 자아 성찰과 국가적 성찰이 독일 국민과 함께 동시에 이루어졌음을 파악했다.

새롭게 발견한 예수 그리스도의 가르침이 독일 국민을 하나로 모으는 국민총화 의식과 이념이 되었다. 교회와 학교가 학생과 국민이 배우고 익힐 수 있는 연구의 공간, 실천의 장소가 되었고 소통의 공간을 만들어 주었다.

2차세계대전 이후 독일 가톨릭, 개신교의 학자, 신자들의 하나 되어 정치, 사회, 교육, 문화 등의 분야에서 뼈를 깎는 다양한 고통을 감내하고 극복하기 위해 철저히 무엇이 문제점인가를 세밀하게 분석했다. 독일인의 인식구조에 대한 새로운 정화시스템을 가동하기 위해 정치와 교육 분야에 초점을 두었다. 교회(시스템)개혁, 사회(시스템)개혁은 여야의 구별이 없었고 가톨릭, 개신교가 따로 없었다. 국민총화의 정신적 지주와 정치교육문화는 그리스도교가 주체가 되었다.

그 당시 특히 유럽의 청년들은 2차세계대전에 나름의 방식으로 참여한 그리스도교회에 환멸을 느꼈고, 자국의 개신교와 가톨릭에 관한 관심이 멀어져가면서 희망을 상실했고, 자아정체성에 회의를 두며 심리적 깊은 수렁에서 벗어나지 못하고 있었다. 그 시기에 가톨릭의 신학자, 신부 칼알 라너(Karl Rahner 1904~1984년)와 개신교의 실존주의 신학자, 목사 칼 바르트(Karl Barth, 1886~1968)가 등장한다.

전자는 가톨릭의 유일성과 세계에 익명(匿名)의 그리스도인이 있음을 제시하며 가톨릭의 중흥을 이끌었다. 후자는 '한 손에 성경, 다른 한 손에는 신문을 들어야 한다.'라는 유명한 말을 남겼고, 고백교회를 세웠고 개신교의 발전을 위해 노력했다.

독일국가가 설명하고 새로운 독일을 재건하기 위해 그렇게 사회정화 운동을 시작했고 그러한 모델은 후세인에도 좌표가 되었다. 독일의 교회(시스템)개혁, 사회(시스템)개혁은 국민과 함께 성공했다.

국가(國家) 없는 국민(國民) 없고 국민 없는 국가 또한 없듯이 국가 없이 종교나 신앙단체도 없다. 5000여 년의 역사를 자랑하는 우리 민족은 국가 없는 통한의 역사를 가졌기 때문에 국가의 중요성을 더욱 뼈저리게 통감하고 있다. 하지만 새롭게 추구해야 사안들, 실천해야 할 사항으로 남겨진 질문들은 허공 속에 메아리치다가 다시 들려온다.

우리는 누구이며 지금 어떠한 한계상황에 놓여 있는가? 극단적 이념 사상이 확증 편향 증세를 보이며 정치적인 영향에 물들도록 국론 분열을 부추기고 있다. 배울 만큼 배운 자나, 엘리트 의식을 가진 사람들도 나름의 진영이념이라는 수렁에 빠져 허우적거리고 있다.

대한민국 상해임시정부의 법통(法統)이 상실(喪失)되어 소실(消失)되었는가? 그들에게 너와 나는 누구이며 우리의 존재는 어디서부터 출발했는가? 국가와 국민은 무엇이며 정직과 도덕성은 무엇인가? 21세기 대한민국의 정신적 지주와 국민총화의 이념과 실천 방향은 무엇으로 해야 하는가? 또다시 되묻지 않을 수 없습니다.

2022년 5월

27. 대한민국의 밝은 미래를 기대한다

아래의 글은 대한민국의 밝은 미래를 기대하며 그에 대한 가능성은 열려 있다는 점을 상기해 보고자 한다.

대한민국의 평가는 국내, 국외에서 있기 마련이다. 어떠한 대통령 (大統領)이 대한민국을 세계 일류의 국가로 도약할 수 있도록 노력하고 국민의 성원에 보답할 수 있을까?

몇 년 전부터 유럽의 G7 정상들은 한국이 선진국이라고 입을 모은다. 한국(韓國)이 소위 G-7에 이미 들어간다는 소문이 들려온다. 그만큼 국제사회에 참여할 수 있는 역량이 있으니 시대적 요청에 따라 부응하라는 것이지만 나름의 국제적 의무와 역할이 기다리고 있다는 뜻이다. 서구인의 칭찬은 반드시 그 뒤에 책무를 부여한다는 점을 잊지 말아야 한다.

미국이 아프가니스탄에서 철수하면서 난민이 발생했고, 국제적 기능과 역할이 세계인의 관심 속에 널리 보도되었다.

한국 정부는 국제적 상황에 따라 한국기업에 도움을 준 아프가니스탄 국민의 가족 380여 명(5세 미만이 100여 명, 6~10세 아이들이 80명 포함) 선별했고 그들은 한국 군용비행기에 탑승했다. 아프가니스탄 난민은 한국에 도착하여 한국 정부의 도움으로 일상생활 문화 적응에 노력하고 있으며 다문화가족의 일원으로 국내 정착민이 될 것이다.

세계적인 문화정책에 상응하는 한국의 교육시스템이 발전되고 있으나 한국 역사 문화와 조화를 이루어 점차 문화경영의 토착화 과정까지 소홀한 점이 없도록 국가적 차원의 관심과 지원은 필수적이다.

요즈음 걱정스러운 징조(徵兆)가 세계 곳곳에서 나타나고 있다. 전쟁은 물론 세계적인 물가 상승, 고물가, 식량난, 국가부도 상태의 나라 속출, 인플레이션, 경제침체, 실업률 증가, 나아가 경제학자가 가장 걱정하는 스태그플레이션(stagflation: 고물가 경기침체) 등은 국제적 현실을 대변한다. 그러한 국제적 문제들이 여명(黎明)의 시기에 찾아오는 현상들이라고도 하지만 그에 대한 대응책이 준비되어 있는가 하고 질문하고 싶다.

우선 이웃 나라 일본(日本)은 경제 강국이라고 하지만 20여 년 동안의 경기침체 속에 신음하고 있다. 일본의 국제적 역량이 주춤하고 있고 세계인들이 일본의 진면모를 보고자 한다.

일본이 2차 세계대전 후 미국과 맺은 일명 평화헌법을 간과하고 미국의 도움으로 군사 강국으로 도약하고 있지만, 자연재해와 고령화 인구 증가로 인해 현상 유지가 지속될지는 물음표를 남기고 있다.

2011년 일본의 후쿠시마 원전 사고는 돌이킬 수 없는 심각한 문제이다. 예컨대 1986년 구(舊)소련의 체르노빌 원자력 발전소(폭발) 사고처럼 피해복구는 거의 불가능하여 방치상태에 있어 세계적으로 큰 경각심을 불러일으킨다.

한국의 경제, 사회현상이 일본과 유사한 부분은 있다고 하지만 한국은 남북통일의 기회가 있다. 침체의 늪에서 벗어나지 못하는 일본의 상황이 지속되고 국제적 관심이 미미해지면 일본이 한국에게 의지할지 누가 알겠는가?

대한민국은 지정학적 측면에서 중요한 위치에 놓여 있고 남북통일이라는 세계적인 관심과 열쇠를 가지고 있다. 통일의 염원이 이루어지면 남한의 세계적인 최첨단 기술, 인재, 북한의 지하자원 및 인력 등이 합쳐져 조화롭게 융합을 이루면 모든 면에서 역경을 극복할 수 있는 탈출구가 형성된다. 그와 더불어 북방진출의 기회가 자연스럽게 마련되어 세계평화를 이끄는 중견국(中堅國)으로 나름의 역량을 발휘하는 대한민국이 될 수 있다. 하지만 일본은 미래지향적인 열쇠가 무엇인지 보이지 않는다.

　일본이 독도를 안하무인(眼下無人) 격으로 일본 땅이라고 주장하는 이유는 모두 다 증빙자료가 없는, 가치 없는 말이다. 하지만 말도 안 되는 주장을 하는 이유는 일본의 가장 취약점인 지하자원의 빈곤 때문이다. 일본이 한국을 거치지 않으면 쉽게 동북아시아, 유럽으로 진입하기 어렵다.

　우리 대한민국이 강력한 해상권을 보유하면 일본경제의 활로가 여러 부분에서 크게 위축된다. 전략적(戰略的)으로 해군(海軍)기지로 사용할 수 있는 지역이나 섬들을 연구 분석해야 하지 않을까?

　독도의 국제적 영유권 확보와 별개로 한국과 일본문화의 역사적 관계, 발전 및 대마도가 왜 한국 문화와 밀접한 지역인가를 국내, 국제(國際)사회의 연구가 진행될 수 있도록 정부의 지원이 필요하다.

　한국은 올해 6월 23일 나로호를 순수 우리의 기술로 쏘아 올려 세계 7번째의 우주 강국이 되었다. 고도의 군사(軍士)용 무기도 만들 수 있는 기반을 갖추고 있다. 세계가 한국을 어찌 주목하지 않겠는가?

　러시아는 우크라이나 침공(侵攻)으로 인해 세계에서 고립(孤立)되고 있다. 러시아 푸틴 대통령의 건강(健康) 이상 징후가 있다고 하나 사실 확인이 되지 않은, 검증되지 않은 보도, 가짜 뉴스이다.

　지금의 연해주는 본래 우리 선조(先祖)들의 숨결과 선열들의 흔적이 남겨져 있는 한국 땅이다. 푸틴 대통령이 죽기 전에 연해주를 한국(韓國)에 돌려주면 그 얼마나 좋을까?

　하지만 그렇게 바라고 기대하지는 말아야 한다. 어떻게 하면 좋을까 하며 연구하는 적극적인 국민의 자세와 국가적 관심은 교육에서 비롯된다. 머리를 맞대고 함께 풀어 나아가야 희망을 가꾸고 일구어 내는 미래가 설계되고 연계된다.

배터리 생산에 필요한 리튬은 아주 중요하다. 모(某) 지역 외 강원도 홍천지역 일대에 희귀금속 리튬이 상당량 매장되어 있다는 보도가 있다. 리튬이 미래 자동차 시장에서 우위(優位)를 확보할 수 있는 기반이 될 수 있어 지속적인 성장을 기대한다.

한국은 세계가 부러워하는 나라, 창의적인 발상과 누천(累千)년 동안 유구한 전통문화를 보유한 문화 선진국이자 세계에서 단 하나뿐인 홍익인간의 이념으로 개천(開天), 개국(開國)한 천손(天孫)의 나라이다. 그러한 민족(民族) 한국인은 선덕(善德)을 베풀기를 좋아하는 문화 선진국이다.

그러므로 한국 민족이 하늘의 대운(大運)을 맞이하여 세계에서 가장 잘 사는 나라, 평화를 사랑하는 나라, 홍익인간 제세이화의 이념을 실천하고 계도(啓導)하는 21세기 선도국(先導國)이 되어야 하지 않겠는가?

지상천국(天國)과 다름없는 홍익(弘益)인간, 홍제(弘濟)의 길, 세계 평화의 길이 한국인의 주도하에 이루어져야 천손의 도리를 다하는 것이다. 홍익사상에서 성숙한 정신과학의 이념과 자연과학의 본질인 제세이화(濟世理化)의 문화가 21세기 세계선진국의 위상이기 때문이다.

한국은 인류 문명사에 크게 이바지할 것이다. 예로부터 하늘께 천제(天祭)를 올리는 민족은 하늘(天)의 민족(民族)이라고 했다. 누천년 이어져 내려온 천민(天民)의 자손이 천손(天孫)이다.

천손은 민족의 영산 백두산, 백두산의 성스러운 기운으로 뭉쳐진 배달족이기에 세계적 예와 도리를 주도적으로 실천하면서 정신문화와 과학문화를 하나로 합치(合致)시킬 것이다. 합리적이고 진취적인 기상을 가지고 태어난 백두산족이다.

남은 것은 우리가 세계시민의 지도급으로 성장할 수 있다는 것, 다각적인 국민 의식의 변화와 성장을 통해 세계문화의 광장으로 변화의 바람을 일으키는 것이다. 오직 홍익인간 이념을 제세이화(濟世理化)로 실천하는 민족에게 세계사의 대전환 열쇠가 남겨졌다.

위에서도 설명했듯이 대한민국은 지정학적으로 국제사회의 중도적인 영향력을 제공할 수 있고 세계평화의 중재자 역할을 주도적으로 실천할 수 있어 향후 초강대국(超强大國)이 될 수 있다. 중국(中國)이 한국을 무시하는 일은 더 이상 일어날 수 없도록 가름해야 한다.

잃어버린 간도, 동북 3성(흑룡강성. 길림성. 요녕성) 지역의 한국인은 고유 언어와 문화를 승계(承繼)받아 살아가고 있다. 대한민국의 고토를 최소한도 경제적 영토로 회복해야 그다음의 길이 열리게 된다. 다양한 인프라 구축에 한국은 큰 관심을 가지고 더 큰 국가경영의 프로그램을 준비해야 한다.

유가(儒家) 영역에서도 큰 학자로 알려진 봉우 권태훈 선생은 한문(漢文)은 중국어가 아니라 고대로부터 사용된 우리의 글이라고 주장하신 분이다. 이에 많은 사람이 공감을 가지고 한문 연구를 하고 있다.

중국은 1950년대부터 정체자(正體字) 한문을 왜 간체자(简体字)로 바꾸는 이유는 무엇일까? 한자(漢字)를 간소화하여 사용하는 경향은 예로부터 있었지만 지금 사용되고 중국의 간체자 한문이 대중적으로 사용하도록 정부가 주도하는 것은 극히 이례적이다.

우리말과 한글이 차후 유엔에서 공통어(共通語)로 지정되면 금상첨화(錦上添花)이다. 현재 세계인들 가운데 많은 사람이 한국어를 제2외국어로 공부하고 일정 부분 사용하고 있기 때문이다. 배우기 쉽고, 읽기 쉽고, 쓰기 쉽고, 말하기 쉬운 우리 한국어가 세계 공통어로 등록(登錄)되면 인류 문화사의 빛이 될 것이다.

그 외에도 다른 나라들이 가지지 못한 것을 우리 한국이 보유하고 있는 지식재산권 등이 많이 있다. 통계상으로는 현재 백여 개의 품목이 세계 1등 상품이고 계속 새로운 기술과 합쳐진 아이디어 상품이 증가 추세라고 한다.

　대한민국(大韓民國)의 정부는 먼저 자국의 국민을 감동하게 해야 하늘도 감동하여 대운(大運)을 열어 준다. 국민 역시 대운을 맞이하도록 새로운 국민 의식을 가지고 동참해야 한다. 국가의 책임도 막중하다. 겨레의 얼을 찾아 밝히는 역사 공부가 지금처럼 선택과목이 되어야 하겠는가?

　역사(歷史)는 변화를 위해 반복(反復)되지만 새로운 변화의 모습으로 드러나기를 위해 점차 진화한다. 자국의 역사 변화와 진화의 주체는 자국민이다. 내가 역사의 주인공이자 국민의 대표라는 의식이 강해야 한다.

　애국가에 나오듯이 하느님이 보우하시는 대한민국(大韓民國)은 세계(世界)의 중심 국가로 발전되고 있다.

　대한민국의 홍익인간 이념은 역사의 근간을 잊어서는 안 되기 때문에 현대사의 문제는 물론 고대사 연구 또한 필요하므로 새로운 재조명이 국가적 차원에서 이루어져야 한다.

　남북통일을 꿈꾸는 나라가 아니라 남북통일을 이루고자 실천하는 국민, 그들의 통일국가의식은 갈수록 커진다.

　하느님이 우리에게 부여하신 대한민국의 저력은 동해와 서해 그리고 백두산이 마르고 닳도록 이어갈 것이다.

2022년 6월 27일

28. 이태원(10·29) 참사와 사용된 용어 선택에 대하여

희생자를 추모하는 마음을 가지고 현 정부에게 묻고 싶은 것이 많다. 2022년 10월 29일 발생한 이태원의 참사가 국민의 잘못인가? 정부의 잘못인가? 국민이 국가를 믿고 살아가는 것이 잘못인가? 국가와 정부는 누구를 위해 존재하는지 대답해야 한다.

세월호 참사는 물론 대구 지하철 참사를 생각하며 순간적으로 역사의 시계를 조금 돌려보았다. 2014년 세월호 참사, 1995년 발생한 대구 지하철 참사, 삼풍백화점 붕괴 참사는 온 국민을 심리적으로 불안하고 좌절하게 했고 악몽에 시달리게 했다.

어디 그뿐이랴. 참으로 여러 형태의 수많은 비극적인 대형참사(1994년 성수대교붕괴, 1993년 서해 훼리호 침몰 참사, 구포역 열차전복 사고, 1977년 삽교읍 이리역 열차 폭발 사고, 1971년 서울 명동 대연각 호텔 대화재사고)가 많이 발생했다.

하지만 제정신 차리지 못하고 슬금슬금 넘어가다가 후진국의 틀을 벗어나지 못하는 한국의 정치적 상황과 사회적 환경은 모두 국가의 관리 잘못에서 비롯된다. 계절이 변하듯이 한국, 한국인의 모든 것이 시대정신에 따라서 변하고 또 변해서 새롭게 성장한 변화의 모습으로 바뀌어야만 시대가 원하는 공의로운 그릇이 형성된다.

2004년 7월 노무현 전 대통령 때부터 조직된 '국가 위기관리 기본지침'은 무엇보다 먼저 국민의 생명과 재산을 보호하는 것이다. 그 중심에는 대통령이 있고, 지금의 '대통령실'은 '총사령실'이 되어 일명 지휘본부(control tower)의 기능과 역할을 한다.

2022년 10월 29일 이태원 참사는 한국의 비극이자 세계적인 뉴스로 보도되었다. 국가 위기 관리시스템이 작동되지 않았던 것으로 알려져 많은 국민이 트라우마(trauma)를 겪게 되었다. 10·29 참사는 우리 국민에게 무엇을 알려주고 있는지 바르게 직시하라고 경고하고 있다. 그 가운데 제일 먼저 국가는 우리에게 무엇인가라는 의문이 들지 않을 수 없다.

용산구청, 서울시청, 행안부 등이 헬러윈(Halloween) 데이(day)에 많은 인파가 이태원지역에 몰릴 것을 이미 예견하고 인근 상가 주민들과의 대책 회의를 했다고 한다. 하지만 왜 참사를 사전에 막지 못했을까?

이태원 참사와 같은 사회적 국가적 혼란이 발생하지 않도록 항시 존재해야 할 '국가 위기 관리시스템'은 제대로 작동되지 않아 국정운영과 국가의 존재가 무용지물이 되었다. 국가안전망의 시스템이 무너졌고, 책임규명과 책임자 처벌이 도마 위에 올랐다.

지위고하를 불문하고 철저한 감찰과 조사를 통해 처벌받아야 할 자를 밝혀내어 법적 판결이 이루어져야 한다. 특히 고위관리직일수록 법적 잣대는 더욱 엄격해야 하고 꼬리 자르는 형태의 수사와 법적 처벌은 없어져야 한다.

참사 현장이 공개되고 1주일간의 애도(哀悼) 기간이 지난 후 119, 112의 통화기록이 공개되면서 국민의 공분은 격양되었다. 사회의 분노와 상처는 더욱 심각해졌다. 정치적 이용이라는 용어가 대통령실에서 먼저 나온 것은 정치적 이용을 한다거나 숨기고자 하는 의도가 아닌가 하고 생각도 해본다.

먼저 대통령이 격식에 맞게 공식적인 자리에서 대국민 사과를 해야 하는데 그 시기를 놓쳤다. 도의적이라도 책임지겠다는 자는 아무도 없고, 앞으로 위와 같은 일이 반복되어 일어나지 않도록 철저히 준비하고 잘하겠다고만 말한다.

서울 한복판에서 156명(외국인 26명 포함)이 헬러윈 날에 참석했다가 좁은 골목길에서 순식간에 압사로 인해 안타깝게도 유명(幽明)을 달리하였음에도 불구하고 국민께 사죄하고 물러나는 자가 하나도 없다. 법적 책임은 법으로 판단하되 국민이 요구하는 도의적 책임이 더 크다는 것을 정부는 물론 고위 공직자가 귀담아들어야 한다.

해도 해도 너무했다. 희생자는 더 늘어날 수도 있을 것이다. 참으로 슬프고 억장이 무너지는 것 같아 안타깝고 참담하기 그지없다.

국가는 모든 상황을 사전에 대비하고 준비하는 적극적인 자세와 행동이 필요하다. 국가가 국민의 생명을 최우선으로 지키기는 책임은 무한이다. 그래야 책임 정부가 되고 책임지는 국가가 되어 국민이 안심하고 생활한다. 그러므로 특히 대통령, 국무총리 등은 도덕적 책임에서 벗어날 수 없고 정부는 국민생명보호에 대한 무한 책임을 지는 것이 마땅하다.

국가의 모든 조직은 오직 국민을 위해 존재한다. 그러므로 그 위상과 책무 또한 가볍지 않아 언행에도 삼가 조심하고 가려서 사용해야 할 용어 선택도 그때그때의 상황에 따라 신중해야 한다.

이태원 사건이냐, 참사냐, 사망자인가, 희생자인가에 대해 용어 사용이 정치적 해석 등의 공방이 오가며 요란하게 싸움질한다. 참으로 부끄럽지도 않은가?

위정자의 자질과 인격이 의심되는 말을 한다. 우리는 누구이며 정치인은 또한 누구인가? 어찌 용어 선택과 사용에 대해 그리 소인배처럼 옹졸한 모습을 보일까?

많은 국민의 트라우마는 누가 치료해줄 것인가? 함께 애도(哀悼)하고자 하는 소통과 공감 의식이 빈약한 것인지, 없는 것인지 의구심이 든다.

사람이 죽음으로 이르는 길은 여러 방향이 있으나 핼러윈 날에 특히 20대 젊은 청춘들이 순식간에 생명을 잃었다. 그들이 수습되는 과정에서 사망자라고 표현될 수는 있으나 최소한의 인간적인 예의를 표하는 차원에서 희생자로 해야 한나. 국가가 제대로 인파를 통제하지 못하고, 관리하지 못해 발생한 이태원 참사이기 때문이다.

참사 당사자와 그의 유가족을 위로하는 차원에서 사람이 사람다워야 하는 것은 최소한의 예의를 다하는 데 있다. 예컨대 홍길동이 사망하여 조문을 갔을 때 유가족에게 사망이라는 용어 대신 돌아가셨다, 운명하셨다, 유명(幽明)을 달리하셨다, 그분이 어떤 단체에 소속되어 있었다면, 다양한 용어(조천, 선화, 선종, 영면, 소천, 환원 등)를 선택하여 조심스럽게 사용하면서 위로의 마음을 진솔하게 전한다.

국가의 미래는 미래를 걱정하는 것만이 아니고 오늘의 현실이 바로 미래의 도약이 된다. 하늘이 한국의 국운을 융성하게 축복해주고 싶어도 오늘의 현 상황이 하늘이 보시기에 어긋나면 도와줄 수 있을까 하는 의문이 든다.

그러한 참사 등이 절대로 반복되지 않도록 국가와 정부는 정신을 가다듬고 읍참마속(泣斬馬謖)의 자세로 처벌하고 새로워지고 또 새로워져야 한다. 정부는 모든 국정운영 및 국정철학의 본질과 대의에서 벗어나지 않도록 더 많은 준비를 하고 대비하는 자세가 필요하다.

희생자들의 가족은 '다시는 이러한 일이 발생 되지 않도록' 국가와 정부에게 당부했고 또다시 요청한다. 그분들의 한 맺힌 외침은 역사적 절규(絶叫)다.

다수의 국민이 위정자보다 더 높은 의식에서 정치와 사회적 현안을 통찰하고 있다는 것을 잊어서는 안 될 것이다.

희생자분들의 명복을 삼가 기원합니다.

2022년 11월 10일

29. 뭐가 옳은가? 그리고 답인가!

2022년 10월 29일 서울 이태원 참사는 대한민국의 비극이자 세계적 뉴스가 되었다. 26명의 외국인도 그 참사의 희생자들과 포함되어 세계가 주목했다. 안전한 대한민국에서 살 수 있는 그분들의 기본권리가 상실되었다. 그 당시 정부의 대응은 무능했고 위기관리시스템이 정상적으로 작동되지 않아 국민의 공분(公憤)은 더욱 커졌다.

그 후 정부의 희생자 수습 과정에서 크고 작은 여러 문제가 발생하여 다수의 국민은 안타깝게 생각하고 있다. 그 반면에 일방적으로 정부입장을 대변하는 듯한 일부의 비상식적인 언행이 사회적 분노를 일으키고 있다.

희생자들을 생각하고 그들의 가족들에게 진심으로 위로함이 마땅하다. 그들에게 못마땅한 시선으로 바라보며 악의적으로 비평하는 것은 사회적 혼란을 부추기는 또 다른 동기를 부여하는 충동적인 원인이 될 수 있다. 법치주의 사회에서 금도(襟度)의 자세가 필요하다.

10·29 참사가 정부의 총체적 부실 대책과 안이(安易)한 대응으로 발생했음을 과학적 분석과 진단 등을 통해 결론이 나왔음에도 불구하고 괴이한 말들이 많다. 그러한 말들이 사실 확인 없이, 자정(自淨) 작업 없이 말하고 동영상을 통해 무책임하게 유포(流布)되고 있어 사회적 논란과 혼란을 부추긴다. 사법적인 문제와 정치적인 문제는 분리하여 처리되는 것이 합리적이다.

참사의 본질적인 원인이 인위적으로 왜곡되어서는 안 된다. 특히 마약 복용 의혹, 북한의 공작(?), 남한의 북한 세력(?) 등이 개입되어 참사가 발생했다고 의심하는 소수인들도 있다. 그러하다고 주장하는 자들은 여러 매체를 통해 그들의 사견을 사실인 것처럼 다양하게 전하고 있어 사회적 분쟁의 소지가 일어난다.

　우리는 희생자 유가족들의 분노와 한 맺힌 외침 등을 여러 방송을 통해 보고 들었다. 그들의 한없이 흘러내리는 눈물, 심신의 고통을 호소하는 모습과 희생자들의 사십구(49)일 재(齋)가 서울 조계사에서 봉행(奉行)된 것을 뉴스를 통해 보았다. 국민의 다수가 슬픈 마음일 것이다.

　카톡의 지인들이 보내준 동영상에는 희생자 가족들의 울부짖는, 절규(絶叫)하는, 통곡하는 소리가 들어 있다. 그분들 중 어느 한두 분의 목소리가 담긴 영상이었다. 아무개가 영상물을 보고 난 후 "뭐가 옳은가?"라는 질문을 던졌다.
　답하지 않을 수 없는 상황이 되었다. 그동안의 10·29 참사 수습 및 전문가들의 원인분석, 과학적인 진단, 수사 진행 과정 등은 일정 부분 공개되었으나 책임지는 자는 아직 한 명도 없고 사회적 치유 비용은 더욱 커지고 있기 때문이다.

　희생자 유가족들이 외치는 정부의 임무 태만, 업무 소홀, 문건 조작 혐의 등으로 연계된 고위 책임자들의 처벌, 여러 형태로 고통받는 2차 피해에 대한 정부의 대책제시, 그리고 함께하는 국민의 관심과 보호 요청은 필요하다는 공감대를 이루고 있다.

　유가족들과 국민이 공감 의식을 가지고 움직이는 추모행위가 반정부, 반정치적 차원이라는 측면에서 바라보면 문제는 더욱 심각해진다. 각양각색의 유튜버 (youtuber)들이 제작한 나름의 동영상의 실체는 무엇을 목표로, 방향을 설정하려고 하고 있는지 의아스럽다. 그리고 즉각적인 질문이 나온다.

'우리는 누구인가?' 돌이켜 보면서 자문자답해 보아야 한다. 예컨대 모(某) 씨가 알고 싶고, 확인하고자 하는 질문, 이태원 참사! '뭐가 옳은가?', 그에 대한 의문에 미약하나마 보편적인 생각과 뜻을 밝혀야겠다.

옳은 것, 진실로 옳은 것은 진리이므로 변하지 않기에 진리의 본질과 속성을 천지가 알고 우리가 모두 알고 있으나 때로는 외면하는 부류도 없지는 않다. 자연의 변화는 변하는 것이 진리이지만 상생적 변화의 역(易)은 동양철학의 정수(精髓)다. 이러한 관점에서 생각과 의견이 다르다고 드러내는 적대적 행위는 언제나 비판받아 마땅하다.

개개인의 그 어떠한 생각, 이념과 판단 등에 따라 나오는(객관적, 보편적, 합리성 등이 담긴) '이견(異見)'도 있음을 이해하고 수용해야 한다. 단적으로 무엇이 옳고 그름을 떠나 우리 국민으로서, 세계 보편적인 인도주의(人道主義) 의식과 무관하지 않은 대승적 차원에서 '다름'의 생각과 의견을 인정해야 한다. 이와 무관하지 않은 것이 한 나라의 국정철학이자 국정운영이다.

국정운영은 인도주의 사상이 포함된 중용(中庸)의 대덕에서 비롯된다. 중·장기적으로 폭넓게 멀리 볼 수 있는 세계적인 통섭(統攝) 사상과 통찰(洞察) 의식이 담긴 국가, 국가경영철학, 경영 방법 등을 숙지한 가운데 과거를 돌아보고 현실을 직시하면서 상생의 차원에서 새롭게 하라는 뜻이다.

하지만 이분법적이고 퇴행적인 심리적 '확증편향적(確證偏向的) 증세와 성향'은 망국의 병으로 확진된 것처럼 지금도 활기차다. 공당인 여·야는 물론 일부 국민에게도 그렇게 감염된 증세가 퍼져 있는 듯하다. 중용의 대덕을 모르거나, 비록 안다고 하더라도 제대로 알지 못하기 때문일 것이다.

성현의 가르침이 담긴 성어 "온고이지신 기이위사이(溫故而知新 可以爲師矣, 논어 위정편)"을 잘 살펴보자. 중용의 대도 중에 하나의 가르침이다. 아무나 '스승'이 되고 '지도자'가 되는 것이 아님을 알려주고 있다.

그러나 너도나도 지도자라고 자신을 드러내고 있는 현실이 걱정스럽다. 아무개 목사, 그 외 모모 등이 이끄는 이러저러한 단체들, 그들에 대해 우리는 각자 스스로 제대로 반문(反問)해 보고 좀 살펴보았는지 궁금하다.

그들은 어떠한가? 어떻게 구성되었고 학습의 반복적인 교육과정과 경험 등을 두루 거쳐 지도자로서의 역량을 갖추었고 준비되었는가? 어떠한 세기적 신선한 국가경영 철학을 보편적 사관에서 사회적 대안 등을 제시하고 있는가? 현대 첨단기술, 응용력과 분석, 미래지향적인 탐구 능력과 그러한 프로그램 운용 등이 그들의 주장에 담겨 있는지?

또 그들은 그러한 과학적인 기능을 사회적 가치를 향상시키기 위해 상생의 관점에서 조화롭게 융화·승화시킬 수 있는 역량을 가졌는지 생각하지 않을 수 없다.

21세기 최첨단 과학기술 경영과 정신과학의 기능은 이분법적인 논리에 함몰된 개개인의 상상과 관점을 뛰어넘고 남을 것이다.

한국 우주선 '다누리' 호가 며칠 후 지금 운행 중인 궤도에서 달 궤도에 안착할 예정이다. 세계 7번째 우주 강국이 되었다. 국가와 국민의 채신머리도 선진국다운, 세계 지도자형의 모습으로 더욱 발전되어야 한다.

우주과학 시대, 첨단과학 기술이 접목된 21세기 세계인의 생활문화와 문명의 이기(利器), 그러한 문화인들은 '확증 편향적인 진영논리'를 어떻게 보고 생각하며 말할까? 그런데도 다양한 색상이 나올 수 있는 것은 현실이다.

독특한 사고방식과 함께 장기간 함몰된 이러저러한 의식은 나름의 초월의식이라고 믿는 것일까? 시대 상황을 불문하고 시대정신을 도외시(度外視)하고 보편적이지 못한 주장만 앞서는 것은 초월의식도 아니고 사회적 공감 의식에 공명(共鳴)을 제공하지 못한다.

질문에 답이 되었는지는 몰라도 민심을 돌보고 민의(民意)를 수렴하는, 보편적 가치와 진리를 추구하는 정부의 국정철학, 국정운영 방침과 각 부서의 책임자들은 과연 준비된 인물인지 궁금하다. 그들은 국민의 눈높이에 부응해야 하며, 세계인의 주시 속에 항상 나름의 공·과를 피할 수 없어 역사에 기록되고 있음을 추호도 망각하지 말아야 한다.

흑백을 가르고자 단적인 생각과 판단을 다루는 이원론에서 어서 벗어나야 한다.

그러하듯이 이런저런 나름의 논객들과 유튜버들의 흑백논리 이념과 주장은 객관성, 보편성, 합리성 등이 포함되어 있는지 삼가 살펴보아야 한다. 그들만의 생각과 주장일 수도 있거나 그러할 뿐일 수도 있고, 계절 따라 변하고 바뀌기도 하니 바로 보고 숙고한 후 잘 판단해야 한다.

끝으로 우리의 전통적인 자연철학 사상은 논리적, 현실적 상황분석이 이분법이 아닌 일(一)이 삼(三)이라는 삼일(三一) 사상이다. 그 사상은 민족의 경전인 '천부경(天符經)'에서도 발견된다. 이원론의 관점에서 천부경의 내용을 해석하고자 하면, 바르게 인지(認知)하는 데 어려움이 있다.

하지만 일즉삼(一卽三), 삼즉일(三卽一)이라는 삼일 사상은 유심론【본심본(本心本)】의 차원 및 실생활(人中天地一)에서 활용되고 있는, 밝음을 지향(太陽昻明)하는 상호 호혜적이며 세계적인 인도주의(人道主義) 사상과 직결된다.

그러므로 삼일 사상은 천부경 석삼극(析三極)의 이치와 부합(符合)하며 상생적 변화의 차원을 알려주고 있어 우주 양자론과 유사한 자연에너지의 형성원리를 이해하는데 하나의 방법론이 된다.

우주 생명 네트워크의 차원(析三極)을 거쳐 형성된 삼일(三一)이 다시 큰 화합(大三合)으로 생성되어 지구에서 유형의 세계(三四成環)로 펼치기 시작한다.

지구(五土)에서 변화와 조화를 이루어 만사 만물이 널리 두루 퍼지고(六生七八九) 돌고 돌아 본래의 자리로 되돌아가는 원리【일종무종일(一終無終一)】는 자연과학이자 정신과학【일시무시일(一始無時一)】의 대의를 함께 설명한 것이다.

삼일 사상은 극단적인 이원론을 보완시키고 생명의 네트워크에 활력을 제공하기 때문에 평화의 인자(因子)가 되어 세계적인 이념인 '홍익(弘益)·홍제(弘濟)'의 대의를 빛나게 할 것이다. 그러한 대의에 여러분이 함께 참여하면 민족혼을 빛낼 수 있다.

2022년 12월 18일

제9장 인생을 해시계로 비유해 보았을 때

1. 초심(初心)과 좋은 생각

초심과 좋은 생각만 가지고 지금처럼 살 수 있나요?

네, 그러하지만 일정 부분 한계가 있지만 극기할 수 있어 초심은 나의 반면교사가 됩니다.

사람은 누구나 자기 마음 가운데 소중한 무엇인가를 품고 희망차게 살아가는 것이 필요합니다.

혹자는 슬픈 기억을 두고, 어떤 사람은 서러운 기억을 품고, 어떤 사람은 아픈 상처 등을 가슴에 안고 평생 살아갑니다.

그 반면에 어떤 이는 초심을 거울삼아 노력한 그간의 과정과 남모르는 공부의 재미를 상기(想起)하며 오늘도 느긋한 마음으로 살아갑니다. 마음의 보물을 채굴(採掘)합니다.

문득문득 찾아오는 옛 기억을 돌이켜 보고 그렇게 회광반조(回光返照) 해볼 기회가 찾아옵니다.

태산준령(泰山峻嶺)을 넘고 오솔길을 찾아서 가다 보면 절도(節度)

있는 이러저러한 마음이 생깁니다.

청아한 밤하늘에 빛나는 별들의 대향연은 초심으로 일구어낸 성심(誠心)이기에 그렇게 가슴에 품고 살면 좋을 듯합니다.

산천(山川)에 핀 꽃 한 송이의 자태가 아름다운 것은 진리의 눈동자처럼 다시 뵙고 싶은 그리운 얼굴이며, 온감(溫感)으로 다가오는 말 한마디 품고 살면 초심을 잃지 않는 길이 여유롭습니다.

비록 삶의 여정에 거친 풍상우로가 초심을 흔들어 놓았을지라도 초심과 좋은 생각은 오뚝이처럼 당당한 나의 삶입니다.

가슴에 품은 기운이 점차 세밀하게 흘러가면 희망을 이룰 수 있다는 보람 있는 시간이 됩니다.

천상의 뜻이 지상의 향연처럼 초심이 이루어지기를 바랍니다.

2014년 4월

2. 넉넉한 마음, 그 힘으로

공부 가운데 하나가 공의로운, 넉넉한 마음을 함양하는 것입니다.
넉넉한 마음으로 세상을 살아가는 기술 또한 배우고 익혀서 사용할
수 있어야 사람의 길이 보입니다.

빈틈없는 논리가 자신을 방어할 수는 있겠으나 당신을 언제나 지킬
수는 없습니다.
부유함이 자신을 꼭 행복하게 하지 않듯이 부족하고 없어도 꼭 불
행한 것은 아니며, 올바른 처신이 자신과 당신의 품위를 보호합니다.

듣기 좋아하고, 특출한 체하지 않고 다소 물러나 있기를 좋아하고
진검승부를 펼치기보다는 가능한 한 함께 가기를 좋아하는 넉넉한 마
음, 비록 가진 것이 없어도 이마에 맺힌 땀방울로 힘을 얻고, 사랑받
지 못했을지라도 사랑을 주고 또 더 주고 싶은 마음이 넉넉한 마음이
며 심덕(心德)의 실천이 되겠지요.
광활한 천지에 넉넉한 마음이 이 세상에 펼쳐지기를 기대하는 것은
진흙 속에 감추어진 귀인들의 모습처럼 아름답습니다.

흐르는 세월 속에 어느덧 진한 봄 내음을 호흡하여 그 힘으로 자란
집안의 군자란이 꽃봉오리를 피우려고 애쓰는 자태가 아름다워 이 글
을 전합니다.

2014년 4월 30일

3. 변화와 기대 속의 을해(己亥)년

태초의 자연(自然)은 오늘의 자연과 다른 것이 무엇일까!

글자 그대로 자연이니 그의 변화 현상은 자연스러워 끊임이 없다.

그의 섭리는 우주의 율려(律呂)이자 음양의 동정(動靜)처럼 흐르고 있으나 자연은 변화의 섭리를 학습하지 않아도 계절의 순환을 이끌어 가는 것이 자연스럽기만 하여 자연의 법도이자 자연의 문화가 되었다.

그 법도 안의 모든 존재는 영원의 공간 속에, 시간의 흐름에 따라 변하고 지구의 모든 생명체도 자연 순환의 고리처럼 반복하며 흘러간다.

자연의 문화는 인간이 자연을 스스로 궁구(窮究)하게 하고 인간은 인간의 문화를 만들고 발전시키지만, 문화는 인간을 길들이며 자연스러운 종교(심)성에 영향을 준다.

그가 만든 사회문화는 문화인에게 승계되고, 남겨진 작품은 공동체 사회의 문화재가 되었다.

역술인들이 십간십이지(十干十二支)에 색깔을 첨부시키고, 논리개발과 주장을 발전시켜 풍요로운 문화 속에 영향을 준다.

그 가운데 중국인은 붉은색과 황금색을 좋아한다.

황금색은 신분 계급의 표시이자 황제의 옷을 상징한다.

조선의 태조 이성계는 누런 황금 곤룡포를 입은 모습의 초상화가 없다.

그 시대의 안타까움이 반영된 초상화이기에 역사적으로 돌아보는 계기가 된다.

황금개띠라고 하는 금년(今年) 양력 12월은 몇 시간 후에는 사라지고 황금돼지해라고 하는 기해(己亥)년이 온다.

　역술인들의 말이 사회문화와 융합되어 나온 새로운 패션·디자인상품 등이 잠시나마 소비문화의 형태로 기승을 부릴 것이다.

　2019년 재운(財運)과 연계된 복스러운 돼지해가 황금색을 가졌다며 믿고 노력하면 그 결과는 금상첨화(錦上添花)일 것이다.

　특히 국내의 경제 불황과 일자리 등이 호전(好轉)되기를 희망하며, 2019년은 모두 다 기분 좋고 행복한 새해가 되기를 기대해 본다.

2018년 12월 31일

4. 동짓(冬至)날에 친구를 생각하면서

무술(戊戌)년 양력 12월도 얼마 남지 않았습니다.

팥죽의 유래와 문화가 담긴 동짓(冬至)날을 맞이하니 친구들의 얼굴이 스쳐 갑니다.

재차 한 명씩 한 명씩 마음속에 떠올려 보면서 몰아쳐 오는 북풍한설(北風寒雪) 시기에 건강하시길 기원해 봅니다.

오늘이 지나면 새로운 계절의 변화가 시작되어 보이지 않는 봄기운을 향해 전개되고 있겠지요.

그 기운 속에 참 좋은 여러 친구를 만났습니다.

당신은 참 좋은 사람, 사람다운 사람입니다.

참 좋은 사람과 인연이 되어 지구라는 자연학교에서 함께 학습(學習)하며 연마(練磨)하는 과정에서 여러 경험을 축적(蓄積)했습니다.

그 과정에서 동지(同志) 의식도 생겼고, 사람다운 사람으로 살아가는 길이 무엇인지 다시 깨닫게 되었습니다.

그러한 삶을 지향한다는 것은 의롭고, 때로는 행복한 순간순간의 기억으로 남겨졌습니다.

은은하고 잔잔하게 밀려오는 인생의 회고(回顧)와 잔상이 울림이 되어 다시 마음의 메아리로 들려오기도 합니다.

비록 '카톡'으로 벗님들과 함께 한 올 한해였지만 때로는 미소(微笑)를 지었고, 따뜻한 정과 진심 어린 격려와 배려를 느낄 수 있는 시간이 되었습니다.

어쩌면 한순간 음미하고 어느 날 사라질 수도 있는 메시지일지라도 잊지 않고 보내준 벗님들의 소식은 반갑고 소통과 위로가 되었습니다.

당신이 내 벗님이어서 참 좋았습니다.

메시지를 주고받으면서 힘이 되어준 당신, 진솔한 마음을 전할 기회가 되었고 하루의 시작에 탄력을 받아 도움이 된 경우가 있었습니다.

마음에 새겨진 당신의 온유함과 정성 및 배려 등은 2019 기해(己亥)년에도 기억되고 이어질 것입니다.

항상 건강과 즐거움이 두루 충만하시고 희망의 미소와 보람찬 성업과 행운도 함께 깃드시길 바랍니다.

그동안 준비하고 다듬었던 모든 일이 춘초자장(春草滋長)의 이치(理致)처럼 성장·발전되어 결실로 이루어지길 심축(心祝)합니다.

2018년 12월 22일

5. 정신과 문화

정신(精神)을 통해 문화(文化)가 만들어지고
육체(肉體)는 정신의 도구(道具)로 사용(使用)되고 있다.
정신문화의 시스템 중에 호흡은 대자연 생명(生命)의 질서를 본받은 것이다.
호흡의 질서는 하늘이 명(天命)하여 주신 것이며
각자의 품수(稟受) 또한 그러하다.

계사전(繫辭傳)에 의하면, 천지(天地)의 큰 덕은 생(生)이며(天地之大德曰生), 끊임없이 생생(生生) 즉 생장(生長)하게 하는 것이 역(生生之謂易)이라고 하였다.
생(生)의 본질과 생의 부단한 계승(繼承)은 역(易)의 핵심이다.
선현들께서 자연의 기운이 시종일관(始終一貫) 조화롭게
융화되어 형성되었다가 흐름의 여정을 거치면서
소멸과 생성 과정의 길이 반복적으로 순환한다고 설명하신 것이다.

대자연의 이치(理致)처럼 오늘의 하루가 '생생지위역(生生之謂易)'
이 되고
내일의 일이 '천지지대덕왈생(天地之大德曰生)'이 되길 원한다.
최선을 다하지 못함에 안타까운 마음 없지는 않으나
오늘도 함께한 정신사상은 마음의 밝은 빛을 가꾸게 됩니다.
건강과 평안하시길 기원합니다.

2019년 3월 6일

6. 3·1절을 맞이하여 보낸 글

안녕하신가?

2020년 오늘은 1919년 3·1독립만세운동을 기념하는 날, 코로나19의 창궐로 인해 대중 집회가 없는 날, 하지만 역사의 흐름이 없는 날은 없을 것이다.

코로나19 바이러스의 창궐이 세계적으로 번져가고 있다. 세계적인 차원의 대응이 급박하게 돌아가고 있어 다양한 국제적 상황과 공조(共助)하고 있는 측면도 주시하고 있다.

WHO가 주목하고 있는 이 사태는 21세기에 주어진 또 하나의 암호 해독의 열쇠이자 모든 국가, 사회, 신앙단체, 종교단체에 던지는 경종(警鐘)의 소리라고 생각한다. 그동안의 세계적 전염병의 사례가 이를 증거하고 있다.

20대에 뜻을 가다듬기 위해 독일에서 공부했고 고국에서 뜻을 펼치고자 귀국하여 계획도 많이 세웠으나 꿈같은 인생과 세월은 나의 의지와 포부를 꿈꾸는 모습으로 만들었다.

먼저 나 자신의 무능력이 손꼽히며, 중립된 자세로 나의 전문 분야에서 학자의 양심으로 살아가기도 참으로 어렵고 힘든 과정이었다.

자연의 사계절마다 순응하여 철에 맞는 옷을 갈아입어야 기존사회에서 존립할 수 있는 지난 시간은 태산준령을 넘어가는 것과 같았고, 순간순간의 목마름의 갈증은 심했으나 그래도 탈수 증세까지는 가지 않았다.

교육개혁을 위한 무명의 독립운동가 발굴, 민족정신 고취, 역사교육(동북아시아 문헌수집 포함), 외국의 신앙법 사례를 모아 짜깁기한 '한국의 종교법' 개혁, 인재 발굴과 양성을 위한 법인체설립, 세계종교문화원설립, 백두산족 문화연구원 설립 등의 꿈은 고희(古稀)를 눈앞에 두고 할미꽃의 형상이 된 것 같다.

세계에서 아직도 통일되지 않은 유일한 나라는 한국이며, 유엔에서도 한국을 통일된 국가로 인정하지 않는 현실, 이념적 논리로 양분화된 한국 사회와 정치 등은 안타까운 마음을 더한다.

혹자가 말하듯이 종교백화점이라고 하는 한국 사회문화를 통합적으로 이끄는 국민총화의 길, 배달민족의 정신적 지주, 교육문화의 주체성 확립이 언제나 이루어질지? 전문 분야에서 활동하는 여러 형태의 직원, 국회의원의 충원, 감축 또는 현상 유지 등은 오로지 깨어 있는 국민 의식과 국민의 행동으로 난관을 타개할 수 있겠지!

이제 내가 할 수 있는 것, 해도 잘 할 수 있는 것, 해도 후회하지 않고 신심을 가지고 최선을 다할 수 있는 것이 무엇인가 등에 대해 자문자답해 보았다.

함께 할 수 있는 친구 같은 동지가 필요하고 실천을 위한 노력이 남겨진 여생(餘生)이 될 것이다.

3·1절의 정신이 상해임시정부에 모여서 대통(大通)하고 대한민국의 법통(法統)으로 계승되고 있어 오늘의 이 시간도 역사의 흐름 속에 있다.

건강하시게.

2020년 3월 1일

7. 국법 준수, 국법은 신앙법의 상위법

한국은 8·15 광복 후 미국의 영향을 받아 신앙의 자유가 헌법으로 규정되었으나 국교는 정해지지 않았다. 종교와 신앙의 개념이 구분되지 않고 혼탁하게 혼란스럽게 사용되고 있다. 종교는 성인의 말씀과 가르침이 담긴 사상이다. 종교는 신앙의 상위개념이다. 개인의 신앙이 종교라고 하며 종교의 자유를 외친다. 이에 따라 우후죽순처럼 전개된 여러 신앙단체의 설립과 행사, 비인가(非認可) 신앙단체가 난립하였다.

이러한 사회적 문제가 여러 분야에서 재발하고 있으나 제대로 수습하지 못하고 있는 현 실정이다. 종교와 신앙의 개념을 제대로 이해하지 못하기 때문에 발생하는 국가적 현실, 사회적 양태가 안타깝다. 이에 대한 개념 정리와 올바른 개념 사용이 한국 사회의 언어정화에 크게 영향을 주어 사회개혁의 실마리가 된다.

다양한 신앙단체와 성직자는 왜 한국의 조세 형평성에 어긋날 정도로 세제 혜택을 누리고 있는가? 누구든 비록 하나님일지라도 한국 땅에 살고 수입이 있다면 반드시 세금을 내야 하는 것은 당연하다. 세칭 한국의 종교법은 어떻게 제대로 존재하는지? 현시대에 상응하는 법인지 상세하게 재검토해야 마땅하다.

문화관광부에서 살펴보는 이른바 종교법은 서양의 교회법을 두루 뭉술하게 짜깁기해서 사용되고 있다. 한국 사회문화의 풍토에 상응하거나 융화되어 토착화될 수 있는 종교법이 없다고 본다. 그 이유는 다음의 역사적 사례에서 발견된다.

유교와 불교를 규제하려는 방편으로 1962년 1월 '향교재산법'을,

1962년 5월 '불교재산관리법'을 특별히 제정했다.

하지만 그리스도교에 대한 국가적 법적 근거와 조치는 아직 없다. 그래서 일부에서는 한국 문화 토양에 적합한 올바른 종교법을 제정하여야 한다는 주장도 제기되고 있다.

한국에서의 교회법은 유일신 신앙단체의 신앙법일 뿐 헌법이 아니다.

교회법이 헌법 위에 존재하는 상위개념도 아니다. 국가는 헌법의 테두리 안에서 신앙의 자유를 허락한 것일 뿐이다. 헌법이 교회법, 신앙법보다 상위개념이자 '상위법'임은 당연한 귀결이기에 교회법, 나름의 신앙법은 국법 아래 존재하는 하위개념이자 하위법이라는 것이 분명해졌다.

오늘날 대한민국은 모든 신앙단체에서 언급하는 신앙의 자유를 존중하고 있으나 일부가 신앙의 자유가 국법 위에 존재할 수 있다는 착각을 버리지 못하고 있다. 특히 공직자는 한 개인의 신앙에서 벗어나 국가적 차원에서 행동할 수 있어야 한다.

코로나19가 세계적인 감염으로 확산하여 WHO가 팬데믹(pandemic) 상황을 언급한 상항임에도 불구하고 신앙단체의 신앙의 자유가 공공사회의 질서를 유린하고 파괴하는 행위를 부추기거나 멈추지 않으면 어찌할 것인가?

다시 말하자면 대한민국에는 교회법, 신앙단체의 법이 헌법을 대신할 수 없으며 국민의 절대 대다수가 신앙하는 제1의 신앙단체가 없음을 확언한다. '종교'라고 하지 말고 '신앙'이라고 말하고 표기하고 보편적 사회 개념으로 신앙이라고 하자는 운동은 필요하다.

필자가 정명(正名) 사상을 염두에 두고 연구·분석한 결과에 의하면, 종교와 신앙의 개념이 다르며, 종교 행위와 신앙 행위 또한 다르다. 어떻게 다른가는 다른 단락에서 구체적으로 설명되었기에 여기서는 생략한다.

　과거 그리스도교 유일신 계통의 신앙 행위가 나름의 교회법이 되어 국법을 초월하여 통치된 사례가 바로 서구 교회사이자 유럽사, 서양사였음을 앞에서 밝혔다. 비록 서구의 교회법이 오늘날 존재하고 있으나 법 개정을 통해 예전과는 확 달라졌다.
　따라서 한국은 유럽사와 서구의 교회사와 무관하기에 자칭 교회법이 대한민국 헌법보다 높은 상위법이 절대 아니라는 사실을 천명할 수 있어야 한다. 지금까지 그렇게 하지 못하고 있는 이유는 무엇일까 하는 궁금증은 해결되어야 하므로 미룰 수 없는 사회적 과제가 되었다.

　기회가 되면 유럽 역사에서 교회법이 통치이념이자 국가의 상위법이 되었던 사례를 살펴보고자 한다.

2020년 3월 12일

8. 한국 불교, 불교인(佛敎人)에게

불교 신자(信者), 불자(佛者), 불자(佛子), 불교 신앙인(信仰人), 비구, 비구니, 보살 등의 호칭들이 있다. 그 가운데 보편적이고 세계적인 문화 및 문화관리 차원에서 불교인(佛敎人)이라 말하고 기록하는 것이 바람직하지 않을까 한다.

아무개는 '불교인'이라는 용어가 아름답게 들리지만 지금 사용되고 있는 개념[신자(信者), 불자(佛者), 불자(佛子)]이 좋다고 한다. 만약 그가 이 분야에 좀 더 깊이 생각해볼 기회가 오면 나의 뜻을 이해할 수 있을 것이다. 모든 용어는 차별 없이 보편적인 공개념을 사용하는 것이 중요하다. 미리미리 논란의 소지를 없애는 지름길이 되기 때문이다.

불자(佛者)라고 말하고 쓰기보다는 불자(佛子)가 내용 면에서 더 좋다. 부처님의 제자라는 의미에서 불자(佛子)라고 말하지만, 석가모니 부처님같이 깨달음의 경지에 도달한 제자가 아니면 보편적인 차원에서 표현할 수 있는 용어를 찾아야 한다.

제자도 제자 나름이기 때문이다. 한국 불교의 여러 번의 요청으로 '석가(釋迦) 탄신일(誕辰日)'이 왜 '부처님오신 날'이라고 바뀌었는지 다시 생각해보아야 좋을 듯하다.

21세기 한국 불교는 과학적인 종교, 과학 종교로 환골탈태(換骨奪胎)해야 진정한 불교, 종교, 깨달음의 길을 추구하는 종교, 종교인이 된다.

진리를 추구하는 열정은 가식이라는 구체적인 가면을 벗겨 내는 데 주저하지 않는다. 구태의연(舊態依然)한 타력 신앙에서 벗어나는 불교 종단(宗團)이 되어야 한다. 석가모니(釋迦牟尼)가 전한 불법(佛法)의 본말(本末)이 깨달음의 길이 아닌 신앙의 길로 전도(顚倒)되었다. 어찌 깨달음의 종교에서 신앙의 개념을 옳게 이해하지 못하고 같은 의미로 생각하고 말하는지 눈여겨 볼 만한 사안이다.

불자(佛者)는 석가모니 외 수많은 이러저러한 보살을 신앙하며 따르는 신자(信者)라고 하지만 그 또한 본래 석가의 뜻, 진면모가 아니다.

석가의 가르침을 승계(承繼)받아 따르는 제자, 불자(佛子)는 자력으로 수행하여 자신의 마음에 부처의 성품이 있다는 것(불성)을 깨닫는 것이 예컨대 견성(見性)이다. 견성 후 그다음의 단계가 성불(成佛)하는 것이다. 스스로 부처가 되고자 불심(佛心)을 가지고 정진하여 수행자의 마음 바탕에 불심을 이루는 것이 글자 그대로 성불이며, 온전한 깨달음의 길, 열반의 길이 또한 남아 있다.

성불한 후 중생구제에 힘써 예토(穢土)에서 정토(淨土) 세계로 지향하는 것이 불자(佛子)의 길이다. 이때 필요한 것이 널리 알려진 팔정각(八正覺)의 기본을 일구는 지혜, 즉 반야 바라밀다, 완전한 지혜가 필요하다.

지혜를 구하고 증득(證得)하는 것은 부처님 제자의 길이며, 선사(禪師)의 길이다. 구도자의 수행 정진과 공력에 따라 결실로 이어지기 때문에 시간이 필요할 뿐이다. 그러므로 수많은 선사(禪師)는 올바른 깨달음의 길을 갈 수 있도록 교선(敎禪) 일치(一致)를 주장했고 그렇게 유구히 실행되어 오늘의 후학들에게 전수되었다. 이것이 한국 불교와 대한불교조계종의 본질이다.

1210년 입적한 보조국사 지눌(知訥), 조계종 창립의 종사로 알려진 지눌이 중국에서 법을 받았다. 그러나 지눌은 선(禪)과 교(敎) 어느 한쪽에 집착하지 않고 깨달음의 본질을 모색하기 위해 교선일치(敎禪一致), 돈오점수(頓悟漸修)와 정혜쌍수(定慧雙修)를 주장했다. 그는 국가와 사회를 위해 노력했고 (한국 불교) 선종(禪宗)의 중흥조가 되었다.

중국에는 인도에서 온 선종의 창시자 보리달마(菩提達磨), 달마대사의 흔적이 점차 사라지고 있다. 달마(達磨)의 원어는 다르마(dharma, 법)이다. 달마대사는 석가 이후 두 번째 달마가 된다.

달마대사는 어디에 있을까? 달마가 진한 중국에서의 불법(佛法), 불법(佛法) 중의 한 맥이자 방법인 간화선 즉 화두 참선법이 오늘날 중국에 있는지 궁금하다. 토속신앙인 도교 문화의 그늘에 중국불교가 퇴색하면서 아련한 모습이다.

한국 불교의 독립성은 유구하고 나름의 특징과 특색이 있다. 한국 불교는 시대를 바르게 직시하고 시대정신에 눈 돌리고 귀 기울여야 선사(禪師)분들의 노고를 알 수 있고 그분들의 남모르게 흘린 눈물을 닦아드릴 수 있다. 한국 불교(대한불교조계종)의 위상과 품격 유지 또는 다른 모습으로의 변화는 이제 세계가 주시하고 있다.

한국 불교종단의 특징은 사회적 관심과 국가적 혜택을 입었다. 많은 사찰이 자연경관이 수려한 국립공원에 있다. 불교는 국민을 위한 더 많은 포용과 관용 및 열린 마음을 소유할 수 있는 공공성과 공유가치를 가지고 있음을 망각하지 않아야 한다.

이와 같은 상징성, 대중성, 특징, 특색 등은 다른 신앙단체보다 큰 장점이자 강점이 된다. 따라서 특히 역사적 전통과 선사들의 유업을 이어받은 대한불교조계종은 정신적 물질적 재화로서의 공공재뿐만 아니라 기능과 역할을 보유한 사실을 잊어서는 안 된다.

그러므로 21세기 시대정신에 상응하는 자체 내 정화 운동과 쇄신 운동, 사회참여 의식과 공감 의식을 불러일으키는 혁신적인 제도개선, 봉사활동, 새로운 교육프로그램 개발, 인재 양성 등은 아무리 강조해도 부족하지 않다.

노파심(老婆心)에서 불교(조계종) 종단에 보내는 마음이자 성원하는 차원에서 적어 보았다.

2020년 4월

☞ 추서: 근기(根機)에 따라

불교인의 근기에 따라 자력 수행이 어려운 분들도 많을 것이다. 이 분들에게는 거쳐야 할 신앙 대상과 일정 기간 신앙이 필요하다. 불법에 귀의하고자 하는 마음과 신앙은 수용하고 불법의 길로 이끌어 주되 단계적으로 거쳐야 할 수행의 과정에서 점차적인 성장과 발전을 위한 새로운 지도법, 첨단과학 시대에 걸맞은 불교적 인재 양성은 시대적 요청이 되었다.

과학은 본래 자연철학을 거쳐 철학적 과학, 과학철학, 실험과학 그리고 자연과학으로 발전되었다. 현대 심리학은 과거 철학의 인식론 분야에서 독립된 실험학문이자 실험을 통한 심리분석을 과학적으로 연구한다.

오늘날 첨단과학 시대를 맞이하여 4차산업시대가 진행되고 국제사회를 이끌어 가고 있다. 신앙심은 인간의 원천적인 종교 심성이다. 그 종교(심)성은 과학 시대에 걸맞게 교육되어야 한다.

불교 교리에 과학적이고 인류 보편적인 가르침 등이 세계적인 많은 석학에 의해 연구되고 있다. 그들은 한국 불교에 관심을 가지고 주시하면서 한국 불교에서 감추어진, 진흙 속에 묻힌 보석이 있을까 하고 찾고자 한다.

2020년 5월

9. 멈춰진 상황이라 할지라도

백범 김구 선생의 말씀을 일부 인용해 본다.

"어릴 때는 나보다 중요한 사람이 없고, 나이 들면 나만큼 대단한 사람이 없으며, 늙고 나면 나보다 더 못한 사람이 없다. 칭찬에 익숙하면 비난에 마음이 흔들리고, 대접에 익숙하면 푸대접에 마음이 상한다. 문제는 익숙해져서 길들어진 내 마음이다. 집은 좁아도 같이 살 수 있지만, 사람 속이 좁으면 같이 못 산다. 문제는 익숙해져서 길들어진 내 마음이다."

불가(佛家)에서 중요하게 사용되고 있는 반야바라밀다심경(般若波羅蜜多心經)은 완전한 지혜를 추구하는 심경(心經)이라는 뜻이다. 반야바라밀다심경의 핵심은 다음과 같이 정리해 보았다.

과거의 나를 넘어서야 이곳, 저곳을 자유롭게 볼 수 있고, 완전한 지혜의 불을 밝혀야 온전한 깨달음에 이르게 된다.

완전한 지혜의 불을 밝히는 분은 정신세계의 성인(聖人)이시다. 인간이 성인이 될 수 있는 길을 반야바라밀다심경이 제시하고 있다.

내 마음의 천국과 지옥을 자연의 이치와 섭리로 생각하고 볼 수 있다면 그간 걸어간 길, 가고 있는 길에서 무엇을 관조할 수 있을까?

갈 만큼 갔다고 생각하는 곳은 자신의 한계이지만 너무나 미약하여 아무에게나 알릴 수 없을 정도가 다반사다.

가고 싶어 가는 길이 한없이 길어 끝이 보이지 않는다고 하지만 가

보지 않은 길이 더 많을 것이다.

　중도에 멈춰진 상황이라 할지라도 다시 일어나서 가야 할 길이라면 후회하지는 말아야 한다.

　모든 것이 나로부터 시작이고 "내 안에서 나에게 나를 구하라"[1]고 하는 것은 내가 가야 하는 길이 있다. 그 길을 찾아보면 종국(終局)에는 세상과 삶은 결코 모두 색(色)이거나 공(空) 하지도 허무(虛無)하지도 않으며 부평초(浮萍草) 같은 인생으로 남지는 않을 것이다.

　용맹정진하진 못한 길이 안타깝지만 순조로운 심호흡의 시간은 내 생각과 정신세계를 더욱 풍요롭게 한다.

2020년 7월 28일

1　봉우 권태훈, 『백두산족에게 告함』, 정신세계사, 서울, 1989, 16쪽

10. 신앙의 영역과 코로나19

신앙과 종교는 구분하고 구별해서 사용해야 합니다. 신앙인이 믿고 의지하며 기도하고 현실과 내세의 삶까지 신(적 존재)에게 맡기는 것은 신앙이며 신앙 행위입니다.

모든 것의 주체와 중심은 신이기 때문에 신과 신앙인은 종속관계(從屬關係)를 이루고 있어 신앙인은 신의 뜻에 복종하고 신앙단체의 교리와 신조, 신앙고백, 규율 등을 준수해야 합니다.

신앙은 타력적(他力的)이기에 자력(自力)으로 영혼의 자유를 찾아서 구가할 수 없습니다. 신앙의 영역은 영혼의 카르텔이 되어 신앙인에게는 성역입니다.

종교 없이 신앙이 나올 수 없어 신앙은 종교의 하위개념입니다. 그러나 종교도 어떠한 종교인가를 직시해야 합니다.

인류의 종교는 성인의 말씀과 가르침을 뜻하며 그의 대의를 계승하는 단체가 종교단체입니다. 따라서 종교의 영역은 어느 신앙인, 신앙단체에 국한되지 않아 널리 개방되어 있어 인류 보편적인 정신 축이 됩니다.

성인의 사상과 대의를 이어가는 사람이 종교인이며 종교인은 종교의 영역을 학습하고 체험합니다. 그는 성인의 가르침을 깨우치고자 노력하는 사람이며 깨달음을 통해 도와 덕을 실천하는 사람은 사회적 귀감(龜鑑)이 되어 만인에게 존경받습니다.

만법귀일(萬法歸一) 일귀하처(一歸何處)라고 하였듯이 세계의 종교와 종교인이 하나 될 수 있는 근본적인 이유가 바로 여기에 있습니다.

한국의 과거 선가(仙家), 유가(儒家), 불가(佛家), 도가(道家) 중에 현재 남아있는 종교는 선가, 유가, 불가(佛家)입니다. 선가는 1984년에 정신 수련단체, 사상단체로 세상에 드러났으나 그의 근원(根源)은 국조 단군에서 유래되었습니다. 오늘날 유가(儒家)로서의 공동체 사회적인 기능과 역할은 미미하지만, 사상적 문화적 명맥은 유지되고 있는 상황입니다.

한국 불가(佛家)가 조직적인 공동체로 발전하면서 내국인은 물론 서구의 지성인에게 주목받는 이유는 한국 고대사에 불교문화가 빠지지 않고 등장하기 때문입니다. 한국의 고유문화와 불교문화의 조화로운 융화와 유구성 등이 문화의 특색으로 토착화되어 함께 정신적 지주로서 역할을 합니다.

한국 불교, 조계종 단체의 언행과 이미지는 사회적 상황에 따라 세계적인 뉴스감이 됩니다. 불교가 깨달음을 지향하는 종교이듯이 신앙이 우선적이 아니라는 것은 불교의 본질이자 사실입니다.

특히 한국 불교, 한국 불교인은 왜 종교단체와 신앙단체를 꼭 구별해야 하는가를 살펴보았으면 합니다. 언어표현에는 언어의 위격이 있고 드러나는 품격이 있어 옛날부터 체통(體統)을 지키고 채신머리가 올발라야 한다는 말에는 나름의 뜻이 담겨 있습니다.

종교에서 다양한 신앙과 신앙인들이 나왔습니다. 자력적인 구도의 길보다 타력적인 신앙의 길이 어찌 보면 수월해 보이고 삶에 도움이 되는 것처럼 생각할 수 있습니다.

신앙인은 신의 은총과 보호, 성스러운 신적 영역이 있고 그 속에서 신앙인은 안전하다고 생각하는데 그러한 곳은 이 지상에 없습니다.

잘못된 이해, 생각, 관습, 고착화(固着化)된 신앙 의식과 마음 등의 변화를 인도하고 이끌어 나아가야 하는 것은 한국 불교의 당면한 과제라고 봅니다.

혁신적인 기폭제가 과학의 힘, 과학적인 기르침 즉 과화 종교입니다. 단순 신앙 의식을 자제할 수 있는 자연(철학)의 힘과 연계된 것이 과학적인 가르침입니다. 자연과학의 힘이 변화와 혁신 및 개혁의 동력을 일으키는 21세기의 태풍의 눈이자 세계적인 패러다임이라는 것을 그리 멀지 않은 시기에 공감할 수 있습니다.

그러므로 불교 교리의 과학화는 필수(必須) 불가결(不可缺)입니다. 불교가 과학적인 종교가 될 수 있음을 많은 사람이 통찰하고 있습니다. 본디 깨달음을 추구하는 불가(佛家)이기 때문입니다.

아무개가 지금의 일부 개신교 집회행위에 대해 질문해서 다음과 같이 답했습니다.

코로나19의 대유행은 모든 신앙단체와 무관하게, 신의 의지와도 상관없이 그러한 영역에도 무관하게, 신성불가침 영역이라는 곳 없이 무차별적으로 진행되고 있습니다.

이 땅에 신이 성역(聖域)으로 지정된 곳은 하나도 없으며 있다면 신앙인이 신의 은총이라고 생각하고 만들어 낸 상징성이 담긴 장소일 것입니다. 그러나 코로나19는 그러한 성역에 무관심하게 성역 없이 전파되고 있어 신앙인의 환상과 나름의 망상을 깨우쳐 주고 있지 않습니까?

그가 믿고 의지하며 숭배했던 신의 자리와 신앙 탑이 붕괴하는 듯한 사회적 현상은 오늘도 이어지고 있습니다. 그가 그렇게 숭배했던 신앙적 신의 반응이 없습니다.

모든 국민, 성직자, 신앙인 등이 특히 의료과학 분야에서 벗어나지 못하는 이유는 또한 무엇일까요?

질병 본부의 방역은 과학의 영역이자 국민의 생명을 보호하기 위해 정치적 차원에서 협조받고 있습니다. 신앙의 영역에서 코로나19가 소멸할 수 있다면 과학의 영역은 사라질 것이지만 모두가 의료과학에서 자유롭게 벗어날 수는 없습니다.

　건강하시길 바랍니다.

2020년 8월 19일

11. 히포크라테스의 선서에는 특권의식이 없다

　일부의 의사와 의학 전공의(專攻醫)는 언제부터 특권의식을 가졌을까? 전공의는 수련병원이나 수련기관에서 전문의 자격을 취득하기 위해 훈련받고 있다. 전공의 집단파업은 엄청난 사회적 비용을 지출해야 한다. 의료계 단체행동 계획이 정해져 있어 사회적 파장 또한 크지 않을 수 없다.

　요즈음 의료계 단체가 집단행동을 하는 이유와 목적은 정부의 의대 정원 확대, 공공의대 설립, 비대면 진료 도입, 한방 첩약 급여화 추진을 반대하는 데 있다. 정부 의료정책을 막아내기 위해 병원에서 의사가운을 벗고 길거리로 뛰쳐나와 데모하고 있는 모습이 뉴스 특보로 보도되고 있다. 비록 최소한의 의료진이 병원에 배치되었다고 할지라도 환자들의 진료 공백이 생길 수밖에 없다.
　의사협회는 다른 단체와 조금도 다른 모습이 없고 나름의 우월성에 몰입된 것 같다. 그들에게 히포크라테스의 선서가 언제부터 실종되었는지 궁금하기만 하다.

　안식일의 주인은 하나님이 아니고 인자(人子)라고 예수는 말했다. 의사는 환자 없이 존재의 필요성, 가치성조차 없다. 의사는 환자에게 삶의 희망이고 빛이 된다.
　의사가 환자를 버리고 나오는 순간 히포크라테스의 선서가 상실되어 빛과 소금의 역할 또한 사라진다. 소금이 길거리에 버려지면 바로 쓰레기가 된다. 집단데모에 참여하는 의사가 왜 쓰레기와 같은 존재로 품위가 떨어지는 행위를 해야만 하는지 안타깝다.

집단무의식 속에 신앙의 광기를 품어내고 있는 일부의 신앙인들은 특권의식을 가지고 있다고 믿는다. 그들의 신앙단체는 그들에게 선민(選民)의식을 강조하고 있어 그들은 하늘로부터 특별히 선택받은 존재라는 의식이 강하다. 이와 다를 바가 없다고 보이는 것이 의료계의 인사와 전공의(專攻醫)의 의식구조가 아닌가 생각하니 황당한 마음이다.

　의료계의 집단행동이 개혁의 대상으로 손꼽히는 판사, 검사. 변호사, 국회의원, 지방의원, 구습에 찌든 구조적인 시스템 등과 무엇이 다른가 하는 의문이 든다.

　이익집단, 이익의 영역이 신앙집단, 신앙영역과 무엇이 다른가? 이러한 집단과 영역을 퇴치하는 코로나19의 치료제와 같은 국가적 백신이 언제 나올까?

　공동체 사회의 두 얼굴, 이익사회와 공익사회, 상생의 길을 찾아야 희망찬 미래가 준비된다.

2020년 9월 2일

12. 종교는 성인의 가르침이며 정신적 지주입니다

안녕하세요?

부담감 없이 대화할 수 있는 길이 있어 사견을 몇 자 적어 봅니다.

필자의 저서 『역사에서 배우는 종교문화경영학』에서 설명되었듯이 정명사상에 따르면, 신앙(信仰)과 종교(宗敎)는 반드시 구분해서 사용해야 고민했던 문제들을 풀어갈 수 있는 실타래가 손에 잡힙니다.

종교는 신앙과 아주 다른, 유일신, 신적 존재와 신앙 사상과 무관한 삶의 정신적 지주로서 자력적인 깨달음의 길, 인류의 보편적이고 합리적인 길, 공동선의 길을 제시합니다. 그러므로 종교의 본질은 그 길을 가고자 노력하는 사람에게 정신의 빛을 밝히도록 안내합니다.

잘못된 종교개념의 이해와 편견은 종교 본질의 기능과 역할에 대한 이해 부족에서 시작되었고 고질적인 신앙적 고립에서 벗어나지 못한 결과입니다. 우리가 사용하는 종교의 개념과 서양에서 사용하는 religion의 개념은 아주 큰 차이가 있습니다.

유일신 사상을 확고하게 다지고, 세계의 유일신 숭배를 가르치는 그리스도교 국가를 만들기 위해 그리스-로마문화에서 차용된 개념이 religion입니다. 자세한 설명은 이미 종교의 길, 『역사에서 배우는 종교문화경영학』에서 밝혔습니다.

서구 사상과 서구의 학문적 방법론에서 어서어서 벗어나야 무엇이든 제대로 자연스럽게 직관(直觀)할 수 있습니다. 오천 년 이상의 역사와 고유문화의 맥을 계승한 대한민국은 서구문화의 한계점을 발견하고 새로운 대안을 제시할 수 있는 잠재 능력이 풍부하기 때문입니다.

발전에 발전을 거듭하는 첨단과학, 우주과학, 생명과학 등은 모든 세계변화의 대세를 이끌어 나아갑니다.

그 어떠한 단체 유형과는 상관 관계없이 과학적, 보편적, 객관적이지 못한 신앙, 교리, 신앙 의식, 행위 등은 동천(東天)에 해가 뜨면 풀잎의 이슬이 점차 사라지듯이 자취를 감추게 됩니다. 그와 더불어 신앙단체 간판의 색은 퇴색되고 어느 날 그 간판은 떨어지게 됩니다. 오직 성인들의 가르침, 변하지 않는 그들의 가르침만 남아 모든 사람의 정신적 지주가 되었습니다.

예컨대 인류 모두에게 사상적 정신적 가계(家系)를 이룬 단체를 동양에서는 선가(仙家), 유가(儒家), 불가(佛家), 도가(道家)라고 합니다. 그들의 문화사상은 생명의 빛과 삶의 경계를 하나의 연속적인 자연스러움으로 보았지요.

이분법적 신앙이 아니라 육신의 나와 정신의 나를 동시에 바르게 일으켜 세워주고 올바르게 스스로 갈 수 있도록 이끄는 정신적 지주, 성인의 가르침이(한자로 표현한 개념이) 종교(宗敎)입니다.

종교사상은 종교의 과학사상이 됩니다. 정신과학의 정수(精髓)가 성인의 가르침이기에 진리이며 진리 추구는 또한 자연과학의 길입니다. 종교적 삶과 과학적 의식이 하나가 되어 과학 종교 시대, 종교과학 시대가 미래세대에 펼쳐질 것입니다.

건강하세요.

2021년 10월 15일

13. 개신교, 기독교, 가톨릭, 천주교의 명칭에 대하여

16세기에 서로마 가톨릭에 반항, 저항(protes)한다는 의미에서 형성된 개념이 프로테스탄트(protestant ; 개신교)이다.

다수의 한국 사람과 언론매체가 독일 신부였던 루터에 의해 형성된 프로테스탄티즘(Protestantism)을 신교(新敎), 개신교(改新敎)라고 한다. 구교(舊敎)는 가톨릭을 뜻한다. 구교 가톨릭에서 신교 즉 개신교가 분파되어 나왔다는 설명이다.

그러나 일부 사람들은 신교, 개신교를 기독교(基督敎)라고 말하고 어떤 자는 개신교, 가톨릭을 통틀어 기독교라고 하면서 한국 사회에 그 의의가 이러저러하다고 글로 써 놓았다.

일부는 개신교(改新敎)가 기독교와 같은 뜻으로 이해하고 무엇이 어떠하다고 보도한다. 그러나 신교가 개신교라고 말하는 것은 같은 맥락이지만 기독교라고 표현하는 것은 올바른 용어 사용이 아니며 오직 한국 사회에서만 볼 수 있는 진풍경이다.

혹자는 기독교가 개신교와 가톨릭 등이 포함된 통칭(統稱) 용어라고 하지만 근거 없는 말, 주장이다. 그러한 용어는 바이블의 전거(典據)에 의하면 그리스도교이다. 그리스도교라는 의미는 예수 그리스도를 중심으로 형성된 여러 신앙 사상과 단체를 두루 포함하는 개념이다. 예컨대 그리스도교, 그리스도교회, 그리스도인, 그리스도 신앙인, 그리스도교단체 등이 정명(正名)이다.

정명사상은 세계적인 다문화 다가정 시대를 맞이하여 교육적인 차원에서도 올바른 용어와 개념을 사용하게 해야 이해하는 데 도움이 되고 혼선을 일으키지 않게 하는 길라잡이가 된다.

한국 사회에서 널리 사용되고 있는 기독교라는 개념은 1960년도에 한국개신교 단체에서 만든 용어이지만 국제적으로 사용되지 않고 있다. 그 개념의 의미를 생각하며 정확히 직시(直視)하면 입이 벌어질 정도로 놀랠 것이다. 그냥 개신교 또는 신교(新敎)라고 해야 한다. 그것이 정명사상에 따르는 국제적인 용어 사용이다.

개신교의 인물 가운데 한 명이 루터(Martin Luther)다. 하지만 루터는 종교개혁을 한 사실이 없다. 그는 95개조 반박문을 내걸고 구교인 가톨릭의 교회 제도를 개혁(reformation)하고자 제시했을 뿐이다. 그는 구교의 신정정치(神政政治), 교황권 등에 대한 의구심을 가지고 비평하면서 개혁의 당위성을 주장했다.

조금 더 깊게 중세 유럽의 교회사를 깊숙이 안으로 들어가 살펴보면 보편적 교회가 아니라 특수한 위치에 놓여 있는 교황의 신정정치가 유럽사를 좌우했다. 그는 살아 있는 신의 대리자의 역할을 하고 있었다.

루터의 교회개혁은 결과적으로 구교와 신교 갈등의 원인이자 전쟁으로 번졌다. 농민자치권과 성직자 임명권, 귀족들의 농노(農奴) 금지, 세금 감면 등을 주장하는 농민들은 루터를 환영하지 않았다.

그 반면 토호 세력 즉 영주 세력과 결탁한 루터의 행동은 1년간의 독일 농민전쟁(der Deutsche Bauernkrieg)을 발생시켰다. 수많은 인명이 영주 세력에 집결된 정예군(精銳軍)에 의해 처참하게 도륙(屠戮)당했다.

결국 루터의 교회개혁은 실패로 돌아갔고 이어지는 유럽의 교회사는 30년 전쟁, 100년 전쟁 등으로 얼룩졌다. 교회사가 전쟁사로 점철되었다. 오죽하면 중세(中世) 암흑시대(暗黑時代)라고 자평했는가를 우리는 알아도 제대로 알아야 한다.

오직 한국에서만 사용되고 있는 천주교(天主敎)라는 용어도 국제 공통어가 아니고 한국가톨릭이라고 번역하기에 그냥 한국가톨릭이라고 해야 무리가 없다. 한국개신교(인), 한국가톨릭(교인)이 옳은 표기다.

(서로마, 동방정교회, 성공회) 가톨릭교인, 개신교인을 두루 포함하는

용어가 그리스도인(Christian)이다. 그들의 신앙단체가 그리스도교(회)
라고 해야 올바른 표현이다. 바이블 신약에 나오는 개념을 근거로 설
명한 것이다. 자세한 설명은 2015년 출간된 책『그리스도교의 검과
평화』에서 찾아볼 수 있어 생략한다.

종교와 신앙을 구분하고 구별해서 바르게 사용해야 마땅하다고 생
각되어 별도의 단락에서 설명했다. 종교와 신앙의 개념과 의의는 큰
차이가 있기 때문이다.

예배(worship)와 믿음(faith)이 같은 의미라고 보고 '신앙의 자유'로
번역하고 해석하지만 종교의 자유로 오역(誤譯)되었다. 미국의 루스
벨트 대통령은 '종교의 자유(Freedom of religion)'에 대해 언급한 적이
없다. 신앙의 자유가 종교의 자유로 사용되지 않도록 바로 잡아야 하
는 언어정화 운동이 필요하다. 그 운동은 사회변화의 시작이자 변화
의 바람을 일으킨다.

신앙단체, 신앙의 자유가 국법 위에 존재하지 않는다. 모든 신앙인
은 자국의 국법을 준수해야 한다.[2] 서양의 개신교, 가톨릭 신앙단체,
신앙인은 그 나라의 국법을 준수한다. 국가는 개개인의 신앙을 초월
하여 자국의 국민을 보호한다.

서구 그리스도교의 성역화가 세속화(世俗化)로 전환(轉換)된 지 오
래되었다. 가톨릭은 가톨릭, 개신교는 개신교, 구교(舊敎)의 반대어로
신교(新敎)이다. 그 이상의 별도 명칭은 국제적으로 통용되지 않아 사
족(蛇足)과 같다. 정명(正名) 사용은 언어정화이자 사회개혁의 밑거름
이 된다. 오늘날 국가와 공동체 사회의 빛과 그늘은 국제적인 역사 거
울에 조명되고 있다

2020년 9월 2일

---

2   안병로, 『그리스도교의 검과 평화』, 지성인, 서울 2015, 266~271쪽 참조 바람

14. 사람이 되는 길

사람이 되는 길은 사람의 도(道)다. 도(道)는 길이다. 사람이 사람으로서 마땅히 행하며 살아가야 하는 길, 그 길이 바로 삶의 도(道), 인생의 길, 도와 덕을 추구하는 길, 선행의 길이다.

인간이 태어나서 인간다운 인간이 되려면 인간답게 살아갈 수 있는 길(道)을 가르쳐주는 것이 교육(敎育)이다. 교육도 성인의 가르침을 활용해야 교육의 질이 풍부하다. 교육과정의 길에서 학습해야 할 영역이 많아 남녀노소 구분 없이 지속되어야 하므로 평생교육이다.

인간은 윤리적 인간, 교육적 인간이다. 인간은 윤리 도덕적 인간으로 거듭나기 위해 교육(敎育)의 필요성이 강조되었다. 사람다운 사람이 되는 길에는 교(敎)뿐만 아니라 학(學)·습(習)·행(行)·작(作)이 뒤따른다.

1) 교(敎)

교(敎)는 가르침이고 육(育)은 가르침을 받은 것을 잘 자라게 기리는 것이 합쳐져 교육의 개념이 되었다.

그러면 어떠한 가르침을 받아야 하나? 인간이 인간다운 인간의 삶을 살면서 인간의 길(人道)을 가고자 하는 길이 무엇인가 하는 가르침을 받아야 한다. 인간이 인간답게 살아가야 하는 길(道)이 없으면 무슨 교(敎)가 있겠는가? 인도(人道)가 없으면 교(敎)도 없으니 인간의 길에 대한 올바른 교육이 필요하다.

인간이 걸어가야 할 길(道)에 대한 가르침(敎)은 인간이 인간다운 행실을 하도록 하는 지침이기 때문이며, 인생의 노정기(路程記)에 정신적 지주가 되고 인생의 방향타가 된다.

출발점과 걸어가는 과정에서의 방향과 다양한 여로(旅路)는 있겠지만 인간이 인간다워야 하는 삶의 목적지까지 도달할 수 있도록 하는 교육이 필요하다. 그러한 교육은 평생 살아가는 평생교육으로서 정신적 나침판의 역할을 한다.

성인들의 가르침도 출발점이 다르면 지역 형세와 지역문화에 따라 각기 다르다. 하지만 그분들이 "우주 공통로를 먼저 걸어 보고 가장 쉽게 후세인이 가도록 가르치신 것이 교(敎)다."[3] 여기서 우주 공통로(共通路)는 천도(天道)·지도(地道)·인도(人道)를 뜻한다. 이러한 관점에서 성인들의 가르침은 산의 정상(宗)처럼 으뜸이 되고 그의 가르침은 지도나 천도에서도 변하지 않는 가르침이 되기 때문에 불변의 진리이자 정도(正道)이다.

성인의 가르침은 인간이 "우주의 공통된 목적"[4] (예컨대 정신과학과 자연과학)을 실천할 수 있도록 하였기 때문에 정(正)이며 그 길은 바른길이기에 정도(正道)이다.

"천지인(天地人)의 도(道)와 맞지 않은 가르침이 사(邪)가 된다."[5]

(성인의) 가르침은 별다른 것이 아니고 인간이 정도(正道)를 걷도록 이끌어 주기 때문에 인류 보편적 정신적 지주가 되어 삶에 대한 궁극의 목적지에 도달하게 한다. 사람다운 사람이 되고 대인(大人), 군자(君子), 현철(賢哲), 성현(聖賢)에 도달함은 궁극의 목적지가 된다. 그곳에 도달하지 못하면 다시 태어나 그 길을 갈 기회가 있으면 초보자보다는 전생의 경험이 축적되어 있어 다소나마 쉬울 것이다.

인간으로 태어나서 거쳐야 할 기본적인 이수 과정이 수신제가(修身

---

3   봉우 권태훈, 『백두산족에게 告함』, 정신세계사, 서울, 1989, 106쪽
4   위의 같은 책, 106쪽
5   위의 같은 책, 106쪽

齊家)라고 한 것은 교육의 목적이자 귀결이다. 이것은 맹자의 중용에서 수도지위교(修道之謂敎, 인간의 도를 잘 닦는 것이 교육)라고 한 것과 일맥상통한다. 그러한 교육을 바탕으로 하고(學)·습(習)·행(行)·작(作)이 뒤따른다.

2) 학(學)

학(學)은 배움이다. 올바른 배움에는 스승의 가르침이 필요하다. 가르침을 배우는 것이 학(學)이다. 학(學)의 유형에는 일반적인 학과 정신세계의 학이 있다.

"배움은 무에서 유에 이르는 것, 알지 못함에서 앎에 이르는 것이며, 혼자서는 불가능하고 반드시 가르침으로 인하여 배운 후에야 유에 이르는 것, 모름에서 앎에 이르는 것도 또한 홀로는 안 되는 것이다."[6]

첫 번째 배움(學)은 먼저 부모님으로부터 시작되고 사회 공동체 생활의 시작인 초등, 중등, 고등, 대학 과정을 거치면서 배움이 늘어난다. 주변 환경에 따라 다양한 배움의 양과 질도 다르지만 배움을 통해 무(無)에서 유(有) 즉 무지(無知)에서 벗어나 앎에 이른다. 배우지 않으면 무와 모름의 상태에서 벗어날 수 없어 어리석은 존재가 된다.

인간으로 태어나서 올바른 사람이 되려면 먼저 부모님을 알아봐야 하고 공경하며 이름 석 자도 쓸 줄 알아야 한다. 다양한 배움을 통해 사람이 되어간다. 사람이 되는 법을 배우는 것은 사람다운 사람의 도리를 위해 필요하다.

나에게는 물론 타인에게 예를 갖추어 대하는 (공동체 사회의) 윤리

---

6   위의 같은 책, 109쪽

도덕적인 생활 법을 배워야 한다. 그 법은 나와 너의 구별이 없다. 특히 자기 자신에 대한 예의를 배우는 것은 금수(禽獸)보다 다른 차원에서의 인간다운 인간, 인격(人格)을 형성하는 데 중요한 역할을 한다.

인간이 왜 날 짐승이나 동물과 다른가 하는 것은 다양한 교육을 통해 인간 됨됨이를 배워야 하기 때문이다. 나아가 사물의 이치를 궁구(窮究)하고 이용후생(利用厚生)의 능력을 키우는 것은 배움이 없이는 할 수 없다.

배움의 과정에서 자신의 성품을 다시 밝게 하는 정신세계의 배움이 있고 그러한 배움에는 스승의 가르침이 없으면 불가능하다. 그 가르침을 받은 사람은 자신의 성품을 다시 밝히는 연정(硏精) 연구를 하고 수련에 정진할 수 있다.

교육에는 올바르게 배울 수 있는 것과 배울 수 없는 두 가지의 유형이 있다. 전자는 보편적인 것과 자연과학이며 후자는 정신철학(精神哲學) 즉 정신과학이다. 정신과학을 올바르게 가르칠 수 있는 사람에게 배워야 '이치를 다하는 궁리(窮理)'와 '성품을 다하는 진성(眞性)'의 학문을 배울 수 있다.

아무나 그러한 학문을 가르치는 것은 분명히 아니다. 오직 천지인도(天地人道)를 걸어 보신 성인의 가르침은 그의 문하에서 정신과학을 배울 수 있다. 하지만 모든 사람이 궁리 진성의 공부를 하지는 않을 것이다.

정신 수련하고자 하는 사람은 스승을 찾아뵙고 올바른 수련법을 배워야 하며 뜻을 높고 넓게 세워 정성을 다하여 정진해야 한다. 정진하고 완성에 이르고자 함께 하는 친한 벗이자 도반이 있으면 금상첨화(錦上添花)다.

천지자연에 참으로 배울 것이 많아 삶과 동행한다. 어느 정도 알아야 배웠다고 할 수 있을지 배움의 깊고 넓음이 한이 없어 어떠한지 궁금하다.

배워도 제대로 배우지 못하면 사회적 삶에 문제가 발생한다. 배움을 통해 시대를 앞선 생각과 행위가 때로는 사회와 조화를 이루지 못하는 일도 있다. 이러저러한 어려운 점은 복병을 만난 것과 다름이 없어 삶의 지혜로움에 대한 대책이 요청된다.

만사 만물에 대해 배우고 또 배우는 즐거움은 자연을 관조할 수 있어 자연과학을 발전시키고 정신세계를 풍요롭게 한다.

공자님은 "배우고 때때로 그것을 익히면 또한 기쁘지 아니한가?"(학이시습지 불역열호 學而時習之 不亦說乎)라고 하셨다.

배움(學)과 배움을 수시로 익히는(習) 즐거움은 인간이 인간답게 살아가는데 필요하다는 점을 설명한 것이다.

3) 습(習)

배운 것을 매일매일 거듭 익히는 것(習)은 잊지 않기 위해, 몸에 배도록 연습하여 바르게 습관화되도록 하는 것이다. 배우고 익히는 유형들 가운데 선행(善行)학습(學習)이 무엇보다 사람에게 귀함을 받는다.

반면에 잘못된 습관(習慣)이 형성되지 않도록 조심해야 한다. 그러한 불량한 습(習)이 쌓이고 쌓이면 악습(惡習)이 되어 고치기 힘들다.

익힐 습(習), 익숙할 습(習), 버릇 습(習), 겹칠 습(習)으로 사용된 글자들[7]은 다음과 같다.

---

7   이상은 감수, 『한한대자전(漢韓大字典)』, 민중서관, 1965, 998쪽 참조

습관(習貫), 습관(習慣), 습기(習氣), 습득(習得), 습련(習練), 습례(習禮), 습성(習性), 습속(習俗), 습송(習誦), 습숙(習熟), 습습(習習), 습자(習字), 습작(習作), 습진(習陣), 습학(習學)이 있다.

학습(學習)에 있어 위의 개념들은 모두 중요하다. 그 가운데 습속(習俗)은 풍속(風俗)과 같은 의미이며, 습송(習誦)은 소리 내어 익힌다는 뜻으로 수행자뿐만 아니라 현대 과학적 이해의 차원에서 보아도 시청각의 학습에 좋은 효과를 낸다.

4) 행(行)

행(行)은 다닌다는 뜻인데 다니는 모양새도 다양하다. 어린아이부터 노인에 이르기까지 다니는 것이 각기 다르다.

행(行)의 유형이 다양하다. 혼자 단신으로 자신의 두 다리로 다니는 것부터 시작된다. 여러 도구를 이용하여 주어진 시간에 동서남북 사방으로 소수와 동행하거나 단체로 다니는 등의 경우가 있다.

여기서 말하고자 하는 것은 오직 인간의 이행(履行), 행위, 행실 등이다. 자신과의 약속, 타인과의 약속은 이행되어야 한다. 사정이 있어 이행할 수 없으면 사전에 양해를 구해야 한다. 약속이행은 자타에 대한 최소한의 예의를 실행하는 것으로 도덕적 책임을 실천하는 것과 다름이 없다.

인간이 인간답게 사람다운 사람으로 살려고 하면 올바르게 윤리, 도덕을 실행하고 선행을 쌓아간다. 이 땅에서 최선을 다하는 행실(行實)은 완전한 인간을 지향하는 발판이 되기에 쉼이 없어야 한다. 그러한 행이 성인의 행과 다름이 없으나 그의 행을 본받아 살아가고자 노력하는 일반인의 행위도 성실하여 아름답고 귀하다.

학습하고 경험하는 것은 필요한 절차탁마(切磋琢磨)의 행위다. 그러한 과정을 거쳐야 하는 것은 배움과 실천의 간극(間隙)을 메우고 입지(立志)를 높고 넓게 그리고 바로 세워 행하기 위함이다.

삶의 광장에서 살아가는 것은 대의명분에 맞게 실행(實行)하고 선행(善行)해야 결실이 뒤따른다. 그러한 행실(行實)은 한번만의 길이 아니라 한평생 가는 길이어서 쉼 없이 가다 보면 그 길이 왜 옳은 길인가를 확실히 알게 한다. 그렇게 가고, 가고 또 가는 길에 행함의 이치가 밝혀지고 그 길에 대한 믿음〔信〕이 확고하게 형성된다. 그렇게 실행하기 위해 최선을 다하도록 인내심, 지구력, 추진력 등을 일구어 내는 공경(恭敬)이 뒷받침되어야 소홀함이 없고 목적을 이루기 위해 정성(精誠)을 다한다.

각자마다 쉼 없는 행함의 목적은 같으나 가고자 하는 출발지와 방향은 다양하고 그 범위가 넓으나 실행하는 사람의 결실은 개인적 차원은 물론 국가적 결실과 같아 크다고 아니할 수 없다.

5) 작(作)

국어사전에 작(作)은 사전적 의미로 '짓다', '일어나다', '일으키다'를 뜻한다. 우주(宇宙)의 작(作)은 자연의 순환적 이치와 섭리의 법도(法道)다. 그 법도에 따라 생양수장(生養收藏, 나고 자라서 거두고 감추어진다)으로 드러난다. 자연은 생양수장의 궤도에서 벗어남이 없듯이 인간의 생로병사(生老病死)는 또한 천리(天理)이자 자연의 법도에 따르는 것이다.

대자연의 법도에는 천도(天道), 지도(地道), 인도(人道)가 있다. 천지인(天地人)의 길(道)에는 자연스럽게 천도의 작(作), 지도의 작(作), 인도의 적(作)이 있다. 여기서 살펴보고자 하는 작(作)은 인간이 인간의 길(人道)을 걸어가면서 남긴 작(作)에 중점을 둔다.

인간의 길(人道)에서 남겨진 인간의 작(作)은 다양한 분야에서 각양각색으로 남을 것이다.

정신세계에서의 작(作)은 성인의 가르침을 받아 정신계의 흔적을 남긴 결실(結實)이기에 함부로 어떠하다고 말할 수 있는 성질이 아니다. 성인은 성인으로서, 군자는 군자로서, 대인은 대인으로서의 작(作)이 있다.

하지만 여기서는 일반인이 걸어가는 삶의 길(道)에 교육을 통해 배운 것을 학습하고, 행하고 남긴 작(作)의 유형도 많다는 것을 고려해 보자. 그러한 인생의 작품들 가운데 공동체 사회의 문화인으로서 남긴 긍정적인 측면을 돌아보자

모든 사람이 공동체 사회의 얼굴이자 하나하나의 예술작품이기에 각자 생활 속 나름의 작품을 남긴다.

식물도 철부지가 아니기 때문에 자연의 시기에 맞게 꽃피우며 열매 맺고 동면기(冬眠期)를 거쳐 새로운 봄의 기운을 기다린다. 철부지라는 용어가 인간에게 사용됨은 무엇인가를 깨우쳐 주는 메시지라고 생각한다.

모든 사람이 농부와 같은 마음으로 여러 형태의 농사를 지으면서 어떠한 모습으로든 흔적을 남긴다. 그러한 흔적은 여러 형상으로 드러나기에 사람마다 각기 다르게 보고 판단할 것이다. 인간은 금수(禽獸)가 아니기 때문에 예의 법도를 지키며 인간다운 인간의 길을 걸어서 문화인이 되었고 사람다운 사람이 되었다. 그 사람의 생애와 사상 그리고 역사적 족적(足跡) 등은 만인에게 공개된다.

개개인의 작품을 보면, 그 또한 학습 과정에 따라, 어떠한 행(行)인가의 결과에 따라 천태만상일 것이다. 판단기준 또한 각양각색이나 사회적 가치 척도와 가치 환원성 등은 언젠가는 평가받는다. 사람의 업적(業績)은 죽어서도 호불호(好不好)를 가리지 않고 이름을 남긴다.

인사(人事)와 역사(歷史)는 생활문화의 광장에서 살아서 호흡하듯이 그 시대 그 인물의 여러 작품(作品)은 평가받는다. 비록 공개적으로 평가받지 못한 인물들도 많으나 그러하다고 그들이 평가받은 사람보다 못하다는 것은 아니다. 그 가운데 사회적 명성은 없어도 국가와 사회에 죄짓지 않고 최선을 다해 보편적인 삶을 살아가는 사람도 많을 것이다.

2020년 12월 23일

15. 광복(光復)을 위해 목숨을 던진 선현들의 발자취를 되돌아보면서 대종교를 생각한다

조선(朝鮮)의 임금 고종은 근대화 시기에 천자(天子)의 대의를 밝히는 원구단(圜丘壇; 환구단 圜丘壇)을 세우고 천제를 올렸다. 그리고 그는 1897년 대한제국(大韓帝國) 수립을 선포하면서 자신이 황제(皇帝)임을 널리 알렸다.

이는 고종황제의 업적 중에 역사에 기록된 천손(天孫)으로서 자주독립국임을 대외로 널리 공표한 사실이다. 그러나 그 제국은 일제(日帝)의 폭압(暴壓)에 의해 1910년 8월 22일에 역사의 뒤안길로 사라졌다.

원구단은 불행하게도 1914년 일제에 의해 해체되었다. 그 자리에 조선호텔이 건축되었고 현재 웨스틴호텔 부근에 축소된 형태로 복원된 원구단(사적 제157호)의 모습이 초라하여 그저 안타까운 마음을 더한다.

1909년 1월 15일, 홍암(弘巖) 나철(羅喆)이 중심이 되어 단군대황조신위(檀君大皇祖神位)를 모시고 제천의식(祭天儀式)을 거행한 다음에 정식으로 단군교(檀君敎)가 출범한다.

일제는 교세가 확장되어 가고 있는 단군교가 항일 독립운동단체라고 보고 탄압했다. 이에 따라 단군교가 1910년 8월 대종교(大倧敎)로 교명이 바뀌었으나 일제의 노골적인 감시와 탄압은 더욱 강화되었다.

대종교의 총본사가 1914년 5월 백두산 지역 북쪽 산 밑의 청파호(靑坡湖) 근방으로 이전하고 교세를 확장하여 독립운동에 전념했다.

1915년 10월에 발표된 일제의 '종교통제안(宗敎統制案)'은 결국 민족의, 대종교의 수많은 애국지사를 토벌하듯 추적하여 그들의 생명을 무차별적으로 앗아갔다. 존폐위기에 봉착한 지도자 나철은 일제에 대한 분기(憤氣) 탱천한 마음을 다스리다가 1916년 8월 15일 구월산 삼성사(三聖祠)에서 자진(自盡)하였다.

나철의 후계자 무원 종사(茂園宗師, 본명, 김교헌(金敎獻)은 홍범규칙(弘範規則)을 공포하고 군관학교를 설립하여 항일 투사양성에 전념했다.

항일 독립운동의 비밀무장 결사 단체인 중광단(重光團)은 차후 북로군정서(北路軍政署)로 발전했다. 1919년 2월 8일 「대한독립선언서(大韓獨立宣言書)」는 3·1운동에도 영향을 주었다. 동년 3·1 대한독립 만세운동은 거국적이었고 들불처럼 삽시간에 전국으로 퍼졌다.

오늘 대통령 축사 첫마디에, 천도교(天道敎)가 제일 먼저 나온다. 대종교의 구국운동과 광복 운동이 빠졌다. 현 총전교, 대일각의 임원님들 그리고 교우 분들의 심정도 마찬가지일 것이다. 21세기 대종교의 중광 운동이 전개되길 바란다.

대종교(大倧敎)의 명칭, 개념을 되새겨보자. 대종교의 본래 명칭은 단군교(檀君敎)였다. 홍암 나철이 대종교에서 신앙(信仰)의 대상처럼 때로는 일부에서 존숭(尊崇)되고 있다. 하지만 그는 단군사상의 교조(敎祖)가 아닌 대종교의 창교자(創敎者)이며 독립운동가로 국조 단군사상을 승계하고 단군(=한배검)의 건국이념을 국민에게, 세계인에게 널리 알렸다.

홍암이 외쳤던 구국의 정신은 고대사 문화의 중심축인 단군사상이다. 그 당시 당면한 여러 사정으로 인해 단군교가 대종교로 교명을 변경했을 뿐 본래의 종지(宗旨)가 변한 것은 물론 아니고 홍암 나철의 사상이 바뀐 것도 아니다.

대종교가 기존의 여러 신앙(信仰)단체와 다른 점은 단군 신앙이 아니라 국조 단군의 사상을 범국민적으로 승화시킨 역사운동이자 독립

정신 고취였다. 나아가 반도 사관에서 탈피하여 대륙 사관을 심어주는 민족문화의 주체 의식과 사상은 2대 무원 종사, 3대 단애(檀崖) 윤세복(尹世復) 종사로 이어졌고 오늘에 이르기까지 그 맥을 이어가고 있다.

대종교(大倧敎)의 뜻은 상고시대 신인(神人) 단군의 가르침(敎)을 이어받아 유구한 민족의 얼을 이어 나아가신 선현(先賢)들의 사상을 넓고 크게 펼친다는(大倧) 뜻이다. 그 대의는 또한 세계적인 교육 기관(敎育機關)으로서의 선도적인 역할을 포함하고 있다.

국조 대황조(大皇祖: 한배검)님이 이신화인(以神化人)하여 개천(開天)·개국(開國)하였고 백두산 지역에 오족(五族)을 불러 모아 인류 최초로 인간이 인간답게 살아가는 길, 홍익·홍제의 길을 교화(敎化), 치화(治化) 이화(理和)로서 가르쳤다는 전언과 차후 기록된 문헌이 있다. 따라서 대종교는 국조(國祖) 단군(檀君)의 가르침인 홍익(弘益)·홍제(弘濟)의 사상과 이념을 받들고 계승한다.

대종교(大倧敎)는 일반적으로 사용되는 종교(宗敎)의 마루 종(宗)과 다른 상고(上古)의 신인(神人) '종(倧)'자(字)가 사용되었다. 상고시대의 역사 가운데 신인(神人) 종(倧)자가 본연(本然)의 국조단군 사상과 의의를 제시하고 있다.

민족종교 1호인 대종교의 중광(重光), 백두산족의 중명(重明) 사상도 그와 궤도를 같이하기에 개인이나 몇 명이 모여서 할 일이 아니다. 국가와 국민, 공동체 사회가 다양한 방면에서 모두 힘을 합처 함께 해 나아가야 하는 일이다. 대종교가 민족문화교육의 중심이 될 수 있는 프로젝트를 중장기적인 안목에서 연구, 검토하여 널리 알리고 국민적 호응을 받아야 한다.

이미 수많은 사람이 목숨을 바쳐 개척한 과거의 독립운동사, 역사

적인 민족문화창달, 삼법(三法) 수행, 정신 문화운동의 길 그리고 공
들여 쌓아 올린 정신계의 탑이 대종교에 존재한다. 이러한 숭고한 물
질적 정신적 자산이 오늘날 복잡한 사적 욕망과 욕심이 뒤엉켜지지
않도록 모두가 노력해야 한다. 선현들이 걸어가신 신독(愼獨)함의 자
세와 정신을 본받아야 한다.

잡초, 잡목이 무성해지지 않도록, 잡석이 많아지지 않도록 대종교
의 중광(重光)을 기원한다.

2021년 3월 1일

16. 한국의 미국 점령군

요즈음 이재명 경기도지사가 미국 점령군에 대해 소신(所信)을 밝혔다. 대한민국이 미국의 군정에 의해 다스려졌다는 말이다. 갑론을박(甲論乙駁) 정치적 논란이 많고 시끄러움은 여전하다. 각자마다 나름의 역사적 이해, 인식, 의식 등이 있겠으나 객관적, 보편적 사관(史觀)에서 볼 수 있어야 그 진면모를 살필 수 있다.

이 지사가 한국의 미국 점령군 대한 발언, 친일파 청산의 미흡에 대한 역사적 사건은 모두 사실관계와 연관성을 가지고 있다. 세계사적 안목에서 다양한 시각으로 바라본 한국 근대사, 상해임시정부, 독립운동사, 민족문화와 서구문화의 관계 등이 연구되어야 미래지향적인 방향을 확립할 수 있다. 역사교육과 시대 문화에 걸맞은 문화경영이 재조명되어야 현재와 미래의 길이 보인다.

2020년 '말벗 출판사'에서 출간된 단행본『역사에서 배우는 종교문화 경영학』의 머리말에서부터 일제강점기 시대, 미군정시대의 문화(8쪽) 등이 나오고 인류 문화사에 큰 죄악을 저질은 주요 국가 중에 미국이 있음(70쪽)을 명시했다.

미국의 조선 침략은 1871년 신미양요(辛未洋擾)에서부터 시작된다. 1871년 6월 1일 미국함대가 강화도를 포격하여 초토화했다. 많은 백성이 살상됨은 물론 문화재가 약탈, 강탈되었다. 그 후 1882년 불평등한 조미수호통상조약(朝美修好通商條約)이 체결(締結)되었다. 아직도 한국은 미국의 손아귀에 벗어나지 못하고 있다. 미국의 문화가 우리 조상의 문화보다 더 대접받는 현실이 안타깝다.

일제강점기에서 해방된 대한민국이 분단되게 만든 원천적인 주요 원인은 미국, 영국, 구소련의 밀약(포츠담 회의, 얄타 회담)에서 시작되었다.

'얄타 회담'에서 독일과 한국이 양쪽으로 분할된 것은 잘 알려진 근대사 사건 중의 하나이자 비극이었다. 미국이 당시의 소련에게 미국은 남한, 구소련은 북한을 나누어 통치하자는 일명 38선 분할통치를 제안했다.

185쪽을 보면, 남한에는 미국 육군사령부 군정청(在朝鮮美國陸軍司令部軍政廳, United States Army Military Government in Korea; 약칭 미군정청(美軍政廳, USAMGIK)이 대한민국의 심장부인 서울에 주둔했다(1945. 9. 8. ~ 1948. 8. 15). 미군정은 한국의 국정운영에도 관여하면서 영향력을 행사했다.〕 북한에는 소련 군정이 북한의 조선민주주의인민공화국 정권이 형성될 때까지 북한의 국정을 담당했다(1945. 9. 8 ~ 1948. 9. 9).

1950년 1월 12일 D. G. 애치슨(Acheson) 미국 국무장관이 미국의 극동 방위선을 설정하고 발표한 선언이 '애치슨 라인(Acheson Line)'이다. 그 방위선에서 한국이 배제되었다. 결과적으로 애치슨 라인은 북한이 남한을 침공할 기회를 제공했다(545쪽).

결국 대한민국은 북한군의 침략을 받았다. 형제간의 전쟁, 한국(6.25)전쟁이라는 세계사에 유례없는 대참사로 인해 1000만 명의 사상자가 발생했다. 나라는 황폐되어 세계 최대 빈민국(貧民國)이 되었다. 참으로 통탄스러운 한민족의 비극사였다.

독일은 통일되었으나 한국은 1953년 북한과 종전협정을 맺은 지 70년이 지났지만, 아직도 분단국가로 남아 있다. 올바른 역사 이해와 세계사적인 관점에서 남북통일의 염원은 새로운 정치적 접근뿐만 아니라 민족문화 의식도 고려되어야 한다.

세계사가 그리스도 관점에서, 또한 일제강점기 시대의 사관을 가지고 일정 부분 한국사를 기록된 부분이 있다. 한국 지식인의 일부는 친일 사관에 찬동하고 있다. 미래세대를 위한 올바른 역사 공교육이 시급하다. 그것은 여러 분야에서의 문화(경영)식민지 상황에서 벗어나는 길이다.

그 길은 우리산업의 중심인 반도체 소재와 자동차 부품, 제조를 위한 제조 장비(소·부·장)의 독립으로 이어진다. 애국정신이 담긴 소부장의 산업 핵심 전략기술을 확보하는 것은 미래 국력과 직결된다.

그뿐만 아니라 올바른 역사 공부와 그에 대해 숙고의 기회가 우리 국민의 확고한 자주정신을 건강하게 만든다. 객관적 보편 사관에서 밝혀진 사실관계, 정체성, 자긍심 등의 확립은 시대적 요청이다.

2021년 7월 5일

17. 시대정신은 과학적인 종교와 종교사상을 주시한다

이 세상에 종교(宗教)는 성인의 가르침을 말한다. 그는 인간이 인간답게 살 수 있도록, 사람다운 사람으로 살 수 있도록 가르쳤고 그의 가르침은 종교로 표현되었다. 성인의 가르침, 사상 등을 배우고 그분의 사상과 이념 및 대의를 이어가는 단체가 사상단체. 그분의 사상을 이어가는 사람은 종교의 길을 걸어가는 종교인으로서 사회적 귀감(龜鑑)이 되어 만인에게 존경받는다.

한국의 과거 선가(仙家), 도가(道家), 유가(儒家), 불가(佛家) 중에 현재 남아있는 종교, 종교의 역할과 기능을 할 수 있는 사상단체가 유가(儒家)와 불가(佛家)이다.

고구려 말기(末期)시대에 유입된 도가사상은 고구려의 멸망과 함께 민간신앙에 스며들어 융합되었다. 그 흔적은 또한 불가의 사찰 가운데 산신각에서 발견된다.

도가의 수행 방향과 목적은 명성(明性)이라는 용어로 함축되었다. 명성(明性)은 선천적인 인간의 밝은 천성을 좇아 성품을 밝힌다는 뜻이며 본래의 밝은 성품을 기른다는 의미에서 양성(養性)이라고도 한다. 명성과 양성은 같은 의미로 사용되었고 비록 후천적인 여러 상황으로 인해 가려진 천성의 모습일지라도 성찰과 수행을 통해 다시 밝게 함양할 수 있다는 것이 핵심이다.

유가의 세력은 현재 미미하나 아직도 사회적 윤리 도덕적인 관점에서 역할을 하고 있다. 선가는 조(調)식(息) 연구, 조(調)식(息) 수련단체로서 누천년 동안 명맥을 이어오다가 1984(下元甲子)년을 맞이하여 봉우 권태훈 선생을 통해 널리 알려졌다. 선가의 수행법이 여러 방면에서 차용되었고 심신 안정 치유로 활용되고 있다.

불가 중에 한국 불교가 서구의 지성인들에게 주목받는 이유는 1600

여 년 동안 국민의 사유체계와 철학 징신에 큰 영향을 주었기 때문이다. 한국 고대사에 불교사가 빠지지 않고 등장하며 한국의 고유문화와 불교문화의 강력한 조화와 융화 사상을 통해 토착화를 이루고 있는 것은 또한 한국 불교(문화)의 특성이자 특징이다.

한국불교종단, 일부 승려(僧侶)의 몰상식한 언행과 사회적으로 드러난 비행(非行) 등의 모습은 세계적인 뉴스감이 된다. 외국의 지식인 가운데 한국에서 승려 생활을 한 국내 거주자 또는 자국으로 돌아간 수행자가 한국 불교의 현주소를 어떻게 보고 있을까 궁금하다.

승려도 승려 나름이며 선사(禪師)도 선사(禪師) 나름이다. 그 나름이 길이 다르다고 하더라도 크게 다르면 궤도이탈이 되어 승려의 신분을 벗어난 것 아닌지 묻고 싶다.

불의를 부끄러워하고 착하지 못함을 미워하는 마음은 당연한 사람의 마음이라고 하여 예로부터 수오지심(羞惡之心)이라고 하였다. 사람이 부끄러움을 모르는 것은 어떠한 문제가 있다고 봐야 하는지 심사숙고하면서 궁리해 볼 사안이다.

한국 불교가 공(空)과 무(無)사상이 정신세계의 철학이자 승려, 선사(禪師)의 깨달음의 길이라고 하지만 실제 삶과 생활철학은 현장에서 어떠한지 애증의 마음을 가지고 살펴보자.

황금색 찬란한 불교의 건축 모습, 부처님의 다양한 형상과 그 형상들이 황금색으로 채색되었다. 채색 즉 색(色)이 공(空)보다 앞서고 있다. 불교 권력의 양태(樣態)를 조직화시킨 것은 물질문명 세계의 진수를 대변하고 있는 현 불교의 실상이 아닌지 의문이 생긴다.

불교의 만들어진 조직체와 권력 승계가 또한 '중세 서구 그리스도교 시스템'의 형상을 본받은 것 아닌지 착각이 들 정도다. 수행하는 승려가 스스로 나는 없다고 하며 내 성품도 공성(空性)에 이르고자 노력한다.

혹자는 공성이라고 주장한다. 하지만 수행하는 주체인 내가 없으면 아무것도 없는데 왜 공성임을 어떻게 알았을까? 공성이라고 주장하기 전에 견성(見性)이 우선이다.

이 세상의 현상은 양면성이 있다는 것을 정신세계의 지혜를 통해 밝힌 것이 반야바라밀다심경(般若波羅蜜多心經)이다. 반야심경은 자연현상이 색즉시공(色卽是空) 공즉시색(空卽是色)이라고 분명히 전하고 있다.

자연현상에 대한 과학적인 관조의 세계가 반야심경에 내재(內在)되어 있다. 반야심경은 지혜의 완성에 이르게 하는 수행법(修行法)이지 주문(呪文)은 아니라고 분석된다.

관자재보살의 설법을 잘 읽어보고 마음의 귀로 들어보자. 무(無)가 아니고 유(有)이며, 공(空)이 아니고 비어 있음의 형상이다. 마음으로 발생하는 모든 작용은 비물질적인 현상인데 그 현상 또한 보이지 않아 공이라고 하기 보다는 보이지 않는 내면(마음. 심(心))의 세계가 있다(有).

그래서 유심(唯心)이 존재하지만, 유물(唯物)이 동시에 존재한다는 것을 밝혔다. 그러므로 관자재보살은 삼생(三生)의 인연이 있으며 그 인연으로 수행하여 지혜의 완성으로 함께 가자고 권유하는 수행자의 길을 제시하고 있다.

산스크리트 반야심경을 번역해 보면, 반야심경은 지혜의 완성에 이르게 하는 경전이다. 반야심경에 나오는 만트라(mantra)의 개념은 본래 자연현상으로의 불교에서 논하는 제법(諸法)이다.

현장법사(玄奘法師)가 반야심경 첫 번째 구절에 나오는 만트라의 개념을 제법이라고 바르게 한자어로 옮겼으나 그다음에 이어지는 만트라의 개념을 모두 주문(呪文)으로 번역하여 반야심경의 본질이 왜곡되었다.

반야심경은 주문이 아니다. 관자재보살(觀自在菩薩)이 자연의 섭리이자 이법(理法) 즉 제법을 설명하면서 수행자에게 지침서가 되는 수행법을 제시한 것이 분명 반야심경이다. 관심을 가지고 반야심경을 분석해 보면 수행법이라는 것이 자명(自明)해지며 함께 수행하는 분들에게 정진하기를 권면하는 성격도 들어 있다. 이처럼 분석된 반야심경의 원고가 몇 년간 잠자고 있으나 출간되어 햇빛을 볼 수 있는 기회는 올 것이다.

깨달음을 지향하는 불교가 어찌 기복(祈福)신앙의 늪에 빠져 있고 부처님의 제자답지 못하게 불교 신앙인을 만들어 갈까 하는 의혹은 나만의 생각일 수도 있겠다.

그러나 한국 불교만이라도 종교와 신앙, 종교인과 신앙인, 종교단체와 신앙단체를 바르게 구별하고 종교의 길이 무엇인지 숙고해 보아야 한다. 불교는 본래 깨달음을 추구하는 사상단체이지 신앙단체가 아니며 기복을 추구하는 신앙단체 또한 아닐 것이다.

신앙인은 신의 은총과 보호, 성스러운 신적 영역이 있고 그 속에서 신앙인은 안전하다고 생각하고 믿고 있겠지만 그러한 곳은 이 지상 어디에 있을까?

생활, 사고, 관습, 인식 등의 변화를 이끄는 것은 자연의 힘이며 이와 연계된 과학 정신, 과학의 힘이다. 깨달음의 종교는 과학적인 종교다. 과학적인 종교, 종교과학이 21세기의 깨우침의 눈이자 깨달음의 길이 되어 만인에게 공감을 주고 있다. 그리 머지않은 기간에 과학적인 종교의 길, 과학 종교, 종교과학이 시대정신을 이끌어 갈 것이다.

아무개가 지금의 일부 신앙단체의 행위에 대해 질문해서 다음과 같이 답을 했다.

코로나19의 대유행은 모든 신앙단체와 무관하게, 신의 의지와도 상관없이 그러한 영역에도 무관하게, 불가침영역이라는 곳이 없이 진행되고 있다. 이 땅에 신의 은총을 입은, 신의 특별 지시로 성지(聖地), 성역(聖域)으로 지정된 곳이 없어 굳이 찾아가 볼 만한 곳도 없다.

코로나19의 대유행은 인간의 교만과 헛된 망상을 깨우쳐 주고 있지 않는가? 모든 국민, 성직자, 신앙인 등이 특히 의료과학 분야에서 벗어나지 못하고 의지하는 이유는 또한 무엇이겠는가?

신앙이 부족해서 불가의 깨달음이 부족해서 아니면 그들이 믿는 신께, 부처님께 복을 짓지 않아서 그럴까?

그러한 신은 만들어진 신이며 만들어진 신은 대답 없고 무력하기만 하지만 과학방역을 실행하는 분, 의료인들은 여러분 곁에서 대답하고 돌보고 있다.

21세기 시대정신은 과학적인 종교와 종교사상을 주목한다.

2021년 1월 10일

18. 이태원의 참사 뉴스를 보고 나서

아! 그 무엇으로도 바꿀 수 없는 수많은 생명이 처참하게 희생되었다.

지난번에 세월호 사건으로 그 얼마나 많은 학생이 희생되었는가! 그로 인해 아직도 국민적 트라우마가 온전히 치유되지 않았는데, 억울하고 분통한 참사가 또 일어났다. 책임지는 자가 없었던 것처럼 한국 사회의 비극은 다시 일어났다.

이태원의 참사는 세계인을 경악하게 만들었다. 참으로 통탄을 금할 수 없고 억장이 무너지면서 감출 수 없는 눈물이 하염없이 흘러내린다. 그들은 누구이며 나와 너 그리고 우리는 도대체 누구인가? 특히 스스로 자기 자신을 자랑하는, 겸손치 못한 그들, 한국 지식인, 정치인, … 또한 우리 모두 도덕적 책임에서 벗어날 수 없다.

비전문가들의 요란한 소리, 바퀴 굴러가는 굉음(轟音), 국정운영 철학을 오랫동안 품어 오지 않은 대통령, 비전문가로서의 장, 차관 자리, 행정직, 어쩌다 시간이 흐르면 받게 되는 안식년, 순환보직 등은 무엇을 위한 것인가?

아직도 문화식민지 형태의 잔재로 볼 수밖에 없는 정치, 교육시스템, 노예근성, 21세기 신 당파싸움과 같은 극심한 '확증 편향 증세'에서 벗어나지 못하는 부류들, 철 지난 정치적 색깔 논쟁, 여야 극단의 정치적 공간, 구호만 있고 깃발만 나부낀다.

근본 대책과 방향 목적이 비상식적이며, 허술하거나 상실된 데모 형태들, 자아정체성 상실 등, 꿈속에서 외쳐보지도 못하는 그들만의 국가·국정 경영철학은 어떠한지! 상황 논리와 한계, 극한의 한계 아니면 최대의 임계점(臨界點) 또는 임계치(臨界值)에 도달했는지! 참으로 가관(可觀)이고 그 속내가 궁금하다.

　전직(前職) 판사, 검사, 변호사가 정치하면 국정운영을 잘 할 수 있을까? 그들 나름의 생각과 의식, 습성(習性)으로 남아있는 버릇에서 벗어날 수 있을까? 옛날이나 지금이나 무엇이 달라졌나? 국민 의식은 꾸준히 상승하고 있음에도 불구하고.

　위정자들의 신앙 의식이 정치에 연계되면 불합리한 모양새가 되어 국민의 의미심장한 눈초리는 피할 수 없다. 위정자의 신앙이 단편적으로 국정운영에 영향을 주어서는 안 된다. 대통령은 국민 모두의 대통령이라는 점을 항시(恒時) 유념해야 한다.

　한국인은 한국인답고 한국인의 위정자 또한 한국인다워야 한다. 국민총화의 길이 무엇인지, 무엇이 한국다운 것인지 등에 대한 좌표는 국민(교육)의 과제, 국정과제다. 21세기 국정과제로서 차근차근 연구 분석하여 자리매김할 정신적 지주가 공표되어야 한다. 국민총화의 이념과 사상이 미래 국가 100년의 대책에 포함되어 위정자의 공약으로 제시되어야 사회와 국가가 발전하고 국가 정체성이 바로 선다.

　세월이 흐르고 변해도 변치 않는 역사적 정신 과학적인 인물로 회자(膾炙)하고 손꼽히는 분들이 만고의 성인(聖人)이시다. 하지만 작금의 상황을 돌아보면 걱정스럽다. 유구한 5천 년을 이끌어 오신 선현(先賢)들께 어찌 고개를 들 수 있을까?

　종교문화경영의 개념과 본질을 제대로 모르는 정부(政府)가 있다면 배워야 한다. 세계화 시대에 버금가도록 많이 연구해야 한다. 성직자, 신학자, 종교(철)학자도 그것이 도대체 무엇인지 겸손하게 배워야 한다.

　한국 정치판의 색깔 논쟁처럼 자신의 도그마와 신조, 신앙고백 등에서 벗어나 세계적인 시대정신과 시내 문화경영을 숙지, 숙고하지 못하면 신앙단체의 색채 간판은 퇴색되고 부식하여 떨어진다.

신앙(信仰)은 나름의 믿음일 뿐이다. 신앙과 신학(神學)은 구별되고 있듯이 신학과 종교(宗敎) 또한 구별된다. 특히 유럽의 많은 신학자, 성직자 모두가 독실한 신앙인이 아니라는 것은 이미 오래전부터 알려진 사실이다.

많은 신학자가 1년에 몇 번, 축하 행사 때 교회를 찾는다. 신학, 신학자, 성직자, 신앙인들도 변하는 시대에 따라, 시대정신에 따라 변하고 새로워지려고 노력한다. 마치 날로 새로움을 추구하고 새로워지는 과학 정신과 부응하는 것과 같다. 첨단과학 정신, 과학적인 (오늘의) 이론과 (내일의) 실제는 구시대의 신앙 의식, 모든 신앙적인 작품들을 초라하게 만들고 있다.

당시 신앙적인 차원에서 상상력을 동원하여 만들어지고 상징성이 부여된 것들이 시대정신에 맞지 않아 수정 보완하거나 그렇게 보완하다가 누더기처럼 엉성해지면 폐기처분이 되고 그럴듯한 새로운 작품이 생성된다.

성인으로 추대된 아우구스티누스, 교부철학의 대가로 알려진 토마스 폰 아퀴나스, 그 외 수많은 구교, 신교 신학자, 학자, 타 신앙단체의 학자 등의 인물도 새로운 시대를 맞이하여 그들의 색깔과 주장은 퇴색되었다.

신학 논리와 교리, 신앙 등에 대한 조작(造作)의 연속은 수많은 작품을 만들어 내었다. 그러한 신앙 인식의 신성함과 경건성은 자못 과학 시대에 따라오기조차 숨가쁘다. 마치 그 무엇을 장롱 속에 감춰놓았듯이 많은 단체에서 그 무엇들을 오늘에 비추어보고 다시 생각하며 수정, 보완하고 또다시 만들어 내고 있으나 내일은 모른다.

그와 다를 바 없는 것이 인위적인 작품으로 드러난 모습들 가운데 하나가 바로 핼러윈 날이다.

켈트족의 유령(幽靈) 의식(儀式)이 그리스도 교단에 흡수 융화되어 그들만의 이율배반(二律背反)적인 특색이 되었다. 그러한 의식이 어느 날 우리나라에 현실적인 놀이로, 재미있는 놀이, 스트레스 해소 놀이로 이상하게 변하고 괴이한 문화축제(?)로 둔갑하였고 이태원의 큰 사건으로 터져 많은 분이 희생(犧牲)되었다. 세계문화 경영이 자국적 차원에서 왜 필요한가를 역설적으로 보여주고 있다.

사건이 일어난 그 지역 일부 장사꾼들의 영업도, 경제적 이익에 눈이 멀어서 생긴 여러 원인 중에 하나라고 본다. 담당 지역의 안일한 공무(公務)적 태도와 정부의 위기관리 방안과 대책도 도마 위에 올랐으나 사후약방문 처방이 되었다.

희생자는 말이 없다. 잘 수습하고 사회적 상처를 치유하는 것이 최우선이다. 그다음에 뒤따르는 것은 국가와 국민의 고뇌 깊은 마음에서 진솔하게 나와야 하는 실천 방안이다. 그 사건 지역의 소수의 상인이 희생자 가족분들과 함께 슬픔과 고통을 나누고 안타까워하는 모습도 공개되었다. 의로운 모습이다.

부연하자면, 대 국민적인 관점에서 세계문화를 정신 과학적인 통찰과 통섭할 수 있는 전문적인 종교문화경영인이 양성되어야 한다. 그는 대승적 차원에서 사회와 국정철학, 국가경영, 세계적인 문화경영, 평화(문화)에 일조할 수 있다.

희생자들의 명복을 삼가 기원한다.

☞후기: 혹자는 범인(凡人)이기에 어쩔 수 없으나 당신은 뭐냐고 나무라듯이 반문한다. 그렇다.

모든 사람이 범인으로 태어났고 평범할 뿐이지 그 이상 그 이하도 아니다. 부분적으로 생각의 치이, '다름'의 정도와 무엇이 있다고 하더라도 생자필멸(生者必滅)의 법도에서 벗어날 수 없는 우리는 모두가 범인(凡人)이다.

부끄러운 자기 모습이 안타깝게 관조(觀照)되고 역량과 한계를 인지하고 있으나 한 걸음이라도 할 수 있다면, 그 무엇이라도 해야 할 것 같습니다.

2022년 11월 1일

19. 만들어진 신의 형상

누가 신(神)의 형상을 보았을까? 유형인가 무형인가?

누가 신의 형상을 보고 어떠한 모습으로 어떻게, 왜 설명되고 있는지 등에 대한 사실 여부는 좀처럼 파악이 되지 않은 상태에서 신앙의 차원에서 그럭저럭 두루뭉술하게 넘어간다.

만들어진 신의 형상과 의미는 이해를 돕기 위한 논리이자 신앙인의 인지도를 높이기 위한 것이지 결코 신을 위해, 신의 존엄과 숭상을 위한 것은 아닐 것이다. 그러므로 인간이 신의 노예가 되어서는 안 된다. 신이 또한 인간을 노예로 보지는 않으며 노예와 같은 존재로 규정하지도 않았다.

구약 창세기 1장에 인간은 본래 신과 대등하고 버금가는 존재, 신의 형상이라고 설명되었다. 인간도 노력하면 신의 형상, 신적 존재가 될 수 있다는 가능성을 동시에 열어 놓았다.

'묻지 마,' '의심하지 마'라고 하는 절대적 신앙 의식, 관념에서, 영혼의 구속, 영혼의 노예에서 벗어날 수 있는 길이 있다. 먼저 신앙과 종교개념 분석과 이해를 바르게 하면 인식의 변화가 일어나서 질문하고 의심한 것, 궁금한 것 등을 알고 싶어지면서 정과 사를 구별하고자 노력하며 스스로가 배움을 요청하며 '깨우침'을 가지려고 한다. 깨우침이 쌓이면 점차 성인이 걸으신 종교의 길, 깨달음의 길로 갈 수 있다.

종교의 개념과 의의가 무엇보다 사람다운 사람, 사람 사랑 등을 중요시한다. 그러한 이상적인 사람이 유가에서 군자(君子), 군자의 길이라고 설명되었다.

이와 연관된 대표적인 용어로서 예컨대 어질 인(仁), 자비(慈悲), 천성(天性), 본성(本性), 불성(佛性), 명성(明性) 등의 개념이 있다. 모두

다 사람 사랑이라는 의미가 포함되었다.

따라서 종교(宗敎)가 서구서 신앙(信仰)의 차원에서 사용된 religion
의 상위개념이라고 본다. religion은 유일신 신앙의 개념이자 신앙인
의 존숭 대상이다. 따라서 주목할 사안은 인(仁), 자비 등의 개념과 의
미의 주체가 사람이지 (유일) 신(the God)이 아니다.

서구의 신본주의에서 인본주의를 논하는 서구의 사상이 오늘날 세
계적으로 전개되어 다시 동양으로 회귀하였고 인도(人道)주의 사상으
로 발전되었다.

특히 한자문화권인 동북아시아에서 사람과 생명을 가장 중요시한 점
을 정신과학 차원에서 재론하면 다음과 같은 중핵을 발견할 수 있다.

선가의 중명(重明), 유가(儒家)의 솔성(率性), 불가(佛家)의 불성(佛
性) 사상 등은 널리 알려졌고 그의 후학(後學)들이 그 사상을 정신적
가통(家統)으로 이어가고 있다.

20. 우주의 먼지와도 같은 삶이라 할지라도

안녕하세요?

코로나19(COVID-19) 엔데믹(endemic)을 기대하며 몇 가지 마음의 단상을 적어 인사드립니다.

무정한 세월은 부질없이 흐르고 또 한없이 흘러가면서 어느덧 오늘의 시간과 날짜 그리고 연도가 되었습니다. 선현들께서 인류를 위해 우주의 시간과 자연의 흐름을 과학적으로 연구·분석하였고 더욱 새로운 기술이 시대사상과 접목되어 일목요연하게 시간의 개념을 더욱 정교하게 세분화시켰습니다.

그러한 개념 속에 만인이 우주의 시간, 자연의 흐름을 여러 방면에서 체감하고 유용하게 사용하고 있습니다. 각자의 관점에서, 나름의 계획과 의미를 담고 있는 각자의 삶은 자신의 시간이지만 그 시간은 계절의 순환처럼 다시 돌아오지 않는 흐름의 연속입니다.

대자연 속에서 인간의 삶이 '주마간화(走馬看花)'이자 '주마간산(走馬看山)' 격입니다. 남녀의 사랑이 또한 '조운모우(朝雲暮雨)', 철모르는 삶이 '조령모개(朝令暮改)', '조삼모사(朝三暮四)'와 같다는 등의 비유는 널리 알려진 용어이지만 나이가 들어가면서 또한 그 대의를 다시 되새겨 봅니다.

불가(佛家)에서 말하는 찰나(刹那)의 순간이 인간의 삶이라고 하니 참으로 자연의 이치와 섭리는 무엇을 우리에게 제시하고 있는지 되돌아보게 합니다. 변하고 변하는 것은 새로움을 향한 변화(變化)이며 변화의 도는 우주의 율려(律呂)이자 음양의 동정(動靜)이라고 하듯이 쉼없는 우주의 변화는 보이지 않는 무한한 법칙이기에 영원히 지속되겠지요.

　유한(有限)한 인간의 삶 속에 불교의 법화경에 나오는 '회자정리(會者定離; 만남과 헤어짐)', '거자필반(去者必返; 가는 사람은 꼭 돌아온다)'은 잘 알려진 생활용어가 되었습니다.

　하지만 삶이 무상(無常)이거나 허(虛)하고 공(空)하다고 하여 부평초(浮萍草)와 같아 인생무상(人生無常)이며 고해(苦海)라고 단정할 수 없다고 생각합니다. 그것은 새로움을 향한 또 하나의 변화이지 전부는 아니라고 봅니다. 인간의 삶이 비록 우주의 먼지와도 같을지라도 각자의 삶이 또한 나름의 의미와 흔적이며 자연의 섭리에 순응하는 것입니다.

　생자필멸(生者必滅)의 차원에서 겸손한 마음으로, 신독(慎獨)의 자세에서 지난 세월을 돌아보면 회한(悔恨)과 수오지심(羞惡之心) 등이 남겨져 있으나 죄짓지 않고 살려고 노력한 것은 다행(多幸) 중에 하나라고 생각합니다.

　남은 인생, 어떠한 변화의 과정에서 새로워질 수 있을지! 풀어 나아가야 할 과제가 아닐까 합니다.

2022년 4월 8일

21. 부족한 공감대 형성을 생각하며

우리의 삶 속에 이십사절기(節氣)가 있듯이 하늘이 정한 국내, 국제 상황과 연계된 도수(道數)와 뜻이 있다면 그 순리대로 가고 있을 것으로 생각합니다.

요즈음 순리(順理)를 따르지 않고 역리(逆理)를 따지며 존재감을 내세우는 무리가 있습니다. 이런저런 사람들이 제각각 나름의 정치 이야기와 평가(!)를 합니다. 과거의 평가는 누구나 그리 어렵지 않게 할 수 있습니다.

하지만 자기 생각에는 옳다고 판단한 것이 진리인 양 주장하는 것은 모양새가 떨어집니다. 객관적인 공감대가 형성되지 않아서 울리는 꽹과리 소리로 돌아오겠지요. 부족한 공감대 형성이 사회적 문제점으로 드러나게 되어 국민을 혼란스럽게 합니다.

예컨대 정치평론가라고 자부하는 전문가도 현 정치의 실제는 어떻게, 어떤 모습과 형태로 전개될지, 사회적 현상과 결과는 어떠할지 등에 대해 예리한 판단보다는 두루뭉술하여 그저 좀 더 지켜보겠다고 말합니다. 꼬리를 감춘 순간순간의 주장처럼 보입니다.

계절의 변화를 모르면 지금이 어느 철인지 제철을 모릅니다. 철모르는, 깊이 없는 외침과 논객들만 늘어나고 있어 이판사판하듯 야단법석입니다. 여기에서 야단은 아마도 정리되지 않아 어수선하고 시끌벅적한 모습으로 표현된 야단(惹端)이 아닐까 합니다. 또한 그들은 개인 유튜버의 채널을 통해 단상(斷想)이라기보다 행상(行商)을 하지 않는가 하는 의구심이 듭니다.

부처님의 설법을 듣고자 모인 사람들을 위해 실외에 설치한 연단(演壇) 석(席)이 본래 '야단법석(野壇法席)'인데 이상한 방향으로 사용되고 있네요.

부처님과 같은 야단법석(野壇法席)의 주인공은 언제 나오실지 희망하고 기원합니다.

2022년 5월 16일

22. 21세기 선도국(先導國)!

희망이 담긴 추론이나 가능성을 열어두고 세계적인 나라, 대한민국
의 미래, 홍익(弘益) 홍제(弘濟) 문화의 나라를 조명해 보고자 합니다.

이 세상에 홍익인간, 제세이화의 건국이념을 가진 나라는 대한민국
외에 그 어느 나라도 없습니다. 이러한 대한민국의 품격과 위상은 오
늘은 물론 미래에도 널리 알려질 것입니다.

그러한 준비과정에서 어떠한 국민과 국민에 의해 선출된 대통령(大
統領)이 새로운 대한민국을 이끌어 갈지 궁금합니다. 하늘이 점지해
놓은 분이 있다면 국가와 세계평화를 위해 어서 오시길 기대합니다.

한없이 기대하는 것도 무리가 있어 오늘의 한국은 어떠한가를 돌이
켜 보아야 할 때가 되었습니다.

세계의 유일무이한 동족 간의 전쟁, 한국전쟁이 민족의 대참사이자
세계적인 전쟁사가 되었습니다. 한국은 세계 최대 빈민국(貧民國)이
되었고 국민은 하루 세 끼 식사도 어려운 비참한 시대에 살고자 몸부
림쳤습니다.

그런데도 폐허의 땅 위에 새로운 국가를 건설하기 위해 국가와 국
민의 노력은 시작되었고 국민의 향학열(向學熱)은 드높기만 하였습니
다. 문맹률(文盲律)이 극히 소수인 대한민국은 오늘날 국조 단군의 이
념을 본받고 발전시켜 세계적인 경제와 문화의 나라가 되었습니다.

이웃 나라 일본(日本)은 20여 년 동안의 경기침체 속에서 벗어나지
못하고 경제적(經濟的), 사회적(社會的)으로 위축되고 있습니다. 더욱
이 후쿠시마 원전 사고는 30년 후에도 복구하기 힘든 재해이기에 기
약 없는 미래가 되었습니다. 일본의 국제적 위상이 점차 격하(格下)될
수 있습니다.

더욱 심각한 문제는 자연재해와 고령화로 인해 향후 일본이 한국에

게 도움의 손길을 내밀지 누가 알겠습니까? 일본의 군사력이 우리보다 한 수 위이지만 세계적 강국이 되는 것이 아니라는 것은 다수가 알고 있습니다.

　오천여 년 동안 유구히 내려온 한국의 전통문화는 또한 세계적인 수준이며 세계인에게 주목받고 있습니다. 세계가 한국의 경제발전과 다양한 문화콘텐츠 사업 등을 어찌 주목하지 않겠습니까?

　대한민국의 교육기본법은 '홍익인간'입니다. 개천(開天), 개국(開國)하시고 홍익인간 사상을 건국이념으로 나라를 세우신 분이 국조(國祖) 대황조(大黃祖)입니다. 우리 대한민국은 상해임시정부의 법통(法統)을 이어받았습니다. 홍익인간 사상을 바탕으로 건국이념은 고대로부터 지금의 한국에 이르기까지 교육이념이며 세계사에서 오직 한국에만 있습니다.

　백두산족인 대한민국 국민과 정부는 향후 인류 평화를 선도하는 제 3 세력으로 초강대국(超强大國)의 꿈을 실현할 수 있습니다. 빼앗긴 간도 땅, 동북 삼성 일대의 한국인, 재외한인 동포는 우리 고유문화를 이어가며 살고 있습니다.

　옛 고조선의 고토를 회복하고 세계평화에 이바지해야 할 것입니다. 초강대국이 될 수 있는 첩경이 바로 그것입니다. 중국(中國)이 한국을 무시하는 일은 더 이상 일어날 수 없도록 해야 합니다.

2022년 6월 28일

23. 논밭에 고개 숙인 벼

예전(前)이나 지금(只今)이나
나는 내가 본래 누구인지 모르고
살아가고 있으니 철부지(不知)와 같은 존재인가?
되물어 보지 않을 수 없는 시간이 되었습니다.

조금씩 배우고 익혀 나아가면서
너와 우리가 함께 공유하고 공존한다는 의식이 생기면서
학습의 중요성을 깨우쳐 갑니다.

배움이 깊어지고 경험이 축적되면서
내가 살던 고향의 논밭에 수많은 벼 이삭이 떠오릅니다.
그들이 서로 부딪치며 사락사락하는 소리를 내면서
황금 물결치는 아름다운 모습은 장관을 이루고 있었습니다.

비록 고개는 숙였지만 알찬 알곡은 가득하기만 합니다.
자신을 비웠기에 만인의 양식이 됩니다.

비우는 삶을 추구하며 공부했다고 나름의 말은 합니다.
어느덧 만추(晩秋)의 계절을 맞이하여 보니
남은 것은 서로가 냄새나는
아집(我執)과 아상(我相)에 사로잡혀 있어
내면에 보석(寶石) 같은 본래의 마음은 퇴색하고
날아간 뻐꾸기의 둥지처럼 아련하기만 합니다.

배움의 노력이 끝이 없어야 하는 것은
학문과 수행의 경계가 끝이 없기 때문입니다.

평생 하는 일이 수신제가(修身齊家)이듯이
오늘도 논밭에 고개 숙인 벼가
신독(愼獨)의 자세를 깨우쳐 줍니다.

2022년 8월 5일

24. 생일(生日)의 의의를 돌아보면서

생일(生日)은 글자 그대로 세상에 태어난 날, 자기 모습이 처음으로 드러난 날, 자신의 호흡 기관을 통해 스스로 호흡(呼吸)하기 시작한 날이다.

그때의 모든 유아는 천지 부모(天地父母)님께 출생신고를 하려고 눈도 뜨지 않은 채 가파르게 숨을 내쉬며 큰 소리로 울면서 숨을 쉬기 시작한다.

한 호흡 토해내는 그들의 첫 번째 생명의 울음소리는 이 세상에 고고한 생명의 찬가로서 천지를 향해 울려 퍼진다.

천상천하에 제일 귀한 우리 모두의 아이가 출생할 때 한숨을 내쉬고 들이마시면서 생명체의 율려(律呂)는 시작된다.

그러하기에 우리가 사용하는 호흡(呼吸)의 개념은 숨을 내쉬고 들여 마시는 것이다.

잠시 후 탯줄을 자르고 나서 어머니의 품에 안기어 생에 처음으로 모유를 먹으면서 출생신고식은 마무리된다.

이때의 모습 어찌 보면 세상에서 미성숙한, 나약한 존재이기에 만물의 영장으로 성장 과정과 스스로 자립하는 대기만성(大器晩成)의 기간이 필요하다.

인간이 마지막 한숨을 내쉬면서(呼) 돌아가는 것이 생(生) 즉 삶과의 이별이지만 아주 짧은 간극(間隙)이자 순간적으로 이루어진다.

호흡은 생사(生死)를 가르는 생명의 원천이기에 호흡조절은 특히 수많은 수행단체나 학술연구단체, 심신 치료 분야 등에서 중요시되고 있다.

궁금한 것은 아기가 태어날 적에 왜 울음으로 출생신고를 할까?

갓 태어난 아기의 천진무구(天眞無垢)한 소리가 우리에게는 왜 울음소리로 들리는지?

그 소리가 자신의 존재를 알리고 표현할 수 있는 최고의 방법인가?

울음소리는 자신의 호흡기 기능을 정상적으로 스스로 작동하게 하는 첫 번째 신체적 신호탄인가 보다.

고고한 울음소리는 생명의 실상으로 대자연과 함께 조화로움을 이룬다.

생일날이 귀빠진 날이라고도 한다. 당연하다. 모태(母胎)에서 출생할 때 머리부터 나와야 정상 분만이 가능하기 때문이다. 귀가 오장육부(五臟六腑)와 연계되어 있다고 보고 연구하는 동양의 한의학적 진단과 치료는 지금도 병행되고 있다.

한편으로는 나를 낳아주신 부모님께 한없이 감사한 마음을 고하는 날이 또한 생일이다. 세상의 빛을 보게 되었고 아름다운 대자연 속의 한 몸, 하나의 생명체로 함께 살아가는 내 모습을 생각하며 온고이지신(溫故而知新)하며 오늘 하루 잘 보내야 한다.

그러므로 생일날 부모님을 생각하는 것은 더없이 성숙한 모습의 날이기도 하다. 모성애(母性愛)는 세계인이 공감하고 있어 어머니의 자애롭고 위대한 사랑은 특히 그의 모든 자녀에게 귀감(龜鑑)이 되고 있다.

한국에서의 생일은 서양의 생일과 문화적 차이가 있다. 우리는 가족이나 지인들이 나의 생일을 기억해 주고 축하(祝賀)해 주기를 기대한다. 아무도 자신의 생일을 어떠한 형태로든 축하해 주지 않으면 여러모로 기분이 상하고 때로는 외로운 마음이 든다. 누가 내 생일 기억해 주고 관심을 가지고 축하해주는 것이 우리나라 생일문화의 특성이다.

하지만 서양 특히 유럽에서는 자신의 생일을 기억해 주길 바라는 것이 아니라 어릴 때부터 자신의 생일을 가족이나 지인들에게 공개적으로 알린다. 그뿐만 아니라 생일날 친구나 이웃을 초대하여 함께 식사하며 축하해주길 적극적으로 행동한다. 축하객은 생일 축하 문화의 주인공을 여러 분야에서 응원하고 온종일 배려한다. 한국의 생일문화와 참으로 다르다. 지역문화의 특성은 민족문화의 근간이 된다.

생일날은 여러모로 돌아보아야 할 사안들이 많다. 인간은 육신의 만상의 굴레에서 벗어날 수 있는 길, 쉽지 않은 길, 고행의 길을 찾고자 노력한 많은 수행자를 발견한다. 인간의 육체와 정신, 마음이 무엇인가에 대한 깨달음의 길은 지속해서 이어지고 있다.

인간은 육체(肉體)뿐만 아니라 정신(精神)도 함께 한몸에 공존한다. 유가(儒家)에서 천부(天賦)적인 선한 마음(心)이 심성(心性)이 되어 본연지성(本然之性)은 착하다고 보았다. 맹자가 주장한 성선설(性善說)의 기원이 된다. 그러한 마음이 정신과 불가분의 관계를 이루고 있어 심신(心身)의 존재가 우리 인간이다. 이와 연계된 이러저러한 생각이 많이 들어 상상도 해보고 일정 부분 글로 표현해 보았다.

마음과 정신의 관계에서 선현(先賢)들은 여러 방면에서 연구하고 많은 가르침을 주셨다.

출생의 신비는 육체뿐만 아니라 정신과 연계된 혼(魂)의 상관성이 내재하여 있다. 인간의 혼은 육신 속에 몇 개가 있어야 맨눈으로 볼 수 있는 정상적인 사람이 될까?

그 혼은 모두가 쉽게 말하는 영혼(靈魂)이다. 영혼은 무엇이며 또한 어떠한 영혼이며 어떻게 인간에게 들어오는가? 아니면 인간에게 자체적으로 생성되어 존재하는 비(非) 물질인가?

선현(先賢)들께서는 인간에게는 왜 3혼(魂) 7백(魄)이 존재한다고 하셨을까? 그러면 혼은 3개가 있고 그 나름의 존재하는 순서도 있고 하나하나씩 본래의 자리로 돌아간다는 것인가? 혼의 본래의 자리는 어디에 있나? 영원한 나의 씨알(●), 그 존재의 자리는 어디이며 어떻게 존재할까, 이것저것 생각해보지 않을 수 없다.

　백(魄)은 우리 순수한 말로 넋이다. 넋은 사후(死後)에도 매장된 무덤에서 대략 4대(1세대는 약 30년) 정도 존재하고 제사 때 제물을 흠향(歆饗)한다고 한다. 그는 보이지 않는 존재로 예로부터 여겨지고 있고 지금도 그렇게 전해지고 있다.

　따라서 몸에서 빠져나간 혼(魂)은 어딘가 존재하기도 하지만 육신에 들어 있던 백(魄)은 언젠가는 점차 소멸한다는 결론이다. 참으로 신비의 세계이며 영원한 생사의 비밀로, 비밀의 문을 여는 열쇠는 어떻게 찾을 수 있을까 하는 잔상(殘像)은 남아 있다.

　선현들은 인간이 그렇게 알고 싶어 하는 생과 사후의 세계를 어떻게 이해하고 어떠한 방법이나 사례를 통해 알려주셨을까? 생사의 비밀은 천기누설이라 밝히는 것도 한계가 있을 것이다.

　그래서 각자 정신 수련의 필요성이 강조되었고, 그의 길이 어떠하다는 것을 학인(學人)은 학습(學習)하고 경험하고 구전심수(口傳心授)로 전해졌을 것이다. 저마다의 순례의 길이 정신세계를 밝혀주고 있다.

　생일을 논하다 사후세계를 잠시 논하는 것은 논제에서 다소 비껴간 느낌을 주지만 생일 다음에는 언젠가는 다시 대자연의 품으로 돌아가야 하는 것은 당연한 이치이기에 양면성을 고려하다 보니 생각나는 대로 정리해 보았다.

2022년 8월 29일

25. 독일 대학교의 은사(恩師)님을 생각하면서

독일서 그리스도교의 교회사, 전쟁사, 여러 지역문화 등을 배우고 연구했다. 전쟁의 결론이 어떠한가를 진솔하게 생각해보았고, 저를 이끌어 주신 학부, 대학원의 지도 교수님들과 토론의 유형으로 대화를 여러 번 한 적이 있다. 단상으로 떠오르는 생각이 새롭고 다시 새로워져 몇 가지 정리해 보고 싶다.

특히 H. Röhr 교수님의 (평화) 사상은 저에게 많은 영향을 주었고 가톨릭을 연구하도록 계기를 만들어 주신 분입니다.

동로마제국의 멸망과 더불어 동로마 가톨릭교회는 수명을 다하고 인접 국가인 그리스와 러시아에서 정교회의 이름으로 존재하고 있습니다. 그 반면에 서로마제국의 중심이었던 바티칸은 다양한 변화를 통해 오늘에 이르게 되었습니다.

잘못된 바이블 해석, 두 자루의 검(劍) 이론, 신앙 의식과 행위, 침략과 살생, 미래 희망적인 평화 사상 등은 머리에 생생하게 남아 있어 제 나름의 열정이 담긴 『그리스도교의 검과 평화』가 2016년 출간되었습니다. 가톨릭 교회사와 그의 문제점도 다루었습니다.

2020년에 출간된 『역사에서 배우는 종교문화경영학』은 근·현대사에서 한국가톨릭, 개신교의 교회사와 문제점을 일정 부분 분석했습니다.

한국 그리스도교(개신교, 가톨릭, 그리스-동방정교회, 성공회) 계통의 사회적 현상을 연구하여 제대로 밝히는 작업은 필요하다고 생각하나 혼자 하기에는 역부족입니다. 신앙단체의 다양한 분야에서 순기능적인 역할은 무난하지만, 정치적 성향은 역사적 사실에 근거하여 올바른 평가와 방향이 제시되어야 합니다.

유학 시절의 삶은 혹독한 학습과 검증과정이었고 그에 대한 결과물에 집중하다 보니 사색적인 글이 없습니다. 그 당시의 삶을 귀국 후 20여 년이 지난 어느 날 돌이켜 보니 안타까운 마음도 없지는 않았으나 헛되지는 않았습니다.

이 글을 쓰면서 독일에서 만난 신학, 사회학, 인류학, 철학, 종교학 교수님들과 여러 나라에서 유학(留學)하러 온 친구들, 독일 친구들이 머리에 스쳐 갑니다. 그 가운데 제2 전공 중에 가톨릭 조직신학과의 J. H. 교수님이 생각나네요. 저의 M. A. 지도 교수였습니다. 그분이 지향하는 학문의 사상과 실천이 한국가톨릭(공동체) 사회와 비교되어 미래 사회의 가치를 재고해 봅니다.

2022년 8월 31일

26. 반야바라밀다심경 – 하나의 세계, 깨달음의 세계로

자연·신·인간의 세계는 태초부터 하나의 세계, 깨달음의 세계다. 그러한 진리가 예컨대 불가의 경전 중에 하나로 손꼽히는 반야바라밀다심경(般若波羅蜜多心經)에 들어 있다. 진리를 설명하기 위해 사용된 그 당시의 번역용어는 최고로 엄선된 것으로 생각된다. 인도 산스크리트어로 작성된 반야심경이 당나라 최고의 학승(學僧)으로 알려진 현장(玄壯)법사에 의해 한자로 번역되었다.

하지만 필자의 연구·검토에 의하면, 음양(陰陽)의 이원론적 사고방식에 의해 반야심경이 한자(漢字)로 번역되어 일부는 원문과 거리가 있고 어떤 부분은 원문에 없는 내용이 첨부되었음을 발견했다.

공(空)과 색(色), 무(無)와 허(虛) 등을 구분하고 나누는 이원론(二元論)이 아니라 삼원론(三元論)의 관점에서 바라봐야 '반야바라밀다심경'의 원뜻이 제대로 전달된다. 불가(佛家)의 반야바라밀다심경을 반야심경이라고 하며 더욱 줄여서 심경이라고도 한다.

반야심경은 깨달음을 향한 '지혜의 완성'이지 그 어떠한 주문(呪文)에 속하지도 않는다. 현장이 만트라를 주문으로 번역한 것은 큰 오류라고 본다. 첫 단락에 나오는 만트라(mantra)는 제법(諸法)으로 바르게 번역되었으나 그 이후의 만트라가 주문으로 번역된 것은 문제가 아닐 수 없다.

반야심경은 지혜의 완성이라는 목표를 이루기 위해 제시된 수행법이다. 반야심경의 맨 마지막 문장은 수행자의 동참을 촉구했다(gate gate paragate parasamgate bodhi svaha).

"가자, 가자, 어서 가자, 우리 다 같이 가자, 저 언덕 너머(피안의 세계)로!"

그 법을 통해 육체(身)와 육체에 포함된 비물질인 요소[心]를 통찰하는 내용이 분리된 것이 아니라 하나의 세계에 존재한다는 것을 공(空)과 색(色)으로 설명했다. 또 그 존재의 유무(有無)가 합리적으로 직시(直視)되었으나 공과 색을 싸잡아 무(無)로 해석하는 것은 어폐(語弊)가 있어 차후 혼란(混亂)과 깨달음의 세계로 나아가는 데 혼돈(混沌)을 초래하고 있다. 필자가 연구한 반야심경은 아직 출간되지 않았으나 기회가 있을 것으로 생각한다.

조금 더 구체적으로 반야심경의 본질을 설명하기 위해 역학(易學)적인 관점에서 생생지위역(生生之謂易)의 길, 자연의 법칙을 대비시켜 살펴보고자 한다.

태초부터 우주에는 대자연의 기운, 즉 영원한 창조적 에너지가 끊임없이 생성과 조화로운 변화를 일으키고 있습니다. 선현들은 태양과 특히 달의 기운이 지구의 만사(萬事) 만물(萬物)에게 큰 영향을 준다고 하는 역(易)의 관점에서 생생지위역(生生之謂易)이라고 했다.

역(易)은 변화의 상징성을 표현한 것이 일·월(日·月)이며, 일·월(日·月)이 합쳐진 개념이 역(易)이다. 역(易)은 음양(陰陽)의 동정(動靜)이며 지구상의 대자연의 이치, 섭리, 법, 법칙을 뜻한다. 그러한 법칙이 불가(佛家)에서는 제법(諸法)으로 설명되었고 그 가운데 축약된 논리 중의 하나가 예컨대 연기론(緣起論)이다. 그와 무관하지 않은 것이 반야바라밀다심경(般若波羅蜜多心經)이다.

필자의 연구에 의하면, 반야심경은 수행자가 정신세계를 체험하고 깨달은 경계를 설명하면서 지혜의 완성을 위해 독려하고 권고한 '권학문'이자 동시에 '수행법'이라고 분석된다. 그는 지구에서 펼쳐지는 자연의 세계와 인간의 세계가 공(空)과 색(色)으로 분석(分析)했지만, 공과 색은 본래 하나이지 둘은 아니라고 한다.

불가에서 어느 하나만을 주장하는 것은 본래의 뜻에도 부합되지 않고 자연과학의 관점에서도 일치되지 않는다. 즉 색불이공(色不異空) 공불이색(空不異色) 색즉시공色卽異空) 공즉시색(空卽是色)은 양면성을 학문적으로 설명한 것이며, 당시의 자연철학과 자연과학사상에서 바르게 조명된 것이다. 이는 현대 과학적 안목(천문학, 물리학, 양자역학 등)에서도 연구되고 있는 부분과도 합치(合致)한다.

그러므로 반야심경이 글자 그대로 온전한 지혜, 지혜의 완성에 이르게 하는 심경(心經)이자 수행법이지 세칭(世稱) 그 어떠어떠한 주문(呪文)은 분명히 아니다. 요약하면 대자연의 음양 법칙이 반야심경에서는 색(육체와 그의 감각기능과 역할)과 공(혜안으로 관찰한 정신세계)으로 표현되었고, 공(空)과 색(色)의 불가분(不可分) 관계는 상호연동성의 작용을 설명한 것이다.

음양(陰陽)의 동정(動靜) 과정에서 자연의 세계, 신의 세계, 인간의 세계가 존재함을 알게 된다. 이러한 세계는 인간의 세계에서 하나의 세계로, 하나의 세계가 다시 세 개의 세계로 펼쳐지는 섭리와 이치는 생명의 현상과 조화를 이루어 함께 아우러져 있다.

그러므로 위의 세계는 유신(唯神)과 유물(唯物)이 함께 존재함을 알려주고 있다. 전자는 자연 철학적이고 정신과학적인 안목에서, 후자는 현대자연과학적인 관점에서의 가르침이다. 그러한 가르침이 하나의 세계임을 알려주신 분들이 인류 문화사의 성인이다. 21세기 우리와 함께하는 삶의 현실은 유신과 유물이 하나가 되는 이원합치론(二元合致論)이 대세가 된다.

성인의 말씀이 담긴 경전을 통해 깨달음의 세계와 경계가 펼쳐져 있음을 조금씩 알게 되면서 학인(學人)의 자세와 학(學)과 습(習)의 과정이 중요하고 평생의 길이라고 여겨진다. 학(學)과 습(習)의 유형

(類型)은 있고 그와 연계된 공동과제 및 개개인의 몫은 교육과정에서 주어지고 있어 차후 자율적인 선택의 방향도 있을 것이다.

학습(學習) 후에는 행(行)함과 작(作)이 남아 있다. 그러한 유·무형의 업적이 쌓이고 쌓인 인류문화는 우리가 살아가고 있는 생명의 광장에서 호흡하고 있어 인류 문화사는 발전되고 정신세계의 향연(饗宴)은 이어진다. 그러므로 인류 문화사는 시대 상황이 반영된 정신문화(=정신과학)와 자연과학의 결정체이기 때문에 세계인의 통찰(洞察)적인 공유자산이 된다.

자연의 세계, 신의 세계, 인간의 세계가 별개의 세계가 아니라 지구라는 하나의 세계에서 형성되고 자연의 법칙으로 돌아간다는 것을 일찌감치 배워야 아름다운 세상을 만드는 또 하나의 기반이 될 수 있지 않을까 생각한다.

공동선(共同善)을 위해 도(道)와 덕(德)을 실천하는 수련인(修練人)과 많은 사람이 부지불식간에 그러한 세계상을 인식하고 때로는 나름의 경험도 가지고 있다. 그럼에도 불구하고 인간의 세계에만 집착하는 성향은 편향되어 있다. 이에 균형 잡힌 교육의 필요성을 깨달은 많은 사람이 각자의 분야에서 오늘의 희망과 더 나은 미래를 위해 노력하고 있어 그의 열매는 더욱 풍성할 것이다.

2022년 9월 3일

27. 인생을 해시계로 비유해 보았을 때

글로 소식을 전하게 되어 반갑습니다.

동천(東天)의 서광(曙光)은 만물을 일으키는 시간입니다.
그와 같은 자연의 시간은 사람을 기다리지 않으나 사람은 시간을
기다립니다.
기다림의 시간은 희망과 용기는 물론 남모르는 기대감도 불러일으
킵니다.

자연의 영속적인 시간은 인간의 기다림의 시간을 허투루 버리지 않
고 한없이 품어가고 있습니다.
그래서 많은 사람은 그러한 이러저러한 시간을 기다리며 학·습
(學·習)하고 꿈꾸며 살아가고 있는 것일까요?
그러한 삶이 그래도 인생을 허무하게 생각하는 구름 같은 인생이
니, 초로인생(草露人生), 부평초 같은 인생 등이라고 생각하는 것보다
는 더 나을 것 같지 않나요?

기다림이 없는 시간을 우리가 기다림의 시간으로 만드는 것은 또한
변화 속의 생명의 영속성을 일으키고 있습니다. 우주의 영원한 창조
적 에너지가 생명의 네트워크(network)를 아름답게 빛내고 있어 기다
림은 또한 자연스러운 시간입니다.

인생을 해시계로 본다면, 중천(中天)에 해가 떠 있을 때 독일로의
유학은 새로운 삶의 도전이 되었습니다.
어학(語學) 과정을 거쳐 학부부터 시작한 독일에서의 학생 시절이

라 공부에 치중(置重)하다 보니 신혼생활은 사치스러운 이야기가 되었고 매년 힘든 과정을 반복적으로 이겨내어야만 했습니다.

장기간의 세월이 흘렀으나 하루하루 최선을 다하다 보니 좋은 결과가 있었습니다. 논문 제출과 심사과정이 끝난 후에 어느 날 예정된 구두(면접)시험 날짜가 왔습니다.

다섯 명의 심사위원 외에 옵서버(observer) 두 명이 참여했습니다. 구두시험은 대략 30분 정도인데 1시간 이상을 넘겼습니다. 심사위원들은 나에게 알고 싶고 묻고 싶은 것들이 많다며 이것저것 집중적으로 질문을 많이 하였으나 나름 소신껏 설명해 주었습니다. 그러는 중간에 옵서버 중의 1명이 생수를 마시라고 주어 불타는 목을 적셔주니 순간 머리도 식힐 수 있어 마음도 더불어 다잡을 수 있었습니다.

심사위원 전원이 아주 좋은 점수를 주었고 박수로 응원하며 칭찬도 해주었고, 그들 중에 한 분이 대학원 원장 Prof. Dr. G는 나의 연락처를 달라고 했습니다. 박사 학위증(Ph. D)을 수여받은 후 석사논문에 이어서 최종 전공 과정이 종교학이기에 종교학 박사 학위 증서를 별도로 받았습니다. 그러한 차원에서 종교학전공에 대한 내 생각은 좀 남달랐다고 봅니다.

종교학자로서 나의 조국에서 해야 할 일이 무엇인가 숙고도 해보았습니다. 반만년 이상의 역사를 자랑하는 대한민국은 종교사회문화의 전통을 두루 융화시키고 조화로운 정신세계를 갖추고 있어 정신문화 사상에서 관조해 보면 세계적인 문화의 보고(寶庫)이자 문화 선진국이라고 판단했기 때문입니다.

근대화 시기라는 역사적 안목에서 살펴보면 전통문화와 외래문화와의 충돌은 피할 수 없었던 시대 상황이었습니다. 하지만 상해임시

정부의 법통(法統)을 이어받은 대한민국은 자국의 건국 역사 속에 종교문화와 신앙문화는 분리되지 않은 상태에서 서구문화의 전파에 시달렸습니다. 그로 인해 전통문화와 서구문화의 충돌은 피할 수 없었고 서구문화의 홍수 속에 올바른 개념 사용이 사용되지 않아 지금까지 이해와 정체성에 혼란을 주고 있습니다.

종교와 신앙은 개념부터 다르고 그 의의 또한 많은 차이점이 있습니다. 언어정화, 개념정화가 이루어지면 사회개혁이 되고 민족의 혼을 살립니다. 그러므로 정명사상(正名思想)의 대의에 부합되도록 개념 구별과 용어 사용에 명확한 지침이 필요합니다.

하지만 한국의 세계적인 교육이념과 교육법을 바로 세우는 것과 그와 함께 범국민적인 통찰, 통섭 사상과 정통성이 담긴 사회개혁이 추진되지 않았습니다. 사회개혁은 예컨대 잘못 알고 있는 종교와 신앙, 종교문화와 신앙문화에 대해 바르게 이해하는 것에서부터 시작되기 때문에 종교학은 나의 조국(祖國)에서 유용하게 사용될 것으로 생각했습니다.

박사과정 때 나의 독일 지도 교수(E. Weber)는 한국의 대학교 상황을 들어서 알고 있다고 하면서 필자의 귀국(歸國)을 반대했습니다. 그의 진심 어린 배려는 대학교 강의는 물론 프랑크푸르트의 시청에서 다문화가정에 대한 프로젝트 수행을 하면서 교수 논문을 작성하라는 요청까지 이어졌습니다. 지도 교수는 나에게 독일에서 경력을 쌓고 한국의 대학교로 수평 이동할 것을 조언했습니다.

기다림의 시간은 독일과 한국에서 동시에 발생했습니다. 고향에 계시는 연세 많은 부모님이 귀국하려면 조속히 귀국하라는 말씀과 그분들의 어려운 상황을 이해하게 되었습니다. 1년 후 모든 일을 중단하고 가족과 함께 고향으로 완전 귀국의 길을 택하기로 했습니다.

국내의 여러 사정으로 인해 외국으로 나가려고 하는 시대와 반대되는 나와 내 가족의 완전 귀국행(行)은 많은 사람이 이해하지 못했고 의외로 생각했습니다. 나 또한 미래에 대한 염려는 다소 있으나 애써 잊어버리고자 했습니다. 무거운 마음이지만 긍정적인 생각을 가지고 마음에 큰 뜻을 품고 보람찬 내일의 희망을 꿈꾸며 귀국했습니다.

가족과 함께 고향으로 완전히 귀국한 후 모친은 몇 주 만에 돌아가셨습니다. 스스로 지병을 감추고 사셨다는 것을 알게 되었습니다. 가슴에 커다란 구멍이 난 것 같았고, 마음에 큰 상처가 되어 오랫동안 슬픈 마음은 지속되었습니다.

국내 강사로 시작한 일자리도 고정적이고 장기적이지 못해 안정된 삶을 유지하는 데에도 어려움이 중첩(重疊)되었습니다. 언제라도 독일로 다시 돌아오라는 지도 교수님의 말씀이 생각이 자주 나지만 그리하기에는 쉽지 않은 난제가 많았습니다.

인내는 물론 본래의 자긍심을 가지고 예컨대 양파껍질을 벗기는 형상과 같은 사회문화의 구조와 태산준령(泰山峻嶺)을 넘을 수 있었습니다. 다만 계절 따라 갈아입어야 할 옷이 변변치 못하고 사실 구색에 맞지 않아 세칭 그들만의 만찬에 참석하지 못했습니다.

사방에서 몰려오고 욱여들어 오고 있는 문화의 충격이 나를 좌절시키지는 못했으나 사실 나의 마음을 아프게 하고 상하게 합니다. 지인은 물론 친지들도 나에게, 우리에게는 이방인처럼 느껴졌기 때문입니다.

학습하고 연마한 전공 분야에서의 활용과 활동은 미진했고 삶의 정착(定着)과 안착(安着)도 하지 못했습니다.

문화적 충격에서 받은 상처를 극복하기 위해 오늘날 한국 사회문화의 틀과 관례가 새롭고 또 새롭게 배워 가면서 살아가기도 물론 쉽지는 않았습니다.

비상식적인 아카데미형의 토착(비호) 세력, 학교의 현란한 카드섹션, 색깔이 맞지 않으면 동질성이 없다고 하지만 억지를 써가더라도 색상을 변색시키는 재주도 없었네요. 독일의 지도교수님 외 두 분의 교수님이 필자의 경력 및 추천서 등을 써주었으나 기회가 주어지지 않아서 한 번도 사용하지 못하고 서류 가방에 곱게 담겨 있습니다.

자연의 시간은 속절없이 흘러갔고 어찌하다 눈을 들어보니 서천(西天)에 석양(夕陽)의 빛이 물들기 전에 서 있는 것 같습니다.

맑고 쾌청한 어느 날 창고의 문을 열고 보니 10여 년 전 이사할 때 쌓아 둔 책이 들어 있는 종이상자들을 봅니다. 그들이 먼지를 뒤집어쓰고 있습니다. 꽤 많은 서적이 다행스럽게 잘 보관되었고 이러저러한 흔적이 담긴, 손때가 묻은 것들을 다시 봅니다.

그러한 자료들이 비록 계획한 대로 하고자 했던 일에 사(활)용하지 못했지만, 나에게는 포부와 긍지를 안겨주었던 전공 서적들이었고, 나름 소중했던 독일어 서적들이었지만 아무도 알아주지 않는 책들이 되었습니다. 내가 무엇을 위해 이국만리(異國萬里)에서부터 이곳까지 가지고 왔을까 생각하니 여러모로 쓴웃음이 나오고 한 호흡 길게 내쉬어봅니다.

시작이 있으면 끝이 있듯이(참으로 안타깝고 아쉬운 마음이 들지만) 이제는 그들이 새로운 주인을 만나지 못해 언젠가는 폐지로 돌아가야 할 때가 된 것 같습니다.

그 반면에 떠오르는 장면이 있습니다. 김포공항에서 세관원이 필자의 이삿짐을 보면서 유독 책만 많아 보이니까 이상하게 생각하며 외국에서 살았다는 나를 묘한 표정으로 고개를 흔들면서 쳐다보는 모습이 스쳐 갑니다.

창고에 쌓여 있는 몇 상사 정리하다 보니 OOO 전 대통령의 '메시지'를 영문으로 번역한 한 권의 책을 발견했습니다. 필요 없다고 생각되어 버리고자 했으나 국가에서 발간한 책이라 고려하다가 아무개가 달라고 하여 주었습니다. 그가 그 책을 읽어보면 과거 한국정치사회의 공부에 도움이 될 것으로 여겨집니다.

　지금(只今), 오늘의 시간은 곱게 물든 석양빛이 아름답고 찬란하게 빛나기 전(前)이라고 생각하니 감회가 새로워지고 인생의 길이 이것만은 아닌데 하는 문제점뿐만 아니라 나의 무능력을 질타해 봅니다.
　부질없는 세월, 회한이 담긴 세월 속에 자신을 돌이켜 보고 반추(反芻)해 보니 부족하고, 어리석고, 미안하고 쑥스러운 일, 후회되는 일 등이 떠오릅니다.
　세인(世人)이 바라보는 성공한 사람의 위치에 있지는 않으나 양심에 부끄럽지 않게 사회에 죄짓지 않고 살려고 노력한 것은 그나마 위로가 됩니다.
　건강하시길 바랍니다.

2022년 11월 28일

28. 짧은 반추(反芻)의 시간 속에서

옛날이나 지금이나 동서고금의 성직자들은 인시(寅時)에 일어나 하루의 일과를 시작한다는 인기어인(人起於寅)의 용어가 새롭다.

유럽의 가톨릭교회에서 새벽 4시가 되면 종소리가, 개신교에서는 차임벨이 울렸으나 점차 그러한 풍습이 쇠약해지고 있다. 한국에서도 새벽 4시에 그와 같이 새벽을 깨우는 소리가 한동안 요란했으나 소음으로 민원이 제기되어 사라지게 되었다.

사찰에서 유숙(留宿)하니 새벽에 법당에서의 중생을 구제하고자 정성을 다하는 스님의 목탁 소리와 염불 소리 때로는 종소리가 어떠한 형태로든 들려온다. 해가 질 무렵 무한한 메시지를 전하는, 은은하게 울려 퍼지는 법고 소리가 마음에 묘한 여운을 남기며 어떤 형상으로 만들어지는 것 같다.

나이가 드니 자연도 새롭게 보인다고 하듯이 눈(雪) 내리는 날이 짧은 반추(反芻)의 시간이 되었다. 지난 12월 2일 학담(鶴潭) 지역에 첫 눈이 내렸고 어제는 눈발이 날리고 있었다.

눈이 언제 내렸는지, 언제 봄이 오고 다시 가을이 와서 새로운 4계절의 시작인 겨울을 거쳐서 봄, 여름, 가을이 지나쳐 갔는지? 제대로 몸으로 느끼지 못하고 살았던 시절이 생각난다.

유학 시절 내가 살았던 머나먼 이국(異國)에서 어쩌다 눈이 내리면 고향 산천의 아름다운 장관과 개구쟁이였던 모습을 상기합니다. 그리고 어금니를 깨물고 하던 공부를 어서 마쳐야겠다고 다짐한 그때의 모습이 아련합니다.

그러던 중에 봉우(鳳宇) 선생님을 찾아뵈었으며 새로운 뜻을 세웠고 논문을 제출하기 위해 최선을 다해 공부하고 있었습니다. 하지만 2

년 후에 선생님이 선화(仙化)하셨다는 소식을 듣고 장시간 아픈 가슴을 가지고 살았던 상황도 주마등처럼 스쳐 갑니다.

동서 독일의 통일 상황과 많은 국민의 반응과 정치사회문화 등은 세계인 이목(耳目)을 집중(集中)시켰습니다. 그러한 전 과정을 지켜보면서 우리의 남북통일도 눈앞에 펼쳐졌으면 하는 기대감이 있었고 미래의 희망과 꿈으로 가득했던 지난날을 돌이켜 보기도 했습니다.

가족과 함께 귀국한 지 엊그제 같은데 지나고 보니 어느덧 20여 년이 찰나(刹那)의 순간에 흘러갔습니다. 한계상황을 알고 있는 것이 그나마 가꾼 일 가운데 하나가 될 수 있다면 꿈은 아니겠지요.

당나라 시인 이백(李白)의 장진주(將進酒)에 나오는 조여청사모성설(朝如靑絲暮成雪: 아침에는 푸른 실 같았으나 저녁에는 하얀 눈이 되었다.)이라는 시 구절을 다시 생각해 봅니다. 참으로 널리 알려진 글인데 오늘따라 부질없다고 하는 세월을 돌아보네요.

젊었을 때는 참으로 하고 싶은 일도 많았지요. 그렇게 어제는 하고 싶은 일도 많았으나 반면에 이루어진 것이 뭐가 있을까? 그러면 이제는 잘 할 수 있는 것이 무엇인가를 살피면서 살아가야 하는 시간이 되었다고 봅니다. 능력과 한계를 살펴 깊이 알고 행할 수 있어야 나름의 길이 되겠지요.

멀리서, 가까이서 들려오는 법고 소리가 깨우침을 전하듯이 신독(愼獨)의 자세가 쉽지는 않을 것 같으나 또한 학인(學人)들의 영원한 길이 아닐까 생각해 봅니다. 오늘도 내일도 모쪼록 건강하시고 입지(立志)를 세우고 간직하고 굳게 다짐하고 뜻한 바가 이루어지길 기원합니다.

2022년 12월 8일

29. 뭐 찾아 어디까지 왔는가?

자연의 무한한 시간은 예전이나 지금이나 같은 시간이다. 하지만 자연 속에 인간의 시간은 무한정이 아니다. 언제까지 주어질지 모르는 것이 무릇 우리의 삶이자 인생이기에 예로부터 천명(天命)이라고 하였다.

자연의 시간은 인간을 기다리지 않으나 인간이 시간을 기다리는 것은 유한한 존재이기 때문이다. 그 존재의 시간은 인생의 길에서, 삶의 여정에서 하나하나씩 소모되기 시작하는 에너지와 같다.

인간은 태어날 때 미숙하고 미약한 존재로 이 세상에 등장한다. 인간은 동물 중에 성장 속도가 가장 느려 여러 가지 학습 과정과 훈련 그리고 경험의 세계로 직접 나가기 전까지 장기간의 세월이 필요하다. 신이 부여한 온전한 성숙을 위한 대기만성(大器晩成)의 과정이 요청되었다.

각자 주어진 인생의 길에서 나는 누구이며, 무엇이 나의 삶에 전체 또는 일부분이 되었을까? 거울 속에 나를 보고 현재 나의 모습을 알고 있으나 그다음에는 어떻게 변화될지 심안(心眼)의 거울이 나를 비추어 주길 바란다.

오늘에 이르기까지 외면의 나를 생각하며 내면의 본래 나를 찾아가는 길은 단순한 여정이 아니었지만, 본래의 나를 발견하는 길은 언제나 열려 있다. 무엇이 내면의 나와 진솔한 만남을 가능하게 하는 것인가 오랜 세월 동안 조명(照明)하지 않을 수 없다.

자연의 식물들은 24절기(節氣)의 철을 알고 제철에 맞게 성장하고 발전하기 위해 변화와 성숙의 과정이 이루어지면 결실(結實)을 본다.

사시사(四時四)철 살아가고 있는 내가 철부지(不知)의 모습에서 벗어나려고 애쓰는 노력이 부족한 점은 그만큼 열매 맺음이 아직 없다는 뜻이다.

이것저것 되돌아보니 어느덧 노년기의 인생이 되었다. 그동안 무엇을 찾고자 노력했고 무엇을 이루고자 어디서부터 여기까지 그리고 제대로 왔는지 궁금하다.

무엇이라는 것은 어떤 의미가 담겨있고, 찾고자 하는 방법과 방향은 어떠한 것인지, 나의 입지(立志)와 상호작용을 이루었는지 생각해 보지 않을 수 없다.

무엇의 종류와 유·무형도 참 다양하듯이 그만큼 또한 형형색색(形形色色)일 것이다. 그중에 미확인된, 어쩌면 천기누설이 될 수 있어 영원히 분명하게 밝힐 수 없는 비물질적인 정신세계가 성인들의 말씀을 통해 조금씩 열리기도 한다.

하지만 아직 알 수 없는 문, 닫혀 있는 문(門)은 두드려야 열릴 수 있을 것이고 그 안에서 바르게 찾아 올바르게 체험해야 연정(研精)이 될 수 있다.

일반적으로 알려진 정신세계에 색다른 무엇이 있는지, 그 무엇을 얼마나 알 수 있을까 생각해본다. 그것은 인간의 삶에 유형으로 비치지 않기 때문에 보고 싶어도 보통의 눈으로 볼 수 없다.

그러므로 만인이 그것의 유무(有無)를 단정적으로 말할 수 없는 정신세계의 영역, 영통(靈通)의 공간은 있다. 그곳에서 한 줄기 빛으로 여겨지는 희망이 존재하여 서광(曙光)이 되지 않을까 하는 마음이다.

불확실한 미지의 세계에 대한 의문은 인류가 원천적으로 가지고 있던 본질적인 마음이자 궁극적인 문답을 추구하고 있어 사색과 탐구의 영역, 미지의 영역으로 남아 있다. 그러한 마음이 유신론자, 무신론자를 막론하고 모두에게 내재해 있다는 것은 자연스러운 생명의 실상이다.

생명의 실상에는 '인지부조화(認知不調和)'가 변화를 위한 생생지위역(生生之謂易; 생하고 생하는 것을 역이라고 한다)의 이치와 무관하지 않다. 즉 역(逆)의 합일(合一, coincidentia oppositorum)의 원리와 속성이 만유의 법칙으로 존재하기 때문이다. 그러한 법칙을 불가에서는 제법(諸法)이라고 한다. 제법은 대자연의 이법(理法)이다. 제법은 자연스러운 만유 생명의 순리와 이치 그리고 실상 등과 연계된 유·무형의 법칙을 설명한 것이다.

불교(佛敎)는 본래 깨달음(Buddha)의 종교다. 그래서 석가모니 붓다, 석가모니 부처라고 한다. 예로부터 장기간의 세월 속에 사용된 불교의 본래 명칭은 한자문화권에서 불가(佛家)라고 하였다. 불가(佛家)는 본래 석가모니 부처님의 가르침과 정신적 가통(家統)을 이어가는 단체, 즉 사상단체를 뜻하기 때문에 신앙단체에서 논하는 유일신이나 메시아와 같은 구원의 존재가 없다. 정신적 가통은 철학적 의미에서 사람의 '정신적 지주,' '정신 축'이기에 삶의 여정에 나침반과 같은 역할을 한다.

석가모니(釋迦牟尼)가 입적(入寂)하시고 대략 100여 년이 지난 후 특히 계율(戒律) 해석에 대한 이견, 교리상의 견해 차이, 지리적 조건, 지도자 간의 대립 등으로 인해 분열이 촉진되었다. 결과적으로 대승(大乘: Mahāyāna)불교와 소승(小乘: Hinayana)불교가 양립되었다.

불교에 석가모니(釋迦牟尼)의 본래 사상과 무관한 신앙의 요소가 지역 풍토와 조화를 이루어가면서 점진적으로 불교 교리와 접목되었다. 예컨대 신앙의 대상으로 다양한 불상(佛像)이 지역문화의 특성과 융화된 모습으로 조각(彫刻)되었다.

본디 스스로 깨달음을 추구하는 것이 종교의 본질이자 정신계의 사상단체였으나, 불교에서 불상을 모시고 신앙하는 불자(佛子)의 신앙단체가 형성되었고 그 세력이 커져서 불교문화의 상징이 되었다.

모 단체가 '종교인과' '신앙인'의 개념을 구분하지 않고 신앙인을 종교인이라고 표현했다. 그에 대해 필자는 좀 더 세부적으로 설명하기 위해 일반적으로 널리 사용되고 있는 '종교단체'를 '신앙단체'로, '종교인'을 '신앙인'으로 표기한다.

그 단체가 한국 사회문화를 심층적으로 접근하고자 신의 존재, 신관 등을 살펴보면서 여러 신앙인의 반응을 조사했고 분석된 자료를 공개했다.

예컨대 그리스도교 신앙, 불교 신앙이 있으면서도 불구하고 신앙인이 신(神)의 존재를 부정하고 신앙 고백적인 교리와 다르게 반응했다는 것이 주요 내용이다.

그러한 자료를 토대 삼아 아무개가 신앙인의 인지부조화(cognitive dissonance) 실태를 설명하기 위해 나름의 논리를 펼쳤다.

그러나 설문 및 여러 형태의 조사에 응하기 위해 대다수가 탄력적으로 생각한다. 그들은 조화로운 공동체 사회의 실상, 때로는 허상을 완벽히 부정하지 않고 있어 인지된 생각과 판단, 말과 행동 등이 주어진 상황에 따라 일치하지 않는 경우가 왕왕 발생한다. 그러하다고 그러한 생각과 행위 등이 '인지부조화'라고 보고 단순하게 이율배반적(二律背反的)이라고 치부(置簿)하는 것은 문제가 있다.

연구자가 자기 생각과 논리 또는 신앙에 도취해 있으면 복잡한 인간의 사회문화연결망, 넓은 인류문화의 세계를 간과한다. 인간의 속성(屬性)이자 종교성(Religiosität, religiosity), 공동체 사회문화의 원형을 제대로 파악해야 한다.

삶의 변화무쌍한 과정과 상황, 현실에서 드러난 생명의 조화와 질서 등을 통찰하지 못하면 개인적인 관점이 우선시된다. 신중(愼重)히 처리하지 못하면 여러모로 아쉬움이 남는다.

종교성은 유일성이 아니라 자연의 현상처럼 다양성이기에 비록 유일신 신앙인일지라도 각자의 주어진 환경에 따라 신앙인의 종교성은 다양하다는 것을 1996년 필자의 학위논문에서 밝혔고 그 후 책으로 출간되었다.

세계인의 종교성이 문화의 다양성 속에 다양하게 존재한다. 종교성이 또한 종교 심성이라고 하는 것은 학습하며 깨우침에 이르는 길은 동서(東西)가 같기 때문이다. 삶의 변화무쌍한 과정과 상황, 현실에서 드러난 다양한 생명의 조화와 질서 등을 통찰하지 못하면 개인적 또는 신앙적인 관점이 우선시된다.

동양의 신(神)과 서양의 God(신)의 개념과 사상 그리고 신의 현상학적 관점은 큰 차이가 있다. 그 가운데 가장 핵심이 되는 것이 유일신 사상이자 유일신 문화다.

고대(古代)에 유일신 사상이 지역문화에, 일부 지역의 지방신(地方神), 지방 신의 특징으로 한정되어 있었다는 것은 역사 문화 인류학, 고고학, 종교(사)학의 관점에서 이미 밝혀졌다. 예컨대 그리스-로마 신화에서의 신(神)중에 신이 제우스로, 신 야훼는 이스라엘의 '지방신'으로 호칭하였다.

예수 이전에는 세계적인 유일신 사상이 없었으나 예수 이후 그리스도교의 여러 교부철학(敎父哲學)자에 의해 형성되었다. 그들은 religion의 개념을 그리스-로마문화에서 도입하여 그리스도론을 만들었다.

동·서양의 신(神), 신앙, 종교, religion, 종교성 등의 개념을 유일신론의 안목에서 인간의 의지와 사상 그리고 현실적 삶 등을 분석하고 단순 비교와 동일화, 현실화시키는 것은 한계에 봉착(逢着)한다. 그리한 개념들의 본질과 의의가 무엇인지 제대로 구분하고 분석해야 바른 개념을 사용할 수 있다. 학습과 경험의 세계가 필요하다.

'그리스도'는 예수의 호(號)이자 별칭(別稱)이다. 그래서 예수 그리스도, 그리스도 예수라고 한다. 예수의 가르침을 받아 행하는 단체가 예수교, 그리스도교라고 한다. 예수 사후 300여 년 후에 그리스도교의 뿌리에서 성장한 단체가 가톨릭이다. 가톨릭은 우주적이고 유일한 religion이며 예수를 신(God)의 아들, 성자로 믿는다는 교리를 작성하여 신앙인을 교육한다.

오늘날 과학은 미지의 영역으로 알려진 우주 세계의 신비, 에너지와 생명현상 등을 하나하나씩 알려주고 있다. 현대물리학에서 논하는 우주물리학, 양자역학(量子力學, Quantum mechanics), 자연생태학 등의 연구에서 나온 개념 중에 '우주 생명의 네트워크'라는 용어는 널리 알려져 있다. 그 용어는 '비가시적인 (신적인) 그물망'으로 다양한 우주 생명의 상호작용을 뜻한다.

생명의 존재와 변화, 변화 속에 새로운 유, 무형의 생명 탄생과 사라짐이 우주의 반복적인 에너지(=기운, 氣運) 즉 (율려) 운동이 우주 생명의 네트워크로 설명되었다. 그와 같은 만유 생명의 실상이 대자연의 에너지 속에 그물망처럼 연계되어 있음을 이미 1990년도에 예컨대 디팍 초프라(Deepak Chopra)가 밝혀졌다. 그만큼 우주 생명의 실상은 복합적인 유기체적으로 연동되어 상호작용을 이루고 있음을 과학적인 차원에서 밝혀낸 것이다.

21세기 첨단 자연과학이 발달하면서 새로운 인식의 세계, 경험의 세계, 무형의 세계, 정신세계도 함께 중시되고 있다. 그동안 제대로 알려지지 않은 타 국가의 정신문화 세계도 점차 공개되어 지금은 지구촌 시대의 문화를 직간접적으로 경험할 수 있다. 정신세계의 문은 활짝 열려 있어 그 문 안으로 들어가 볼 수 있고 스스로 경험해 볼 수 있다.

하지만 필자의 학창 시절인 1970년대에는 현시대와 달라 사회적으로, 국가적으로, 세계적으로 비공개된, 비(非)개방된 차원의 정신 문화영역이 많았다. 이 세상에 존재하는 주체로서 인간의 삶을 관조하기에는 너무나 부족함이 많았던 시절이었다고 생각된다.

그런데도 새로운 탐구영역이자 신비의 세계로 알려진 정신세계는 나에게 흥미가 있어 직간접적으로 인식하고 체험도 해보고 싶었다. 그것은 불확실한 무엇으로서의 정신 영역이었고, 그것을 어렴풋이 인지한 시기가 10대 어린 시절이었다. 아마도 조그마한 사고(思考)의 문을 두드리는 계기가 되었던 것으로 생각된다.

그 당시의 학습 과정과 경험은 참으로 고귀했으나 홀로 무엇을 찾아내기에는 여력(餘力)이 부족했고 나에게 주어진 환경 또한 열악했다. 그 무엇인가를 찾아 밝혀내기 위한 학습과 체험의 시간은 20대 유학 시절부터 본격적으로 시작되었다.

색다른 학습과 경험의 시간이 나에게 찾아왔다. 그렇게 주어진 기회 속에 시간은 흘러 흘러서 장기간의 세월 속에 무엇을 궁구하고자 하는 기본적인 틀을 찾아내는 데 많은 도움을 주었다. 찾은 그 무엇은 '영혼의 자유'에 대한 나름의 문답과 인식이었다.

하지만 보다 체계적인 숙고와 숙련의 과정을 한 번 더 거치면서 자신을 돌아보고 본래의 나 자신을 찾아가는 길을, 경험의 세계를 다시 묻고 있었다. 최종적으로 정신세계, 영혼의 자유에 대한 나의 언급은 학위논문을 제출한 후 아내에게 처음으로 말했다.

인류문화와 정신세계의 학습 과정에서 여러 사람을 만났고 크고 작은 공통점을 발견했기에 서구에서 문화의 충격과 충돌은 발생하지 않았다. 그러나 국내에서 경험한 문화의 충돌과 충격, 생각보다 심각했다. 지나간 세월의 간극(間隙)이 또 다르게 변화된 국내 문화의 계층과 중압감에서 신속히 벗어나지 못했다.

소크라테스의 충고, '모르는 것도 죄'라는 점을 뒤늦게 알게 되었다. 한때는 반론도 많이 제기했으나 모르는 것이 왜 죄가 되었는지 찾아 발견하고 그의 깊이를 하나하나씩 섭렵(涉獵)하기 시작했다.

사계절(四季節)의 변화에 따라 마음도 변하고 계절에 맞게 적절하게 사회적 물결의 옷을 갈아입기는 쉬운 일도 아닌 것처럼 보이나 한편 역겨운 모습으로 비쳐서 행하지 않았다. 물론 나의 주어진 처지나 입지(立志)도 고려했으나 결국 자신의 역량이 부족하였다는 것을 인식하였다.

양파 껍질처럼 겹겹이 쌓여 있는 상대방의 속마음을 단숨에 알아차리지 못한 점은 변질(變質)된 문화의 속성과 차이도 있으나 그만큼 공부가 덜 되었다는 증표였다. 굳이 핑계를 댄다면, 나와 연계된 많은 사람, 즉 상대방을 믿어 의심하지 않은 상태에서, 의심하지 않으려고 노력한 소박한 모습이 그 무엇의 표적이 되었던 것이 아니었던가 하며 자신을 돌이켜 본다.

그러한 상황들은 고통을 안겨주었으나 역설적으로 무엇을 찾고자 하는데 자양분이 되고 있음을 알게 되어 부진(不進)한 나를 단련(鍛鍊)하고 정련(精錬)시키는 데 보탬이 되지 않았을까 하고 자위(自慰)도 해보았지만, 그 또한 부질없는 변명에 불과했다.

비 온 다음에 땅이 더 굳어진다고 하듯이 정신세계의 길에도 무성한 숲에서 벗어나야 한다. 숲속에서 나무를 보는 형국은 자만(自慢)해져서 나를 찾아가는 길에 도움이 되지 않는다. 마음의 잡초도 뽑아내어 마음의 길, 정신세계의 길이 열리도록 한다.

찻잔의 물과 바람을 가지고 사회에 공헌한다고 호언장담하지 말고, 죄짓지 말고, 악을 남기지 않는 것이 그나마 광활한 대우주 속에, 하나의 티끌 같은 인생, 그러한 인생 속에 나름의 행적으로 남을 수 있다면 다행일 것이다.

스스로 묵은 먼지를 털어내고 악취를 제거하고, 명경지수(明鏡止水)와 같은 상태에 몰입(沒入)하는 데 필요한 첫 번째 관문이 만고불변의 기초과정인 '묵좌식상(默坐息想)'이다. 여기서 식(息)은 조식(調息)을 의미한다. 묵좌식상에서 심파(心波)를 고요하게 가라앉히고 끊임없이 조식하는 것은 무엇을 찾아가는 것과 무관하지 않으나 쉽지만은 않아 또한 부단한 노력이 필요하다.

나아가 영혼의 자유를 추구하는, 나의 얼, 정신의 빛을 밝히고자 하는 길, 내 안에서 나를 구하는 길, 삼일신고(三一神誥) 신훈(神訓)에 기록된 '자성구자(自性求子) 강재이뇌(降在爾腦: 머릿속에 하느님이 이미 내려와 있다)'의 길이다.

그렇게 나를 구하는 존재가 성인들의 말씀과 가르침(宗敎)을 실행하기 위해 노력하는 학인(學人)이자 진정한 후세인으로서 진리를 추구하며 실천하는 종교인이며 종교의 길을 가고 있다.

그러한 존재로 다시 태어나기 위한 정신의 빛, 영혼의 빛을 밝히는 종교인, 종교의 길은 항상 열려 있어서 대도무문(大道無門)이다. 그러한 문은 천도, 지도, 인도의 문이며 그 문을 열고 들어가 그러한 길을 걸어가 보신 분은 성인이시다.

정신세계 즉 정신과학의 깨달음을 추구하는 종교인은 성인의 가르침을 학습하고 경험을 통해 새로운 안목(眼目)과 통찰(通察), 통섭(統

攝)의 세계를 지향한다. 종교인은 성인의 가르침, 사상과 실천을 배우고 중시하지만, 그분에게 내 영혼을 구원해달라고 의탁하거나 부탁하지 않는다. 즉 종교와 참된 종교인에게는 세칭 유일신, 신앙의 대상이 없다.

따라서 종교인은 인류 성인의 가르침, 인류 보편적인 사상을 이어가며 내 안에서 나를 구하기 때문에 신앙인이 아니고 정신을 연구하는 정신 과학자로서 종교사상가이자 종교 실천가다.

올바른 종교인은 자신의 모든 행위에 대해 스스로 책임지며 정신의 빛을 밝혀 영혼의 자유를 추구하기 때문에 기복신앙(祈福信仰)과는 무관하다.

하지만 신앙인은 만들어진 교리와 신조, 신앙고백 등을 통해 교단(敎團)의 창교주(創敎主)를 신격화시키고 신적 존재, 신으로 추앙하고 받든다. 그는 창교주에게 자신의 영혼을 의탁하고 있어 종속된 존재이자, 결과적으로 '영혼의 구속'이라는 '죄의식의 멍에'를 스스로 짊어지고 있다.

성인, 현철, 철인, 진인들께서 우리 인류에게 '영혼의 구속'에 대해 직접 말씀하신 적이 있는가에 대해 반문해 본다. 진정한 종교인은 스스로 성인의 가르침을 학습하고 선행과 덕행을 베풀며 깨달음의 길을 찾아서 쉼 없이 간다.

영원한 깨달음의 길은 영원한 정신세계의 길이 되었기에 혼탁한 세상에서도 빛과 소금의 역할을 하는 인재(人材)를 배출(輩出)시킨다. 그 길은 또한 속세(俗世)에서도 연꽃처럼 피어 보리살타(菩提薩埵)가 되고 미륵불(彌勒佛) 아미타불(阿彌陀佛)의 현신(現身)이 되는 것이다. 보리살타는 보디사트바(Bodhisattva)의 음사(音寫)이다.

그리스도교에서 말하고 애타게 기다리고 있는 메시아가 우리 현실에는 보이지 않아 없다고 할 수 있을까 반문해 보고 싶다. 공자, 석가 탄생 후 2550여 년 무렵에 예수가 출생했다. 예수 이후 2000여 년 이상의 세월이 흘러갔음에도 불구하고 다시 오신다는 아미타불, 미륵부처님, 구세주 메시아는 언제 오실지, 또는 오셨다가 다시 환원하셨는지 알 수 없다.

그러나 그렇게 상상 속의 그려진 그분들은 아직도 신앙인의 기다림 속에 희망(希望)과 선망(羨望) 그리고 신앙의 대상이 되었다. 그러한 현상들은 성인의 가르침과 설파(說破)하신 이 땅 위에 건설하고자 한 '지상천국'의 대의를 간과한 결과이며 그 결과물은 다시 신앙 제일주의가 되었다.

그 반면에 세계종교사상과 종교적 체험 등을 다방면에 쌓은 종교인이 있다. 공자, 석가, 소크라테스, 예수, 마호메트 외에 여러분이 있을 것이다. 그들이 당시 널리 알려진, 유형의 세계에서 모두에게 희망과 선망의 대상이 되지는 못했으나 남모르게 왔다가 남모르게 제자리로 돌아간 그 길에 그들의 흔적 또한 곳곳에서 발견된다. 깨달음의 빛은 빛나고 있어 만인에게 공감을 일으키고 감동을 선사한다.

그 무엇을 찾아 어디서부터 여기까지 왔는가 하며 자문하는 것은 부족한 자신을 되돌아보며 내일의 시간이 존재함에 한 줄기 빛과 같은 희망(希望)을 품고 기대하는 마음과 같다. 오늘도 그 길에서 벗어나지 않으려는 자숙(自肅)의 시간이다. 그 시간은 또한 그 무엇을 향한 동력(動力)의 계기가 되길 삼가 기대해 본다.

2023년 1월 14일

맺는 말

　학술지 '단군 학회'에 기고(寄稿)할 기회가 있어 백두산, 백두산족 (白頭山族)의 정신세계를 좀 더 깊게 공부할 수 있었다. 필자는 2005 년 현 대종교 총본사를 방문하여 귀한 참고 자료를 받았고 그 자료는 논문을 완성하는 데 큰 도움이 되었으며 다시 감사한 마음을 전해 드 리고 싶다.

　국조 단군 대황조(大皇祖: 한배검)님이 개천하고 개국이념을 홍익인 간으로 한 시기, 백두산 지역에서 오색인종(五色人種)에게 인간이 인 간답게 살 수 있도록 가르치신 시대가 언제인지, 현재 사용 중인 단기 (檀紀) 연도는 맞는지 궁금해서 학술지 논문도 살펴보았다.

　그 후 필자의 논문 「단군사상과 나철의 수행관에서 본 대종교의 5 대 종지」가 단군 학회에 게재되어 이 책을 통해 더욱 쉽게 접할 수 있 도록 첨부되었다. 그 외 민족의 성산 백두산, 백두산족 문화, 백산운 화, 삼일신고(三一神誥), 유신과 유물을 하나로 보는 이원합치론(二元 合致論), 조식수련법(調息修練法), 새롭게 개척해야 할 분야 등은 이 책의 제6장과 7장에서 분석되었다.

　고대 선사시대(先史時代)에는 문자(文字)가 없었기 때문에 국조단 군의 가르침과 수련법은 여러 지역에서 구전심수(口傳心授)로 전수되 었다. 그러한 심법(心法)의 방향과 목적이 선가(仙家)에서 중명(重明),

유가(儒家)에서 솔성(率性), 불가(佛家)에서 불성(佛性), 도가(道家)에서 명성(明性), 서교(西敎)에서는 중생(重生)으로 표현되었다.

우리 민족의 고대사가 제대로 발굴(發掘)되지 않아 세계적으로 인정받지 못하는 점은 아쉽지만, 인류의 역사가 오직 서지학적 증거자료로만 연구·분석되는 것은 아니다. 동북아시아에서 글자를 사용한 시대가 지금으로부터 5000여 년 전의 복희(伏羲)의 시대로 알려졌다. 상고사 시대 복희 팔괘(八卦)가 그에 대한 증거다.

우리가 사는 이 세상은 지금으로부터 5000여 년 전, 3000여 년 전, 2000여 년 전, 1500여 년 전과 무엇이 같고 다른 세상이었는지, 어떤 변화를 거쳐 오늘에 이르렀는지 생각해보지 않을 수 없다. 이에 대해 여러 분야에서 많은 분이 관심을 가지고 연구할 것으로 기대한다.

지금으로부터 대략 2500여 년 전 시대에 인류 문명사의 성인으로 알려진 공자(孔子), 석가(釋迦)가 탄생하여 인류에게 어진 마음(仁愛), 자비(慈悲)로운 마음을 가지고 사람다운 사람으로 살아갈 수 있는 가르침을 주었다. 그분들의 가르침은 인류 문명사의 정신적 중심축(中心軸)이 되었다.

약 2400년 전의 그리스의 철학자 소크라테스(Socrates, 기원전 470~399)는 그리스-로마 시대의 정신세계와 문화에 큰 영향을 주었다.

공자, 석가 탄생 이후 대략 550여 년에 예수가 동양과 서양의 접근 지역인 유태인(猶太人)의 땅 '베들레헴'에서 출생했다. 그 당시 로마 제국이 유대국을 점령하고 있어 예수는 유대인의 독립을 기원했고 제자를 양성했다.

그의 가르침 중에 용서와 박애(博愛) 사상, 산상수훈 팔 복음, 지상 천국 사상, 평등사상 등은 파천황(破天荒)적이었다. 예수는 '아람어

(Aramaic Languge)[1]로 지상천국과 평화의 대의를 설파했다. 예수가 그리스도교의 성자(聖者)로 추앙받으며 그리스도교의 창교주(創敎主)가 되었고 그의 가르침은 동서 정신문명의 한 축이 되었다. 그의 출생 시기가 서력기원(西曆紀元)이 되어 오늘날 국제적으로 사용되고 있다.

서기 570년 마호메트(Muhammad)가 출생하여 오늘날 이슬람교의 창교주가 되었고 성인으로 알려졌다. 이슬람교는 세계적인 신앙단체로 국제적인 기능과 역할을 담당하고 있으며 예수는 유일신 알라(Allah)가 보낸 선지자라고 한다.

성인(聖人)은 "우주 공통로를 먼저 걸어 보고 가장 쉽게 후세인이 가도록 가르치신 분[2]"분이며, 인간이 인간답게, 사람이 사람다운 사람으로 살아갈 수 있도록 정도(正道)를 밝혀주었다.

그의 가르침은 인류의 정신적 빛이 되어 경전(經典)이 되었고 인간이 본래의 밝은 성품을 다시 밝혀서(重明) 인간다운 인간, 사람다운 사람이 되는 길, 종교(宗敎)의 길(道)을 안내해 주었다. 그 길은 정신(세계)의 길과 빛, 영혼의 빛, 영혼의 자유, 정신적 풍요로움 등이 포함된 변하지 않는 진리이기에 대자연의 섭리를 본받아야 하는 인류(人倫)의 길, 인류의 대의를 밝히는 인축(人軸)이 되었다.

대한민국의 선가(仙家) 사상은 조식법(調息法)으로 부활했다. 불가(佛家) 사상은 불성(佛性)을 이루기 위해 1600여 년 동안 우리 민족의 정신철학과 문화에 융화되어 토착화되었다. 유가(儒家)의 솔성(率性) 사상은 500여 년 동안 공동체 사회의 중추적인 기능과 역할을 담당했다. 각 분야에서 많은 인물이 배출되었고 후학들이 사상을 이어가고

---

1   안병로, 『그리스도교의 검과 평화』, 지성인, 서울 2016, 77쪽
2   봉우 권태훈, 『백두산족에게 告함』, 정신세계사, 서울, 1989, 106쪽

있어 정신계의 불꽃은 꺼지지 않고 계승(繼承)되고 있다.

시대정신은 인류의 공동선을 추구하고자 하는 인도주의(人道主義) 사상을 계승하고 있어 평화를 사랑하는 인류공동체의 장래는 더 밝아질 것이다. 21세기 인류 문명사에 희망과 평화의 빛을 안겨주는 이원합일론(二元合一論)은 다음과 같이 중요성을 강조하고 있어 재인용한다.

"유물(唯物)만으로 만사를 해결할 수 없고 유신(唯神)만으로 역시 만사를 해결하지 못한다. … … … 물심합일(物心合一)이 되면 강자도 없고 약자도 없이 만년 평화가 될 수 있다."[3]

정신과학인 유신(唯神)과 자연과학인 유물(唯物)의 관계를 하나로 보아야 상호간의 조화로운 발전을 이룬다는 보편적이고 합리적인 타당성과 당위성이 설명되었다.

말이 없는 민족의 성산 백두산은 말 많은 무리를 말없이 오늘도 묵묵히 지켜보고 있다. 신독(愼獨)하는 자세로 오늘도 내일도 희망의 불꽃을 밝히는 나름의 길이 외롭지 않을 것이다.
국조 대황조의 건국이념과 사상을 실천하고자 하는 대한민국의 후학들이 많이 나오시어 백두산족의 간도광명(艮道光明)을 이끄는 주체가 되고 성업(聖業)을 이루시길 기원한다.

---

3 봉우 권태훈, 『봉우일기 1』, 정신세계사, 서울 1998, 308쪽

참고문헌

논어(論語)

대학(大學)

맹자(孟子)

중용(中庸)

도덕경(道德經)

바이블:『貫珠 聖經全書』, 大韓聖書公會, 서울 1966

『컬러 큰 성경』, 성서간행사, 서울 1997

김교헌,『신단실기』, 한뿌리, 1987

김교헌,『홍암신형조천기』, 대종교출판사, 서울 2002

대종교종경편수위원회,『대종교경전』, 대종교출판사, 서울 2002

봉우 권태훈,『백두산족에게 고(告)함』, 정신세계사, 서울 1989

봉우 권태훈,『봉우일기 1』, 정신세계사, 서울 1998

봉우 권태훈,『봉우일기 2』, 정신세계사, 서울 1998

봉우 권태훈,『봉우일기 3』, 책 미래, 서울 2021

봉우 권태훈,『법분십육(法分十六)』, 연정원, 서울 1990

봉우 권태훈, 안기석 연구 / 정재승 엮음, 『天符經의 비밀과 백두산족 文化』,
정신세계사, 서울 1989

안병로, 「단군사상과 나철의 수행관에서 본 대종교의 5대종지」, 단군학회,
단군학연구 제15호(연구논문), 2005

안병로, 『그리스도교의 검과 평화』, 지성인, 서울 2016

안병로, 『역사에서 배우는 종교 문화 경영학』, 말벗, 서울 2020

이상은 감수, 『한한대자전(漢韓大字典)』, 민중서관, 1965

장석만, 「開港期 韓國社會의 '宗敎' 槪念 形成에 관한 硏究」, 서울대 박사학
위논문, 1992

조찬선, 『기독교 죄악사 상, 하』, 평단문화사, 서울 2000

찾아보기 (색인)